广西审判实务与探索

2022年 第1辑 总第23辑

卢上需 / 主编

GUANGXI JUDICIARY
PRACTICE AND STUDIES

法律出版社
LAW PRESS · CHINA
北京

图书在版编目(CIP)数据

广西审判实务与探索. 2022年. 第1辑 : 总第23辑 / 卢上需主编. -- 北京 : 法律出版社, 2022
ISBN 978-7-5197-6944-4

Ⅰ. ①广… Ⅱ. ①卢… Ⅲ. ①法院-审判-工作-研究-广西 Ⅳ. ①D926.22

中国版本图书馆CIP数据核字(2022)第134286号

广西审判实务与探索(2022年第1辑)(总第23辑)
GUANGXI SHENPAN SHIWU YU TANSUO
(2022 NIAN DI-1 JI)(ZONG DI-23 JI)

卢上需 主编

责任编辑 章 雯 慕雪丹
装帧设计 汪奇峰

出版发行 法律出版社
编辑统筹 法商出版分社
责任校对 赵明霞
责任印制 胡晓雅
经 销 新华书店

开本 710毫米×1000毫米 1/16
印张 23.25 字数 416千
版本 2022年11月第1版
印次 2022年11月第1次印刷
印刷 三河市龙大印装有限公司

地址:北京市丰台区莲花池西里7号(100073)
网址:www.lawpress.com.cn
投稿邮箱:info@lawpress.com.cn
举报盗版邮箱:jbwq@lawpress.com.cn

销售电话:010-83938349
客服电话:010-83938350
咨询电话:010-63939796

书号:ISBN 978-7-5197-6944-4 定价:48.00元
凡购买本社图书,如有印装错误,我社负责退换。电话:010-83938349

《广西审判实务与探索》编辑委员会

目　录

Contents

环境精神损害赔偿的实证检视与规范进路

——以85件环境侵权精神损害赔偿案件为样本

张 蕾*

自2001年最高人民法院《关于确定民事侵权精神损害赔偿责任若干问题的解释》(法释〔2001〕7号,以下简称旧《精神损害赔偿解释》)实施以来,精神损害赔偿制度在保护包括生命权、健康权等人身权利方面起到了无可替代的重要作用,通过主张精神损害赔偿维护人身权利,已成为常态。在环境侵权领域,随着人民对美好生活环境的向往及环境权利意识的日渐觉醒,环境侵权案件与日俱增,现有关于精神损害赔偿的原则性规定,已不能满足环境侵权精神损害赔偿的现实需求。因此,有必要对这二十年来环境精神损害赔偿的司法适用进行深层检视,从中探寻类案裁判规则的优化路径。2021年,最高人民法院《关于确定民事侵权精神损害赔偿责任若干问题的解释》(法释〔2020〕17号,以下简称新《精神损害赔偿解释》)的实施,表明研究这一问题正当其时。

一、环境侵权精神损害赔偿的请求权基础

我国立法并未对环境侵权造成的精神损害赔偿作出专门规定,而是适用一般侵权精神损害赔偿的原则性规定。在《民法典》施行前,主要是《侵权责任法》第22条及旧《精神损害赔偿解释》第1条和第8条;在《民法典》施行后,主要是《民法典》第1183条及新《精神损害赔偿解释》第1条(见表1)。

---

* 张蕾,广西壮族自治区高级人民法院环资庭。

表 1　精神损害赔偿的请求权基础

《民法典》施行前	《民法典》施行后
《侵权责任法》 **第二十二条**　侵害他人人身权益,造成他人严重精神损害的,被侵权人可以请求精神损害赔偿。	《民法典》 **第一千一百八十三条**　侵害自然人人身权益造成严重精神损害的,被侵权人有权请求精神损害赔偿。 因故意或者重大过失侵害自然人具有人身意义的特定物造成严重精神损害的,被侵权人有权请求精神损害赔偿。
旧《精神损害赔偿解释》 **第一条**　自然人因下列人格权利遭受非法侵害,向人民法院起诉请求赔偿精神损害的,人民法院应当依法予以受理: (一)生命权、健康权、身体权; (二)姓名权、肖像权、名誉权、荣誉权; (三)人格尊严权、人身自由权。 违反社会公共利益、社会公德侵害他人隐私或者其他人格利益,受害人以侵权为由向人民法院起诉请求赔偿精神损害的,人民法院应当依法予以受理。 **第八条**　因侵权致人精神损害,但未造成严重后果,受害人请求赔偿精神损害的,一般不予支持,人民法院可以根据情形判令侵权人停止侵害、恢复名誉、消除影响、赔礼道歉。 因侵权致人精神损害,造成严重后果的,人民法院除判令侵权人承担停止侵害、恢复名誉、消除影响、赔礼道歉等民事责任外,可以根据受害人一方的请求判令其赔偿相应的精神损害抚慰金。	新《精神损害赔偿解释》 **第一条**　因人身权益或者具有人身意义的特定物受到侵害,自然人或者其近亲属向人民法院提起诉讼请求精神损害赔偿的,人民法院应当依法予以受理。

精神损害赔偿的原则性条款不足以保护环境精神损害。其具体表现在:第一,条文笼统,不易操作。现有立法对此类问题仅有原则性规定,对于损害认定、赔偿标准等具体问题,缺乏可操作性,导致类案不类判。第二,认定标准不统一。《民法典》施行前,《侵权责任法》与旧《精神损害赔偿解释》均将精神损害的严重程度作为损害赔偿的适用条件。新《精神损害赔偿解释》删除了原第 8 条关于"造成严重后果"的规定,从该解释第 1 条规定来看,只要"因人身权益受到侵害"即可请求精神损害赔偿,与《民法典》第 1183 条"侵害自然人人身权益造成严重精神损害"才可请求精神损害赔偿相矛盾。第三,缺乏环境侵权精神损害赔偿的专门条款。环境侵权不同于一般

侵权，具有侵害行为间接性、损害因果复合性、损害结果潜在性等特点，较一般侵权更难证明精神损害，精神损害赔偿的原则性条款显然不足以为环境侵权领域的精神损害提供有效保护。

二、环境侵权精神损害赔偿的实证检视

现有法律规范能否充分有效保护环境精神权益，必然要落脚于司法实践中，因此有必要对《精神损害赔偿解释》施行至今的环境侵权精神损害赔偿案件进行实证分析，从中探寻现有规范在司法适用中存在的种种问题。

（一）样本案例总体情况

笔者在中国裁判文书网（辅以聚法案例检索平台）上，以环境污染责任纠纷项下的次级案由〔1〕，检索包含“精神”一词的裁判文书，剔除重复案例和无效案例后〔2〕，共收集到85件样本案例。样本案例特征为：(1)属于环境污染责任纠纷；(2)原告因环境侵权诉请精神损害赔偿。对该85件样本案例分析后发现：

从污染类型看，主张精神损害赔偿更多见于噪声污染责任纠纷中（见表2）。与固体废物、土壤污染责任纠纷等较容易产生生命、身体上的显性损害相比，噪声污染更易对被侵权者产生隐性的精神损害，常体现在因长期遭受噪声污染而失眠、不安、焦虑、免疫力下降等，而这种隐性的精神损害并未因其难以证明而被置若罔闻。相反，受害者恰恰更在意精神损害。由此可见，环境精神损害在实务中已不容小觑。

表2　样本案例污染类型分布（单位：件）

污染类型	噪声	大气	水	固体废物	土壤	其他（混合型）
案件数量	47	18	8	2	2	8

从审理层级看，上诉率较高，服判息诉率较低（见表3）。考虑到部分案件仍在二审及相关文书未上网等情况，实际的上诉率与申诉复查率必然更高。除环境侵权案件因鉴定等专业性问题争议较大所导致的上诉率畸高之外，精神损害的主观性、非物质性所导致的认定困难，进一步加深了当事人对环境精神损害的分歧。

---

〔1〕 根据《民事案件案由规定》，环境污染责任纠纷项下包含8个次级案由，分别为大气、水、土壤、电子废物、固体废物、噪声、光、放射性污染责任纠纷。

〔2〕 说明：因系列案判向基本一致，为避免影响分析结果，一批系列案仅收录一件样本案例；对于同一案件，仅收录其最高审级的生效裁判文书；除噪声污染责任纠纷因符合条件案件较多，仅从中随机抽取47件案例外，其余污染类型的案例已尽可能收集。

表 3 样本案例一审、二审、再审申请情况(单位:件)

一审	二审	再审申请
30	46	9

二审改判的样本案件中,不乏一、二审法官对精神损害赔偿认定不一导致的改判。例如,在刘某霞诉北京某公司环境污染损害赔偿纠纷案[3]中,二审法院认为:考虑到工厂实际生产经营两年多,对刘某霞造成妨害的持续时间较长,刘某霞多次到相关政府部门反映情况亦可佐证该噪声给其造成较大的精神痛苦,一审酌定精神损失费 1000 元明显过少,本院调整为 10000 元,上调了精神损害赔偿;而在熊某辉、傅某华等人诉湖南某高速公路公司噪声污染纠纷案[4]中,一审法院以原告未举证证明达到了"严重精神损害"为由,驳回了精神损害赔偿请求,二审法院则认为"原告长期居住在有噪声污染的环境中,身体、精神均遭受严重侵害,污染者应承担相应侵权责任,综合考虑噪声污染的时间和强度、涉案房屋与高速公路的距离等实际因素,酌定赔偿精神损害抚慰金 5000 元",改判支持了原告的精神损害赔偿主张。以上案例的改判进一步说明了司法实务中对精神损害及赔偿数额的理解与认定存在差异。

(二)精神损害赔偿主张获支持情况

从判赔情况看,大部分环境精神损害赔偿未获法院支持。85 件样本案例中,49 件样本案例不予支持精神损害赔偿;仅有 5 件样本案例的精神损害赔偿得到全部支持;有 31 件样本案例的精神损害赔偿得到部分支持(见图 1)。

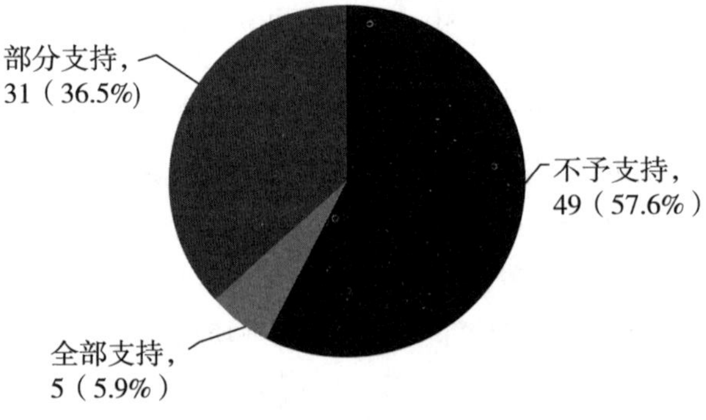

图1 样本案例精神损害赔偿主张获支持情况(单位:件)

〔3〕 参见北京市第三中级人民法院(2019)京 03 民终 3403 号民事判决书。

〔4〕 参见湖南省湘潭市中级人民法院(2019)湘 03 民终 687 号民事判决书。

第一,49 件不予支持精神损害赔偿的主要理由,既有事实方面,又有法律方面(见表4)。在法律方面,既有认为未达到环境侵权初步证明责任的〔5〕,又有严格恪守条文限缩认定“严重后果”的〔6〕,也有笼统认为不符合法律规定的。在事实方面,既有认为未能证明存在精神损害的,也有认为未能证明精神损害程度的〔7〕。此外,也有少量案件对不予支持的理由,语焉不详。精神损害赔偿的原则性规定在环境侵权领域产生的理解偏差,可见一斑。

表 4　法院不予支持精神损害赔偿的裁判理由

不予支持精神损害赔偿的裁判理由	案件数量
未能提供环境侵权的初步证明材料	30 件
没有证据证明造成精神损失	5 件
没有证据证明费用的合理性或不能证明精神损失程度	3 件
没有证据证明其精神受到严重损害	2 件
不符合相关司法解释的规定	2 件
仅有财产损害,不涉及精神损害	1 件
不构成伤残	1 件
已承担消除危险的民事责任	1 件
不属于自然人,不符合主体资格	1 件
未说明不予支持的理由	3 件

第二,全部支持精神损害赔偿的 5 件样本案例,反映出法院对环境精神损害的权源理解存在差异。如表 5 第 1、2、3 号案例,法院以噪声确实对精神健康造成影响为由支持了精神损害赔偿,本质上是认为被侵权人的环境权益受到侵害,即权利基础是基于公民享受宁静、健康的环境安宁权,属于其他人格权利。而表 5 第 4、5 号案例实际上是认为因身体权、健康权等传统人格权受损进而产生了精神损害。前后者对环境精神损害的权源存在认识上的差异,后者倾向于认为环境精神损害以生命权、身体

〔5〕 即以不符合最高人民法院《关于审理环境侵权责任纠纷案件适用法律若干问题的解释》第 6 条的规定为由,不予认定存在环境侵权,从而未予支持精神损害赔偿主张。

〔6〕 即认为不符合旧《精神损害赔偿解释》第 8 条第 2 款、《侵权责任法》第 22 条“严重精神损害”的规定。

〔7〕 如认为未能提交证据证明精神损害赔偿的计算依据、未提供证据证明费用的合理性或不能证明精神损失程度。

权、健康权为基础，而前者则不然。

表 5 法院全部支持精神损害赔偿的情况

序号	污染行为	精神损害赔偿主张	有证据证明的精神损害	裁判理由
1	高速公路噪声污染	10000 元	急性非 ST 段抬高型心肌梗死、心脏病	"长期而持续的噪声污染会让人产生强烈的精神痛苦，长期生活在噪声超标的环境中，特别是晚上影响了其一家的睡眠，对……精神健康造成了一定的损害，是客观事实。"
2	变压器噪声污染	20000 元	无	"综合考虑噪音的持续时间、污染程度、对原告生活的影响，原告主张要求被告赔偿精神抚慰金 20000 元符合法律规定。"
3	电梯噪声污染	10000 元	无	"由于噪声的超标，确实对原告的正常生活和身体造成一定干扰和影响，故其要求某公司赔偿精神抚慰金 10000 元合情合理。"
4	工业活动中尾气和氯气混合泄漏	20000 元	呕吐、头昏、咳嗽等中毒现象，咳嗽、支气管炎等伤残	"精神损害抚慰金根据申请人伤情确定为 20000 元。"
5	溶剂油或半成品油异常泄漏引发爆炸	100000 元	面部、颈部及四肢严重烧伤	"因 × × × 系未成年人，本次事故造成其严重烧伤，治疗过程长久且艰难，给其亲人带来巨大伤痛，在精神上对其造成严重创伤，并对其未来的人生及实际生活产生长远影响，故对该精神损害抚慰金，予以支持。"

第三，精神损害赔偿获部分支持的样本案例，反映出法官拥有高度自由裁量权，类案不类判现象普遍。在精神损害的认定方面，法官在同案中会根据各个原告的伤残程度来酌定不同的精神损害赔偿金额（如表 6 案例 1），但在存在伤残的另案中又并未将伤残程度视为考量因素（如表 6 案例 2）；在多件噪声污染损害纠纷案中，在没有证据证明当事人遭受精神损害的情况下，有的法官认为噪声污染对精神健康造成损害为免证事实（如表 6 案例 3），有的法官仅在因噪声污染而患病时才认定存在精神损害（如表 6 案例 4）。在赔偿金额方面，个案差距较大，数额多达 60000 元（如表 6

案例3)，少则500元(如表6案例5)。在以精神损害后果为主要考量因素的案件中，确诊较为严重的白血病仅酌定4000元赔偿金(如表6案例6)，而后果相对较轻的耳鸣、精神萎靡判赔30000元(如表6案例2)，导致幼儿死亡的案例仅判赔10000元(如表6案例7)。在赔偿数额考量因素方面，除了依据旧《精神损害赔偿解释》第10条的规定，还会根据日常生活经验法则(如表6案例3认为噪声污染影响身心健康是众所周知的免证事实)、公平原则(如表6案例8)等，也有部分案例对此避而不谈(如表6案例6)。

表6　法院部分支持精神损害赔偿的案例情况

序号	主张金额	酌定金额	有证据证明的精神损害	酌定精神损害赔偿的考量因素
1	分别主张75000元、30000元	分别获赔20000元、0元	听力损伤	伤残情况
2	100000元	30000元	耳鸣、精神萎靡	噪声大小及遭受侵害的时长
3	100000元	60000元	无	长期生活在噪声污染环境中，虽然没有直接证据表明原告及其家人遭受的人身损害，但噪声污染影响居民的身心健康，系众所周知的事实，无须当事人进一步举证证明。根据本案噪声污染的实际情况，本院酌定赔偿原告精神抚慰金60000元
4	80000元	5000元	神经性耳鸣	曾因噪声污染患病就诊治疗
5	6000元	500元	自来水菌落总数、总大肠菌群等含量超标	结合本案的实际情况
6	10000元	4000元	白血病	未说明
7	50000元	10000元	死亡	幼儿死亡给二原告造成了较大的精神痛苦
8	40000元	32000元	无	根据公平原则

综上，现有规范不够具体、明确，导致实务中对精神损害及其严重程度的认定存在理解差异，对赔偿数额的酌定高度依赖法官的自由裁量权，造成类案不类判，裁判

尺度不统一。

三、环境侵权精神损害赔偿的规范进路

上述问题绝非法律理解与适用上的简单问题，而是包含环境权在内的一系列源头性问题未被厘清引发的种种困境，而厘清这些问题的内在逻辑并探寻具有实践意义的规范路径，或可扫清环境精神损害赔偿在司法适用中的种种障碍。环境侵权精神损害赔偿的逻辑进路见图 2。

图 2　环境侵权精神损害赔偿的逻辑进路

（一）厘清权利基础

环境精神损害的权利基础亟须厘清。如前所述，实务中对环境精神损害的权利基础主要有两种理解。一是认为权利基础是生命权、身体权、健康权，这在司法实务中较为常见，持此种观点的法官在认定精神损害时更重视审查生命权、身体权、健康权等传统人格权遭受损害的程度。二是认为权利基础是环境人格权。例如，在陈某诉某水泥公司等环境污染责任纠纷案中，法院认为被告的噪声污染行为“侵犯了原告生活安宁权是事实，即便其并未出现明显症状，其生活受到噪音侵扰而导致精神损害的事实也是客观存在的”；在黄某煌、沈某梅诉无锡市某公司排除妨害纠纷案中，法院认为“该公司所竖立的字号牌于效果上造成原告视觉卫生权的妨碍”；在张某国诉临澧县某合作社环境污染责任纠纷案中，法院认为该合作社的污染行为“导致周边空气质量、水质量降低，构成对环境公权即清洁水权、清洁空气权的损害”。以上三个案例表明，环境侵权案件中已存在独立于生命权、身体权等传统人格权外的环境人格权益，对传统人格权的保护已不足以完全涵盖环境侵权中受损的全部法益。

环境侵权不同于一般侵权，其具有特殊性。第一，环境损害具有原因行为的价值性，即环境污染在损害他人权益的同时，有相当程度的价值正当性或社会有用性；第二，环境损害具有损害原因的复杂性，即原因事实与损害发生的程度、内容和经过的关系往往不甚明了；第三，环境损害具有损害过程的复杂性，包括通过环境介质造成损害的间接性、污染结果的持续性和累积性、因果关系的不确定性和损害后果多重性；第四，环境损害具有损害后果的社会性，即侵害的对象是不特定一人或数人，且涉

及对社会公共利益的损害。[8] 环境损害的以上特性表明,对传统人格权的保护已不足以完全保护环境人格权益。例如,传统损害的损害后果往往相对确定,其基于身体权、健康权的权利救济也较为明确,但环境污染导致的慢性中毒等损害后果具有隐蔽性、持续性和累积性,若仅以身体权、健康权作为权利基础予以保护,恐会不当忽视一些尚在潜伏期的隐性损害,更遑论一些非病理性的精神损害了,如长期遭受噪声污染引发的焦虑、抑郁等。

我国尚未通过立法明确公民享有环境权,这从根源上制约了精神损害赔偿在环境侵权领域的司法适用。从立法实践看,越来越多的国家将环境权作为公民的一项基本权利予以明确。例如,1980 年第 8 次修改的《韩国宪法》第 33 条规定,"国民有生活与清洁环境之权利,国家及国民,均负有环境保全之义务"[9]。据统计,截至 2015 年,有 85 个国家的宪法中明确规定了环境权,环境权的宪法化,或者说环境权作为一种宪法基本权利,已毋庸置疑。[10] 从司法实践看,菲律宾最高法院曾在判决中声明当代人和后代人都享有生态平衡和健康环境的权利。[11]

我国早在 1980 年就通过《化学工业环境保护管理暂行条例》第 39 条对"清洁环境"的权利作出了规定,即"企业职工和家庭享有在清洁环境中生活和劳动的权利,也有保护环境和国家资源的义务"。多地也陆续通过地方性法规对公民享有的环境权作出规定(见表 7)。但在狭义的法律层面上,环境权始终未获得明确的、正式的承认。有学者曾建议将环境权条款写入宪法中,并认为传统宪法未将环境权作为一项公民的基本权利加以确认,使得其他有关公民环境权保护的立法缺乏宪法依据。[12] 也有学者在环境保护法修订过程中建议明确"一切单位和个人都有享有清洁、健康的环境的权利"[13]。基于种种原因,我国宪法及环境专门立法至今仍未对公民的环境基本权利作出明确规定。

---

〔8〕 参见吕忠梅等:《环境损害赔偿法的理论与实践》,中国政法大学出版社 2013 年版,第 25 ~ 27 页。

〔9〕 吴卫星:《环境权内容之辨析》,载《法学评论》2005 年第 2 期。

〔10〕 统计结果来自吴卫星副教授,参见刘牧晗、罗吉:《环境权益的民法表达——"环境权益与民法典的制定"学术研讨会综述》,载《人民法院报》2016 年 2 月 17 日,第 8 版。

〔11〕 转引自吕忠梅:《沟通与协调之途——论公民环境权的民法保护》,中国人民大学出版社 2005 年版,第 12 ~ 13 页。

〔12〕 参见吕忠梅:《环境法新视野》,中国政法大学出版社 2000 年版,第 55 页。

〔13〕 吴卫星:《环境权理论的新展开》,北京大学出版社 2018 年版,第 220 页。

表 7 环境权在部分地方的环境保护条例中的规定

地域	公民环境权的内容
广东	**第五条** 公民、法人和其他组织依法有享受良好环境、知悉环境信息、参与及监督环境保护的权利，有权对污染环境和破坏生态的行为进行举报，有保护和改善环境的义务。
上海	**第五条** 公民依法享有获取环境信息、参与和监督环境保护的权利，有权举报和监督环境违法行为，通过环境侵权诉讼等方式维护自身环境权益。
广西	**第八条** 公民、法人和其他组织依法享有要求减轻和消除污染危害、享受良好环境、知悉环境信息、参与和监督环境保护的权利，有权举报违反环境保护法律法规的行为，有合理利用自然资源、保护和改善环境、防治污染的义务。
山东	**第六条** 公民有享受良好环境的权利。一切单位和个人都有保护环境的义务，有权对污染、破坏环境的行为进行检举和控告，并有权对环境污染造成的损害要求赔偿。
福建	**第八条** 公民有享受良好环境的权利和保护环境的义务。任何单位和个人有权对污染和破坏环境的单位和个人进行检举和控告；有权在受到环境污染损害时要求赔偿。

环境权未入法的理由之一是环境权的权利内容难以确定。例如，吕忠梅教授认为，环境权包括环境使用权、知情权、参与权和请求权；陈泉生教授认为，环境权包含生态性权利和经济性权利；吴卫星副教授则认为，环境权仅仅是一种生态性的实体权利，不包括经济性权利、程序性权利和环境保护义务。[14] 基于本文对环境精神损害赔偿的立场，笔者认为有必要通过立法明确环境权。

至于环境权的权利内容和立法路径，考虑到环境权在本土语境下发展滞后的现实前提，大刀阔斧预设一个全面、完备的环境权是不现实的，但可以通过宪法明确公民享有的基本的环境权利，如规定“公民享有在良好环境中生活的基本权利”。尽管“良好”的表述过于泛化，但作为环境权的宣示性条款，其足以为后续一系列专门立法提供权利基础，再通过司法解释对环境权的边界予以明确与细化，而这正是保护环境精神损害的“基石”。

(二)合理认定损害

厘清了环境侵权精神损害的权利基础后，应解决环境侵权精神损害的认定问题，

〔14〕 吴卫星：《环境权内容之辨析》，载《法学评论》2005 年第 2 期。

包含定性与定量两个层面。在定性层面，就是要正确理解环境侵权语境下“精神损害”的内涵；在定量层面，就是要合理认定精神损害的严重程度。

1. 定性层面的探讨

在我国，“精神损害”早已作为法律用语被使用，但“精神损害”究竟是何含义，在法律层面并未明确。张新宝教授通过分析国际上和我国台湾地区对“精神损害”的用法，总结出精神损害主要有三种含义〔15〕（见图3）。

从新、旧《精神损害赔偿解释》均明确排除法人或者其他组织以人格权利遭受侵害为由请求赔偿精神损害来看，我国语境下的“精神损害”不能理解为广义的非财产损害。从旧《精神损害赔偿解释》第9条关于死亡赔偿金、残疾赔偿金的规定来看，“精神损害”应包含肉体痛苦。尽管新司法解释删除了该条规定，但参考最高人民法院《关于审理国家赔偿案件确定精神损害赔偿责任适用法律若干问题的解释》第7条对死亡、残疾的规定来看，我国语境下的“精神损害”应理解为肉体痛苦和精神痛苦，即图3第2层含义。

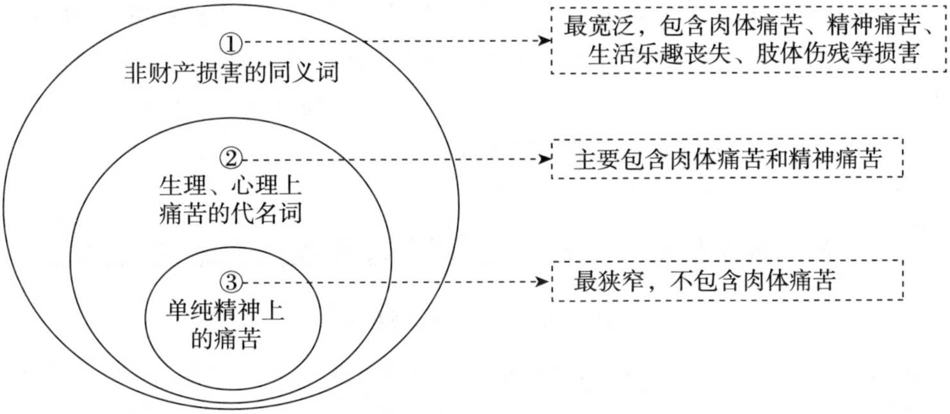

图3　精神损害的三种主要含义

在环境侵权语境下，对“精神损害”的理解常常被不当限制在肉体痛苦上。如前所述，部分法官倾向于认为只有身体、健康方面存在损害，才可能认定存在精神损害。然而环境侵权的特点恰恰在于其损害后果具有隐蔽性，有大量精神痛苦独立于肉体痛苦存在，如光污染导致的倦怠无力等。当前实务界总是着眼于生命、身体、健康损害引发的精神损害，却时常忽视环境侵权产生的纯粹精神损害。对环境精神损害的

〔15〕 参见张新宝主编：《精神损害赔偿制度研究》，法律出版社2012年版，第14～15页。

限缩理解，不当提高了精神损害赔偿的适用门槛，将本应予以考虑的环境精神损害排除在外。因此，对环境精神损害的认定应把握以下两个方面：

第一，环境精神损害必须基于对人身权益的损害，从而排除财产损害。例如，因水污染而致非特定的养殖鱼死亡，不能主张精神损害赔偿，可以物上请求权索赔。

第二，环境精神损害中的精神痛苦不以肉体痛苦为前提。例如，大气污染导致白血病会产生精神损害，但未导致白血病的也可能产生精神损害，如食欲不振、精神萎靡等。这些不依附于肉体痛苦而产生的精神痛苦，也应纳入精神损害的范围内。

2. 定量层面的探讨

在认定精神损害方面，更进一步的问题是如何认定精神损害的严重程度。精神损害虽然会因为实体损害而产生，但是否实际产生取决于个人心理承受能力，在精神损害赔偿问题上，真正要考察的是人的精神痛苦到达何种程度时才足以获得赔偿请求权。[16] 因此，并非所有的精神损害均应通过金钱赔偿进行救济。从我国立法来看，精神损害需要达到"严重"程度，被侵权人才有权请求赔偿。

从旧《精神损害赔偿解释》第8条可以看出，精神损害的严重程度在司法解释层面有两种类型：一种是严重精神损害（见第8条第2款），另一种是一般精神损害（见第8条第1款），二者并非泾渭分明（见图4）。因此，对精神损害严重程度的认定其本质就是区分一般精神损害与严重精神损害。

图4 精神损害的严重程度

为统一裁判尺度，多地法院均出台指导意见以规范严重精神损害的认定（见表8）。例如，山东省高级人民法院认为工作失误、学习成绩下降、生活无常或者自杀等属于严重损害；福建省高级人民法院则以容貌、人体功能受损或虽未受损但在精神上造成长久、深刻痛苦为标准；四川省高级人民法院则针对物质性人格权利、精神性人格权利受损的情况，分别列举严重后果的情形。从中可以看出，各地对"严重"程度的理解差异较大。此外，仍有不少地区并未出台相关指导意见。可见，对精神损害严重程度的认定，在全国范围内既没有法律层面的明确解释，也缺乏统一的指导意见。

[16] 参见［德］克雷斯蒂安·冯·巴尔：《欧洲比较侵权行为法》（下），焦美华译，法律出版社2001年版，第38页。

表8　部分地方高级人民法院对精神损害严重程度的指导意见

《山东省高级人民法院关于审理人身损害赔偿案件若干问题的意见》	86.受害人因侵害行为影响正常工作、生活、学习的,为一般性精神损害;受害人因侵害行为导致工作失误、学习成绩下降、生活无常或者自杀等严重后果的,为严重损害。
《福建省高级人民法院关于审理人身损害赔偿案件若干问题的意见》	造成受害人容貌受到伤害而留下不良后果、人体功能受损,或者虽未造成容貌、人体功能受损,但确实给受害人在精神上造成长久、深刻痛苦的,受害人的精神损害赔偿请求应予支持。
《江西省高级人民法院关于审理人身侵权赔偿案件指导意见(试行)》	精神损害抚慰金。受害人死亡或者因伤残等造成严重精神损害的,可以请求支持赔偿精神损害赔偿。
《安徽省高级人民法院审理人身损害赔偿案件若干问题的指导意见》	(一)公民身体权、健康权遭受轻微伤害,不支持赔偿权利人的精神抚慰金请求; (二)公民身体权、健康权遭受一般伤害没有构成伤残等级的,精神抚慰金的数额一般为1000元至5000元; (三)公民身体权、健康权遭受的伤害已经构成伤残等级,精神抚慰金的数额可以结合受害人的伤残等级确定,一般不低于5000元,但不能高于80000元; (四)造成公民死亡的,精神抚慰金的数额一般不低于50000元,但不得高于80000元。案件有其他特殊侵权情节的,精神抚慰金的数额可以不按上述标准确定。
《四川省高级人民法院贯彻执行〈最高人民法院关于确定民事侵权精神损害赔偿责任若干问题的解释〉的意见》	二、关于"因侵权致人精神损害造成严重后果"的认定 判断侵权行为是否对受害人的精神损害造成严重后果,应当从全案情况进行综合分析评判。 (一)侵犯他人物质性人格权利,凡具备下列情形之一的,应认定为因侵权致人精神损害已造成严重后果: 1.侵权行为人侵害生命权造成他人死亡的; 2.侵权行为人侵害人健康权、身体权致人残疾已达到评残等级的,或者虽未达到评残程度但造成受害人永久性伤痕,严重影响其工作、生活的,应认定为因侵权致人精神损害已造成严重后果。 (二)侵犯他人精神性人格权利,凡具备下列情形之一的,应认定为因侵权致人精神损害造成严重后果; 1.造成受害人自杀自伤的; 2.造成受害人精神失常的; 3.严重影响受害人正常工作、生活的; …… 8.其他致人精神损害造成严重后果的。

从实务中看，为避免滥用精神损害赔偿制度，法院对精神损害严重程度的认定较严格，导致许多相当严重的精神损害被视为一般精神损害。[17] 由于司法解释和法律一再强调“严重”，严重性标准已经阻碍了许多受害人请求精神损害赔偿。[18] 部分法官将精神损害严重程度的证明责任加诸受害人（如表4中有2件案例均以原告未能提供证据证明其精神遭受严重损害为由驳回其赔偿主张），但严重程度具有主观性，几乎难以进行证明。

以上情形表明，对精神损害严重程度的限缩认定已经逐步偏离精神损害赔偿制度的立法原意，应适当放宽严重精神损害的认定标准。具体而言，可以通过以下三步进行考量：

第一，精神损害的产生并未超出日常生活经验法则。环境精神损害难以鉴定或证明，但若是符合生活常识，应当予以认定。例如，长期饮用污染水或吸入有害气体，必然会对人的身心健康造成影响，由此主张存在精神损害符合常理。

第二，精神损害超出一般人的容忍限度。[19] 环境污染具有原因行为的价值性，在损害他人权益的同时，会创造一定的社会价值，因此应在一定限度内容忍。考虑到精神损害程度受到个体心理承受能力的影响，因此应以常人容忍限度作为标准。例如，地铁运营必然会对周边居民产生噪声影响，但在非休息时段内的运营，不足以对一般人造成难以忍受的精神痛苦，不应认定构成严重精神损害。

第三，停止侵害、消除影响、赔礼道歉等方式明显不足以救济被侵权人。精神损害一旦发生，具有不可逆性，无法从根本上填平损害，精神损害赔偿只是救济方式之一，主要起到抚慰作用。因此，只有在停止侵害、消除影响等救济方式仍不足以救济时，才能认定存在严重精神损害并适用精神损害抚慰金。

（三）规范赔偿数额

环境精神损害赔偿的落脚点在于赔偿数额的确定。恰当的赔偿数额不仅可以抚慰被侵权人，还可以惩戒侵权者，警示潜在污染者，实现良法善治。

从司法解释看，旧《精神损害赔偿解释》并未对精神损害的赔偿金额作出具体规定，而是通过列举应予考量的因素，指导法官自由裁量的方向。新《精神损害赔偿解释》基本保持了修订前对赔偿数额确定因素的规定（见表9）。立法者在该司法解释

〔17〕 参见张新宝主编：《精神损害赔偿制度研究》，法律出版社2012年版，第35页。

〔18〕 参见刘春梅：《人身伤害中的非财产损害赔偿研究》，法律出版社2011年版，第31页。

〔19〕 参见王利明、周友军、高圣平：《中国侵权责任法教程》，人民法院出版社2010年版，第346页。

制定之初曾考虑明确最高与最低赔偿标准，后来考虑到以下三个原因并未予以规定：一是侵权具体形式不同，不能作统一规定；二是各地经济状况不同，无法制定统一的标准；三是加害人的经济负担能力不同。[20] 可见，相较于赔偿数额的客观性与科学性，司法解释更注重赔偿数额的主观性与灵活性。

表 9 《精神损害赔偿解释》修订前后对赔偿数额确定因素的规定

修订前	修订后
第十条 精神损害的赔偿数额根据以下因素确定： （一）侵权人的过错程度，法律另有规定的除外； （二）侵害的手段、场合、行为方式等具体情节； （三）侵权行为所造成的后果； （四）侵权人的获利情况； （五）侵权人承担责任的经济能力； （六）受诉法院所在地平均生活水平。	**第五条** 精神损害的赔偿数额根据以下因素确定： （一）侵权人的过错程度，但是法律另有规定的除外； （二）侵权行为的目的、方式、场合等具体情节； （三）侵权行为所造成的后果； （四）侵权人的获利情况； （五）侵权人承担责任的经济能力； （六）受理诉讼法院所在地的平均生活水平。

从地方规范看，一些地方法院通过指导意见对赔偿数额的范围作出了具体规定（见表 10）。据统计，精神损害赔偿数额往往被限制在较低的水平，通常只有数千元，比较严重的情形一般不超过 5 万元。多地法院设置了最高限额，如上海市高级人民法院规定精神损害赔偿金额一般不超过 5 万元；少数法院还对最低限额作出规定，如四川省高级人民法院规定侵犯精神性人格权赔偿数额在 500 元至 50000 元。总体来看，相较于赔偿不足，各地法院更担心过度赔偿，毕竟精神损害在现有条件下尚无法进行客观的金钱评价，对赔偿数额的认定应持审慎态度。此外，横向对比各地法院对赔偿数额上限的规定，不难发现赔偿数额的上限与当地经济水平不呈正向关系，如经济较发达的上海、江苏等地均规定赔偿数额一般不超过 5 万元，但福建、云南等经济相对欠发达地区反而会将数额上限增加至 10 万元，这与司法解释中要求赔偿数额考虑本地经济水平不相符。可见，各地法院自行制定指导意见虽可以在一定程度上为辖区类案的办理提供有效参考，但在全国范围内，不同地区的赔偿数额差距仍不小，进一步加剧了类案不类判。

〔20〕 参见杨立新、杨帆：《最高人民法院〈关于确定民事侵权精神损害赔偿责任若干问题的解释〉释评》，载《法学家》2001 年第 5 期。

表 10 部分地方法院对精神损害赔偿数额的细化规定

地域	赔偿数额
四川	侵犯物质性人格权:最高不超过 10 万元 侵犯精神性人格权:500 ~ 50000 元
上海	不超过 5 万元
安徽	一般伤害没有构成伤残等级:1000 ~ 5000 元 构成伤残等级:5000 ~ 80000 元 死亡:50000 ~ 80000 元 案件有其他特殊侵权情节的,可以不按上述标准确定。受害人自身有过错的,应按过错程度减少数额
山东	侵害人是自然人的: 一般性精神损害:1000 ~ 3000 元 严重精神损害:3000 ~ 5000 元 侵害人是法人或其他社会组织的,按照公民赔偿标准的 5 ~ 10 倍予以赔偿;可根据实际情况适当提高标准,但需报省高级人民法院复核
福建	一般侵权行为:1000 ~ 10000 元 严重侵权行为:10000 ~ 50000 元 特别严重侵权行为:50000 ~ 100000 元
江苏	一般不宜超过 5 万元
江西	一般不超过 5 万元; 一级伤残或者两人以上死亡的一般不超过 10 万元,最高不超过 20 万元。 造成伤害的主要原因归于受害人或者由受害人故意造成的,对受害人的精神损害赔偿请示,不予支持
陕西	一级 15000 ~ 20000 元 二级 10000 ~ 15000 元 三级 5000 ~ 10000 元 四级 1000 ~ 5000 元 在以上规定的最高限额内仍不足以精神抚慰的,经审委会讨论决定,可在 20000 ~ 50000 元范围内决定赔偿数额
云南	一般不得超过 5 万元,情况特殊的不得超过 10 万元

从样本统计看,大部分精神损害赔偿数额较低,集中在 1 万元以下(见表 11)。值得注意的是,尽管司法解释并未对赔偿数额作出具体限制,但实务中并未呈现“漫天要价”之态势,诉讼费用的收取或许在其中起到了积极作用。从表 11 可见,被侵权人主张精神损害数额均在 10 万元以内,并未超出各地赔偿数额的最高限制。仅有一

例被侵权人主张了50万元,其因水泥装卸过程中产生的噪声、粉尘长期超标而导致双耳耳聋。从最终判赔2万元精神损害抚慰金来看,法官并未轻易受到高额赔偿主张的影响从而认定存在特别严重的精神损害,仍然能够根据病情、双方的责任以及其居住地区的经济发展状况和生活水平等情况作出客观评价。由此可见,对被侵权人盲目追求高额赔偿的担忧,实无必要。

表11　部分样本案例精神损害赔偿数额的主张与判赔情况

(单位:元)

主张数额	判赔数额	主张数额	判赔数额	主张数额	判赔数额	主张数额	判赔数额
15000	500	6000	500	20000	500	30000	1000
5000/年	800/年	10000/年	1000	50000	1000	10000	4000
40000	5000	40000	5000	300000	5000	80000	5000
98000	8000	30000	10000	80000	10000	30000	10000
35000	10000	50000	10000	20000	10000	10000/年	15000
75000	20000	80000	20000	50000	20000	500000	20000
50000	30000	100000	30000	40000	32000	100000	60000

从比较法看,不同国家确定赔偿数额的方法不尽相同。有学者将各国精神损害赔偿的确定方法总结为:酌定赔偿法、固定赔偿法、最高限额赔偿法、医疗比例赔偿法、日标准赔偿法、区分不同损害赔偿法。[21] 例如,秘鲁采用医疗比例赔偿法,《秘鲁民法典》第113条规定,法官只能在受害人所必须花费的医疗数额的半数和两倍之间来估算赔偿金数额。[22] 丹麦采用日标准赔偿法,《丹麦损害赔偿法》第3条规定,"自损害发生之日至受害人健康处于稳定状态的疾病期内,加害人应支付须卧床者每日100丹麦克郎和无须卧床者每日50丹麦克郎的精神损害赔偿"。[23] 上述方法都在不同程度上尝试对赔偿数额进行科学化、规范化,以保证类案裁判的相对一致性。

精神损害赔偿数额的确定方法并无高下之分,任何一种规范方法都不能完全解决所有问题,因此对赔偿数额的规范必须回归到本土语境下寻求平衡。从司法

〔21〕 参见胡平:《精神损害赔偿制度研究》,中国政法大学出版社2003年版,第271~275页。

〔22〕 参见胡平:《精神损害赔偿制度研究》,中国政法大学出版社2003年版,第274~275页。

〔23〕 参见张新宝主编:《精神损害赔偿制度研究》,法律出版社2012年版,第108页。

解释看,《精神损害赔偿解释》对赔偿数额的认定仅作原则性规定,具有高度灵活度,但不易操作。从地方规范看,对赔偿数额范围的明确,可以在一定程度上为辖区内类案的办理提供指导意见,但全国范围内横向对比,各地赔偿限额与当地经济水平不相匹配,且不少法院并未对精神损害赔偿数额制定指导意见,全国范围内裁判尺度不统一。从司法现状看,精神损害获赔数额普遍较低,大部分被侵权人因受诉讼费影响并未盲目追求高额赔偿。综上,环境精神损害赔偿在本土语境下,存在缺乏具体、可行的司法解释和统一的指导意见,高度依赖法官自由裁量,赔偿数额偏低,类案不类判现象突出等问题,应从各地指导意见和司法实践中总结经验并予以规范。

值得借鉴的是,最高人民法院《关于审理国家赔偿案件确定精神损害赔偿责任适用法律若干问题的解释》对国家赔偿案件中的精神损害赔偿数额作出了具体、明确的规定(见表12)。根据该规定,精神损害抚慰金比照人身自由赔偿金、生命健康赔偿金总额的50%以下酌定,不足以抚慰的,可以在50%以上酌定,精神损害抚慰金一般不少于1000元。该规定采用"比例酌定+最低限额"的方法,既为法官自由裁量保留了一定的空间,又提出了具有可操作性、可行性的计算方法,这为环境侵权案件确定精神损害赔偿数额提供了有益借鉴。

表12　国家赔偿案件确定精神损害赔偿数额的具体规定

最高人民法院《关于审理国家赔偿案件确定精神损害赔偿责任适用法律若干问题的解释》
第八条　致人精神损害,造成严重后果的,精神损害抚慰金一般应当在国家赔偿法第三十三条、第三十四条规定的人身自由赔偿金、生命健康赔偿金总额的百分之五十以下(包括本数)酌定;后果特别严重,或者虽然不具有本解释第七条第二款规定情形,但是确有证据证明前述标准不足以抚慰的,可以在百分之五十以上酌定。
第十条　精神损害抚慰金的数额一般不少于一千元;数额在一千元以上的,以千为计数单位。 赔偿请求人请求的精神损害抚慰金少于一千元,且其请求事由符合本解释规定的造成严重后果情形,经释明不予变更的,按照其请求数额支付。

环境精神损害赔偿数额的确定应符合环境侵权损害的规律,采取分级限额法(见图5)。医学研究表明,人群对环境异常变化的反应有不同程度,从人体生理负荷增加到死亡呈金字塔分布。[24] 金字塔顶端为损害后果最严重的死亡,其精神损害赔

〔24〕 参见王振刚主编:《环境医学》,北京医科大学出版社2001年版,第5页。

偿也应最高，结合各地指导意见一般以5万元为限，对环境侵权引发死亡后果的，赔偿数额可以设置为不低于5万元。金字塔底端为生理变化不明显或没有生理变化（如抑郁、焦虑等），这些损害虽不具有生理上的显性后果，但对身心健康造成了潜在影响，应予抚慰，但金额不应过高，考虑在1000～10000元。之所以设置1000元下限，既是借鉴了国家赔偿案件的上述规定，又是因为精神损害抚慰金的适用前提是严重精神损害，通过下限设置可以有效防止法官滥用自由裁量权。被侵权人主张的赔偿数额低于1000元的，根据处分原则，判赔数额不应超过当事人的主张数额，但对于过低的精神损害主张，如主张1元精神损害赔偿，应考虑赔礼道歉等形式是否已经足以救济。金字塔中间的患病、生理代偿状态[25]则在以上两种损害赔偿数额之间，取10000～50000元。此外，以上区间限额仅是原则性规定，旨在为类案裁判提供参考，法官仍然可以根据案件实际情况突破限额，但应在裁判主文中予以释明。

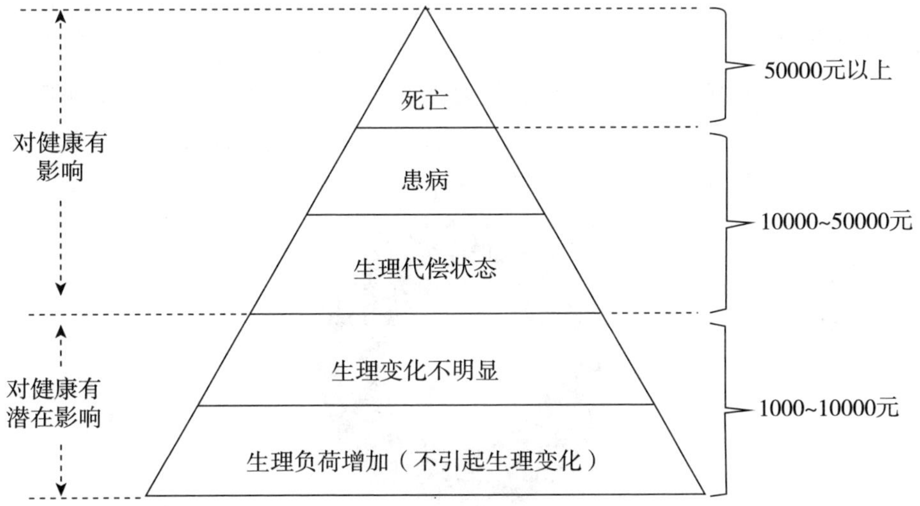

图5　不同损害级别的赔偿数额限制

正如学者所言，“这些规定（指旧《精神损害赔偿解释》）还较为抽象，不具体，具

〔25〕患病与生理代偿状态是可逆的。生理代偿是通过加强某一个或多个器官或组织的功能以适应或补偿生理或病理情况下需要的一种生理现象，比如动脉主干阻塞时，供血功能由扩大的侧支循环来进行代偿等。

体的操作还需要在实践当中积累经验”[26]。自 2001 年全国首例环境侵权精神损害赔偿案件[27]审结以来，环境侵权精神损害赔偿的司法适用已历经 20 年，总结实务经验并上升到司法解释层面，已具备一定的条件。本文将 1000 元、10000 元、50000 元作为限额边界，主要是参考借鉴了指导意见和司法实践的经验，其是否具有严格的科学依据，仍有待后续进一步研究。

分级限额并非绝对限额，依旧保留了一定的自由裁量空间。环境精神损害的主观性和个体差异性决定了赔偿数额的认定仍应以法官自由裁量为主，但应充分参照分级限额进行认定，至少应确保相同或相似损害程度的赔偿数额原则上应在同一限额范围内判赔，以保证类案的相对类判。

最后，酌定赔偿的数额应有利于实现精神损害赔偿的抚慰功能。精神损害赔偿具有抚慰、补偿、惩戒等功能，但抚慰最能说明精神损害赔偿的特色。[28] 精神损害无法真正被填补，因此在确定赔偿数额时应以理性人为视角，客观考虑赔偿数额是否足以抚慰被侵权人。这与国家赔偿案件中赔偿数额不足以抚慰时可以突破酌定比例限制的精神相契合。

综上，规范环境精神损害赔偿数额需要把握三个层面，即自由裁量、分级限额及抚慰导向（见图 6）。三个层面相辅相成、相互制约，才能够有效破解类案不类判的现实困境，使损害赔偿兼具灵活性与相对统一性。

图 6　环境精神损害赔偿数额的规范进路

〔26〕 参见杨立新、杨帆：《最高人民法院〈关于确定民事侵权精神损害赔偿责任若干问题的解释〉释评》，载《法学家》2001 年第 5 期。

〔27〕 详见杭州刘某等 407 名小学生诉某化工公司污染损害案。

〔28〕 参见张新宝主编：《精神损害赔偿制度研究》，法律出版社 2012 年版，第 40 页。

结　语

本文通过对环境精神损害的实证分析发现，精神损害赔偿制度的原则性规定已不足以保护环境侵权精神损害。在立法层面，应明确规定环境基本权利，扫清环境精神损害赔偿的权源障碍。在司法层面，应对精神损害及其严重程度采宽泛解释。对损害赔偿数额的确定应在自由裁量的基础上，结合环境损害的不同程度，进行分级限额，真正实现精神损害赔偿的抚慰功能。

农村承包地经营权流转诉讼中的价值冲突与利益平衡

——以统一与优化裁判方法为视角

石　菲　韦雨忱*

农村土地承包经营问题与我国“三农”的发展息息相关，也是实施乡村治理的关键所在。2018年，流转出承包地的农户已达7235万户，签订耕地流转合同达5678万份。[1] 在司法实践中，农村承包地流转纠纷的收案量呈现逐年递增的趋势，并因其群体性、复杂性等因素，成为审理中的一大难题。[2] 对相关裁判文书梳理分析后，笔者发现，对隐藏在农村承包地经营权流转诉讼后的价值冲突处理不当，是该类案件判决率、上诉率以及再审率等畸高的重要原因。同时，不能及时正确厘清讼争两造的利益诉求和价值偏向，也易导致该类案件演化为长期未结案以及生成衍生案件等，进而影响司法裁判社会效果的发挥。借此，对农村承包地经营权流转诉讼的审理实践进行总结与反思，在掌握现有处理方法基础上，全面了解该类诉讼主要关涉何种价值，并探索在诉讼全程妥善处理相关价值冲突，将会对乡村治理大有裨益。

---

* 石菲，北京市延庆区人民法院；韦雨忱，南宁铁路运输中级法院。

〔1〕 以上数据均来源于农业农村部主编的《农村经营管理》。

〔2〕 2021年6月15日，在中国裁判文书网，以“土地承包经营权”为关键词进行检索，共检索到95534篇民事判决书，其中基层人民法院71033篇、中级人民法院24142篇、高级人民法院294篇、最高人民法院5篇。

一、追根探源:承包地经营权流转诉讼中价值冲突处理失当问题的展思

与一般纠纷不同,承包地经营权流转诉讼因其关涉农村土地这一特殊要素,其承载的价值利益更为繁多(见图1)。[3] 苏力指出,法官常常以社会上的一般公正观念为准则,依据他个人对世态人情的洞察、他个人化的知识积累断案,因此常常只注重具体案件的结果的是非公正,不注意总体制度上的"合理",注重个别案件结果的合乎情理,而不注意通过公共化的、形式化的逻辑思辨来发展和系统化法律的原则(形式)。[4] 当前,一些法官仅凭办案经验和朴素的法律正义观处理承包地经营权流转案件,且多数情况下因怯于处理相对主观的价值判断问题,刻意淡化价值冲突问题,乃至回避价值冲突处理,既使得案件审理过程过于机械和冷漠,也难以有效发挥司法裁判的规则指引功能。本文主要从裁判文书入手分析前述问题。

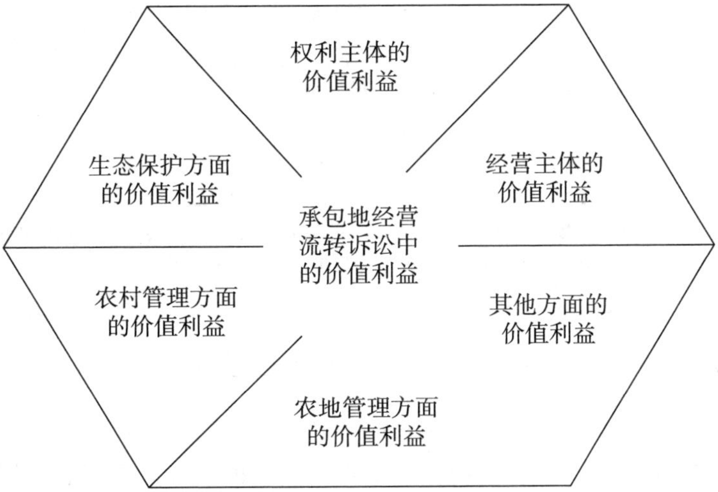

图1　承包地经营流转诉讼中的价值利益构成

(一)避而不谈:价值冲突的处理存空白

梳理多数判决文书可知,法官在说理时,多围绕具体的法律规则,主要是从案件事实如何归入法律规范角度出发。这种演绎推理型方式既经济又有效率,案件定性

---

〔3〕 其中既包括来自权利主体(集体经济组织、农户)的价值利益,又包括经营主体(种田能手、新型农业经营主体等)的价值利益,还包括农地管理方面的价值利益(非农化、非粮化、土地生产能力)、生态保护方面的价值利益(节约资源、保护环境),以及农村管理方面的价值利益(农民群体利益)等。

〔4〕 参见苏力:《法治及其本土资源》,中国政法大学出版社1996年版,第79页。

较为准确，可以在最大程度上保证裁判尺度统一并减少司法资源的无用损耗。但每一份判决，都是在厘清和界定相关的权利（权益）。[5] 基于该意义，这类判决缺少对为什么可归入相关法律规范的心证暴露，鲜少注意到案件事实及法律规范之后所隐藏的价值冲突，未能在事实部分对价值冲突情况进行概括总结，亦未在裁判说理部分予以处理回应，难以给予案件当事人足以信服的结果，亦难以借判决向社会传导正向价值。具体案例[6]见图 2。

案例 1

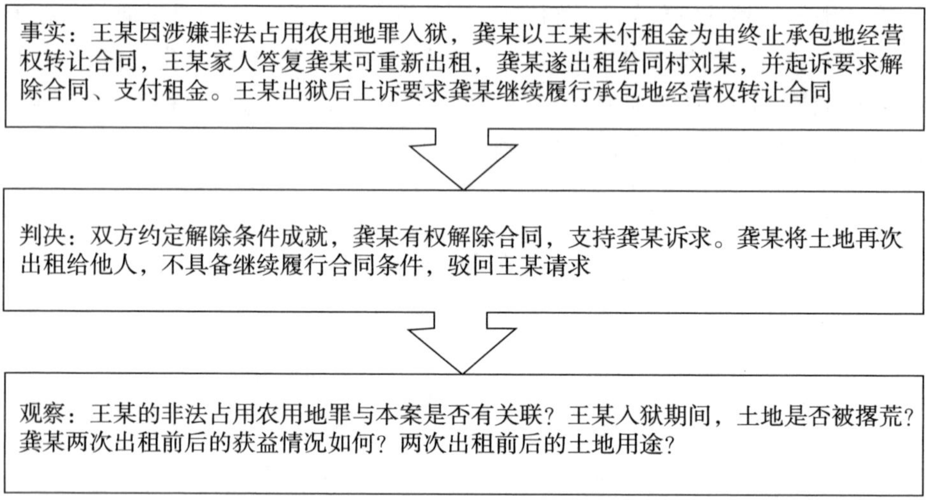

图 2　价值冲突处理存空白之示例

图 2 中案例所涉法官只从土地承包经营权的合同履行出发，研究是否可归入合同解除的相关法律规则，既未关注纠纷双方的价值冲突，亦未重视农地保护、生态管理等方面的价值冲突。虽然判决无过，但可能会释放出一个危险信号：合同约定可规避承包地价值利益的保护。

（二）管中窥豹：价值冲突的发掘不全面

承包地经营权流转诉讼关涉多方价值利益，很多法官在处理时不注意全面梳理相关价值冲突，而是仅凭经验，对摆在明面上的诉争双方价值冲突进行简单处理。一方面，法官很有可能因为价值冲突梳理不全面，不能正确厘清争议焦点，从而正确回

〔5〕 参见熊秉元：《法的经济解释：法律人的倚天屠龙》，东方出版社 2017 年版，第 108 页。

〔6〕 参见云南省红河哈尼族彝族自治州中级人民法院（2021）云 25 民终 463 号民事判决书。

应诉辩双方的意见；另一方面，法官局限于个案论断，未从全盘考虑，“只见树木，不见森林”，机械地适用法条，最终的判决结果可能会背离立法原意，进而对社会产生不当价值引导。具体案例[7]见图3。

案例2

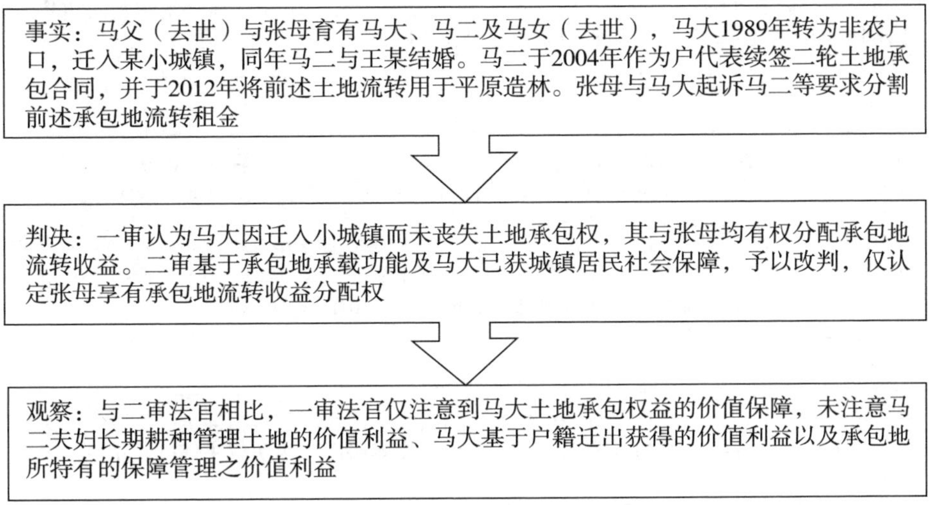

图3　价值冲突发掘不全面之示例

图3中案例所涉一审法官忽视了土地承包权设置之管理层面的价值冲突，未从法律法规之原意出发，机械适用承包期不收回土地、户籍迁入小城镇保留土地承包经营权之规定。而二审法官全面梳理案涉价值冲突，并一一回应，对今后类案的处理起到良好示范价值。

（三）顾此失彼：价值冲突的衡平失轻重

法院对责任的分担，往往隐含着价值的衡量，在多个价值并存的情况下，参考坐标不同，得出的结论也有可能不同。在很多承包地经营权流转诉讼中，虽然法官能够注意到价值冲突的存在，并将价值冲突的处理贯穿诉讼全程，但若法官仅凭主观认识和经验，未运用科学合理的衡平方法，则其在处理价值冲突时容易失当。这类情况多

[7] 参见北京市昌平区人民法院（2019）京0114民初18447号民事判决书、北京市第一中级人民法院（2020）京01民终8086号民事判决书。

出现在案涉不同层面的价值的取舍与衡量时，具体案例〔8〕见图4。

案例3

事实：胡父与杨母生育胡姐与胡弟两子女，并在A村承包土地。1996年，胡姐与胡弟相继迁入B村，并在该村取得承包地。1998年，胡父作为户代表与A村集体经济组织签订二轮延包合同。2008年，胡父、杨母先后去世。2011年，A村集体经济组织收回胡父名下承包地并转租。2017年，胡姐与胡弟起诉要求收回胡父名下承包地

判决：一审第一次基于胡姐与胡弟的户籍均迁入B村，判决驳回某诉讼请求；二审基于未查明胡姐、胡弟是否在B村取得土地及胡父名下全部承包地变化情况，发回重申。一审第二次虽查明相关事实，但以胡姐、胡弟不具有诉讼主体资格，裁定驳回起诉；二审认为胡姐、胡弟基于第一轮承包合同，与胡父名下承包地存在利害关系，撤销裁定并指令审理。一审第三次在查明全部事实基础上，基于胡姐、胡弟均已在B村取得土地且胡父名下承包地不发生继承，判决驳回其诉讼请求；二审法院予以维持

观察：前两次审理，一审法官衡平承包地不同权利主体之间的价值冲突时，一个在事实部分对承包权主体的价值利益考虑过轻，一个在法律层面对承包权主体的价值利益考虑过轻

图4　价值冲突衡平失轻重之示例

相较于农户个体的土地承包权益以及承包地在社会保障方面的功能价值，图4中案例所涉一审法官在前两次审理中，更为注重保障集体经济组织的所有权以及承包地经营权的稳定，在事实与法律适用部分均具有明显的价值倾向，引发当事人上诉、信访。第一次和第三次处理结果实质上相同，但就因法官单纯以享有家庭联产土地承包权的为本集体经济组织农村土地的农户，作为案件审理的参考坐标，出现价值衡量和取向上的偏向，从而导致事实查明不够全面公正，判决被发回，甚为遗憾。

---

〔8〕参见北京市延庆区人民法院（2017）京0119民初5155号民事判决书、北京市第一中级人民法院（2017）京01民终8007号民事裁定书、北京市延庆区人民法院（2018）京0119民初1877号民事裁定书、北京市第一中级人民法院（2018）京01民终7267号民事裁定书、北京市延庆区人民法院（2019）京0119民初357号民事判决书、北京市第一中级人民法院（2019）京01民终8098号民事判决书。

二、成因探求：承包地经营权流转诉讼价值冲突处理失当背后的三重因素解析

有学者认为，法律的主要功能是处理价值冲突。在承包地经营权流转诉讼中，如果法官能正确运用法律来处理其中的价值冲突，既可以更好地化解纠葛、平息纷争，又可以更好地彰显司法规则对价值保护的倾向性，传导正向价值，还可以摆脱机械司法裁判，在更高层次发挥规则构建、引领示范之作用。然而，从前文分析来看，很多法官在价值冲突的发现与处理方面尚存不足，影响了司法的能动性。因此，我们应正视当前司法裁判中价值冲突处理失当之问题。本文从法方法论、法经济学及法社会学三个方面入手，思考承包地经营权流转诉讼中价值冲突处理失当现象背后的成因，以期突破单线思维，更全面探求解决路径。

（一）法方法论视角：未建立符合价值冲突处理逻辑的法律适用

找法及归入为法律适用的重要组成部分。归入或涵摄归入是指把案件事实与分析出来的法律规范构成要件进行对应。[9] 实践中，已有很多学者就审理过程中如何在事实与法律之间建立联系提供多种法律适用路径，尤其以邹碧华的“要件审判九步法”较为得到认可。“要件审判九步法”将审判活动划分为9个步骤，分别是：固定权利请求—确定权利请求基础规范—确定抗辩权基础规范—基础规范构成要件分析—诉讼主张的检索—争点整理—要件事实证明—事实认定—要件归入并作出裁判。[10] 在对要件进行完善、分析的基础上，将价值冲突的处理有序融入，是比较有效率的法律适用机制。

分析前文提到的价值冲突处理失当情形，结合要件分析法，明显可以看出，法官在审理承包地经营权流转案件中，在将价值衡量融入法律适用过程中，存在以下处理逻辑不合理的情形：

一是选择性适用法律。即在案件要件事实击中一个或几个法律规则，使法官主观上足以支持一方诉求时，则仅围绕拟归入的法律规则查明事实及论证说理。法官系以法律具体规则为参考坐标，对双方表面的价值冲突予以回应。这是一种只追求个案公正合理的做法。前文所举案例1就是这种情况。若以我国诉讼法律所追求的事清责明为参考坐标，则存在缺失全面查清事实之嫌。若法官在核查要件事实之初，

〔9〕 参见邹碧华：《要件审判九步法》，法律出版社2010年版，第150页。

〔10〕 参见邹碧华：《要件审判九步法》，法律出版社2010年版，第2页。

先行明确案件所涉全部价值冲突，则其查明事实可能更为全面，找法更为准确，论证也就更加充分有说服力。

二是机械性适用法律。即在适用具体的法律规则时，忽略将其与原则性规定结合，抑或未探求法律规定的本意（立法原旨），而是仅作表面判断。此种情况下，法官往往多依经验对案涉价值冲突予以发掘与处理，在下判过程中未从整体考虑，由此适用法律时不能反思法律设定本义，极容易出现找法错误。如前文案例 2，一审法官因未对案涉价值冲突进行整体反思，尤其是未对土地承包权设定的价值予以考量，仅从个体承包权保护角度适用法律，从而出现错误理解并适用了农户迁入小城镇时的相关法律规定。〔11〕

三是逆推式适用法律。即在已确立法律规范基础上，对要件事实进行分析、证明与认定时，逆推所应当查明的事实，而未再从全部事实出发，反推确立的基础规范是否周延以及是否足以处理案涉全部价值冲突。价值以事实为基础，新的事实出现会产生新的价值，并为案件带来新的价值冲突。以前文案例 3 为例，第一次一审法官明确的基础规范为非本集体组织农户不享有本村土地的承包权，由此逆推查明的事实为两原告均非该村农户，但其遗漏一个重要事实，即原告从该集体组织迁走之后的土地承包权尚存在与否，从论证上缺少对农户个体等弱势群体利益的考量。

（二）法经济学视角：未形成法律价值选择时合理的价值位阶

在法律价值发生冲突的情况下，法律价值的选择往往能够发挥指向性的作用。进行法律价值选择时，价值位阶原则是一种被时常运用的方法。正如卡尔·拉伦茨所言，在利益衡量中，首先就必须考虑“于此涉及的一种法益较其他法益是否有明显的价值优越性”〔12〕。但价值作为一种超法律因素，反映的是人的主观判断，有时往往难以察觉，且对其衡量过程充满了主体色彩。作为法官，其在面对案件关涉的价值冲突时，还应当保持一种客观中立，对冲突的价值利益作出取舍。

很多法官之所以在价值冲突处理中失去平衡，作出偏向明显的判决，主要在于其内心未形成科学合理的价值衡量标准，未对价值进行正确的位阶排序。进一步深入追问，其原因可能在于：

一是参考坐标失当。实践中，“成本—收益”分析法最为常见。针对成本与收益

〔11〕 说明：小城镇户籍问题最早出现于 1995 年，关于小城镇户籍人口的土地承包权保护问题，最早见于 2002 年的农村土地承包法，且北京市 2002 年才在文件中明确北京市域小城镇范围。

〔12〕 [德]卡尔·拉伦茨：《法学方法论》，陈爱娥译，商务印书馆 2003 年版，第 285 页。

的解读不同,参考坐标也不尽相同,由此得出的价值位阶也存在差异。以承包地经营权流转诉讼为例,从当事人成本与社会成本不同层面入手,对案涉价值取舍可能会不同。例如,从当事人成本出发,可能会以交往事实为参考,作出倾向于保护守约一方的判断;而从土地现状出发,则可能会以资源利用、保护环境为参考,作出对更好维护土地一方的判断。总体来说,社会变迁过程中,对法学疑难问题的处理,最好是诉诸事实,而非信念。如前文,个别法官以法律规则而非事实作为价值评判的参考坐标,其价值冲突处理就不甚恰当。

二是中立性评价标准缺乏。从承包地经营权流转诉讼实例来看,仅在法律视野,或者以是非规范两极标准,或者以好坏结果两极标准取舍价值,都未能较好地处理价值冲突。可见,规范性思维与结果性思维,在价值判断方面,对一些价值冲突难题,都难以拿出有说服力的结果和有效解释。这就要求司法专业从业人员,需要对社会有更多的了解,也需要秉持自己的专业,以中立性评价标准来取代具备非理性因素的道德感、正义感。

三是结果验证不足。多数法官在处理价值冲突时,采用的往往是比较朴素的利益衡量方式,即依据社会一般观念及日常生活经验确定案涉价值利益边界,进而通过法律原则予以比较衡平。这类似于布坎南"不确定性之幕"思维模式,法官重点衡量可能的判决项所带来的利益。但这种仅仅指向利益的思维模式可能会忽略成本问题,即维护该利益带来的成本损失;另外,利益往往指向未来,这就使得判决结果缺乏验证性,这也是很多已决案件产生衍生诉讼的重要原因。

(三)法社会学视角:未发觉乡土纠纷的价值冲突二元化特点

很多学者指出,先了解社会,再了解法律。随着改革开放的深入、农村社会流动的增加、就业的多样性、社会经济的进一步分化,农民的异质性大为加深,村庄私人生活和公共生活发生了重大变化,家庭日益私密化,整体而言村庄发生了从熟人社会向半熟人社会的转变。[13] 一方面,村民的长期生活预期减少,交往理性增加,受人情规则的约束力逐渐降低;另一方面,市场化、法治化不断向乡村推进,村民的个权意识不断提高,公平法则的适用范围不断扩大。

在乡土纠纷中,熟人社会的部分规则仍然不可或缺,并在纠纷解决中发挥重要作用。几乎每一个中国人都会遭遇和处理两种不同的社会关系:与熟人或"自己人"之

---

〔13〕 参见贺雪峰:《农村的半熟人社会化与公共生活的重建》,载黄宗智主编:《中国乡村研究》(第6辑),福建教育出版社2008年版。

间的关系,以及与陌生人或"外人"之间的关系。[14] 基于这种差序社会关系,分析当下承包地经营权流转诉讼,其案件类型和价值冲突表现呈现出二元趋势(见图 5)。

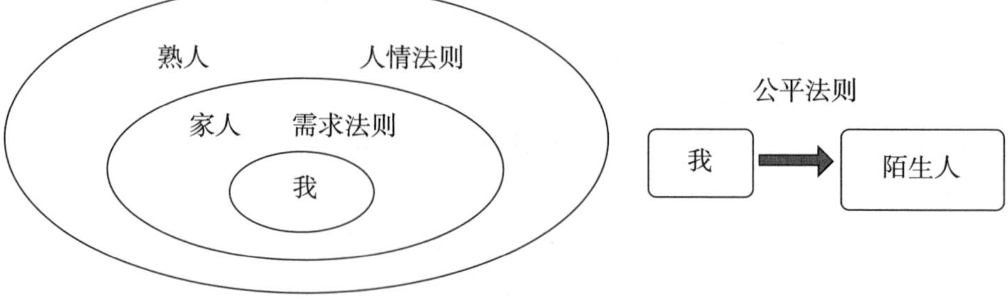

图 5 差序关系格局下乡土纠纷的二元结构图示

一是隐藏人情法则下的承包地流转纠纷,主要发生在家人、熟人之间,表现为土地互换、转让以及流转利益分配等纠纷类型。在法社会学视野,则体现为人情清算类(离婚等预期长远利益缺失)、利益介入类(面临征收)、偶发矛盾类(关系短暂失合)等纠纷类型。在这类案件中,人情因素明显,价值冲突往往集中于双方当事人个体之上,多表现为权益(承包权、经营权等)之争,鲜少涉及农地管理、生态保护及农村管理等方面的价值利益。

二是适用公平法则下的承包地流转纠纷,主要发生在市场化环境之中,多表现为承包地出租纠纷,但其承租主体呈现多元化(外村种田能手、种植企业等)。在法社会学视野,则体现为关系改变类(圈层关系转变)、利益最大化类(个体寻求获益最大引发的违约)、结构洞破裂类(信息不对称引发的违约)等纠纷类型。该类案件中,双方关系矛盾突出,缓和余地不大,因多涉及村外主体,价值冲突也呈现出多样态,涉及承包地的各种价值利益在此类案件中均有所表现。

司法实践中,很少有法官从社会视野关注承包地经营权流转案件的分类,进而不能准确甄别纠纷背后的价值冲突,甚至还有法官故步自封,在僵化适用法律条文的逻辑中,不能发现纠纷潜藏的价值冲突,机械断案,不能让司法裁判发挥更大价值。

三、解决路径:在二元案件结构下探寻中立性价值利益平衡之道

对于社会而言,没有哪一种价值是绝对的,对任何价值的保障和维护,往往取决于对其他价值的衡量。然而,"判决一旦确立,等于是揭示了司法体系的立场,放出一

---

〔14〕 参见陈柏峰:《半熟人社会——转型期乡村社会性质深描》,社会科学文献出版社 2019 年版,第 161 页。

个讯号,作为以后社会大众行为和法院判决的依据”[15]。因此,基于承包地经营权流转诉讼中价值冲突的广泛存在与深刻复杂性,法院值得思索:长远来看,如何准确平衡价值冲突,以向社会发出讯号,发挥司法裁判对乡村治理的引导、示范、评价和规制功能。针对前文总结的问题和分析的原因,本文尝试就承包地经营权流转诉讼中的价值冲突的衡平构建一种相对客观的行动策略和解决路径。

(一)找准坐标:事实准确归入法律

法治作为一种制度设计,作为一种规则化的治理,是国家治理的有效方式,具有独特的优势。这种优势表现在它使社会管理具有合法性、权威性、稳定性和可操作性。[16] 如何发挥这种优势,在法院层面就是要回应司法社会化的要求。一方面,应推进商谈式对话机制,扩大群众的司法参与性,推动客观事实和法律事实的链接,达到法律与道德风俗、社会政策三者的有机互动;另一方面,则应以完善法律适用为切入点,将价值冲突的平衡与处理融入适法过程,确保审理者找法准确、归入恰当。前者主要通过司法参与社会治理、推进纠纷诉前化解实现;后者则是要求法官在审理中以高度的责任使命,站在类型化案件的整体视野上,以裁判建构规则,引领社会风尚。

针对承包地经营权流转诉讼中的价值冲突,法官在适法过程中,可以先行建立客观的参考坐标:一是追根究底、立基于事实;二是捍卫核心、调整边缘。[17] 即让事实作为论述的起点,关于事实的查明应当全面,避免采取逆推式的事实认定方式。还要注意在事实与法律之间来回印证,剥离出最关键的案件事实、最具主导性的价值冲突以及最必要的法律规则,以使判决核心凸显、价值宣示明确。

尤其在归入时,应当认真考虑案涉价值冲突,做好法律解释,避免机械适用规则。对此,可以区分向后与向前两个维度,围绕事实及价值在社会变迁中所呈现的历史性与新颖性之不同属性,探寻法律真意(见图6)。

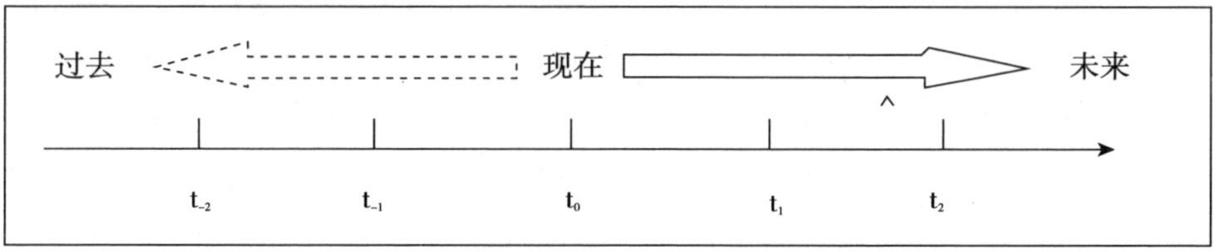

图6　社会变迁中的事实与价值节点

---

〔15〕 参见熊秉元:《法的经济解释:法律人的倚天屠龙》,东方出版社2017年版,第148页。

〔16〕 参见应勇:《论法院参与社会管理创新》,载《人民司法》2011年第9期。

〔17〕 参见熊秉元:《法的经济解释:法律人的倚天屠龙》,东方出版社2017年版,第52~53页。

一是向过去维度。在 t_0 时点，考虑发生在 t_{-1}、t_{-2} 等时点的案件，现有的法律可能是在 t_{-n} 时制定，那么在适用法律时，应当思考当时的情境，以当时的法律为坐标。一方面要尊重并恪守法律规则原文，设法萃取规则生成时的意义，比如某些概念在当时语境下的含义；另一方面要尊重并探索立法原意，探寻立法机关制定规则的意图，比如查找立法机关的条文解读。如前文案例2，在考虑马大户籍迁移对承包权益的影响时，就应站在当时法律的角度，来对马大的利益与其他案涉价值利益的高低进行评判。

二是向未来维度。在 t_0 时点，考虑难以适用当下具体法律规则的案件，则应以判决未来可能产生的价值效应为坐标。对此，可以采取波斯纳的“蒙混法”〔18〕，这可以适用于涉及生态环境保护、资源利用等价值冲突的承包地经营权流转诉讼中。还可以采取务实主义的做法，即在可能的效果中作价值取舍。评估那些可能会对农村管理政策调整产生影响的价值冲突时，如“逆城市化”现象中的利益衡量，可以以此自期。

（二）找准策略：构建中立性的价值位阶

虽然价值位阶备受主观性之争议，但对于不能拒绝裁判的法官来说，为案涉价值作高低划分，方便处理冲突，更好地适用法律，更有效率地作出裁决，司法能动作用得以最大限度发挥作用。为了确保司法公正，从法官内在心理而言，必须根据证据规则和司法诚信原则，全面衡量各种影响因素，保证内心评价活动的最大努力和善意。〔19〕在外部质疑法官自由心证呼声较大的情况下，除公开心证外，我们还可以建立相对科学合理的价值排列标准，让法官对价值的取舍有更加统一的尺度，以此既规范约束裁判者，又提高裁判的社会效果。

前文提到，承包地经营权流转诉讼中隐含多方面的价值利益，既包括权利个体，也包括土地整体，还包括治理、环保等方面的利益。关于案涉价值位阶的判断，是一个十分复杂的工程，容易陷入主观恣意的泥潭。由此，不妨结合其他科学专业知识，对价值判断的基本标准予以厘清，科斯的“单一主人”思维模式是一个很好的选择。

按照科斯对价值冲突的解决路径，可分为两步来走：第一步，先放弃当事人各自的立场（以及所具有的利益），而站在一个较高的层次，以包括所有当事人在内的角

---

〔18〕 熊秉元称之为“打混仗”，指先处理个别问题，在案件累积到一定程度后，通过整体分析再处理全部问题。参见熊秉元：《法的经济解释：法律人的倚天屠龙》，东方出版社2017年版，第110页。

〔19〕 参见邹碧华：《要件审判九步法》，法律出版社2010年版，第146页。

度，评估整体或总和的利益；第二步，同时考虑“整体”[20]和“长期”这两个因素，找出能在长期上使社会产值最大的处理方式[21]。例如，在涉及大棚房违建的承包地流转案件中，在梳理全部价值冲突的基础上，即可以作假设：如果我作为土地的主人，基于长期性和整体性考虑（见图7），哪种土地处置的价值倾向更符合我的利益？由此找到影响案件的最重要的价值利益，并以维护该利益视角适用法律。

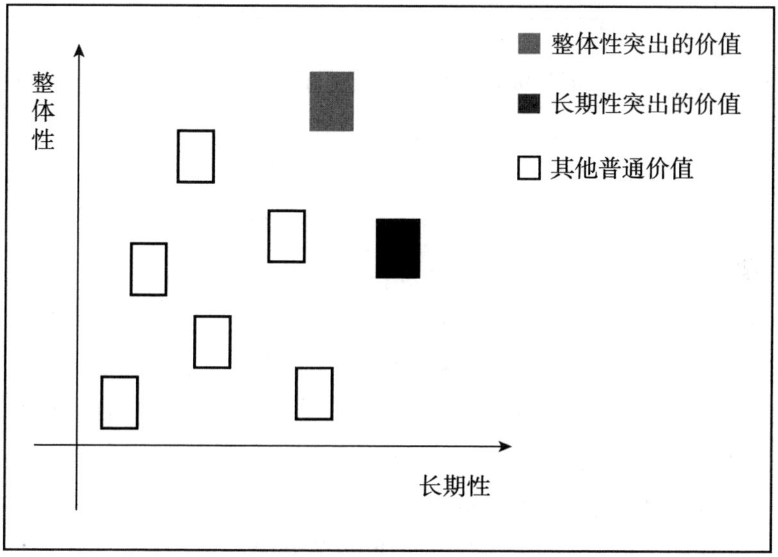

图7　价值冲突处理的“坐标轴法”示例

鉴于承包地经营权流转诉讼的二元结构，前述价值冲突的处理标准及方式更适用于市场交往性质的案件类型。对于熟人社会性质的案件类型，价值冲突的个体性特征更为明显，有时较难整体权衡，其长远后果亦难预见。故对于后者，对价值冲突的处理，可以把焦点转移到“规则”或“过程”上。在此意义上，“冒泡法”是一个较好的策略（见图8）。

---

〔20〕　整体性价值包括当事人利益、群体利益、制度利益、社会公共利益等，主要是从立法本意、整体社会价值层面考虑，是对社会现阶段利益的总体梳理；长期性价值包括判决社会效果、示范作用、政策影响等，主要是从规则生成与发展维度考虑，是对社会的长远预期。

〔21〕　参见熊秉元：《法的经济解释：法律人的倚天屠龙》，东方出版社2017年版，第210页。

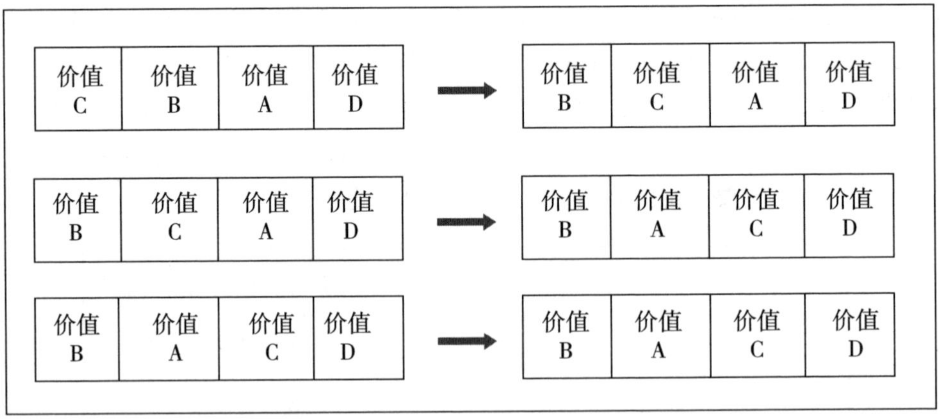

图 8　价值冲突处理的“冒泡法”示例

假设案件存在 A、B、C、D 四种价值利益，法官亦首先放弃对抗立场，对所有利益逐一进行比较，直到明确价值 D 更值得法律保护。“冒泡法”集中于对规则和过程的讨论，可以进一步淡化彼此可能有的利益冲突，也就更容易找到交集和彼此都能接受的“共识”〔22〕，对于处理熟人之间的土地纠纷大有裨益。价值比对的过程，实际上也可成为找寻双方价值共同点的过程。一旦发现“价值共识”，法官就可以尝试推进纠纷双方回归人情法则圈层，消除对抗情绪，缓和并修复关系，直至协商和解。而即便无法和解，亦能减少争议焦点，形成更具说服力的判决。

(三)找准定位：区分二元案件结构

乡土社会中的人际关系不是短暂的、区域性的事件，是长期交往和感情发展的结果，具有历史性和延伸性，同时具备复杂的前因后果和社会背景。但在今天这种社会流动不断加速、人的生活预期缺乏远大目标、利益趋向愈加显著的情况下，“差序格局”的人际关系网络还在勉强支撑着，但村民之间的交往较以往更为理性，村庄社会结构呈现扁平化状态，市场伦理和公平原则逐渐占据上风。因此，承包地经营权流转纠纷呈现出二元趋势，分别为熟人社会性质与市场交往性质。熟人社会性质的案件类型主要表现为纠纷双方存在多层面的人情往来，而市场交往性质的案件类型则表现为纠纷双方交易次数有限。

规则的形成和内涵，受诸多力量雕塑，而彼此交往的次数和频率，是重要的决定

〔22〕　参见熊秉元：《法的经济解释：法律人的倚天屠龙》，东方出版社 2017 年版，第 209 页。

因素。[23] 单回合交往、多回合交往与最后回合情形下，当事人基于“成本—利益”的考量，所形成的交往规则不尽相同。延伸到承包地经营权流转纠纷中，不同形式的纠纷中所呈现的价值冲突对于案件解决的影响也不一样(见图9)。

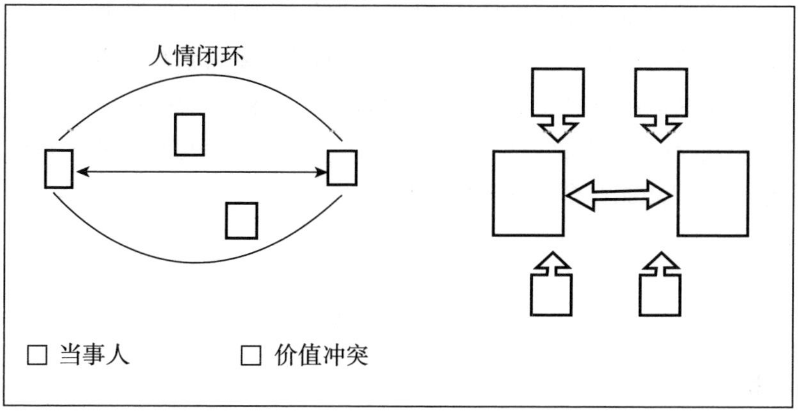

图9　二元案件结构中价值冲突的分布对比

一是熟人社会结构性质的纠纷，双方的关系可以维持在人情往来的闭环内，案涉价值冲突也比较集中于双方交往维度。处理该类案件的价值冲突不宜直接适用具有公平法则性质的法律法规，而是先从双方是否可以通过人情法则达成价值共识视角出发，否则易形成“冤家宜解不宜结”局面，更有甚者引发关联诉讼、衍生案件。对此，可以引用实践性商谈程序[24]，法官适当暴露内心价值衡量的标准，并就法律问题作深层释明，引导当事人就利益分歧问题进行充分辩论，由此形成利益衡量结论，甚至促成和解。

二是市场交往结构性质的纠纷，双方关系不为人情闭环所束缚，更具有开放性，来自双方之外价值冲突较多。所以，在处理该类案件时，宜先全面厘清潜在的价值冲突，在处理价值冲突中尝试促成双方达成共识。一旦无法促成共识，则应衡平关涉价值，综合运用坐标轴法与“冒泡法”，让司法裁判在公正裁决的基础上，兼具保护当事人合法利益的功能，实现法律效果和社会效果的有机统一。

---

〔23〕 参见熊秉元:《法的经济解释:法律人的倚天屠龙》,东方出版社2017年版,第29页。

〔24〕 实践性商谈程序指面对当事人之间的利益分歧，通过法院与当事人对话的方式就解决方案达成合意性共识的司法协商机制。参见杨力:《民事疑案裁判的利益衡量》,载《法学》2011年第1期。

结　语

“法学是一门充满实践理性的学科，魅力主要不在坐而论道，建构价值，因为其他学科也共担这样的使命，而在于如何通过规范把价值作用于事实，作出外有约束力、内有说服力的判断的技艺……”〔25〕在法治越来越成为乡村治理重要方式的背景下，更加需要将法律的运作过程展示于社会，近而引导乡土纠纷中的当事人建立正确的行为偏好和利益导向，推进源头息诉止争；远而为乡村治理提供司法的价值取向，让司法的“规则之治”功能在乡村社会生根开花。

〔25〕［德］卡尔·恩吉施：《法律思维导论》，郑永流译，法律出版社 2004 年版，第 284 ~ 285 页。

网约车平台侵权责任认定规则的反思与重构

——以风险控制与风险分配为分析视角

甘　芳　秦海彬*

网络预约出租汽车(以下简称网约车)作为“互联网＋”和“共享经济”的产物,具有优化资源、便利出行、促进就业等优势。然而,作为新生事物的网约车,在提供便利与就业的同时,其呈现出的问题如雨后春笋,尤其是网约车平台经营者(以下简称网约车平台)在交通事故中的侵权责任认定问题日益突出。2016年11月,交通运输部等7部委出台了《网络预约出租汽车经营服务管理暂行办法》(以下简称《网约车管理暂行办法》),该规章明确了网约车平台的承运人责任。然而,在民事侵权领域,合理认定网约车的侵权责任,已成为《民法典》实施以来亟待解决的重要问题。

一、网约车平台侵权责任认定的现状考察

为了考察网约车侵权责任的认定现状,笔者在中国裁判文书网上选取320份涉网约车交通事故赔偿责任纠纷的民事判决书作为样本进行考察。[1] 从时间分布看,320份样本中2016年有2份、2017年有29份、

* 甘芳,南宁市青秀区人民法院;秦海彬,南宁市良庆区人民法院。

〔1〕 笔者于2021年5月20日在中国裁判文书网通过设置检索条件(全文检索“网约车”、案由“交通事故赔偿责任纠纷”、当事人“科技”或“网络”、文书类型“判决书”、裁判时间2016年1月1日至2021年5月20日),收集到相关判决书512份,逐份查阅后排除重复和实际并未涉及网约车平台的判决书192份,剩余的320份作为考察样本。

2018 年有 58 份、2019 年有 120 份、2020 年有 83 份、2021 年 1～5 月有 28 份，样本的时间分布与网约车发展脉络相吻合。从地域分布看，全国各地法院均有不同数量样本，其中，广东有 47 件、北京有 36 件、浙江有 30 件、四川有 29 件、江苏有 28 件，占全国法院样本的 53.13%，地域分布与网约车地域发展现状相符合。样本的选取具有代表性，能够反映网约车侵权责任的认定现状。

（一）原告诉求：网约车平台应当承担连带赔偿责任

通过查阅样本发现，交通事故赔偿责任纠纷案件的原告为了最大限度地保障合法权益，往往将网约车平台、司机列为共同被告，请求判令二者承担连带赔偿责任。此外，尚有 15% 的样本将网约车平台软件设计者同时列为共同被告，请求判令网约车平台软件设计者与网约车平台、司机共同承担赔偿责任。上述民事诉讼行为表明，乘客或受损第三人普遍认为，其通过网约车平台搭乘司机驾驶的网约车，网约车平台应当对司机的过错负责，应当与司机共同承担赔偿责任。

（二）被告答辩：平台、司机相互推诿均不愿承担赔偿责任

部分司机针对原告的诉讼请求辩称，其受网约车平台指派接单并接受网约车平台监管，双方存在劳务或雇佣关系，进而提出承担赔偿责任的主体是网约车平台而不是司机。

而网约车平台提出以下答辩意见：一是事故发生时，网约车平台未提供服务，即乘客没有使用网约车平台下单或下单联系到司机后取消订单，故网约车平台与事故没有关系，此类答辩意见占样本总数的 33.33%；二是司机系自由注册、自由接单、自由提现，网约车平台与司机是新型合作关系，其与乘客是居间关系，网约车平台未实施侵权行为、没有过错、与事故结果没有因果关系，故网约车平台不应当承担赔偿责任，此类答辩意见占样本总数的 56.67%（见图 1）。

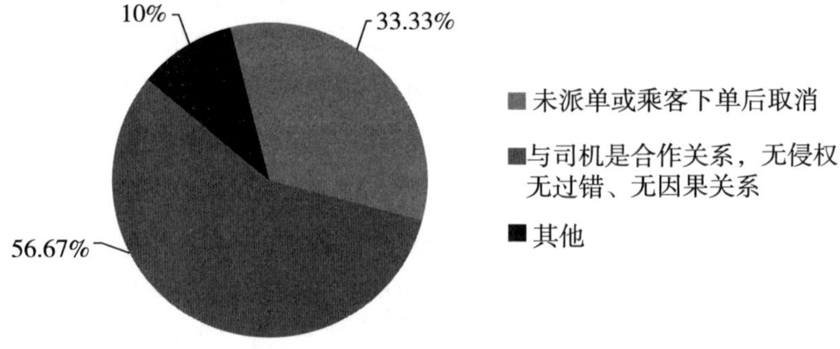

图 1　网络车平台答辩情况

（三）资格认定：网约车平台诉讼主体资格的认定有分歧

针对网约车平台提出的事故发生时其未提供服务的答辩意见，经查证属实，法院应当判决驳回原告的诉讼请求。但是，在事故发生时网约车平台提供服务的样本中，有7%的样本中法院认定网约车平台与司机之间的法律关系，不属于交通事故赔偿责任纠纷案件的管辖范围，故网约车平台不是适格的被告，进而判决驳回原告的诉讼请求。这表明部分法院对网约车平台的诉讼主体资格的认定存在分歧。

（四）责任类型：网约车平台侵权责任的认定不统一

通过查阅样本发现，法院认定网约车平台不承担赔偿责任的样本占50%，其中，事故发生时未提供服务而不承担赔偿责任的占33.33%，事故发生时提供服务而不承担赔偿责任的占16.67%。法院认定网约车平台承担赔偿责任的样本占50%，其中，认定司机不承担赔偿责任而网约车平台单独承担赔偿责任的占13.33%，网约车平台、司机承担连带赔偿责任的占20%，网约车平台、司机承担按份赔偿责任的占6.67%，网约车平台承担补充责任的占6.67%（见图2）。这表明法院对于网约车平台侵权责任的认定呈现多元化的特点。

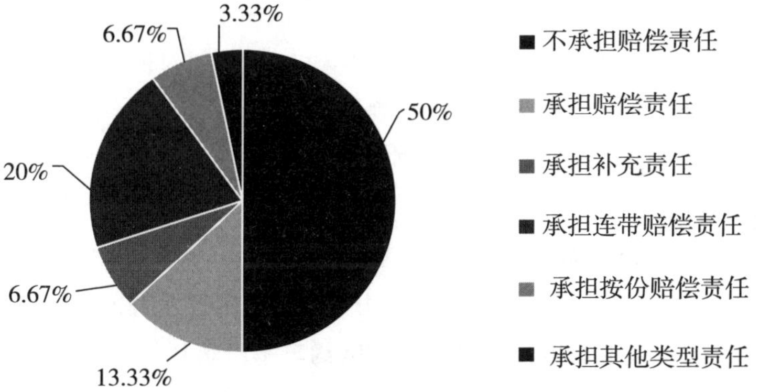

图2　网约车平台侵权责任认定及类型分布情况

网约车侵权责任认定的上述现状，反映出部分法院对涉网约车交通事故赔偿责任纠纷案件的审判出现认定标准不统一问题。该问题主要表现在以下三个方面：一是原告对网约车平台承担责任的强烈诉求与部分法院对网约车平台诉讼主体资格认定的消极回应之间的冲突；二是网约车平台与司机之间对于涉网约车交通事故赔偿责任承担的冲突；三是不同法院之间对于网约车平台是否承担赔偿责任及承担责任类型的冲突。如果未能及时解决上述冲突，势必导致涉网约车交通事故赔偿责任纠纷案件出现“同案不同判”，进而使得涉网约车交通事故各方当事人对人民法院的公正审判产生怀疑。

二、网约车平台侵权责任认定的现状反思

追根溯源，受网约车平台法律地位、平台与司机之间法律关系及乘客或受损第三人、平台、司机的利益平衡三种因素的影响，网约车平台侵权责任的认定出现“同案不同判”。

（一）网约车平台的法律地位不明

网约车作为互联网时代在交通运输业领域的新业态，随之引发的法律问题日益凸显，其中，网约车平台的法律地位问题尤为突出。在民事侵权领域，网约车平台的法律地位尚未明确。

一方面，《民法典》“侵权责任编”并未对网约车侵权问题设置专门条款，导致审理涉网约车交通事故责任纠纷案件中出现法律空白；另一方面，尽管《网约车管理暂行办法》明确了网约车平台经营者的承运人责任，但是，该规定只是网约车管理的行政规章，是否适用于交通事故赔偿责任纠纷案件的审理及认定，目前尚未有相关司法解释予以明确。

网约车平台法律地位的法律规范缺位，导致各地法院对网约车平台的诉讼主体资格认定出现分歧，如有的判决引用行政规章《网约车管理暂行办法》的规定从而认定网约车承担承运人责任，而有的判决则采信网约车平台的答辩意见最终认定网约车平台不承担责任。[2]

（二）网约车平台与司机的法律关系不清

网约车平台的法律地位目前暂无明确规定，如果能够明确网约车平台与司机之间的法律关系，则也能够有效地避免法院在网约车平台责任的认定中出现“同案不同判”问题。然而，对于网约车平台与司机的法律关系的认定，目前亦尚未明确。

首先，从目前大多数网约车平台的运营模式来看，很难直接认定双方为劳动关系。其次，《网约车管理暂行办法》并未明确规定网约车平台与司机之间的法律关系，网约车平台与司机可以签订多种形式的劳动合同或协议。最后，人力资源社会保障部等于2021年7月16日联合发布的《关于维护新就业形态劳动者劳动保障权益的指导意见》亦未明确网约车平台与司机之间的法律关系。

---

〔2〕 参见安徽省淮北市中级人民法院(2020)皖06民终1055号民事判决书、云南省昆明市中级人民法院(2019)云01民终4656号民事判决书。

网约车平台与司机的法律关系不清，导致各地法院对于网约车平台与司机之间的法律关系认定出现分歧。例如，有的法院认为网约车平台与司机是新型合作关系；有的法院认为网络平台与相关从业人员的用工关系性质原则上按约定处理；[3]还有的法院认为网约车平台对司机注册准入、解约有单方决定权、定价权，司机按照平台的指令提供运输服务并接受监督，进而认定网约车平台与司机是雇佣关系。[4]

（三）网约车平台、司机、乘客的利益难以平衡

在网约车平台的法律地位、网约车平台与司机的法律关系尚存争议的情况下，各地法院更加难以平衡网约车乘客（或受损第三人）、平台、司机之间的利益关系，进而使得各地法院对于网约车各方利益的保护出现差异。

这种利益保护的差异主要体现在各地法院审判的出发点上。有的法院从保护乘客利益出发，认定网约车平台的承运人责任，判令网约车平台与司机承担连带赔偿责任；有的法院则从保护网约车平台健康发展出发，直接采信网约车平台的观点，判令司机单独承担赔偿责任；还有的法院从保护司机兼顾乘客利益出发，认为鉴于网约车平台在合同规则制定、定价、路线安排、费用支付等方面的优势或主导地位，司机只有存在重大过失或故意时，才与网约车平台承担连带赔偿责任。

（四）网约车平台的责任类型难以统一

民事侵权领域中侵权责任包括赔偿责任、按份赔偿责任、连带赔偿责任、补充清偿责任等类型，加之前述三种困境综合作用，各地法院对于网约车侵权责任类型的认定难以形成统一的裁判标准，进而出现“同案不同判”的问题。

侵权责任类型的示例如下：

1. 判决网约车平台单独承担赔偿责任。有的法院认为乘客向网约车平台发送出行信息，接受网约车平台指派的车辆，并支付运输服务费用，乘客与网约车平台之间成立运输服务合同，故网约车平台作为承运人，应当保证运营安全、保障乘客权益。同时，鉴于网约车平台与司机存在注册认证、接单派单、利益分配、合同履行的管理监督等情况，网约车平台与司机属于雇佣关系，网约车平台应当承担单独赔偿责任。[5]

2. 判决司机与网约车平台承担连带赔偿责任。有的法院依据《网约车管理暂行办法》认定网约车平台经营者承担承运人责任，同时基于司机以私家车辆注册网约车

---

〔3〕参见浙江省杭州市中级人民法院(2019)浙01民终5470号民事判决书。

〔4〕参见浙江省金华市中级人民法院(2018)浙07民终4933号民事判决书。

〔5〕参见浙江省金华市中级人民法院(2018)浙07民终4933号民事判决书。

并接受网约车平台指派、监管且共享利益、共担风险,认定司机与网约车平台承担连带赔偿责任。[6] 有的地方法院依据《网约车管理暂行办法》认定网约车平台公司承担承运人责任,同时基于网约车平台在规则制定、定价、路线、支付、监管上的优势地位,认定司机只有存在重大过错或故意时,才与网约车平台承担连带赔偿责任。[7] 有的地方法院则认为网约车平台在司机注册认证时应当知悉车辆的使用性质发生改变,网约车平台如未尽到车辆商业险关于负有提醒义务或与司机就车辆从事运营约定,而导致保费的增加部分履行约定义务,则应当与司机承担连带责任。[8]

3. 判决网约车平台承担补充清偿责任。有的法院认为网约车平台在规则制定、定价、路线、支付、监管上具有优势地位,在网约车平台提供车辆给司机并负责车辆投保的情况下,其地位已远超居间人的定位,应当认定为承运人,承担补充清偿责任。[9]

综上,网约车平台的法律地位不明和网约车平台与司机之间的法律关系不清,导致网约车侵权责任认定在法律层面出现法律缺位。而在司法实践中,各地法院难以平衡网约车事故各方当事人的利益,最终造成网约车侵权责任认定面临"山穷水尽疑无路"的困境。如果还继续沿用现有的裁判思路,难以破解网约车侵权责任认定的困境。因此,必须突破常规思维、另辟蹊径,寻找网约车侵权责任认定困局的破解之路。

三、网约车平台侵权责任认定的理论解构

在"互联网+"时代,交通事故等典型的社会风险无处不在。在风险社会视域下,侵权责任裁判规则不仅具有救济的首要功能,还要具备风险控制和风险分配的功能。[10] 对于网约车侵权责任的认定困境,可以从风险控制和风险分配的视角进行解构分析。风险社会视域下,网约车发生交通事故的风险(以下简称网约车风险)控制由网约车、乘客、平台、司机构成,组织结构见图 3。

---

〔6〕 参见安徽省淮北市中级人民法院(2020)皖 06 民终 1055 号民事判决书。

〔7〕 参见重庆市第五中级人民法院(2021)渝 05 民终 1556 号民事判决书。

〔8〕 参见北京市西城区人民法院(2020)京 0102 民初 6448 号民事判决书、北京市西城区人民法院(2020)京 0102 民初 18294 号民事判决书。

〔9〕 参见浙江省杭州市中级人民法院(2020)浙 01 民终 4667 号民事判决书。

〔10〕 参见何国强:《风险社会下侵权法的功能变迁与制度建构》,载《政治与法律》2019 年第 7 期。

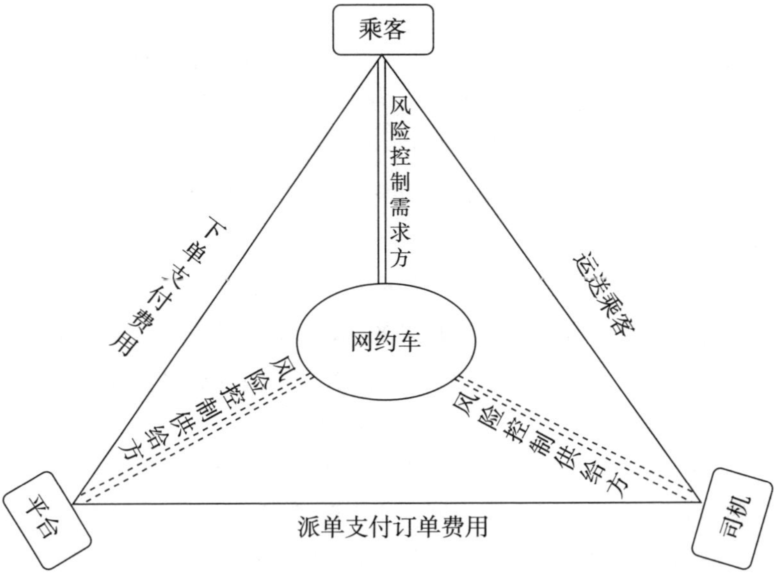

图3　风险社会视域下网约车风险控制组织结构

(一)网约车:网约车风险的载体

网约车风险无处不在,除非车辆处于静止状态。因此,以交通事故网约车一方为视角,网约车风险源自行驶中的网约车。

具体而言,网约车风险主要来自网约车车辆本身和司机的驾驶行为两方面。对于网约车车辆本身而言,网约车风险表现在车辆技术性能和车辆运营资质等方面。对于司机驾驶行为而言,网约车发生交通事故的风险表现在司机的准驾资质、驾驶经历、驾驶品格和司机驾驶车辆违反交通安全法(如闯红灯、超速)、脱离既定行驶路线等行为。

网约车平台通过接受乘客的出行信息,并根据客户的出行需求向司机指派订单进而获取相应费用。从网约车平台的上述运营模式可知,网约车既是网约车平台提供服务的核心载体,也是网约车司机完成订单的必备工具。无论对于网约车平台还是司机而言,网约车都是最为重要的资产,也是从事网约车服务最大的投入成本。因此,网约车也是识别网约车风险控制主体的关键。

(二)乘客:网约车风险控制的需求者

乘客基于信任向网约车平台发出其出行信息,并接受网约车平台安排的车辆、司机,其与平台、司机是运输合同关系。基于人际交往的信赖原则,作为运输合同相对方的网约车平台、司机应当保障乘客的人身安全。因此,从风险控制的角度来说,乘客是网约车风险控制的需求者。

乘客为网约车风险控制的需求者,这一点可以从网约车平台责任认定的现状中得到验证。对于发生交通事故的乘客或受损第三人而言,即使事故发生时网约车平台未提供服务,其仍然请求法院判令网约车平台承担赔偿责任,甚至请求法院判令网约车平台软件的设计者承担连带赔偿责任,这足以证实乘客对于网约车风险控制的需求极其强烈。

(三)网约车平台与司机:风险控制的主体

网约车平台作为交通事故风险的开启者、控制者,应当负有采取合理措施降低交通事故发生的风险的义务。当然,网约车平台采取措施的合理性也受到互联网技术水平和管控能力的制约。[11]

网约车风险控制主要包括网约车的车辆本身和驾驶行为两方面。据此,可以从网约车车辆和驾驶行为两方面来识别网约车风险控制主体。

1. 网约车权属不同,网约车风险控制主体也不同。从网约车平台的角度来看,根据所有权不同,网约车分为自营车辆和非自营车辆两种。

自营车辆是指网约车所有权人或占有权人是网约车平台,平台以注册方式招募司机并提供运营车辆。此时,网约车平台更有意愿且更为便捷地采取措施以降低网约车车辆本身风险。因此,将此类网约车的车辆本身风险控制主体归属于网约车平台较为适宜。

非自营车辆是指网约车所有权人是司机(私家车),司机提供运营车辆并接受平台派单,提供服务并接受平台监督,此种网约车风险控制主体是网约车司机。此时,司机更有意愿同时更为便捷地采取措施以降低网约车车辆本身风险。因此,将此类网约车的车辆本身风险控制主体归属于司机较为适宜。

当然,对于网约车所有权人为第三人,基于网约车使用权人不同,网约车同样可以分为自营车辆和非自营车辆。

2. 驾驶行为的风险控制主体是司机,但是在特定情形下,网约车平台也应当作为驾驶行为的风险控制主体。网约车驾驶行为主体就是司机,司机理应成为驾驶行为的风险控制主体。但是,不应忽略的是,网约车平台在特定情形下也应当采取合理措施来实现对驾驶行为的风险预警、中止,进而降低网约车发生交通事故的风险。

因此,在特定情况下,网约车平台也是驾驶行为的风险控制主体。这些特定情形主要是指:(1)司机驾驶资质的审核;(2)网约车的安全技术性能、准入资质的审核;

---

〔11〕 参见张素华、孙畅:《民法典视野下网约车平台侵权的法律适用》,载《河北法学》2020年第8期。

(3)车辆、司机线上与线下保持一致;(4)发现司机有违反交通安全法行为、偏离既定路线等危险行为应当及时预警、中止等。针对上述特定情形,网约车平台完全可以采取合理措施实现对司机驾驶行为的风险控制。

(四)保险:网约车风险的分散

在风险社会中,保险作为社会风险分散的最为重要的制度,具有举足轻重的地位。因交强险是网约车强制缴纳的,网约车的保险是指网约车的商业险,商业险根据车辆用途分为家庭和运营两类,运营类的保险费用远远高于家庭类的保险费用。

对于非自营车辆的网约车平台而言,网约车注册后车辆用途已由家庭自用车辆变更为运营车辆。此种情况下,司机应当将车辆用途变更情况及时告知保险公司,否则保险公司可以以未告知车辆用途发生变更为由拒绝理赔。[12] 如果司机未及时将车辆用途发生变更的情况告知保险公司,就会削弱保险分散社会风险的功能,损害乘客或受损第三人的保险利益。因此,非自营车辆的网约车平台,在网约车注册后应当及时提示司机告知保险公司车辆用途发生变更的情况或者对增加的保险费用进行约定,以保障乘客的保险权益。

网约车、乘客、平台、司机作为网约车服务的四要素,在网约车风险控制中扮演不同角色。网约车,其不仅是网约车风险的载体,也是识别网约车风险控制主体的重要参考;乘客,既是网约车服务的发起者,又是网约车风险控制的需求者;网约车平台、司机,既是网约车服务的提供者,也是网约车风险控制的供给者,同时应当作为网约车风险控制的主体。从风险社会的视角来看,网约车侵权责任的认定问题就是网约车风险分配问题,而风险分配的前提和基础在于风险控制。只有解决了网约车风险控制主体的问题,才能讨论网约车风险分配问题。

四、网约车平台侵权责任认定规则的重构

网约车平台侵权责任的认定不仅具有救济和风险控制功能,也蕴含着风险分配功能。倘若任由网约车风险自由分配,网约车风险必然会全部集中在司机身上,对乘客、司机都是不公平的。

(一)树立网约车侵权责任认定的基本理念

兵法云“兵马未动,粮草先行”。在网约车侵权责任认定过程中,理念往往比规则

〔12〕 参见王旭升:《顺风车保险拒赔案件裁判标准的审视与构建——以无讼网53份判决为基础的实证分析》,载《法律适用》2019年第14期。

更重要。因此,应当秉持以下理念作为网约车平台侵权责任认定的基本原则。

1. 乘客利益至上。乘客作为网约车风险控制的需求者,却不能控制网约车风险。但如果没有乘客,网约车行业就成为无本之木。乘客的安全得不到保障,势必影响网约车行业的良性发展,即使再新的技术、运营模式,网约车行业也只能转眼成空。因此,必须秉持乘客利益至上的理念,确保乘客的利益得到充分保障。

2. 网约车行业健康发展。网约车行业作为共享经济和"互联网 +"的产物,体现着创新、协调、绿色、开放、共享的发展理念。司法机关应当着眼于服务大局,从网约车行业健康发展出发,合理分配网约车侵权责任。而网约车平台作为网约车行业的载体,在网约车侵权责任分配时不宜过重,否则可能阻碍网约车行业的健康发展。

3. 乘客、平台、司机利益平衡。法律的目的须在每一规范中考虑所涉及的利益,并衡量法律所旨在赋予价值的利益及牺牲的利益。在构建网约车侵权责任裁判规则时,依据不同类型、不同情形,从动态的角度,平衡乘客、平台、司机三方利益关系,充分考虑各方合法权益,不能出现厚此薄彼的现象。

(二)明确网约车风险的分配流程

基于网约车风险分配上述理念,结合网约车风险控制主体,网约车风险应当在风险控制的基础上进行分配(见图4)。

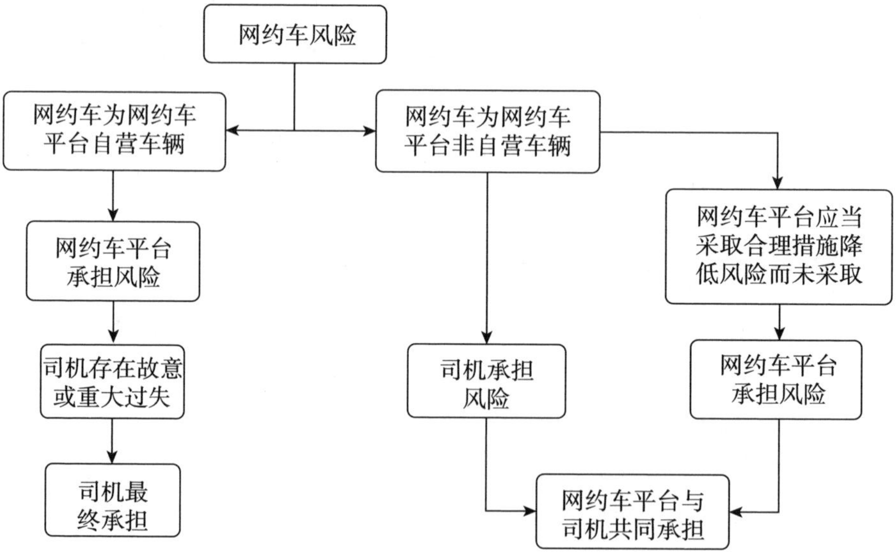

图4　以风险控制为基础的网约车风险分配流程

当网约车为网约车平台自营车辆时，网约车的车辆本身风险控制主体是网约车平台，驾驶行为的风险控制主体为司机。此种情况下，网约车平台会更有意愿采取尽可能的措施加强对驾驶行为的风险控制，将网约车风险分配给网约车平台较为合理。但是，如果司机驾驶网约车存在故意或重大过失时，网约车风险应当最终分配给司机。

当网约车为网约车平台非自营车辆时，网约车的车辆本身风险控制主体为司机，驾驶行为的风险控制主体为司机。此种情况下，网约车司机更有意愿采取尽可能的措施来降低网约车发生交通事故的风险，将网约车风险分配给司机较为合理。但是，在特定情况下，网约车平台也可以通过采取合理措施以降低网约车风险，如果网约车平台未采取合理措施，那么将网约车风险分配给网约车平台、司机较为合理。

网约车平台应当采取合理措施包括但不限于如下内容：一是严格审核车辆安全性能、准入资质、司机驾驶资质等资格条件；二是确保网约车车辆、司机信息线上与线下一致；三是在知道或应当知道司机有违反交通安全法行为、偏离既定行驶路线等危险行为时，应当及时采取提醒、预警、中止的措施；四是应当确保乘客对网约车的保险利益。

网约车上述风险分配模式，既能最大限度地保障乘客的合法权益，又能最大限度地激励网约车所有人或占有人采取合理措施降低网约车本身风险，还起到约束司机审慎驾驶网约车和督促平台强化对网约车、司机的信息审核、监管，平衡乘客、平台、司机之间的利益，促进网约车行业健康发展。

（三）构建网约车侵权责任的裁判规则

在明确网约车风险分配模式后，根据不同情形，对于网约车发生交通事故且属于网约车一方责任，并且网约车交强险和商业险赔偿后仍不足的，应当依据以下思路认定网约车平台的侵权责任（见表1）。

表1　网约车平台侵权责任裁判路径

网约车类型	责任主体	例外情形	侵权责任调整
自营车辆	网约车平台	司机存在重大过失或故意	网约车平台享有追偿权
非自营车辆	司机	网约车平台提供的车辆、司机信息与实际信息不一致	网约车平台承担连带责任且享有追偿权
		网约车平台未尽审核义务	网约车平台承担连带赔偿责任

续表

网约车类型	责任主体	例外情形	侵权责任调整
		网约车平台发现司机危险驾驶行为而未及时提醒、制止	网约车平台承担连带赔偿责任
		网约车平台未提示司机告知保险公司车辆用途已变更或未对变更后增加保费进行约定	网约车平台承担连带赔偿责任
		网约车平台可以采取其他措施降低网约车风险而未采取	网约车平台承担补充清偿责任

基于上述网约车侵权责任裁判思路，结合司法实践中涉网约车交通事故赔偿责任纠纷案件遇到的具体问题，可以构建出如下网约车平台侵权责任裁判规则。

【裁判规则 1】网约车是网约车平台自营车辆时，网约车平台应当承担赔偿责任，但司机存在故意或重大过失的，网约车平台可以向司机追偿。[13]

规则解读：网约车为网约车平台所有或占有，网约车平台可以通过车辆年检、定期维护等方式获悉网约车车辆性能状况并及时消除安全隐患，还可以通过培训或平台软件督促司机安全驾驶。因此，网约车平台承担网约车风险及相应的侵权责任。当然，如果网约车司机存在故意或重大过失，网约车平台可以行使追偿权。

【裁判规则 2】网约车为网约车平台非自营车辆时，网约车平台提供车辆、司机的信息与实际车辆、司机的信息不一致，网约车平台如不能提供司机及车辆真实信息的，则应当承担先行赔偿责任，赔偿后可以向实际司机或车辆所有人进行追偿。

规则解读：网约车为司机所有或占有，无论是网约车车辆风险还是驾驶风险，司机均应当承担网约车风险及相应的侵权责任。但是，平台提供车辆、司机的信息与实际车辆、司机的信息不一致致使乘客无法向实际的司机、车辆行使民事诉讼权利，基于乘客利益至上的理念，此时，网约车平台应当承担先行赔偿的侵权责任。

【裁判规则 3】网约车为网约车平台非自营车辆时，网约车平台未尽到对司机驾驶资格、车辆年检等资质审核义务或者知道或应当知道司机违法驾驶或存在驾驶安全隐患而未采取必要措施，网约车平台与司机应当承担连带赔偿责任。

〔13〕 此情形下的自营车辆不仅包括网约车平台所有的车辆，还包括网约车平台通过租赁或融资租赁等方式从第三方获得车辆使用权交付注册司机使用的车辆。

规则解读:网约车为非自营车辆时,尽管网约车平台不是网约车风险控制主体,但是其可以通过采取合理措施降低司机驾驶行为的风险,即通过对司机资质的严格审核和及时采取提醒、预警等实现网约车的风险控制。如果网约车平台未采取上述合理措施,则网约车风险分配给网约车平台和司机,网约车平台与司机共同承担侵权责任。

【裁判规则4】网约车为网约车平台非自营车辆时,网约车平台未提示司机告知商业保险车辆用途发生变更或未对增加保费进行约定,网约车平台与司机应当承担连带赔偿责任。

规则解读:网约车为非自营车辆时,网约车保险应当由司机负责。但是,网约车用途发生变更原因在于司机注册网约车平台并为乘客提供运输服务,是由司机的申请注册行为和网约车平台的同意注册并指派订单行为共同所致。为保障乘客的保险利益,网约车平台应当采取提示司机及时告知保险公司或对车辆用途变更后增加保费进行约定的措施。如果网约车平台未采取上述措施,则应当针对商业保险拒赔部分,与司机共同承担侵权责任。

【裁判规则5】网约车为网约车平台非自营车辆时,网约车平台对事故损害发生存在【裁判规则2、3、4】所列之外的其他过错的,网约车平台应当承担相应补充责任。

规则解读:当网约车为司机所有或占有时,司机是网约车风险控制主体,应当将网约车风险分配给司机,由司机承担侵权责任。但是,基于保障乘客利益的需要,除了【裁判规则2、3、4】所列措施,网约车平台可以采取其他措施降低网约车风险而未采取的,可以由网约车平台承担部分风险,网约车平台承担相应的补充责任。这样既能够激励网约车保障乘客利益,又能够缓解平台与司机的紧张关系。

规则的生命力在于适用,网约车侵权责任的裁判规则尽管有些粗枝大叶,但是,唯有实践中不断适用、修正才能不断细化、完善,才能让网约车平台、司机、乘客在交通事故赔偿责任纠纷案件中感受到公平正义。

结　语

本文所构建的网约车侵权责任裁判规则只针对交通事故中网约车一方负事故责任的情形,且只在民事侵权领域尚未明确网约车平台法律地位及网约车平台与司机之间法律关系下才能在司法实践中适用。当然,随着网约车行业的发展及侵权责任法律法规的日益完善,网约车侵权责任裁判规则如何更加契合民事审判的实践需要,仍需进一步探索。同时,本文分析网约车平台侵权责任认定问题的视角、方法及基本理念,对于解决外卖、快递等行业在民事侵权领域出现的新问题具有重要参考价值。

分层归类：土地征收协议司法识别标准

——基于行政行为成熟度理论的探讨

田　海*

近年来，我国针对行政协议进行了多项立法。2015 年 5 月 1 日施行的最高人民法院《关于适用〈中华人民共和国行政诉讼法〉若干问题的解释》(2018 年被废止)中初次对行政协议进行了明确定义，即行政机关为实现公共利益或者行政管理目标，在法定职责范围内，与公民、法人或者其他组织协商订立的具有行政法上权利义务内容的协议。随着 2017 年修正《行政诉讼法》和最高人民法院《关于审理行政协议案件若干问题的规定》(以下简称《协议规定》)等相关司法解释的出台，一系列新法规范为围绕行政协议本质的争论画上了句号，兼具行政性和合同性的行政协议，其本质首先应当是行政行为已无疑义。对行政协议的探讨随之跃迁到下一阶段：各类行政协议的可诉性以及与关联行政行为的关系等问题，即行政协议性质识别问题。作为该问题集中体现的土地征收协议，其定性也随着《土地管理法》及其实施条例的修订而发生重大改变。

一、新旧矛盾：土地征收协议的新法适用困境

2019 年 8 月 26 日修订的《土地管理法》第 47 条首次对土地征收协议进行了明文规定，即"拟征收土地的所有权人、使用权人应当在公告规定期限内，持不动产权属证明材料办理补偿登记。县级以上地方人民政府应当组织有关部门测算并落实有关费用，保证足额到位，与拟征收土

* 田海，防城港市中级人民法院。

地的所有权人、使用权人就补偿、安置等签订协议;个别确实难以达成协议的,应当在申请征收土地时如实说明”。随后的《土地管理法实施条例》修订中,“先协议后批准征地”的定位再次被强调,由此产生的土地征收协议性质识别问题,主要体现于“未批先征”协议可诉性、征收补偿标准选择两个层次的定性矛盾。

(一)“未批先征”:不可诉与无效的二难推理

新法将“未批先征”现象予以合法化,将协议达成的时间点设置在正式申请后、批准征收土地之前,由此与已有立法和实务产生了可诉性矛盾的二难推理。

1. 法律适用矛盾

新法与《行政诉讼法》第 12 条存在分歧。该条第 11 项明确规定,原告认为行政机关不依法履行、未按照约定履行或者违法变更、解除政府土地房屋征收补偿协议等协议的,属于人民法院受案范围。但新法规定土地征收协议产生的时间点为征地批文尚未下发时,即征地预备阶段,可能将此“未批先征”协议归类于最高人民法院《关于适用〈中华人民共和国行政诉讼法〉的解释》(以下简称《行诉法解释》)第 1 条第 6 项的“行政机关为作出行政行为而实施的准备、论证、研究、层报、咨询等”过程行为而缺失可诉性;如将其定性为可诉的行政协议,由于签订协议时尚未获得征地批准,甲方尚未获得明确征地授权,征地是否依约如期推进不得而知,依据《行诉法解释》第 99 条“有下列情形之一的,属于行政诉讼法第七十五条规定的‘重大且明显违法’:(一)行政行为实施主体不具有行政主体资格”之规定,有可能被定性为无效协议。此即可诉性与效力性认定的二难推理。

事实上,本次土地管理法实施条例修订草案[1]将土地征收协议的内容拟定在第 31 条,“县(市)人民政府根据法律、法规的规定和听证情况确定征地补偿安置方案后,组织有关部门与拟征收土地的所有权人、使用权人签订征地补偿安置协议。对个别未签订征地补偿安置协议的,县(市)人民政府应当依据征地补偿安置方案和补偿登记结果作出征地补偿安置决定”。可见草案中也未将土地征收协议设计为预备征地行为,在原有设计中土地征收协议与补偿决定都是《土地管理法》第 2 条第 3 款指向的不同征地补偿方式,后者也是前者的补充。

2. “未批先征”协议的司法认定难题

在中国裁判文书网,以“未批先征”等关键词和新修订的《土地管理法》实施的起

---

〔1〕 参见自然资源部《关于〈中华人民共和国土地管理法实施条例(修订草案)〉(征求意见稿)公开征求意见的公告》。

始日期“2020 年 1 月 1 日”作为统计起点全文检索,共检索出相关判决 655 份[2],通过阅读整理,摘选与本文所论相关联的案件 114 件,分别探析实务中对此类土地征收协议可诉性和效力性认定存在的问题。在 114 件关联案件中,完全否定“未批先征”协议可诉性的有 28 件;支持此类协议可诉性的有 77 件,其中虽然支持其可诉性但最终确认此类协议违法或无效的有 22 件;以其他理由驳回起诉的有 9 件(见图 1)。

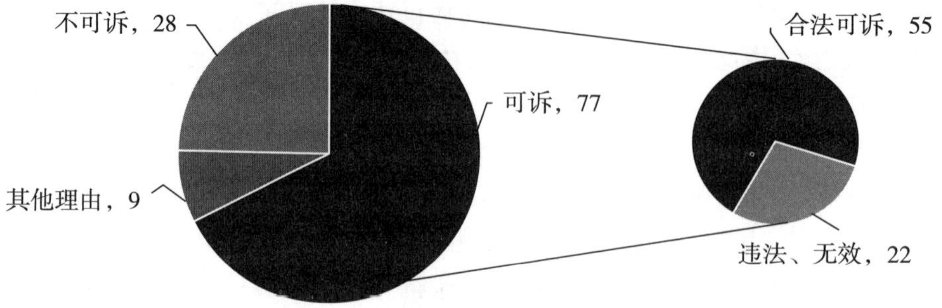

图 1 “未批先征”协议的裁判结果(单位:件)

其中,确认“未批先征”协议不可诉或无效的共计 50 件,占总数的 43.9%,如合并系列案后,此比例将更高。详细统计各类裁判理由可更直观理解其症结(见图 2)。

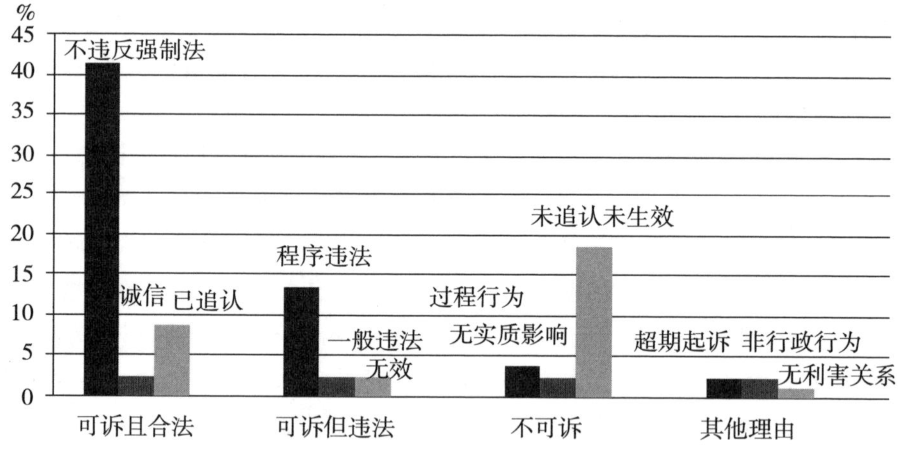

图 2 “未批先征”协议的裁判理由

首先,关于可诉性问题。从统计来看,裁定认为此类案件不可诉的理由大体一致,即判定此类协议属于过程行为,或该协议未生效、不认为此类协议对当事人权利

---

[2] “655 份”为 2021 年 7 月 1 日 10 时 32 分的全部检索结果。

义务造成了实质影响等。如案例1[3]即为典型。

案例1:原告洪某某作为甲方,与乙方CN县钱签订土地征收补偿安置协议。后经国务院批准同意征收包括原告承包地在内的集体土地。原告认为被诉协议违法提起诉讼。终审法院认为,协议对征地的用途,补偿标准、安置途径等内容予以明确。此后,两被告发布了相应的“两公告”,明确了征收涉案集体土地及相关补偿安置标准等事项。据此,被诉协议的签订只是征地报批过程中的一个环节,对上诉人的权益产生影响的是土地征收以及确定征地补偿安置方案的行为,被诉协议的签订并不对上诉人的权益产生终局性影响,其属于过程性行为,不属于人民法院行政诉讼的受案范围。

其次,关于此类协议的效力判定问题。直接认为此类协议无效的判例(如案例2[4])有3例。

案例2:王某某、胡某某诉XC区政府行政协议无效一案。终审法院认为2017年7月3日,王某某与HM公司、XH公司签订涉案《协议书》,FJ省政府于2018年4月12日作出批复,XC区政府在未取得相关征地批准文件前就组织实施征地,属未批先征,且本案《协议书》涉及的房产在《关于×××的批复》用地的红线范围内,因此涉案《协议书》的签订存在明显违法情形,原告请求确认《协议书》的无效的理由成立。

认为效力待定而根据《协议规定》第12条第3款“行政协议无效的原因在一审法庭辩论终结前消除的,人民法院可以确认行政协议有效”的规定,结合案涉征地行为是否完成审批作为标准(如案例3[5]),来判定此类协议是否有效的案件则合计有30件(图2中“已追认”9件、“未追认未生效”21件)。

案例3:在苏某某诉T县政府行政协议审判监督案件中,最高人民法院认为,在集体土地预征收过程中,征收管理部门与被征收人签订的征收补偿协议属于附条件的行政行为,只有在省级政府作出征收批复,市县人民政府发布正式的征收公告后,征收补偿协议才能够发生法律效力,对当事人的权利义务产生实际影响。未发生法律效力的征收补偿协议,对当事人的权利义务不产生实际影响,不属于行政诉讼的受案范围。遂以未生效的补偿协议对苏某某的权利义务不产生实际影响,不属于行政诉讼的受案范围为由,驳回了其再审申请。

---

〔3〕 参见浙江省温州市中级人民法院(2019)浙03行终721号行政裁定书。

〔4〕 参见福建省泉州市中级人民法院(2020)闽05行初1号行政判决书。

〔5〕 参见最高人民法院(2020)最高法行申9430号行政裁定书。

由上可见，新法施行以来，司法实务尚未对“未批先征”协议有统一的认识，即其是不可诉的过程性行为，或是尚未生效的效力待定协议，抑或是缺乏职权无效行政行为，仍待统一认识。

（二）标准不一：约定或法定的选择困境

可能引发征收协议签订和征收批准时征收标准不同问题。新法将协议签订和批文下发时间作为短期、连贯的时间对待，但征收实务中本就存在不同阶段、不同定位的土地征收协议，其补偿标准可能与依据本地征收补偿标准作出的安置公告、征收补偿决定等关联文书存在较长的时间差，如超过三年都未能批准征地，实际实施征地时补偿标准可能随着物价而调整，审理中如何认定补偿标准难以统一。现一律将其放在征地预备阶段，约定与法定补偿标准的选择将更困难。

在中国裁判文书网，以“补偿标准”等关键词和新修订的《土地管理法》实施的起始日期“2020 年 1 月 1 日”作为统计起点全文检索，共检索出相关判决 190 份〔6〕，通过阅读整理，摘选与本文所论相关联的案件 37 件。最终依据协议约定标准补偿的共计 20 件，其中约定标准高于法定标准的情况为 8 件，反之 12 件（将系列案算为 1 件后，二者比值应为 2∶1）。最终依据本地补偿标准的判决为 9 件，协议补偿标准高于规定的有 8 件，协议低于规定的仅有 1 件。其他方式裁定驳回起诉的有 8 件。具体表现见图 3。

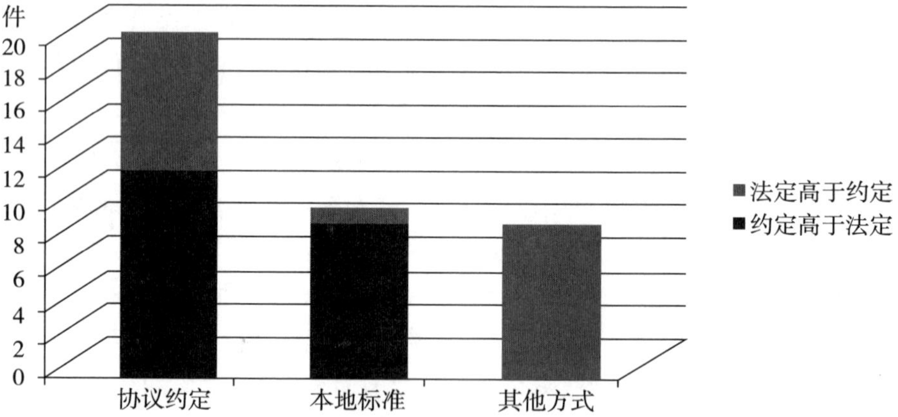

图 3　征收补偿标准选择统计

〔6〕“190 份”为 2021 年 7 月 1 日 10 时 32 分的全部检索结果。

详细统计两种裁判选择的理由,可更直观明晰选择困境的焦点所在(见图4)。

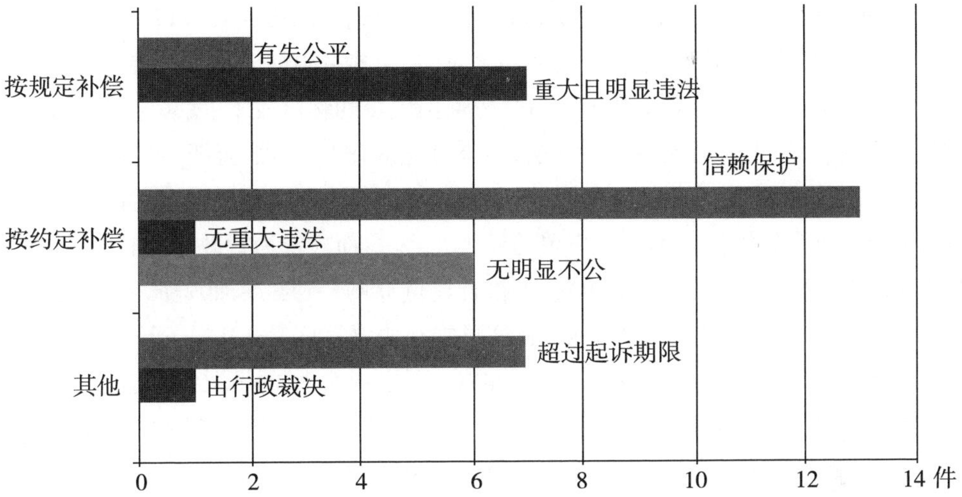

图4　征收补偿标准选择理由统计

从统计来看,选择按规定补偿的判决,主要是以重大且明显违法作为选择依据,考虑其他同样情况但未起诉的拆迁户的补偿公平问题,即以识别无效和明显不公的行政协议为原则;选择按约定补偿的判决,则是倾向于维护行政协议的信赖保护理念,也即(在地方规章效力稍显不足的前提下)政府应当以诚信履约为优先考虑。两种选择既是法律价值选择的不同,也体现了不同合议庭对土地征收协议性质的认识差异(至于因其他理由驳回起诉的情况,较为特殊,故不再特别分析)。两种选择的共同点在如何认定行政协议效力的标准上,但选择了按规定补偿的判决中,也有不少(如案例4〔7〕)以“与现有补偿规定相悖”为由否定协议效力的情况。

案例4:许某某等四人诉WC市自然资源局土地行政补偿纠纷一案。终审法院认为,土地征收协议按当时政策标准签订,但现今的补偿标准是按照Q府〔2014〕36号《通知》的规定,对青苗进行实点,然后对应相应的青苗补偿标准进行补偿。可见,工作人员就青苗补偿问题与许某某家属进行协商时,已明确告知青苗补偿标准的规定,即按照HN省人民政府于2014年7月3日修订的补偿标准执行,故《行政征收补偿告知书》按该补偿标准对许某某等四人进行补偿并无不当。

同样是土地征收协议和补偿规定的补偿标准出现冲突,判决结果却存在明显矛

〔7〕　参见海南省高级人民法院(2020)琼行申264号行政裁定书。

盾,实质仍是对土地征收协议性质识别存在问题。

《土地管理法》修改后,司法实务应根据法律相应调整,但是存在以下几个方面的现实情况:一是征收部门适应新法需要一定时间,尤其采用征地协议代替烦琐的征地程序的思路由来已久,此做法能够节省征收部门大量的程序成本,实际上已形成了某种路径依赖,新法出台后如不跟进立法,甚至可能演化为"不批而征"的情况;二是将不合新法规范的,先批准后签订的土地征收协议马上从征收实务中剥离并不现实,否则整个征收行为的性质将不再是简单的程序性违法,而被视为行政侵权行为,不仅影响征地进度,也可能混淆了主次矛盾,不符合比例原则;三是"未批先征"现象法定化后,由于每年征地指标总量控制,征地批文可能在协议签订后几年甚至十几年后方才下发,征地补偿标准与协议标准出现巨大误差,如案例 5〔8〕的情况,造成多方矛盾。

案例 5:2010 年 11 月 10 日,GK 区政府征地拆迁办公室与署名为 SBL 组的乙方达成了《土地征收协议书》,约定了补偿价款。2011 年 11 月 13 日,被告方将土地补偿款打入原告方专户。2015 年 11 月 10 日,被告方获 GX 自治区政府征地批文,其中即包括部分案争土地。2015 年 12 月 22 日,市政府作出《征地补偿安置方案公告》,其中公告的补偿标准已两次修改,被告未按公告补足余款。最终该案庭外和解、原告撤回上诉。

(三)异路同向:效力待定合同与成熟度识别进路

由前文统计分析可知,对土地征收协议的性质识别存在两层次三方面困境(见图 5)。

对于上述问题,目前司法实务中的处理思路是依据《协议规定》第 12 条第 3 款或 13 条第 1 款的规定处理。具体而言,以征地批复是否在一审法庭辩论终结前下发作为分层标准:如未下发则该协议尚未追认,认为不影响当事人实质权利义务,该协议不可诉;如一审辩论终结前已下发批文且补偿标准未变,则协议可诉且有效;如已下发且补偿标准已变,则协议可诉但可能构成重大且明显违法而无效。

这一解决思路参照了民事效力待定合同的做法,确实可解决司法实务的部分征收协议纠纷,但也可能引发新的问题。其一,在可诉性问题上,未能对协议性质究竟是行政行为还是过程行为统一界定,是行政行为未成熟不可诉还是协议未生效不可诉,存在性质认知混乱问题。其二,在补偿标准问题上,仍然缺乏统一裁量标准,包括是否只要补偿标准改变,即一律认定为无效合同,如何应对实务中广泛存在的"先批后征"协议,如何应对协议补偿标准高于法定补偿标准的情况等问题。如过于强调合

〔8〕 参见广西壮族自治区防城港市中级人民法院(2016)桂 06 行初 11 号行政裁定书。

同性，片面地将“违反强制性法律规定”作为取舍依据，则难在所有具体案件中达成法律效果与社会效果的统一。

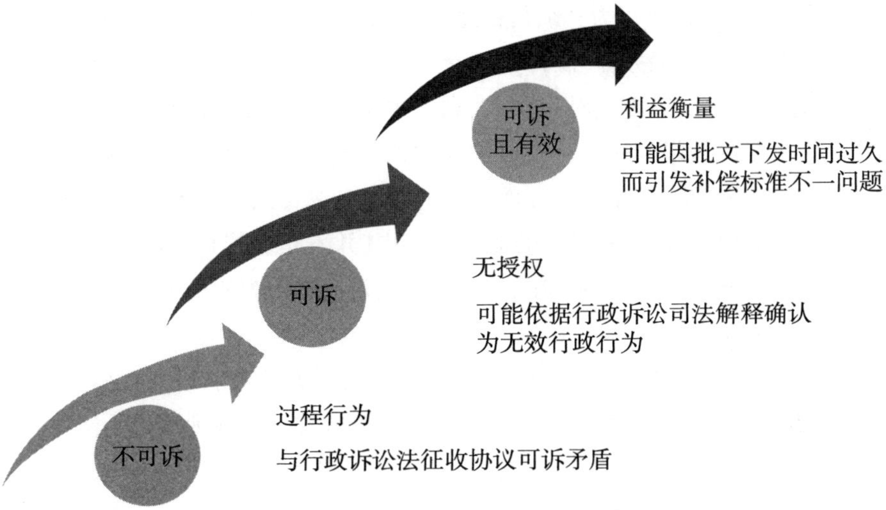

图5　土地征收协议的分层识别难题

由此，本文将尝试以行政行为作为土地征收协议的首要属性，寻找有别于效力待定合同进路的行政协议性质识别进路，以周延民事进路之未及。

二、分层识别：土地征收协议的成熟度考察

关于土地征收协议的性质认定问题，本文从其行政行为属性出发，以行政行为的成熟度标准作为其主要识别标准。

（一）识别标准：行政行为成熟度

此标准树立于美国的司法实务之中。其是指行政行为只有发展到一定的阶段，已经达到了“成熟”的程度，才允许司法对其进行审查，按照联邦最高法院的解释，该原则的出现是为了避免司法权过早介入行政政策的争论之中，同时是为了在行政机关正式作出行政裁决之前，保护其免受司法权的过分干扰。[9] 其又包含了表征行政行为法效性的“实质性影响”标准，以及标志着行政行为推进阶段的“终局性”标准两个子标准。

〔9〕 参见王名扬：《美国行政法》，中国法制出版社1995年版，第643页。

1. 实质性影响标准

行政行为一般可从三个要素进行界定可诉性。(1)主体,即拥有行政管理职权的组织;(2)职权,即该行政行为必须是行使行政职权相关的活动;(3)实质影响相对人或利害关系人的权利、义务,即该行为具有实质法律效果,能够通过权利义务的增减或者事实、地位的确认等方式对相对人、利害关系人产生实质影响。三要素中,实质影响要素是否存在是判定一个行政机关作出的行为是否可诉的最根本标准,其当然也是判定行政行为成熟度和可诉性的重要标准。一些观点甚至认为,过程行为并没有设定或者改变相对人权利、义务的能力,所以其并不是法律行为而是事实行为。[10]但仅依据这一标准,显然不能精确限缩出一个成熟行政行为的外延。

2. 终局性标准

行政行为的终局性判定,主要用以判定该行政行为是否能够独立生效。对于法律行为而言,是否产生法律效果首先视该行为是否遵循生效规则而产生法律拘束力,能否独立起到影响相对人和利害关系人实体权利、义务的作用。如果未生效或不能独立影响,则不具备终局性。

(二)分层辨析:行政协议成熟度考察

随着外在温度的变化,冰水化合物会表征出不同的物理特性。行政协议性质亦是如此,通过考察不同成熟度的行政协议的独立性,将能明晰形式大同小异的土地征收协议为何能在不同征地阶段展现截然不同的样态。

1. 民事行为

此种协议不具有任何行使行政权的"形态",如行政机关公务员购买一般办公用品等协议。虽然此类协议一方是行政主体,但其签订协议并非为了达到行政目的,其在签订协议时并未使用职权,行政主体在协议履行过程中的地位与一般民事主体无二,不发生行政行为效力,未实质影响协议相对方行政法律关系,应判定为民事合同。

立案实务中对于一方为行政主体的协议,一般多依据主体要素即可倾向于识别为行政协议,除非其明显地呈现出上述特征,方可反向识别为民事协议,概因在立案操作时,严格、流畅地区分民事、行政协议较难,但单方识别民事协议较易之缘故。

2. 过程行为

此类协议为了行政目的而签订,甲方行使了行政职权,但不实质影响当事人权

〔10〕 参见王名扬:《美国行政法》,中国法制出版社1995年版,第132页。

益,也不具有独立可诉行政行为的终局性。如前文所述的预备征地阶段的征收协议等,此类协议未获得征地批文的授权,其更多起到提醒、中止开发建设、达成征地意向等作用,相对人的实质征地权益有征地补偿方案或决定兜底,故不是终局的行政行为,此类土地征收协议更类似于过程行为。

3. 辅助行政行为

此类协议实质影响当事人的权利、义务,是独立且可诉的行政行为,但其高度依附于或同质于关联行政行为,仍不具有完全行政行为的终局性。此类协议一般作为一种柔性可选择的行政方式,让相对人更多地参与社会治理之中,也更能保障相对人的知情权、议价权。我国典型的辅助协议,如土地使用权出让合同,即系辅助土地使用权的许可行为而设立。此类协议多作为一种附加行政行为存在,行政主体主要依靠其他行为实现行政目的(见表1)。

表1 辅助协议列表

序号	行政协议行为	涉及法条	关联行政行为	关联行政行为与协议的关系
1	国道收费权转让协议	《公路法》第59条、第61条	按照协议,通过行政许可审批	除了协议约定,收费站的设立审批以公路区域规划、数量的统筹及职权政府批准为准
2	施工安全防护协议	《石油天然气管道保护法》第35条、第44条	是否批准作业的决定	协商成功的签订协议,协商不成的作出是否批准作业的决定
3	上市协议	《证券法》第48条	决定暂停、终止上市	相对人能否上市主要依靠行政主体对其是否存在违法、违规情况的审查
4	土地使用权出让合同	《城市房地产管理法》第13条、第18条	颁发不动产权证	签订出让合同是颁证前置程序之一

如相对人对此类协议不服,可选择针对协议或后续行政决定进行诉讼;行政主体可依据《协议规定》第24条第2款规定作出责令履约决定,又或抛开协议,直接针对嗣后的行政行为推进管理工作。

4. 完全行政行为

此类协议不仅实质影响当事人的权利、义务,且具有完全的终局性及独立性,如PPP等行政协议。此类协议一般涉及重大公共利益且内容复杂,难以以简单的行政决定进行规制，故而其只能以行政协议的方式达到行政目的；其不依附于其他关联行政行为，如有其他关联行政行为内容与其冲突，则司法审查时应进行利益衡量来确定何者优先，而不能简单判定行政协议的效力低于其他行政行为。

我国法律规范中，已实际存在为数不少的完全协议（见表 2）。

表 2　完全协议列表

序号	行政协议行为	涉及法条	后续规定	后续行为与协议的关系
1	委托办学协议	《民办教育促进法》第 50 条	依约拨付经费	履行协议的方式
2	聘任公务员合同	《公务员法》第 103 条	无	无
3	科技成果转让协议	《促进科技成果转化法》第 18 条、第 19 条	无	无
4	委托采购协议	《政府采购法》第 20 条	无	无
5	应急救援物资、生活必需品和应急处置装备的生产、供给协议	《突发事件应对法》第 32 条	履行统一领导职责或者组织处置突发事件的人民政府，必要时可以要求生产、供应生活必需品和应急救援物资的企业组织生产、保证供给	协议并非强制性要件

从以上法律规定来看，行政主体可采取其他方式实现该目的，如应急救援物资的生产、供给协议等，法律规定了必要时职权部门可以以要求企业组织生产、保证供给的行政命令形式来达到供给的目的。这类行政协议也面临着协议与相关联行政行为互相冲突时，应以何为准的问题。

可见，不同成熟度的行政协议必然体现不同的性质（见图 6）。

内容、形式类同的行政协议，由于不同阶段、不同行政目的，甲方行使行政职权的充分程度也不同，从而具有不同的成熟度。因而对其可诉性、独立性的判定不能“一刀切”，应分阶段、分层次进行识别。

图6　不同成熟度的行政协议之间的关系

（三）土地征收协议的分层识别

按照协议所处征地阶段和不同成熟度分层定性其性质的做法，国外立法已有所尝试，如德国《联邦建设法》即按照成熟度、所处阶段不同，分别规范了三种土地征收协议（见表3）。由于其与我国土地征收体系有一定差别，故以下仅作为理论考察，不直接借鉴。

表3　德国法中的土地征收协议

序号	协议名称	所处阶段	具体规定	法律依据	处理方式
1	征收程序前协议	征地预备	需用地方与土地所有人已达成买卖协议，则无须进入征收程序〔11〕	《联邦建设法》第87条(2)	被征收人无权拒绝征收，后续达不成协议转为正式征收程序

〔11〕　刘如慧：《土地或房屋征收相关协议之法律性质与司法救济》，载《行政法学研究》2014年第1期。

续表

序号	协议名称	所处阶段	具体规定	法律依据	处理方式
2	部分协议	实施征地	若当事人仅对于拟征收土地之所有权移转或负担达成协议，但对于补偿金额无共识，准用第110 条第 2 项及第 3 项规定。〔12〕倘若协议无特别约定，征收机关必须命令，先支付预期之补偿额度。此外，征收程序继续进行	《联邦建设法》第 111 条	分类处理，就“征收”部分，由行政法院审理（《德国行政法院法》第 40 条第 1 项），就补偿部分由民事法院审理（《德国基本法》第 14 条第 3 项），而与征收相关的行政决定，由联邦法院建地事务庭审理
3	完全协议	终结征收	征收必须以征地机关促成需用地方、被征收方达成征地协议的情况〔13〕，该行政协议为要式协议且与行政征收决定效力同等	《联邦建设法》第 110 条	依据《联邦建设法》第 122 条第 1 项第 1 款规定，以其为执行标的申请强制执行

除去不存在的当事人之间私下签订的民事征收协议，参照德国法的分阶段分类方式和前文对我国不同成熟度行政协议的分类，可将土地征收协议分为预备征地协议、辅助征地协议和完全征地协议。

1. 预备征地协议

预备征地阶段的土地征收协议（新法规范中的标准土地征收协议），应将其本质识别为过程行为。一方面，其在征地过程中只起到调查摸底、提早协商、达成共识的作用，其不是终局性的征地行为；另一方面，由于成立时缺乏正式的征地批文批准，其规定的补偿标准和数额只具有指导性、预测性而非强制性，不具有实质影响当事人权利、义务的作用。

2. 辅助征地协议

实务中，此类协议签订于征地批文正式下发后，一般与土地登记同时开展。此类协议从外观和实质上都是能独立影响当事人实质权益的行政行为，但其与嗣后作出的行

〔12〕 刘如慧：《土地或房屋征收相关协议之法律性质与司法救济》，载《行政法学研究》2014 年第 1 期。

〔13〕 刘如慧：《土地或房屋征收相关协议之法律性质与司法救济》，载《行政法学研究》2014 年第 1 期。

政补偿方案、补偿决定有高度的一致性,其效果可为嗣后的行政行为所完全吸收,是作为强制征收的一种与被征收人沟通、协商的柔性替代方式。对其救济方式多为由当事人对补偿协议或补偿决定、方案择一诉讼,二者内容重合,两种诉讼标的也是等价的。

3. 完全征地协议

在土地管理法实施之后,正规的征地程序系以"一登记两公告"作为主要土地征收行为载体。《土地管理法实施条例》规定,达不成协议的,要制作土地征收补偿决定(一些地区即便达成了协议也需要制作决定)。但也有部分地区以政府文件、行政规章中对土地征收协议的柔性行政倡议为指导,将征收协议完全替代了烦琐费时的"一登记两公告",作为最终的征地行为载体,将签订了协议视为完成了土地征收。

完全征地协议是终局且独立影响了当事人的权益的行政行为,能单独作为诉讼/非诉标的,可作为高度成熟的行政行为来看待。虽然这种协议违反了法律程序,但由于达成协议的相对方大多不会再谋求诉讼,行政机关有时宁愿冒输"官司"的风险,以换取大部分未起诉土地征收任务的完成。前述相关司法解释、释义等也曾有过将终局征地协议的做法吸收为法律规范的倾向。

对前文归纳可知,土地征收协议的性质不是静态的,而是根据签订时所处的征收阶段及关联征地行为的情况展现出不同的成熟度,对其的定性应是动态的,可随着实质影响度(是否有批文)和终局性(是否与补偿决定、方案一致)这两大要素展现出不同的性质。

三、解局设计:土地征收协议的识别标准

不同成熟度的土地征收协议在不同阶段呈现不同性质,应设计识别不同阶段行政协议的思路和原则,形成系统化的土地征收协议识别标准,以更好指导审判实践。

(一)土地征收协议的识别思路

在此按照不同土地征收阶段,依据行政行为成熟程度递进列举,分别对两种不具有可诉性的协议和两种相对成熟的协议,进一步设计具体如何识别和司法审查中应注意的问题。

1. 征收程序前协议

在土地征收协议案件中,极少出现类似于德国法中征收程序前协议的情况,故对此类协议无须特别立法。但需注意的是,确实在20世纪70年代左右存在一些由用地业主与被征收人签订,且已实质征收、征用的"征地协议"。此类协议应视为土地行政征收行为,应在诉讼中引导原告,更改诉讼请求和被告,以其他土地征收相关的行

政行为作为诉讼载体,“征地协议”作为关联证据参与诉讼。

2. 预备征收协议

此种协议具有行政协议的外观,有极大的误导性。首先,对此类土地征收协议统一文书格式,采用“预备征地”等能明确区分协议性质标题;其次,尽早立法,明文规定补完征地审批手续所需的时间,限定在标准变动前,也即三年内必须获得审批,否则需重新签订;最后,明确立法对未经征地批准且签订未满三年的协议起诉的,不予受理。

3. 辅助征收协议

由于此类征地协议可独立发生行政效力,故对其的司法救济方式理论上可以以该协议单独作为提起诉讼(相对人方)的标的及非诉执行(行政主体方)的申请标的。但考虑到其内容及诉讼理由与后续征收决定高度一致,因此赋予对协议和决定双重诉权,是对司法资源的浪费,可由相对人自行选择诉讼标的,对同时针对协议和决定提起诉讼的,应以司法解释中受生效裁判羁束为由,裁定驳回起诉。

4. 完全征收协议

此类协议不符合现行法律规定,但实务中大量存在,其对相对人权利、义务产生的影响确实常常超出后续行政行为的外延。对于行政机关怠于履行后续行政行为的情况,如土地征收协议已履行完毕,后续补偿款支付、土地清表已完成,则司法审查时应根据一次性解决纠纷的精神,确认征地行为违法,但不撤销该征地协议;如协议尚未履行完毕,判决责令被告继续履行征地义务;因未作出后续行政行为而导致被征收人直接损失的,赔偿相应损失。

具体机制设计建议见表4。

表4　土地征收协议性质识别立法、实务建议

序号	协议类型	立法建议	实务建议
1	征收程序前协议	无	司法审判中引导原告另诉征收补偿行为
2	预备征收协议	在《土地管理法》第47条“个别确实难以达成协议的,应当在申请征收土地时如实说明”后增加内容:如达成协议后,三年内未完成土地征收行政审批,导致土地征收补偿标准改变的,双方应重新达成协议。在司法解释中规定,对未经征地批准且签订未满三年的协议起诉的,不予受理	征地机关统一文书格式,采用“预备征地”等标题

续表

序号	协议类型	立法建议	实务建议
3	辅助征收协议	在司法解释中规定,对达成土地征收协议后,征地部门又作出内容一致的土地征收决定的,对二者分别提起诉讼的,属于重复起诉,对后提起的诉讼应裁定不予受理	无
4	完全征收协议	无	协议已履行完毕,判决确认征地行为违法,但不撤销该征地协议;尚未履行完毕,判决责令被告继续履行征地义务;被征收人有直接损失的,依法赔偿

(二)土地征收协议的识别原则

在司法实务中准确识别土地征收协议的可诉性、在进入审判阶段时妥善衡量利益的两层次原则,达到法律效果与社会效果相契合的处理结果,即土地征收协议的识别原则。主要包括征地批文下发原则和以相对人获益为主的原则。

1. 可诉性审查:征地批文下发原则

未经批准的包括土地征收协议在内的征地行为,该行为是否已实质影响当事人的权利、义务,是不是超越职权的行政行为或过程行为?在此可作一区分,将协议签订时批文下发与否作为界分原则:未经批文下发即签订的,不直接影响当事人权利、义务,将其定性为征地预备协议、过程行为,应裁定驳回起诉;如在批文下发后签订,或虽在下发前签订,但批文下发时尚未更改征地补偿标准,应认可或视为追认该土地征收协议的效力,可按行政诉讼法相关规定给予其诉权。对于在批文下发前签订的协议,如其不仅是框架性、意向性协议,而且实施了实质征地行为且征地完成时补偿标准已与签订协议时发生了改变的,按照超越行政侵权行为处理。

2. 利益衡量:以相对人受益为主原则

由于《土地管理法》明确规定了"一登记两公告"的土地征收框架,绝大多数土地征收协议难以成为终局征地行为,但如行政机关在签订了协议后,不再推进其他行政行为,抑或如案例1、案例2,出现协议与方案补偿标准不一的情况,此类土地征收协议实质影响了相对人的权利、义务,应识别为违法的完全征收协议,不得不赋予其诉权。此时如直接以二者补偿标准不同即一概否定协议的效力,一些协议补偿幅度大于补偿标准，就可能造成政府的诚信危机。如要达到社会效果与法律效果的统一，需要司法进行不“一刀切”的利益衡量，将协议与关联的补偿安置方案、决定进行取舍：依法抑或依约判案，选择行政公平原则还是信赖保护原则。

对此法益选择问题，应以实质影响权益的程度为衡量标准，原则上应秉持以被征收人、协议相对人获益为主，以重大违法为辅的审查思路。如约定的补偿标准低于公告补偿的标准，行政机关对溢价的扣除实质是一种行政侵权，司法实务中应依法定补偿标准判决，否则多出的征地拨付款溢价也经不起事后审计的检验。

如行政协议给予相对人的获利高于法定标准，则可结合行政给付的法理和信赖保护的原则处理，以“但书”的形式特别规范行政主体这种情况下的履约义务；司法实务中应以信赖保护而非公平为第一位原则，承认行政机关已完成了让利于民的事实行为。当然，此种行政公权“吃亏”的协议是否有幅度的限制，仍以是否“明显且重大违法”作为判定标准，但这并非一概将补偿标准有出入的协议认定为无效协议，而是要进一步斟酌实际情况后，司法以“理性人”的视角来审视协议“让利于民”的程度是否适当，是否明显且重大地实质影响了公益或第三人权益，以此对冲可能引发的公益过度流失的问题。

结 语

司法实务中，对土地征收协议性质的识别向来比较困难。困难由两方面原因所致：其一，协议本身代表高度的意定性，需要尊重所有签订主体的意愿，此与单方行使职权的行政行为存在较大差别，难免影响对其识别和救济机制的设计；其二，“协议”一词涵盖过广，缺乏概念上对行为种属的设计纵深。在“种”和“属”两个维度上，甚至在层报的过程中及程序行为的命名中，都可能以“协议”为名，有“类”而无“别”，从而对其性质难以界分。针对此识别困难性，以行政行为成熟度加以辨析，并在分层辨析的基础上找准锚定点以及利益衡量标准，能有效解决行政争议。

土地征收协议成熟度识别进路与《协议规定》第 12 条、第 13 条的效力待定合同进路相比目标一致，但以行政行为作为土地征收协议的第一属性，其适用更灵活、标准更明确（两种进路异同见图 7）。

对于“未批先征”的土地征收协议，两种进路的结果殊途同归，但行政协议成熟度识别更明确行政协议属性，对不同阶段征收协议的处理更准确；在补偿标准不一时，效力待定合同论更容易简单适用司法解释的规定，以无授权作为裁判理由确认协议无效。成熟度识别则将此时的行政协议视为独立成熟的行政行为，即便存在违法可能性,但仍应将其与后续补偿决定进行利益衡量,能更好地在信赖保护与征地公平之间进行妥善选择。

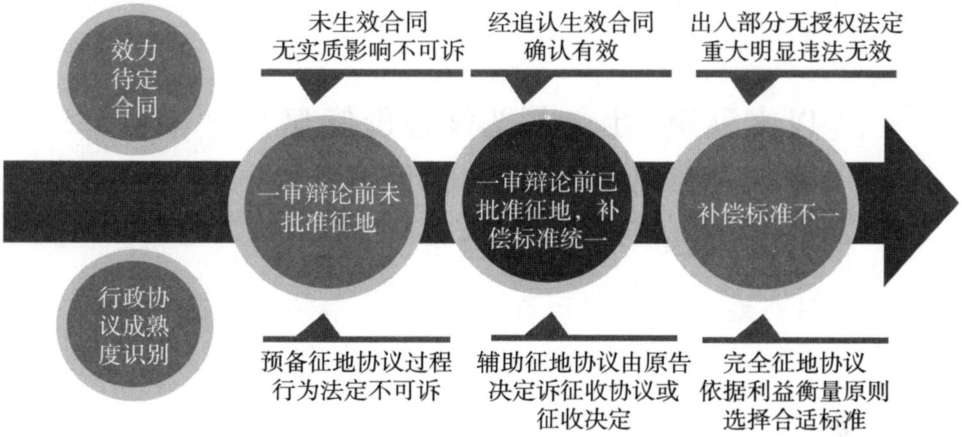

图7　两种进路的异同对比

以案弘道:社会主义核心价值观融入民事裁判文书的路径探析

——以8436份民事裁判文书为样本分析

陈 磊 黄 浩*

习近平总书记指出,“社会主义核心价值观(以下简称核心价值观),其实就是一种德,既是个人的德,也是一种大德,就是国家的德、社会的德。国无德不兴,人无德不立”[1]。裁判文书作为司法审判的最终载体,集中反映了案件的审理思路,凝结了法官的裁判智慧,不仅是当事人权利义务的宣告书,也是弘扬社会主义核心价值观的重要教材,是以这一国之大德强国兴邦的有效路径。民事法律调整最基础、最广泛的社会关系,民事裁判文书折射了社会公众生活的方方面面,本文探索如何更好地将社会主义核心价值观融入民事裁判文书,以期实现以案弘道,“法安天下,德润人心”的目标。

一、考察:社会主义核心价值观融入民事裁判文书的实然状态

本文利用Alpha系统(数据库源于中国裁判文书网)作为检索工具,以“社会主义核心价值观”“民事”为检索条件,时间截至2021年8月15日,将裁判文书正文中未出现社会主义核心价值观仅在附法条部分包含最高人民法院《关于适用〈中华人民共和国民法典〉时间效力的若干规

* 陈磊,南宁市武鸣区人民法院;黄浩,河池市宜州区人民法院。

〔1〕 陈延斌、田旭明:《明确“核心价值观是一种德”的现实意义》,载《光明日报》2014年11月19日,第13版。

定》第 2 条的文书进行手工剔除,最后共获 8436 份有效样本,笔者以有效样本进行数据分析。

（一）样本案例的数量增长情况

1. 数量逐年快速增长

笔者将样本案例按照时间维度进行统计分析(详见图 1),民事裁判文书援引核心价值观的数量总体上呈现逐年增长的趋势,在 2015 年以前基本维持较低的数量,从 2016 年起数量呈爆发性增长,增长曲线近乎垂直,截至 2021 年 8 月 15 日,民事裁判文书援引核心价值观数量达到 2612 件,已经超过 2020 年的 2335 件。

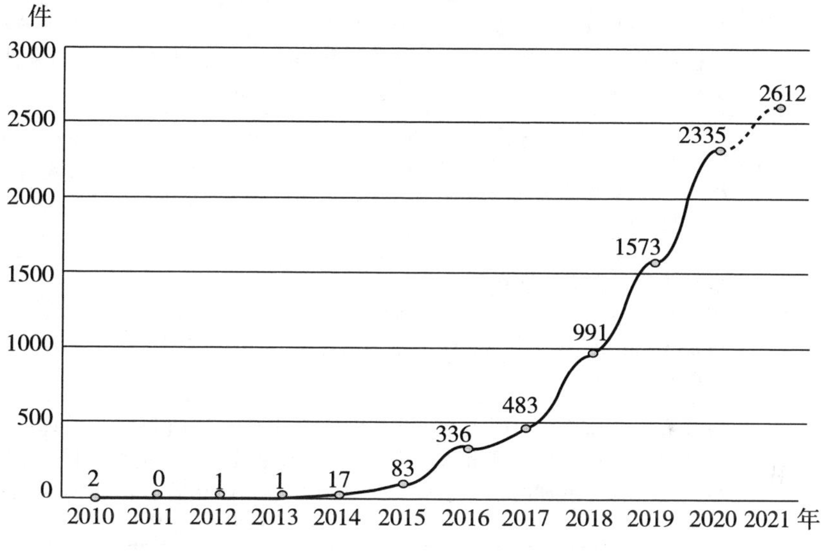

图 1　样本案例的年度增长态势

2. 受司法政策影响大

最高人民法院自 2015 年起共发布了 5 份文件指导社会主义核心价值观融入司法裁判(见表 1)。2015 年,最高人民法院《关于在人民法院工作中培育和践行社会主义核心价值观的若干意见》颁布,援引数量从 2015 年的 83 件增长至 2016 年的 336 件,增长了 4 倍;2018 年共颁布三个文件导致数量呈现几何倍数增长,2017 年为 483 件,2018 年翻倍达 991 件,2020 年再翻倍达 2335 件。2021 年,截至 8 月 15 日的数量累计已超过 2020 年全年。结合表 1 和图 1 可以发现,相应政策的颁布与案件数量的增长呈正相关关系，呈现出“政策冲击——司法反映”的特点。[2] 裁判文书的数量受政策的影响较大。

表1 弘扬社会主义核心价值观的文件名称及有关内容

时间	政策文件名称	相关内容
2015年10月12日	最高人民法院《关于在人民法院工作中培育和践行社会主义核心价值观的若干意见》	涵盖了人民法院工作中培育和践行社会主义核心价值观的指导思想、基本原则和目标任务等方面的内容
2018年5月11日	最高人民法院《关于加强“红色经典”和英雄烈士合法权益司法保护弘扬社会主义核心价值观的通知》	依法保护红色经典传承和英雄烈士合法权益，指导各级人民法院正确审理涉及保护红色经典传承和英雄烈士合法权益纠纷的案件，弘扬社会主义核心价值观
2018年6月1日	最高人民法院《关于加强和规范裁判文书释法说理的指导意见》	增强裁判行为公正度、透明度，规范审判权行使，提升司法公信力和司法权威，发挥裁判的定分止争和价值引领作用，弘扬社会主义核心价值观
2018年9月18日	最高人民法院《关于在司法解释中全面贯彻社会主义核心价值观的工作规划(2018—2023)》	落实中央关于社会主义核心价值观融入法治建设的要求，对司法解释工作作出专门部署
2021年1月19日	最高人民法院《关于深入推进社会主义核心价值观融入裁判文书释法说理的指导意见》	规范法官运用核心价值观释法说理的基本原则、基本要求、主要方法、重点案件、范围情形、配套机制等，突出“法官在法律框架内运用社会主义核心价值观释法说理”这一基本定位

(二)样本案例涉及案件类型及行业分布

1. 案件类型分布情况

经统计，将社会主义核心价值观融入裁判文书说理的民事案件具体案件类型占比见图2。合同纠纷、侵权责任纠纷和人格权纠纷类案件为适用社会主义核心价值观的主要案件类型，且合同纠纷占比超过一半，由于《民法典》中对自由、平等、诚信均有直接法律规定，对合同类案件适用社会主义核心价值观说理就更为简便。相较而言，知识产权类案件援引的数量较少，除了因为案件本身占比少，还与核心价值观融入该

[2] 参见杨彩霞、张立波：《社会主义核心价值观融入刑事裁判文书的适用研究——基于2014～2019年刑事裁判文书的实证分析》，载《法律适用》2020年第16期。

类案件的难度较大有关。社会主义核心价值观融合民事裁判文书的数量除与案件基础数量有关外,还与融入的难度相关。

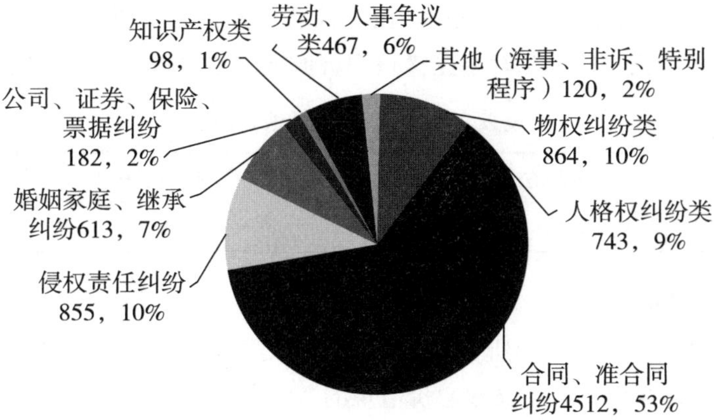

图2　样本案例涉及案件类型分布的情况(单位:件)

2. 行业分布情况

对样本案例涉及的行业进行分析,其中涉及房地产业占比为27.86%,其他行业为23.49%,金融业为23.65%,批发和零售业为10.06%,制造业为8.28%,建筑业为6.66%(见图3)。样本案例涉及行业非常广泛,不仅关系到国家经济安全,亦涉及人民生活福祉,社会主义核心价值观融入裁判文书,释法说理任重道远。

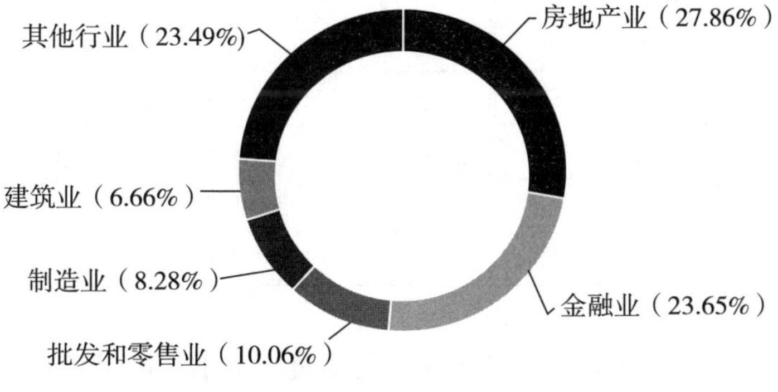

图3　样本案例涉及的行业比例分布

(三)样本案例涉及的法院层级与地域分布情况

1. 法院层级

从法院层级看,样本案例在全国各级法院均有出现,但中级、基层法院法官援引社会主义核心价值观多、较高层级的法院法官援引社会主义核心价值观少(见表2)。

从数据上看，中级、基层法院成为援引社会主义核心价值观的“主力军”。我国 80% 的案件由基层法院受理[3]，其援引的数量最多，这与受理的案件基数大有关。但中级法院作为绝大多数案件的终审法院，援引社会主义核心价值观的案件占比远高于基层法院，在裁判文书中援引社会主义核心价值观的主要目的是提升判决可接受度。

表 2 样本案例涉及的法院层级

层级	基层人民法院	中级人民法院	高级人民法院	最高人民法院
融入数量(件)	4848	3359	226	3

2. 地域范围分布

从地域范围看，几乎全国所有省份均在裁判文书中援引社会主义核心价值观(见表 3)。各个省份援引社会主义核心价值观的数量与地域之间没有明显的相关关系。社会主义核心价值观融入民事裁判文书已近 10 年，数量仅有 8436 份，说明社会主义核心价值观融入民事裁判文书还处于初始阶段，各地法院还在摸索中前行，尚未体现出明显的分布规律。

表 3 样本案例的地域分布表

单位:件

省份	数量	省份	数量	省份	数量	省份	数量	省份	数量
河南	1068	四川	691	广东	643	山东	576	河北	546
江苏	531	北京	445	湖南	431	浙江	308	安徽	292
重庆	239	湖北	233	辽宁	231	贵州	223	黑龙江	207
福建	140	山西	137	新疆	135	陕西	133	吉林	130
江西	125	甘肃	116	天津	105	上海	90	海南	86
宁夏	60	内蒙古	58	青海	24	西藏	15		

二、检视:社会主义核心价值观融入民事裁判文书的阿喀琉斯之踵

社会主义核心价值观融入民事裁判文书仍处于探索阶段，融入理念有偏差，方法不够规范。笔者从以下四个维度对目前存在的问题进行分析。

[3] 参见胡仕浩、刘树德、罗灿:《〈关于进一步推进案件繁简分流优化司法资源配置的若干意见〉的理解与适用》，载《人民司法》2016 年第 28 期。

（一）合法性维度："规则逃逸"损害裁判的合法性

在将社会主义核心价值观融入裁判文书说理的过程中，出现的最严重的问题就是"规则逃逸"。其具体体现在以下两个方面。

1. 以蕴含社会主义核心价值观的法律原则代替法律规则

部分社会主义核心价值观以法律原则的形式体现，在法律适用时以蕴含社会主义核心价值观的法律原则代替法律规则。例如，《民法典》明确诚信原则为从事民事活动应当遵循的原则，在梁某某与朱某某返还原物纠纷案〔4〕中，法院认为房屋产权登记人陈某甲赠与陈某乙案涉房屋，陈某乙将该房屋出售给被告朱某某并交付使用10余年，陈某甲再以赠与合同的形式将案涉房屋赠与本案原告梁某某，原告起诉要求被告腾迁出该房屋。陈某甲与原告之间的赠与合同，依法不对被告发生法律约束力且有违诚信原则，并且与社会主义核心价值观背道而驰。法院依据《民事诉讼法》第64条第1款，判决驳回原告要求被告腾迁出案涉房屋的诉请。该案在法律适用时，未适用合同相对性的法律规则，而以蕴含社会主义核心价值观的诚信原则作为裁判依据。

2. 直接将社会主义核心价值观作为裁判依据

社会主义核心价值观融入文书说理可提升裁判的说服力，但直接将社会主义核心价值观作为裁判依据，严重背离"法律至上"的基本理念。在卢某与李某等赡养纠纷案件〔5〕中，法院认为老人要求孩子每逢节假日探望，符合弘扬社会主义核心价值观的要求，故判决孩子逢国家法定节假日探望其父母。法院适用的裁判依据为原《婚姻法》第4条、第21条（现《民法典》第1043条、第1067条），以上两条法律规定并未包含要求赡养人经常看望或问候被赡养人的内容。可见法院直接将社会主义核心价值观当成逢节假日探望这一判项的裁判依据。

（二）针对性维度：僵化错位的适用方式降低裁判的说服力

1. 融入方式"模板化"

"模板化"是指对不同案件运用基本雷同甚至完全相同的说理表达方式，未结合具体案件事实进行分析论证，裁判说理千篇一律。〔6〕在样本案例中，部分法院套用固定模板，采取"喊口号""亮标语"等方式进行说理，套用的模板及套用的数量见表

〔4〕参见广东省深圳市宝安区人民法院（2019）粤0306民初37626号民事判决书。

〔5〕参见河南省巩义市人民法院（2016）豫0181民初4657号民事判决书。

〔6〕参见于洋：《论社会主义核心价值观的司法适用》，载《法学》2019年第5期。

4,僵化说理问题较为突出。

表 4　社会主义核心价值观融入民事裁判文书套用模板情况统计

序号	法院	模板内容	数量
1	漯河市召陵区人民法院	努力让人民群众在每一个司法案件中感受到公平正义……从弘扬社会主义核心价值观、社会主义文明新风尚及传播社会主义法治精神的基本要求与理念出发……给社会提供一个正确的导向、良好信息及价值	151
2	宁乡县人民法院	为了弘扬社会主义核心价值观和中华民族传统美德,传递正能量,促进家风建设,维护和谐、美满的家庭关系,故对原告要求离婚的请求,本院不予支持	62
3	龙江县人民法院	……违反了民法的相关规则;也违反了民法的诚信原则;还与诚信的社会主义核心价值观相悖	59
4	漯河市召陵区人民法院	秉持诚实信用、行为善意原则……从弘扬社会主义核心价值观和传播社会主义法治理念的要求出发,民商事活动及交易各方均要严格遵循这一原则……努力让人民群众在每一个司法案件中感受到公平正义……	41
5	成都市中级人民法院	社会主义核心价值观包含“诚信”准则和“友善”准则。“诚信”即应诚实守信,在人际交往、商事交易中信守承诺、诚恳待人……“友善”即应和睦互助,在人际交往、商事交易中相互尊重、和睦友好……	39
6	重庆市开州区人民法院	综上所述,为保护民事主体的合法权益,维持社会和经济秩序,弘扬社会主义核心价值观……	34

2. 社会主义核心价值观适用层面错位

社会主义核心价值观分为国家、社会、个人三个层面,一些法官在适用时没有针对具体问题采用对应层次的价值观。如在朱某与钱某等人名誉权纠纷案〔7〕中,法院认为社会主义核心价值观倡导文明、和谐、法治、友善等,是规范每个公民的行为准则和行为习惯。其中文明、和谐是国家层面的,而法治是社会层面,仅有友善是个人层面,法院在适用过程中将文明、和谐、法治当成规范每个公民的行为准则和行为习惯,明显存在社会主义核心价值观适用层次错位的问题。

〔7〕　参见江苏省常州市中级人民法院(2018)苏 04 民终 1452 号民事判决书。

3. 对有争议的问题未予以回应

对当事人在诉辩主张中提出的有争议的价值观，在裁判文书中并未予以回应。在周某骏诉湖南某置业有限公司商品房销售合同纠纷案〔8〕中，被告以原告的主张违背原《民法总则》第7条（现《民法典》第7条）民事主体应当遵循诚信原则以及社会主义核心价值观中爱国敬业诚信友善价值要素作为抗辩理由。但法院在裁判说理时并没有对被告以社会主义核心价值观作为抗辩理由进行回应。法院在裁判时对价值观适用问题采取回避的态度，不利于实现以案弘道的目的，也不利于说服当事人。

（三）稳定性维度：同类案件援引不同价值观减损裁判的权威性

司法裁判应追求稳定性和可预测性，但部分法院就同一类案件援引社会主义核心价值观进行裁判说理的理由却不相同，易导致裁判的不稳定。如诉请要求返还彩礼，马某、海某与苏某婚约财产纠纷一案。〔9〕，法官以天价彩礼给婚姻蒙上了浓厚的金钱色彩，违反了婚姻“自由”的价值观进行论述。而赵某甲与李某甲、李某乙婚约财产纠纷〔10〕则以给付彩礼为陋习，违法了“文明”的价值观进行论述。同样是索要高价彩礼的行为，不同的法院作出了不同的价值评价，缺乏统一的评价标准，裁判理由不稳定在一定程度上损害了司法的公信力和权威性。

（四）充分性维度：说理不透彻影响裁判的可接受度

1. 社会主义核心价值观融入裁判文书未进行说理解释

裁判文书说理是否透彻，与能否进行翔实的说理解释密切相关。不加解释地适用社会主义核心价值观，简单粗暴，惜墨如金，表现出行使公权力的傲慢或随意。〔11〕在王某某与安徽某乳业公司劳动争议案〔12〕中，法院认为“用人单位和劳动者等社会全体成员都是社会主义核心价值观的践行者、维护者、受益者，某乳业公司应尽量为合同的履行创造条件……方能使劳动合同得以顺利地继续履行”。法院运用核心价值观说理，但未对践行何种核心价值观以及双方当事人践行核心价值观与继续履行劳动合同之间的关系进行解释说明，其只是迫于司法政策压力而笼统地适用。

---

〔8〕 参见湖南省长沙市望城区人民法院（2019）湘0112民初2726号民事判决书。

〔9〕 参见新疆生产建设兵团第五师中级人民法院（2021）兵05民终25号民事判决书。

〔10〕 参见黑龙江省拜泉县人民法院（2019）黑0231民初1619号民事判决书。

〔11〕 参见夏克勤：《民事裁判文书说理实证调查——基于900篇民事裁判文书的分析》，载《中国应用法学》2018年第2期。

〔12〕 参见安徽省淮南市大通区人民法院（2018）皖0402民初200号民事判决书。

2. 社会主义核心价值观与案件事实之间缺乏联结说理

样本案例中存在社会主义核心价值观与具体案件之间缺乏联结说理的情况。例如黄某诉庄某不当得利纠纷案,法院在说理时直接表述“弘扬正气,树立良好的社会道德风尚,是社会主义核心价值观的基本内容”,以及根据原《民法总则》关于无效民事行为的规定及原《婚姻法》相关规定判决,未对核心价值观与具体案件之间的联结进行说理。在适用时未将核心价值观与事实进行联结说理,社会主义核心价值观的可接受度会大打折扣。

三、厘定:社会主义核心价值观融入裁判文书的功能及价值定位

(一)社会主义核心价值观的功能定位:裁判依据抑或裁判理由

1. 裁判依据与裁判理由的关系框定

裁判依据是司法裁判推理论证最终作出决定的规范基础。裁判依据在判决书中应以“依照……之规定,判决如下”的格式出现,且所援用条文一般须源于法律、法规等规范性文件。[13] 对于内容表现形式而言,裁判依据实质就是法律依据,包括法律、法规、规章等正式法源。裁判理由并非一个规范性概念,其本质是事实认定说理和法律适用说理的结合,在裁判中发挥解释性作用,增强裁判结论的正当性与可接受性。[14] 其通过对裁判结论的形成过程和正当性理由进行阐述,提高裁判的可接受度。

从内容分类上看,裁判理由包含裁判依据。裁判理由在内容上可分解为三点:法律依据、法律适用的说明及法律漏洞或冲突的补强(见图4)。[15] 而裁判依据实质内容亦是法律依据,就内容表现形式而言,裁判依据属于裁判理由的范畴,并且属于裁判理由的核心要素,其重要性居于所有裁判理由之首。

---

〔13〕 参见余军等:《中国宪法司法适用之实证研究》,中国政法大学出版社2017年版,第147页。

〔14〕 参见雷磊:《从“看得见的正义”到“说得出的正义”——基于最高人民法院〈关于加强和规范裁判文书释法说理的指导意见〉的解读与反思》,载《法学》2019年第1期。

〔15〕 参见宋菲:《基于法律方法的“裁判理由”建构》,载陈金钊、谢晖主编:《法律方法》(第33卷),研究出版社2021年版,第229页。

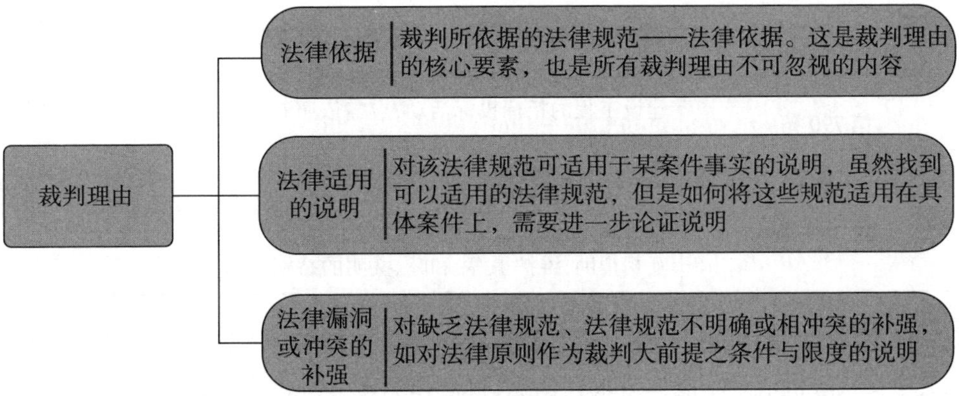

图 4　裁判理由分解的三部分内容

2. 社会主义核心价值观的功能定位

(1)作为正式法源的社会主义核心价值观可以归入裁判依据。部分社会主义核心价值观经过立法转化为正式的法源,如部分社会主义核心价值观在《民法典》编撰时已经转化为《民法典》的具体条款(见表 5)。社会主义核心价值观以法律规则或法律原则形式表现,此时社会主义核心价值观可作为裁判依据融入裁判文书。作为正式法源的社会主义核心价值观进行适用时,应采用"法律规范" +"核心价值观"的适用模式,先援引蕴含核心价值观的法律规范,再阐述核心价值观的内容。

表 5　《民法典》中蕴含社会主义核心价值观内容的条款

《民法典》条款	内容
第 1 条	为了保护民事主体的合法权益,调整民事关系,维护社会和经济秩序,适应中国特色社会主义发展要求,弘扬社会主义核心价值观,根据宪法,制定本法
第 4 条	民事主体在民事活动中的法律地位一律平等
第 6 条	民事主体从事民事活动,应当遵循公平原则,合理确实各方的权利和义务
第 7 条	民事主体从事民事活动,应当遵循诚信原则,秉持诚实,恪守承诺
第 14 条	自然人的民事权利能力一律平等
第 109 条	自然人的人身自由、人格尊严受法律保护
第 113 条	民事主体的财产权利受法律平等保护

续表

《民法典》条款	内容
第790条	建设工程的招标投标活动,应当依照有关法律的规定公开、公平、公正进行
第1043条	家庭应当树立优良家风,弘扬家庭美德,重视家庭文明建设。夫妻应当互相忠实,互相尊重,互相关爱;家庭成员应当敬老爱幼,互相帮助,维护平等、和睦、文明的婚姻家庭关系

(2)非正式法源的社会主义核心价值观作为裁判理由。未转化成为正式法源的社会主义核心价值观不能作为裁判依据,仅能作为裁判理由增强裁判文书的可接受度。转化为司法政策文件、指导案例、典型案例的社会主义核心价值观作为强化说理的资源,与其他正式法源复合适用于外部证成。首先,社会主义核心价值观具有"共识性"基础,将该类型的价值观作为外部证成的理由能够凝聚共识,提升司法裁判的接受度。其次,社会主义核心价值观可以作为法律漏洞补充。新类型案件"无法可依"的情况时常发生,社会主义核心价值观可以作为漏洞补充重要依据,可为类推适用、目的性扩张解释等漏洞补充方法提供价值引领,通过释法说理确立新的裁判规则。

(二)价值定位:实现规范性与个性的统一

1.融入方式应符合规范性

裁判文书是法律价值的一种体现,通过具体裁判文书的日积月累,可以使人民更加确定法律所追求的价值。[16] 如果适用社会主义核心价值观时不遵循统一的规范,可能会使人民无法从各种杂乱的信号中理解法律的价值,更会减损裁判文书的权威性。社会主义核心价值观是中华民族经过长期的历史积淀形成的社会价值取向,规范的适用方式更有利于人民理解与接受,发挥司法裁判道德教化和行为指引的作用。

2.融入方式不宜标准化

随着指导意见及配套措施的发布,社会主义核心价值观融入裁判文书的方式亦日趋规范,但裁判文书的说理不宜完全标准化。适用社会主义核心价值观说理规范化有助于保障裁判的权威性和稳定性,但不宜完全标准化,否则可能会导致对生活世界的过分漠视、欠缺对规范的精准理解、对个案特殊性的无视,使得法官沦为裁判机器,有损法官的自由裁量权。由于我国各地域和民族文化之间的差异,建立整齐划一

〔16〕 参见刘建军、王颖:《裁判文书的法律价值与改革》,载《法律适用》2002年第9期。

的标准也不符合客观实际。

3. 实现规范性和个性的统一

社会主义核心价值观融入裁判文书,应实现规范性和个性的统一。通过强化裁判说理,在遵循规范性的基础上凸显裁判说理的个性表达。现阶段社会主义核心价值观具体适用个性特征并不突出,与案件情况结合也不够紧密,机械地套用模板的现象较为明显。强调文书的共性并非排斥文书的个性,过度强调共性规范,可能会弱化裁判文书的个性,导致出现千篇一律甚至套用模板机械适用的现象。但在强调尊重法官自由裁量权,强调个性化说理的同时必须要遵循说理的规范。

四、探索:社会主义核心价值观融入民事裁判文书的路径

(一)总体思路:社会主义核心价值观融入裁判文书应遵循的基本原则

1. 合法性原则

合法性原则是社会主义核心价值观融入裁判文书正当性的内在要求。在有明确法律规则的情况下法官必须优先适用法律规则,在没有法律明确规定的时候才适用法律原则来填补漏洞。适用法律原则必须有“更强理由”,避免出现“规则逃逸”。前述卢某与李某等赡养纠纷案件在《老年人权益保障法》明确规定与老年人分开居住的家庭成员应经常看望老年人的情况下,更宜以该法律规定作为裁判依据,社会主义核心价值观在该案件中仅能作为补强说理。

2. 针对性原则

针对性原则是由司法裁判定分止争的功能决定的,也是增强裁判说服力的重要保障。

(1)从消极回避到积极回应。法官应当针对当事人提出适用社会主义核心价值观的问题进行积极回应,阐明采纳或不采纳的理由。前述周某骏诉湖南某置业有限公司商品房销售合同纠纷案中,被告以原告的主张违背社会主义核心价值观进行抗辩,法官在裁判说理时宜对原告的行为是否符合社会主义核心价值观作出评价,再对是否可据此采信被告的抗辩理由进行论述。

(2)从套用模板转向针对性融入。套用模板可以节约法官撰写判决书的时间,对同类系列案件套用模板也可使裁判文书文风稳定。但如果生搬硬套,不加区分地套用模板,不仅会使裁判文书沦为流水线上的产品,也增加了适用错误的风险。法官应当有针对性地将社会主义核心价值观融入裁判文书,彰显说理的充分性,实现“胜败皆服”的效果。

(3)从被动应付到主动融入。采用笼统方式将社会主义核心价值观融入裁判文书,主要原因是受到司法政策的影响,为了达到某种指标而应付了事。在裁判文书中融入社会主义核心价值观进行说理是为了提升裁判的可接受度,实现以案弘道的目标。法官应当主动将社会主义核心价值观融入裁判文书,而不是被动回应司法政策的要求。

3. 准确性原则

社会主义核心价值观融入民事裁判文书说理应坚持准确性原则,以此保障裁判结论的正确性。

(1)准确理解每个价值观的含义。这 12 个价值观具有评价性和描述性双重属性,应准确把握其具体含义。法官将社会主义核心价值观融入裁判文书时应将重点放在揭示价值观自身蕴含的判断标准,即将价值词语转为适合具体案件的规范或标准〔17〕,避免对价值观进行错误的解读。

(2)准确区分社会主义核心价值观的三个层面,避免在适用时出现层次的错误。社会主义核心价值观包括三个层面共 12 个不同的价值观,对具体案件情况选择适用具体价值观时应正确选择对应层面的价值观。

(3)同类型的案件适用相同价值观。类案检索机制有助于确保同类案件运用社会主义核心价值观释法说理的统一性。例如常见的返还天价彩礼案,说理时除明确依据《民法典》规定禁止借婚姻索要财物外,还宜针对我国自古以来存在的聘娶婚制,结合文明的社会主义核心价值观说理,统一裁判理由。

(二)法律方法:社会主义核心价值观融入民事裁判文书的具体路径

1. 法律解释:提升社会主义核心价值观融入理由的充分度

为了保证社会主义核心价值观融入裁判文书的充分性,可用以下三个方法对核心价值观进行解释:

(1)文义解释。对核心价值观进行文义解释时必须严格遵从文字字面意思。《人民日报》对核心价值观内涵进行的解释见图 5。〔18〕 因此,对个案适用核心价值观时首先应当进行文义解释,明确其在具体语境下的含义之后再与个案相结合进行说理分析。

---

〔17〕 参见祖鹏、李冬冬:《社会主义核心价值观融入司法裁判的机制研究》,载《法律适用》2021 年第 2 期。

〔18〕 参见吴潜涛:《深刻理解社会主义核心价值观的内涵和意义》,载《人民日报》2013 年 5 月 22 日,第 7 版。

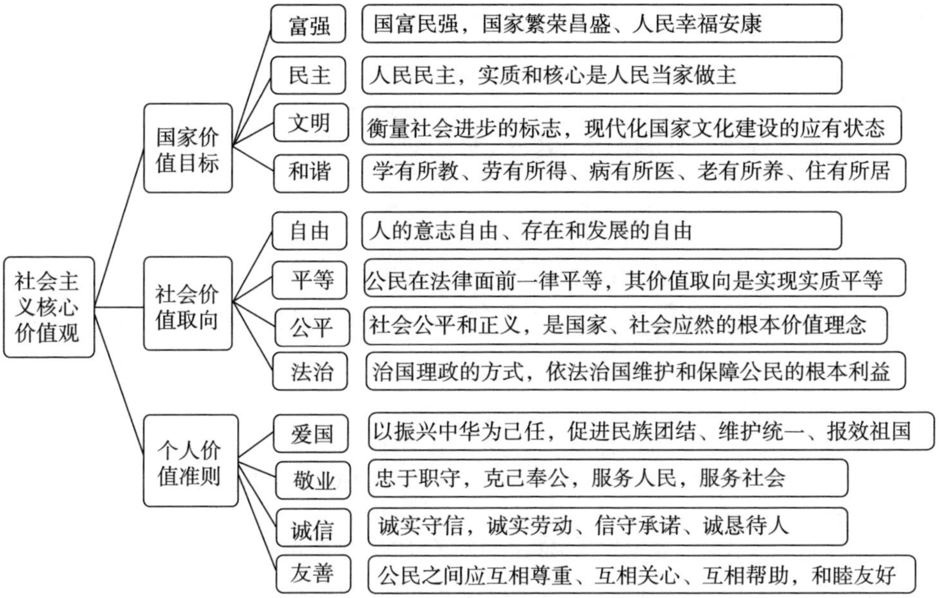

图5　社会主义核心价值观的内涵

(2)体系解释。在适用社会主义核心价值观进行说理时,通过体系解释可以寻求法律与其他社会规范、价值共识之间的一致性,构建法律规则、法律原则与核心价值观之间的关联,实现法律规范与价值体系之间的互通。社会主义核心价值观不同维度的价值内涵不同,但不同维度的价值之间又具有包容关系,故应利用体系解释方法结合语境,前后对照,从整体上把握社会主义核心价值观的内涵并加以适用。

(3)目的解释。运用目的解释方法,探寻社会主义核心价值观背后所倡导的价值理念,明确创设核心价值观的目的,以平衡秩序价值和个案正义。目的解释有助于限制法律解释和续造方法的裁量余地,避免解释不当引起不公,维护法律秩序的体系性和安定性。[19] 将目的解释明晰化,给裁判者保留自由裁判的空间,有助于实现个案正义。

2. 法律推理:增强核心价值观融入方式的逻辑性

(1)注重推理过程的层次性。为了保障说理的逻辑性,应进行多层次的法律论证,构建合理、合法并具有说服力的裁判理由,从而推导出裁判结论。从证据论证到事实认定再到运用法律对事实进行评价为分层论证,通过分层论证将作出价值判断

〔19〕 参见梁慧星:《民法解释学》,法律出版社2015年版,第232页。

的标准融入裁判文书的裁判理由中,不仅能够体现静态的理由论据,还能体现出动态的论证逻辑(见图 6)。

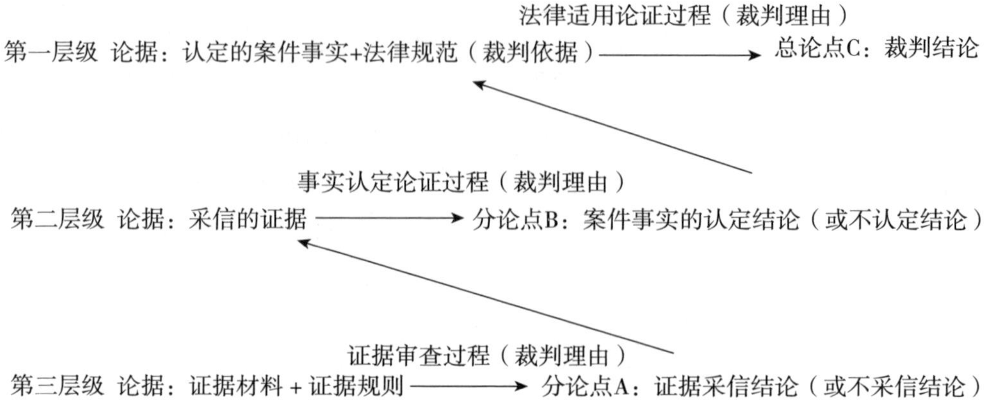

图 6　核心价值观融入裁判文书的三层次论证模型

(2)注重说理依据的次序化。为了保障法律体系的稳定性,裁判说理所引用的依据必须坚持一定的顺序。[20] 该次序即"法律规则—法律原则—社会主义核心价值观",其中法律规则与法律原则属于裁判依据,社会主义核心价值观属于裁判理由。例如前述梁某某与朱某某返还原物纠纷案,宜在裁判说理时,先以原《合同法》中合同相对性相关规定作为裁判依据,再由民事主体应遵循诚实信用的交易原则引入诚信的价值判断,最后运用社会主义核心价值观的诚信价值强化说理。

3. 法律修辞:提升社会主义核心价值观融入方式的接受度

"法律修辞是在其他法律方法的基础上,依照法律体系的规范性和案件的具体语境对当事人进行劝导和论辩。"[21] 法律修辞能够消融当事人因法院介入而可能产生的负面感受,具有沟通和说服实用主义功能。[22] 在司法政策的影响下,社会主义核心价值观融入民事裁判文书带有明显的"政治色彩",恰当地使用核心价值观进行修辞,可以削弱裁判文书的"政治色彩"。排比、比喻等修辞方法也可使裁判文书更为生

〔20〕 参见周尚君、邵珠同:《核心价值观的司法适用实证研究——以 276 份民事裁判文书为分析样本》,载《浙江社会科学》2019 年第 3 期。

〔21〕 陈金钊:《解决"疑难"案件的法律修辞方法——以交通肇事连环案为研究对象的诠释》,载《现代法学》2013 年第 5 期。

〔22〕 参见刘星:《司法方法中的推理、管理、修辞及司法公正——以"要件审判九步法"为样本》,载《法学》2015 年第 4 期。

动,呈现不同的风格。合理使用法律修辞,使用法言法语对社会主义核心价值观进行表达和论辩,适当结合文学手法,更好地发挥社会主义核心价值观教育及行为引导的双重功能。

(三)案例指导机制:社会主义核心价值观融入裁判文书的典范参考

最高人民法院通过公布弘扬社会主义核心价值观的典型案例,为在司法领域实现以案弘道提供了规范指引,在规范性的基础上,指导性案例亦为价值观融入裁判文书的个性表达作出了表率与示范,充分体现说理的共性要求与个性内容之间的结构张力。

1. 规范指引:指导性案例指引社会主义核心价值观的规范适用

为了传承和弘扬英雄烈士精神、爱国主义精神,培育和践行社会主义核心价值观,《英雄烈士保护法》应运而生,淮安谢勇烈士名誉权纠纷公益诉讼案为全国首例适用该法进行审判的案件。[23] 该案对公益诉讼的主体资格、烈士名誉权所体现的社会公益的保护等所适用的法律进行了论述。首先,适用《英雄烈士保护法》这一弘扬社会主义核心价值观的正式法源进行裁判说理;其次,从培养社会公众新时期正确的爱国主义价值观及营造崇尚英烈精神的社会环境有着积极的示范引领作用进行补强说理。该模式层次鲜明、说理充分,具有指导性意义。其具体方式见表6。

表6　指导性案例适用社会主义核心价值观的规范方式

裁判结果:判决被告曾某于判决生效之日起7日内在本地市级报纸上公开赔礼道歉。如曾某拒不履行,淮安市中级人民法院将在淮安市级报纸上公布判决的主要内容,相应费用由曾某承担。	
序列	内容
1	从法律规定论述提起该案公益诉讼主体资格
2	先从法律规定再从核心价值观论述法益保护
3	结合核心价值观对案件中当事人的行为作出评判,引领价值导向

2. 个性表达:实现"情、理、法"的统一

裁判文书是法官与人民群众进行沟通的纽带,法官在规范的基础上,运用普通百姓喜闻乐见的形式,富有共情的语言,进行有温度、可对话的个性化表达,更有助于达

〔23〕 参见江苏省淮安市中级人民法院(2018)苏08民公初1号民事判决书。

到“裁判一件、教育一片”的社会效果。

（1）人文关怀式表达。例如吉日某某图等与殷某宾等生命权纠纷一案〔24〕，法官在“本院认为……”中以“备受呵护的小花在含苞待放时就骤然凋谢，透过笔录的字字泣血之言，合议庭能够体会到殷某宾、杨某威夫妇近乎绝望的丧女之痛……深表痛心……致以诚挚的慰问”开篇，接着从“公平”这一价值角度对“自甘风险原则的适用”进行了深入的探讨论证，展现了严密的法律逻辑。法官与当事人共情，使裁判具有人情的温度，结合核心价值观的“公平”价值取向进行过错责任分配，裁判既有理有据，又不乏人文关怀。

（2）对话式表达。例如某公司、黄某诉邵某名誉权纠纷一案〔25〕，被告辩称自己只是在微信群与邻居和好朋友陈述原告美容仪器不正规，经营不诚信问题，不应属于名誉权侵权。法官通过对话的方式对被告提出的质疑进行针对性回应，互联网领域侵权除了要符合传统名誉权侵权的全部构成要件，还须考虑信息网络传播的特点并结合侵权主体、传播范围、损害程度等具体因素来综合判断，同时以“文明”的价值取向进行评价，以对话的方式答疑解惑，得出网络空间的不当言论也构成名誉权侵权的结论。

（3）寄语式表达。例如张某、秦某诉陶某探望权纠纷一案〔26〕，法官运用“和谐”价值观通过寄语式表达回答祖父母是否享有隔代探望权的问题。法官从立法精神、未成年人及老年人权益保护和重塑家庭伦理亲情等角度出发进行说理，结合“和谐”的价值要素，敦促案件当事人共同为未成年人创造温馨和谐的成长环境，利用“和谐”对当事人进行劝诫和引导，化解家庭矛盾，彰显“情、理、法”熔于一炉的表述特点。

结 语

民事裁判文书是公众社会活动的镜子，家庭伦理、社会交往、国家建设都折射其中。法官将社会主义核心价值观融入民事裁判文书，打造司法活动的特定场景，明确对社会行为的评判，指引社会公众的行为，形成良好的道德风尚。规范和优化社会主义核心价值观融入民事裁判文书的方式，才能使法律法规与价值共识同频共振，司法裁判权威与情怀共存。

---

〔24〕 参见北京市第三中级人民法院（2016）京 03 民终 3265 号民事判决书。

〔25〕 参见北京市顺义区人民法院（2018）京 03 民终 725 号民事判决书。

〔26〕 参见江苏省泰州市中级人民法院（2017）苏 12 民终 1348 号民事判决书。

租赁公示缺失下优先承租权裁判规则的完善

——以房屋租赁合同类案分析为视角

曾　锐　龙明莹*

《民法典》第734条首次将房屋承租人的优先承租权明确写入法律之中，将原仅存在于当事人合同意思自治范围内的意定权利上升为法定权利，以保障租期届满后承租人的优先续租利益。但优先承租权与股东优先购买权和承租人优先购买权的权利实现基础不同，租赁权并无股权及物权的强制登记要求和权利公示下的商事外观。

我国《城市房地产管理法》第54条规定了房屋租赁的登记备案要求，但该登记备案仅是行政管理需要，并非租赁合同的生效要件，出租人不予登记备案并不影响其出租行为的效力，履责登记备案的少之又少。在租赁公示缺失之下，出租人的出租行为缺乏有效的公示监督，承租人也缺乏可靠的信息渠道，导致承租人在其权利受损害时也未能及时知情，优先承租权的保障亟须司法实践检验。

现有文献大多形成于《民法典》施行之前，彼时优先承租权尚未入法，主要研究方向包括：对优先承租权的立法态度之争，分为“法定权利

* 曾锐，柳州市柳南区人民法院；龙明莹，柳州市柳南区人民法院。

说"[1]、"立法留白说"[2];对优先承租权的属性之争,分为"债权说"[3]、"物权说"[4]、"债权的物权化说"[5],另有观点分为"债权性质的优先缔约权说"[6]、"形成权说"[7]、"附条件的形成权说"[8],等等。鲜有注意到租赁公示缺失对优先承租权的实质影响。本文以案例分析为视角切入,探究权利实现现状。

一、现象描述:租赁公示缺失下的维权困境

《民法典》中的优先承租权条款为一般授权性规范,根据条文内容,承租人欲在租期届满续租时享有优先权需同时满足以下三个条件:一是出租人具有出租意愿;二是发生了第三人竞租事实;三是承租人符合第三人竞租的同等条件。相较于其他优先权的立法规则,优先承租权在其具体适用上仍存在大量立法留白,其表述也与《民法典》施行前当事人在合同中约定的优先承租权的惯用条款几乎无异,基于二者表述的同一性,可一并从意定优先承租权的案例中对权利实现现状进行检视。

通过中国裁判文书网检索并筛选出了1376篇案例进行统计[9],司法实践中承租人提出优先承租权主张的败诉率高达98.69%。根据前述优先承租权需同时满足的三个证成条件对败诉的根本原因进行归类,承租人无法证明出租人具有出租意愿(出租人主张收回租赁物)的占50.15%,承租人无法证明既有竞租事实(另租他人)

---

〔1〕 参见梁慧星:《中国民法典草案建议稿》,法律出版社2011年版,第200页;徐国栋主编:《绿色民法典草案》,社会科学文献出版社2004年版,第565~566页;刘有东主编:《合同法精要与依据指引》,北京大学出版社2011年版,第305~306页;朱家贤:《租赁合同·融资租赁合同》,中国法制出版社1999年版,第27页;韩朝贵、王华:《房屋承租人的优先承租权应受司法保护》,载《中国人大》2004年第22期。

〔2〕 参见周珺:《优先承租权的立法定位及其法律规制》,载《湖北社会科学》2012年第7期。

〔3〕 参见郑玉波:《民法债编各论》(上),台北,三民书局股份有限公司1986年版,第200页。

〔4〕 参见[日]铃木禄弥:《物权的变动与对抗》,渠涛译,社会科学文献出版社1999年版,第65页;[日]冈村玄治:《赁借权物权论》,载日本《私法》杂志第14号,第2~8页。

〔5〕 参见郭明瑞、王轶:《合同法新论·分则》,中国政法大学出版社1997年版,第101页。

〔6〕 参见袁野:《房屋租赁中的优先承租权》,载《苏州大学学报(法学版)》2020年第1期。

〔7〕 参见王利明主编:《民法》(第4版),中国人民大学出版社2008年版,第105页。

〔8〕 参见王泽鉴:《民法学说与判例研究》,中国政法大学出版社1998年版,第506页;李永军:《论优先购买权的性质和效力——对我国〈合同法〉第230条及最高法院关于租赁的司法解释的评述》,载《中国政法大学学报》2014年第6期。

〔9〕 检索以"优先承租权"为关键字,以房屋租赁合同纠纷为案由,以判决书为文书类型,最后检索时间为2021年8月8日12时0分,共检索到2009—2021年的1406篇裁判文书;在剔除合同未约定优先承租权条款、文书乱码及其他无效案例后,最终有效案例为1376篇。

的占27.83%，承租人无法证明符合同等条件的占4.94%，除此之外的其他败诉原因还包括合同效力问题（占1.45%）、承租人先行违约（占5.89%）及承租人续租意向瑕疵（占8.43%）等。

上述原因中，对合同效力及承租人违约、续租意向瑕疵的问题，承租人可通过规范自身意思表示和履约行为来解决，但对优先承租权行使条件的证成困难，败诉比例悬殊，显然承租人在维权路径上遭遇了一定的阻碍。

（一）承租人难以证明出租人的出租意愿

承租人享有优先承租权的条件之一是出租人在原租期届满后同意继续出租房屋，这也是承租人能够继续承租的条件基础。若出租人在期满后决定收回房屋自用，则无论承租人的出价如何均无法对抗出租人要求返还租赁物的主张。

但在涉及承租人与第三人竞租的情形下，出租人为谋私利和追逐利益最大化，可能会滥用缺乏出租意愿来对抗承租人的优先权利，以致出租人作出的收回房屋自用的意思表示不真实，或存在与第三人恶意串通损害承租人利益的情形。而出租人的租赁意向指向将来，在租赁公示缺失下，缺少对出租人表意真伪的监督渠道，无法对出租人形成心理威慑。

在统计案例中，此类败诉案例主要为出租人在租期届满后收回房屋并要求承租人腾退的案例。虽承租人辩解出租人存在虚假陈述，涉嫌与第三人恶意串通驱逐承租人，但是否愿意继续出租房屋乃出租人主观意愿，承租人难以推翻出租人的一面之词。

（二）承租人难以证明既有的竞租事实

在出租人同意出租房屋的前提条件下，承租人行使优先承租权的条件之二是存在房屋即将或已经出租给第三人的事实。因优先承租权必然涉及承租人与第三人的竞租，故当承租人的优先承租权受侵害时，承租人除需向法院披露参与竞租的第三人外，还需就出租人与第三人之间的租赁事实进行举证。

司法实践中，最常见能证明该事实的证据为租赁合同，但出租人与第三人之间签订的合同属双方交易秘密，承租人通常无法获取。在租赁公示缺失之下，承租人丧失了从登记部门获取租赁信息的方式。若出租人刻意隐瞒，则承租人对第三人的存在尚难以知情，更无以知晓其二人达成的租赁条件。

反观在承租人能证明该事实的案例中，证据的来源主要包括出租人自认、出租人向承租人发送的来往信息记录、出租人公布的中标结果、出租人刊登的公告报纸、出租人提供的租赁合同等。上述证据来源显示，承租人对第三人参与竞租的知情程度高度依赖于出租人的信息披露,如承租人的知情权未得到实质保障,其将面临难以逾越的举证鸿沟。

(三)承租人难以证明符合竞租的同等条件

承租人享有优先承租权的条件之三是其提供的续租条件与第三人的竞租条件相比,属于同等条件,其才享有优先权。虽然学界对同等条件的认定标准存在分歧,法官对此享有一定的自由裁量权,但司法实践中,承租人未能证明符合同等条件而败诉的原因并非法官认定承租人提供的条件不同等,而是承租人未能获知第三人的竞租条件,故承租人也无法提供相应条件来主张权利。

承租人能提供相应条件的前提应是其能够知晓第三人的竞租条件,该举证要求甚至还高于其对第三人既有竞租事实的证明,即承租人不仅需知道出租人拟将或已将房屋出租给第三人的事实,还需知道双方租赁合同的内容,否则法官无法判断承租人的条件是否同等最优,也无法认定承租人的优先承租权受到侵害。

但在租赁公示缺失下,承租人的知情权将面临出租人的道德风险,如出租人不如实告知,承租人并无自行获取竞租条件的渠道。因此,承租人难以知晓并自证符合竞租的同等条件,是当前普遍存在的司法现状。

(四)困境综述

优先承租权的实现需同时满足出租人具有出租意愿、发生既有竞争事实及承租人符合竞租的同等条件这三个条件,与股东优先购买权、承租人优先购买权的实现路径相似。但股权变更需要到市场监督管理部门办理变更登记,完成公司章程、股东名册的修改并予公示,物权变更也需要到不动产登记部门进行登记公示;即使权利出让人有所隐瞒,由于股权及物权的登记公示制度,相关优先权享有人也可在权利受侵害后通过权利公示查询信息,取证难度较低,不依赖于权利出让人的告知。

然而,优先承租权并无租赁权的公示制度,租赁公示的缺失造就了优先承租权的先天缺陷,承租人的租赁信息获取高度依赖于出租人的披露告知。但出租人通常未能充分保障承租人的知情权,承租人也未能搜集到充足的证据同时证明其符合权利享有的条件,最终造成在司法实践中承租人主张承租权却败诉居多的局面。

二、成因透视:租赁公示缺失下的规则桎梏

既然优先承租权在权利实现上与其他优先权相比存在天然劣势,那么应在权利规则的设计上对其适当照顾,但显然当前的立法规则和裁判习惯未给予特殊考虑。

(一)出租意愿证明困难分析

1. 出租人主张收回房屋的案例

(1)案例一:鑫大超市承租金龙公司房屋用于经营,租期届满后金龙公司向鑫大超市发函要求腾退房屋并诉至法院。两审法院均支持金龙公司腾房主张。二审法院认为,优先承租权行使前提是出租人另行出租房屋,鑫大超市未举证证明金龙公司存在另行出租情形,故不支持鑫大超市关于金龙公司侵害其优先承租权的主张。[10]

(2)案例二:易服公司承租信立城公司房屋用于经营,租期届满后信立城公司起诉要求易服公司返还房屋,易服公司反诉要求确认优先承租权并续签租赁协议。两审法院均支持信立城公司腾房主张,驳回易服公司反诉请求。二审法院认为,虽易服公司称信立城公司不再续租收回自用系虚假理由,但并未举证证明,也未对其就涉案房屋在同等条件下享有优先承租权进行举证,故不采纳其优先承租权主张。[11]

2. 案例分析

对于案例一、案例二,法院裁判情况见表1。

表1　法院裁判情况表(出租人收回房屋)

	收回原因陈述	承租人抗辩	出租人是否证明原因	承租人是否反证原因	是否查明原因	举证责任方	是否采纳抗辩
案例一	未说明	应查明自用或出租	否	否	否	承租人	否
案例二	收回自用	虚假理由	否	否	否	承租人	否

(1)承租人被分配了较难的举证责任

案例中,出租人在租期届满后均主张收回房屋,虽承租人持有异议并辩称侵害其优先承租权,但出租人均无须对收回原因进行证明,甚至可不用说明原因;法院也未对该事实进行查明,而是将其归于当事人的举证责任。

从法院在案例一中“鑫大公司并未提供充分证据证明金龙公司存在另行出租的情形”及案例二中“上诉人称此系被上诉人的虚假理由,但并未提供证据证明其就涉案房屋在同等条件下享有优先承租权”的判词逻辑来看,法院将证明出租人具有出租意愿的举证责任分配给了承租人,即对出租人作出收回房屋的表意,需由承租人反证

〔10〕 参见四川省成都市中级人民法院(2021)川01民终6382号民事判决书。

〔11〕 参见上海市第二中级人民法院(2021)沪02民终3080号民事判决书。

出租人拟将该房屋用于另行出租而推翻。但通常出租人会提前通知承租人收回房屋，而至租期届满时房屋也尚未发生被他人占用的状态，故承租人几乎无法推翻出租人的陈述。

(2)限制反言规则的缺失

至诉讼庭审时，原租赁期限已届满，但法院并未对房屋现行使用状态进行主动查明，以验证出租人收回房屋主张是否真实。但即便查明房屋已另行出租，出租人亦可辩解系在收回房屋自用后又另行起意，并非对原承租人的恶意驱逐。

表面上看，出租人因收回房屋后情势变更又重新出租合情合理；但客观来说，恶意出租人均可以此为由先终止与承租人的租赁关系，经一定期间后再将房屋另行出租以规避优先承租权的行使。长此以往，优先承租权难免沦为“法律白条”。

由此看来，出租人在租赁期限届满后主张收回租赁物成为对抗承租人优先承租权的一项近乎完美的诉讼策略，出租人在租期届满后先行终止合同、阻碍合同延续成为豁免规则的避风港。

(二)竞租事实证明困难分析

1. 出租人告知义务认定的案例

(1)案例三：徐某承租富盈公司房屋，租期届满前徐某按约定发函续租，但富盈公司在其后将房屋另租给周某，并在其后要求徐某在租期届满时腾屋。一审法院认为双方合同在期满时已终止，未支持徐某主张。二审法院认为徐某已按合同约定时间向富盈公司发函续租，但富盈公司未告知徐某即将房屋另行出租给周某，违反合同约定及诚实信用原则，致徐某无法行使优先承租权续租，并改判富盈公司赔偿损失。〔12〕

(2)案例四：刘某承租大港地产房屋，并将部分房屋转租给魏某。后大港地产委托拍卖公司拍卖案涉房屋承租权，魏某竞拍成功并与大港地产订立租赁合同。两审法院均认为，拍卖公司受大港地产委托于拍卖前电话告知刘某案涉房屋进入承租权拍卖程序，但刘某未交纳保证金参与竞拍系自动放弃竞拍权利。魏某通过竞拍获得承租权并未侵害刘某优先承租权。〔13〕

(3)案例五：刘某 2 承租阜宁商行房屋，期满阜宁商行发函要求刘某 2 腾空，但刘某 2 继续承租并支付租金，双方未签订书面合同。后阜宁商行通过该县产权中心对外招租并登报公告。刘某 2 诉称阜宁商行未通知其招租侵害优先承租权，两审法院

---

〔12〕 参见云南省昆明市中级人民法院(2020)云 01 民终 7391 号民事判决书。

〔13〕 参见天津市第三中级人民法院(2021)津 03 民终 128 号民事判决书。

均认为,阜宁商行通过该县产权中心以登报公告公开对外出租,该公告对象是包括刘某2在内的大众,故应认定阜宁商行已告知刘某2招租信息,其优先承租权未被侵害。[14]

2. 案例分析

对于案例三至案例五,法院裁判情况见表2。

表2　法院裁判情况表(出租人告知义务)

	是否进行告知	告知方式	告知内容	是否告知竞租条件	承租人答辩	法院认定告知义务
案例三	否	无	无	无	未收到通知	一审:未认定 二审:未完成
案例四	是	口头	参与拍卖	否	未收到通知	完成
案例五	是	公告	对外招租	否	未收到通知	完成

(1)未明确规定出租人负有告知义务

意定优先承租权的合同条款通常不会约定出租人负有向承租人告知第三人竞租的义务,本次新立的法定优先承租权条款中亦未对此进行提及,故法院对出租人是否负有告知义务难免会认定不一。

在案例三中,一审法院未对该告知义务的履行情况进行查明即驳回了承租人的诉讼请求。但二审法院认为出租人在另行出租前应负有相应义务,否则将使承租人无法行使优先承租权。二审法院将出租人的此种义务概括为"1. 及时告知与诚信磋商义务;2. 同等条件下的优先缔约义务;3. 善意保障优先租赁权人行使权利及信赖利益的义务",其中的首要义务就是告知,并最终进行改判。

因此,在当事人未进行约定或立法留白之下,各地法院均存在对出租人是否负有告知义务的认定分歧,承租人的知情权未得到实质保障,也无法证明既有的竞租事实。

(2)缺乏告知义务的履行规范

从案例四、案例五中的告知方式来看,出租人分别通过口头告知和登报公告的方式进行通知,但两案租赁物的用途均为专业商事租赁,非日常居住住宅,实际通知效果是案例四中的承租人未交纳保证金参与竞拍,案例五中的承租人未看到公告,并不

〔14〕 参见江苏省盐城市中级人民法院(2021)苏09民终960号民事判决书。

能充分保障承租人知晓招租重要事项的权利。

另外，从两案例中的告知内容来看，出租人通知的仅是参与竞租的机会，而非承租人需考虑匹配的租赁条件，法院亦未认定出租人负有最后征询的义务，故承租人不能确定房屋的最终状态，亦不能证明既有竞租事实。

（三）同等条件证明困难分析

1. 承租人证成同等条件的案例

（1）案例六：新天地超市承租吉工学院房屋，期满后吉工学院委托达华公司对外招标并公示中标结果，其后新天地超市向吉工学院主张按中标价格和标期行使优先承租权被拒，并被要求腾退。一审法院未支持新天地超市的优先承租主张。二审法院认为新天地超市在中标公示期内明确要求行使优先承租权，符合优先承租权行使条件，并改判支持新天地超市按中标条件优先承租。[15]

（2）案例七：程锦宾馆承租诚至物业房屋用于经营，即将期满时程锦宾馆发函欲续租，但诚至物业与欣汇聚公司另签订租赁合同后要求程锦宾馆搬离。诉讼中程锦宾馆以证据形式获知诚至物业与欣汇聚公司的租赁合同，愿按该合同全部条款履行并向诚至物业发函要求行使优先承租权。两审法院均认为，程锦宾馆有续租意向，诚至物业有出租意愿，程锦宾馆的优先承租权未消灭，故支持了程锦宾馆的优先承租权主张。[16]

2. 案例分析

承租人自证符合同等条件的困难，归责于租赁公示缺失下承租人对出租人的信息依赖，难在对竞租条件的获取。

通过对比承租人胜诉案例，可发现承租人获取租赁条件之艰难。在案例六、案例七中，承租人知晓中标条件均源于出租人的主动告知。案例六中出租人进行了中标公示；案例七中，虽然出租人未公示中标条件，但其在诉讼中以证据形式提交了其与第三人签订的中标合同，使承租人得以知情。

但胜诉案例终究只占少数，并非每位承租人都能知晓第三人的租赁条件，承租人获取租赁条件的艰难、信息来源渠道的局限决定了大多数承租人因无法自证符合同等条件无功而返。即使偶有承租人胜诉的案例，该类案例也会对出租人产生消极效应，即出租人提供租赁条件反而会导致自身败诉；则长久之后出租人吸取经验，只需

〔15〕 参见吉林省长春市中级人民法院（2017）吉01民终5125号民事判决书。

〔16〕 参见北京市第二中级人民法院（2021）京02民终2444号民事判决书。

隐匿租赁条件,承租人必无按同等条件承租的可能。

(四)成因总结

司法实践中,举证责任的分配规则忽视了承租人的举证能力,出租人的意愿指向将来难辨真伪,缺乏规则约束,承租人难以推翻;且租赁公示缺失下,出租人另行出租的事实及其与第三人协商的租赁条件不易被承租人获知,承租人的信息来源高度依赖于出租人的告知,即承租人的举证能力受限于其知情权得到保障的程度。

然而法律并未对出租人是否负有告知义务以及该义务的履行规则进行统一及明确的规制,而当下各地法院认定出租人完成告知义务的裁判尺度又较为宽松,致使承租人的知情权未得到实质保障。因优先承租权的实现必须以承租人知道第三人承租的租赁条件为前提,该事实不仅可证明出租人的出租意愿、竞租事实,亦可作为认定承租人达到同等条件的依据,故出租人对承租人知情权的侵害,实质也是对承租人举证能力的妨害。

因此,承租人为实现优先承租权所面临的维权困境,源于承租人信息来源单一,证据来源高度依赖于出租人,而司法实践中裁判规则的缺陷,致使出租人一手把控了承租人的举证命脉。

综上所述,房屋租赁公示制度的缺失造就了优先承租权的"先天不足",承租人丧失了稳定、可靠的租赁信息获取渠道,致使承租人的信息来源高度依赖于出租人;再者,司法实践中的承租人举证责任分配以及出租人告知义务认定等方面存在"后天失调",使承租人的维权路径举步维艰,也即承租人被出租人扼住举证咽喉,是优先承租权的实现陷入困境之根源。

三、困境突破:租赁公示缺失下的规则完善

通过成因分析可知,虽房屋租赁公示制度的缺失使承租人丧失了知情便利,但也不必然截断优先承租权的实现道路,形成困境的直接原因是当前司法实践中的裁判规则存在缺陷。笔者也不建议将股权、物权中的登记公示生搬硬套来构建租赁公示制度,因为租赁权本身就与物权、股权的权利属性不同,而关于优先承租权的性质更是存在诸多争议。为解决优先承租权的维权困境,可对现有裁判规则予以完善。

(一)补充对出租意愿的反言限制

出租人为规避承租人优先承租权的行使,可在租期届满时先将房屋收回,终止与承租人的租赁关系,经短期后再另行出租。因此,可赋予承租人在租赁关系终止后,当出租人短期内又重新出租时同样享有优先承租的权利。则该优先权利并不因租赁

关系终止而消灭,在一定期间内仍存续。

此外,也可限制出租人在短期内重新出租的行为,规定出租人在收回房屋自用后一定期间内又重新出租且未能合理解释的,视为侵害承租人的优先承租权。

(二)在既有竞租事实的认定上适用举证责任倒置

对于承租人主张出租人另将房屋出租侵害其优先承租权的,承租人需证明出租人与第三人的租赁关系。因租赁关系的认定需以其权利义务内容来识别,但承租人未介入出租人与第三人的交易,亦缺乏获知途径,故通常承租人难以对该租赁关系进行举证。

为解除该规则桎梏,对该租赁关系的证明,承租人可通过第三人对房屋的占用事实予以反推证明。占有、使用作为所有权的积极权能,是一种事实状态,承租人要证明房屋被他人占有、使用相较于证明房屋使用人与房主之间的租赁关系更为简单。即承租人在证明第三人占用房屋的事实后,应倒置举证责任,由出租人反证其与第三人之间不存在租赁关系,否则法院可推定承租人的主张成立,进而对该竞租事实予以确认。

举证责任的科学、合理分配意义重大,直接决定诉讼结果,并产生重大的社会影响。证明责任分配的根据源于法的目的性要求而非公正性要求。[17] 虽然根据"谁主张,谁举证"的一般举证规则,应由承租人对其主张的租赁关系予以证明,但从举证能力、举证难度及保护优先承租权的目的出发,应适用举证责任的倒置。实际上,出租人也更容易对其与房屋占有人之间的关系进行证明。

(三)在竞租条件的获知保障上规范出租人的告知义务

1. 明确出租人的告知义务及责任

虽然现行法律未规定出租人的告知义务,但《公司法》第71条及《民法典》第726条中,均分别规定了股东优先购买权和承租人优先购买权的告知义务,其可提供有益借鉴。

为保障优先承租权的实现,从合同平等原则出发,承租人本身即处于租赁合同的劣势地位。在信息不对等而影响缔约意思形成的不平等缔约能力情况下,有必要对"信息上的弱者"予以特别保护。[18] 从诚信原则出发,是否将房屋出租给第三人的决

---

〔17〕 参见王永明:《证明责任分配缘何成为"民事诉讼脊梁"》,载《检察日报》2017年1月26日,第3版。

〔18〕 参见牟宪魁:《说明义务违反与沉默的民事诈欺构成——以"信息上的弱者"之保护为中心》,载《法律科学(西北政法学院学报)》2007年第4期。

定权在出租人，出租人作为触发承租权利竞争事件的发起方，应负有如实向承租人披露信息的义务。信息披露义务是《民法典》合同编中的焦点问题，具有复杂的功能，如保护真正的合同自由、有利于理性选择、信息清晰、实现合同公平、培育诚信。为实现此种功能，信息披露义务就需要有义务群来支撑，具体有披露重要信息的义务、以通常和易于理解的语言进行披露的义务和解释义务，违反上述义务需要承担相应的责任。〔19〕

因此，应在规则中明确出租人所负有的告知义务。一旦出租人另行出租的事实成立，此时的举证责任即向出租人发生倾斜，出租人需证明其已履行告知义务，否则将承担侵害承租人优先承租权的责任。

2. 规范出租人告知义务的内容和方式

仅规定出租人的告知义务却不对告知的具体内容和方式加以约束，会使义务形同虚设。如出租人仅告知承租人有第三人参与竞租却不告知第三人提供的租赁条件，或出租人不直接告知而是登报公告，则承租人也无法实际知晓，故应对告知义务的内容和方式予以规制。

（1）告知内容应包括竞租条件的最后征询

因承租人需根据出租人披露的信息决定是否按同等条件承租，故出租人的告知内容应足以让承租人产生是否缔约的判断力，即出租人告知的内容能够确定合同的主要权利义务，承租人可据此内容协商缔约。且该内容应是最终的租赁条件，租赁条件发生对承租人有利变更的，如承租人拒绝后，第三人又未与出租人缔约，出租人重新降低标准的，出租人亦应再次告知。

（2）告知方式应尽合理通知义务

告知本质上属意思表示，故可参照意思表示的规定以对话方式或非对话方式作出，并判定达到的时间。至于是否需以要式形式作出，股东优先购买权中规定要以书面形式进行通知，而承租人优先购买权中未对此明确规定，可结合房屋用途、租期、租赁事项重大程度等予以综合考虑。

房屋租赁根据用途可分为居住住宅与商事租赁，根据租期又可分为长租与短租，而房屋租赁合同又具有任意性，租赁关系相互之间也千差万别，可视具体租赁情况来认定出租人是否以合理方式完成通知义务。当租赁物用于居民住宅时，承租人与出

〔19〕 参见孙良国、陈殿友：《信息披露义务群的构成研究——以功能的实现为视角》，载《社会科学研究》2008 年第 5 期。

租人之间常通过电话、短信、微信等方式沟通，告知方式较为随意；当租赁物用于商事租赁时，双方的沟通方式又偏向于来往函件、传真、电子邮件或其他交易习惯。故不论方式如何，只要能合理推定承租人有效知悉的，都应予以确认。

结 语

优先承租权制度维护了社会居住环境的稳定，促进了有限资源的高效利用，既体现了以人为本的科学发展观，又符合绿色原则，属本次民法典新增的亮点之一。但由于我国目前尚未建立房屋租赁公示制度，因此需在裁判规则的构建上对优先承租权给予特殊照顾，来解决司法实践中面临的一些维权困境。

也有学者提出，应当明确房屋租赁权的物权性质，以完善房屋租赁登记制度。[20]此看似能弥补租赁公示的缺失，但将当事人合同意定的租赁权拟制为物权即取得绝对对抗效力，兹事体大，应予慎重；且将租赁权作强制登记要求也与当下简政放权的政策趋势不符。故从完善裁判规则本身出发，寻求解决问题的方式，应是最经济便捷、稳定高效的路径。

〔20〕 参见杨宏云、孙春雷：《我国房屋租赁登记制度探析》，载《苏州大学学报（哲学社会科学版）》2010 年第 1 期。

船舶旅客运输中旅客伤亡违约归责原则的完善与适用

——基于现行法的理性反思和若干典型案例的微观考察

程丽文　岑　潇　杨　钉*

船舶旅客运输从水域上可分为海上旅客运输、通海可航水域旅客运输及其他可航水域旅客运输。[1] 我国现行法对船舶旅客运输中旅客伤亡的违约归责原则在《民法典》和《海商法》中均有规定。《海商法》作为特别法适用于海上旅客运输,其规定了过错责任;《民法典》作为普通法适用于其他水路旅客运输,其规定了严格责任。违约归责原则的选择体现了法的价值目标的不同,海上旅客运输选择过错责任原则,符合海运行业特点,强调的是公平价值;《民法典》规定的旅客运输选择严格责任,追求的是效率价值,也更好地保护了旅客的权益。这种制度设计从理论上来说是相对科学、合理的。然而,在实践运行中,同为船舶旅客运输,因适用的归责原则不同而经常导致"同命不同价"的审判结果,严格责任原则对于通海可航水域及其他可航水域从事旅客运输的承运人也较为苛刻,加上不同归责原则的举证责任分配、免责事由、赔偿限额的规定不同,司法实践中适用乱象不断。本文拟基于现行法的理性反思和若

* 程丽文,广西壮族自治区高级人民法院;岑潇,南宁铁路运输中级法院;杨钉,广西壮族自治区高级人民法院。

〔1〕 海上旅客运输包括国际海上旅客运输、国内港口之间的海上旅客运输、海江之间和江海之间的直达旅客运输。通海可航水域旅客运输指的是国内通海可航水域之间的旅客运输。其他可航水域旅客运输包括非通海可航江河、湖泊旅客运输。

干典型案例的微观考察,对船舶旅客运输中旅客伤亡归责原则的调整、适用条件、举证责任、免责责任、赔偿限额进行探析,希冀对完善相关立法,以及司法实践中明晰不同类型的案件违约归责原则的适用和统一裁判尺度有所裨益。

一、理论与规范:船舶旅客运输中旅客伤亡违约归责原则的理论基础探析与规范依据梳理

(一)船舶旅客运输中违约归责原则理论探析

1. 归责原则的理论基础

违约责任中的归责,是指合同当事人因不履行合同债务的行为发生以后,应依何种根据使其负责。[2] 此种根据实际上体现了法律的价值判断。例如,针对已经发生的违约行为,法律是应以当事人的过错,还是应以发生的违约后果作为判断标准,而使违约当事人承担责任,这就是归责的内涵。即归责是一个责任的判断过程,是通过仲裁或司法审判程序而最终完成的,在归责过程中,必须依循一定的归责原则,从而正确认定责任。[3]

2. 归责原则的实质性作用

首先,归责原则直接决定着违约责任的构成要件。如果是过错责任,过错就是违约责任的一般构成要件;而如果是严格责任,并不以过错为责任构成要件。

其次,归责原则决定了举证责任的分配。在合同法中,为保护非违约方的利益,减轻其过错举证负担,一般采取了过错推定的方式,要求非违约方就违约方构成违约的事实进行举证。至于违约方是否具有过错,则由违约方反证证明。所以,根据过错责任原则,违约方负有反证证明自己没有过错的责任[4];但是,严格责任不以过错为责任构成要件,违约方即无须证明自己没有过错。

再次,归责原则决定了免责事由,根据过错责任原则,违约方是否应承担责任,取决于一定的免责事由的存在。免责事由是确定违约方是否应承担违约责任的条件,主要是指不可抗力。某些特殊情况下,轻微的过失或意外事故也可使债务人实际履行责任的免除;根据严格责任原则,轻微过失或意外事故都不可以使债务人免责,但

[2] 参见崔建远:《合同法》,北京大学出版社2012年版,第308页。

[3] 参见王利明:《合同法研究》,中国人民大学出版社2017年版,第256页。

[4] 参见朱广新:《合同法总则研究》(上册),中国人民大学出版社2018年版,第368页。

双方约定了免责事由时,无论采哪种原则均可免除。[5]

最后,归责原则还决定着损害赔偿的范围。损害赔偿原则是责任确定以后的损害赔偿的依据,但赔偿原则是受归责原则制约的,因此不同的归责原则在具体适用中也会对损害赔偿范围的确定产生一定的影响。如果采用过错责任原则,在合同双方当事人均有过错时,可根据双方的过错程度来决定损害赔偿的范围,同时在范围上也要受到违约方在订约时是否预见或应该预见到的损失的限制;如果采用严格责任原则,在确定责任范围时原则上并不予考虑受害人的过错、双方的过错程度等因素。[6]

(二)船舶旅客运输中违约归责原则规范依据梳理[7]

船舶旅客运输违约归责原则相关法律规定对比见表1。

表1　船舶旅客运输违约归责原则相关法律规定对比表

	严格责任	特别法过错责任	普通法过错责任
法条规范	《民法典》第823条	《海商法》第114条、第115条	《民法典》第592条
免/减责事由	伤亡是旅客自身健康原因造成的或伤亡是旅客故意、重大过失造成的	1.旅客的人身伤亡是旅客本人的过失或者旅客和承运人的共同过失造成的,可以免除或者相应减轻承运人的赔偿责任。 2.旅客的人身伤亡是旅客本人的故意造成的,或者旅客的人身伤亡是旅客本人健康状况造成的,承运人不负赔偿责任	旅客对损失的发生有过错的,可以减少相应的损失赔偿额

〔5〕参见喻志耀主编:《过错责任:民法的基本归责原则》,载《华东政法大学学报》2001年第6期。

〔6〕参见徐志新主编:《合同履行与违约责任》,中国民主法制出版社2014年版,第209页。

〔7〕《民法典》第592条对合同违约归责原则作了原则、普遍适用的规定,该规定亦适用于船舶旅客运输旅客伤亡归责的认定。为作区别性的表述,本文采用"特别法过错责任"和"普通法过错责任"进行表述,并非严格意义上的三种归责原则。

续表

	严格责任	特别法过错责任	普通法过错责任
举证责任	承运人证明	承运人证明:(1)承运人证明旅客的人身伤亡是旅客本人的过失或者旅客和承运人的共同过失造成的;(2)承运人证明旅客的人身伤亡是旅客本人的故意造成的;(3)承运人证明旅客的人身伤亡是旅客本人健康状况造成的;(4)由船舶的沉没、碰撞、搁浅、爆炸、火灾所引起或者是由船舶的缺陷所引起的,承运人或者承运人的受雇人、代理人需反证其无过失。 旅客证明:旅客证明承运人或者承运人的受雇人、代理人的过失	承运人和旅客各自证明对方存在违反合同约定的情况
过错标准	承运人无过错也应承担责任/旅客故意、重大过失承运人才免责	承运方过失则承担责任/旅客故意、过失承运人即可免责	承运人及旅客违反合同约定则承担相应责任,对双方的过错程度要求较轻
赔偿范围	1. 原则上并不予考虑受害人的过错、双方的过错程度等因素; 2. 无责任限额	1. 根据双方的过错程度来决定损害赔偿的范围,同时在范围上也要受到违约方在订约时是否预见或应该预见到的损失的限制; 2. 有责任限额	1. 当事人都违反合同的,应当各自承担相应的责任; 2. 无责任限额

1. 普通法的规范

(1)归责原则:《民法典》对旅客运输违约归责原则的规定沿袭了《合同法》的规定,将严格责任作为一般原则规定下来,但并不否定过错责任原则,当事人都违反合同的,应当各自承担相应的责任。

(2)免责范围:违约方免责事由受到严格限制,即限定在伤亡是旅客自身健康原因造成的或者承运人证明伤亡是旅客故意、重大过失造成的情形。

(3)举证责任:承运人举证存在免责事由,在适用《民法典》第 592 条的规定时承运人和旅客需各自证明对方存在违反合同约定的情形。

(4)过错程度:在适用严格责任制度时,承运人无过错也应承担责任,对于免责事由中的旅客的过错程度要求较高,旅客故意、重大过失承运人才免责;而在适用《民法典》第 592 条的规定时对承运人和旅客的过错程度要求较轻,只要违反合同约定即可。

（5）赔偿范围及限额：在适用严格责任制度时原则上并不予考虑受害人的过错、双方的过错程度等因素；而在适用《民法典》第 592 条的规定时考虑承运人和旅客各自的过错程度。无责任限额。

2. 特别法的规范

（1）归责原则：上述普通法的规定针对的是所有运输方式（包括公路、水路、航空、铁路）的旅客运输，而作为特别法的《海商法》采用过错责任原则，但该规定的适用范围仅限于海上旅客运输。《海商法》之所以采取过错责任原则主要是针对海上运输本身存在运输风险大、不可预期因素多等特点而订立的，该规定是符合海运行业特点的。

（2）免责范围：旅客本人的过失、故意，旅客本人健康状况造成，旅客和承运人的共同过失都可以免责或减轻责任。

（3）举证责任：在航运事件中举证责任主要在于承运人，但是先采用过错推定，如承运人认为其无过错，则应反证证明自己没有过错。在非航运事件中要求旅客证明承运人或者承运人的受雇人、代理人的过失，承运人如要免责则应举证证明存在免责和减轻责任的事由。

（4）过错程度：承运方过失则承担责任，旅客故意、过失则承运人即可免责，即对双方的过错程度要求不高。

（5）赔偿范围及限额：根据双方的过错程度来决定损害赔偿的范围，同时在范围上也要受到违约方在订约时是否预见或应该预见到的损失的限制；根据《港口间海上旅客运输赔偿责任限额规定》（以下简称《责任限额》）第 3 条的规定，即便承运人存在过错，其应承担的赔偿数额也不超过 4 万元。《海商法》第 211 条规定了按照 46666 计算单位乘以船舶证书规定的载客定额计算赔偿限额。

二、实证考察：船舶旅客运输中旅客伤亡违约归责原则适用的情况分析

（一）实践样态：三种违约归责原则适用的典型案例

为深入揭示船舶旅客运输旅客伤亡纠纷案件在审判实务中的运行现状，笔者以三个代表性案例为样本，从微观层面深入考察法院处理该类案件中违约归责原则适用的具体情况。

【案例 1】裴世某与某航运公司海上旅客运输合同纠纷案〔8〕

裴某从海南省海口市乘坐某航运公司的滚装船返回北海途中，在船上失踪。经

〔8〕 参见广西壮族自治区高级人民法院（2018）桂民终 441 号民事判决书。

法院判决宣告裴某死亡后，裴某近亲属裴世某等主张某航运公司作为运输企业应赔偿其各项损失合计80余万元。一审法院认为，根据过错责任原则某航运公司应承担70%的责任即赔偿272446元，该赔偿责任并未超过《责任限额》第3条确定限额标准，应属合理、合法之赔偿数额。某航运公司不服，提出上诉。二审法院认为，本案属于海上旅客运输合同纠纷，应适用《海商法》第114条的规定，本案中不存在该条规定的除外情形，因而本案裴世某应对某航运公司存在过失负举证责任。裴世某未能举证证明某航运公司对裴某的死亡结果存在过失，应由其承担举证不利的法律后果。鉴于某航运公司自愿补偿裴世某，二审法院判决撤销一审判决，某航运公司补偿裴世某9万元，驳回裴世某的诉讼请求。

【案例2】张某等与某渡口管理所海上、通海水域旅客运输合同纠纷案〔9〕

张某的近亲属王某与友人李某于2015年3月16日共同乘坐某渡口管理所汽渡，两人按某渡口管理所要求支付了票款并登船。轮渡靠岸后，李某发现王某失踪，经与工作人员一起寻找无果后向公安机关报案，2015年4月3日，长航公安局在长江发现王某遗体。张某诉请某渡口管理所赔偿各项费用644727.5元。法院认为，王某与某渡口管理所构成旅客运输合同关系，某渡口管理所应按约将王某运送至约定地点。而运输终点王某失踪，之后确认王某溺水死亡，某渡口管理所的运输行为构成违约，应依法承担违约责任，故判决某渡口管理所赔偿张某等损失赔偿款629427.5元。

【案例3】魏某等与魏某直海上、通海水域旅客运输合同纠纷案〔10〕

魏某等的母亲胡某于2018年12月29日乘坐魏某直经营的客船赶集，在船舶航行过程中胡某在船头落到水中，不久被施救上船，经魏某直及其他人员施救无效死亡。法院认为，魏某直作为承运人，负有将乘客胡某安全运送至目的地的义务，在运输过程中胡某遭受人身伤亡时，原则上应承担无过错责任。根据《合同法》第120条（现规定于《民法典》第592条）的规定，魏某直违反了安全管理、运输的合同义务，胡某违反了作为乘客应当尽到的安全注意义务，其二人对案涉事故的发生均有过错，且结合海事部门作出的《结论书》认定胡某对事故发生负有主要责任，魏某直负次要责任，魏某直应对胡某的死亡事故承担40%的赔偿责任。

（二）适用分析：三种违约归责原则适用的深度剖析

以上三个典型案例集中体现了目前司法实践中法院对船舶旅客运输旅客伤亡三

〔9〕 参见武汉海事法院（2017）鄂72民初1100号民事判决书。

〔10〕 参见广西壮族自治区高级人民法院（2020）桂民终1250号民事判决书。

种归责原则的适用情况,结合笔者选取的33份分析样本[11],对司法实践中三种违约归责原则的适用进行深入剖析。

1. 特别法的过错责任制度——类案举证要求不同、责任限额适用不同

此类判决有9篇,约占样本案例总量的27.2%。案例1是典型的海上旅客运输合同关系,应适用《海商法》规定的过错责任原则。在举证责任分配上,某航运公司已提交证据证明涉案船舶为适航船舶,且涉案船舶在涉案航次运输中未发生航运事件,故该案不存在适用《海商法》第114条第3款和第4款所规定的过错推定原则。继而二审法院判定非违约方即裴世某应对某航运公司就涉案人身伤亡存在过错承担举证责任。由于裴世某无法举证证明某航运公司存在过错,故其应承担举证不能的法律后果。从另外8个案例来看,在举证责任分配及判决结果上,其中3个案例[12]直接以承运人不能举证证明存在免责事由判决承运人承担全部赔偿责任,无赔偿责任限额;2个案件[13]认为,承运人对运送期间的旅客人身伤亡承担赔偿责任的前提是其存在过失行为,且原告对承运人的过失负有举证责任,而案涉船舶在事发航次处于适航状态,原告未提交有效证据证明承运人对旅客的伤亡存在过失行为,故判决驳回原告的诉讼请求;2个案例[14]认为承运人未能反证船舶不存在缺陷,故应从法律上视为承运人有过失,应承担全部赔偿责任,在责任限额上,鉴于1994年以来物价变化较大,故根据物价上涨指数相应调整责任限额。由此可见,同是适用《海商法》规定的过错责任,在举证责任的要求上也是不同的,且同样是发生在海上的船舶旅客运输中,是否适用责任限额也不同。

2. 普通法的严格责任制度——同命不同价、不同经营风险同为严格责任

此类判决有12篇[15],约占样本案例总量的36.4%。案例2与案例1的案情基本相同,不同的是发生的水域不一样,也因为发生的水域不同,适用了不同的归责原则,判决赔偿结果天差地别。严格责任的适用减轻了旅客的举证责任,但是对于免责

---

〔11〕 笔者于2021年6月2日在中国裁判文书网以海上、通海水域旅客运输合同纠纷为案由,搜出判决书13篇;以水路旅客运输合同纠纷为案由,搜出判决书26篇。另于同日在Alpha数据库中以水路旅客运输合同纠纷为关键词,搜索出41篇判决书。通过对上述筛选出的判决书逐一筛选,删除重复文书,余下文书33篇。

〔12〕 参见宁波海事法院(2014)甬海法商初字第154号民事判决书等。

〔13〕 参见辽宁省高级人民法院(2020)辽民终1270号民事判决书等。

〔14〕 参见山东省高级人民法院(2016)鲁民终1414号民事判决书等。

〔15〕 参见河北省保定市中级人民法院(2019)冀06民终1882号民事判决书等。

事由的规定过于严格。众所周知,水上运输区别于陆路运输、航空运输的最大特点是运输载体的开放性程度,船舶的半开放性及水上运输的特点增加了船舶运输的危险性,严格责任制度在最大限度保护旅客权益的同时,加大了船舶旅客运输的经营风险及成本,不利于船舶旅客运输业的发展。《海商法》也是根据海上运输的特殊风险规定了过错责任,一定程度上平衡了承运人和旅客的利益保护。但同样是水路旅客运输,通海可航水域与其他可航水域中,承运人承担的风险并不见得一定比海上旅客运输的风险低,而且都比在陆地上要大得多,然而目前只能适用《民法典》823条规定的严格责任。交通运输部出台的《水路旅客运输规则》(1995年制订,2014年修改)适用于我国沿海、江河、湖泊以及其他通航水域中一切从事水路旅客运输(含旅游运输),其中第140~142条规定的承运人赔偿责任趋同于《海商法》的相关规定。但是在司法实践中,《水路旅客运输规则》的适用前提是旅客运输合同中进行明确的约定,如山东省高级人民法院(2019)鲁民终1649号案。如果旅客运输合同没有明确这样的约定,或者在根本无旅客运输合同(客票)的情形下,《水路旅客运输规则》是无法适用的,如北海海事法院(2020)桂72民初67号案。

3.普通法的过错责任制度——双方过失难以认定、双方合同义务难以明确

此类判决有12篇,约占样本案例总量的36.4%。案例3发生在通海可航水域中,不能适用《海商法》规定的过错责任,但在旅客亦存在过失而未达到重大过失的情况下适用严格责任则对承运人过于苛刻,因此实践中出现了案例3的裁判思路,即适用《民法典》第592条的规定或者直接分析承运人和旅客双方的过错责任,判决双方承担相应比例的赔偿责任。[16] 如上海海事法院(2016)沪72民初2285号案中,法院认为应当适用严格责任,但综合考虑原告摔倒致伤的直接及主要原因系其自身违反乘坐渡轮的安全规则,确定被告对原告的各项损失承担10%的赔偿责任。湖北省高级人民法院(2013)鄂法民四终字第0002号案中,法院认为,张某作为具有完全民事行为能力的自然人,应当预见船舶在长江上航行时存在一定危险,然而其却在船舶夜间航行时翻越栏杆前往船头左舷危险区域,导致落水身亡,其自身存在重大过错,应承担60%的责任。对于旅客具体的违反合同约定,理由大致为旅客"违反了作为乘客应当尽到的安全注意义务",如案例3表述为"胡某在乘坐渡船过程中,违反渡船'乘客不准坐船头、船尾、船边、棚顶;不准在船舶航行时随意走动'等安全注意义务,未穿着救生衣独自走出船舱到船艄小便,其对事故发生存在过失"。案例1一审判决

〔16〕 参见湖北省高级人民法院(2019)鄂民终147号民事判决书等。

也从承运人及旅客双方的合同义务论述双方的过错,但是由于“承运人对于船舶公共秩序及船载人员的安全管护义务”及“乘客自身的安全管理及自我保护义务”内容比较宽泛,在司法实践中认定困难。

三、路径指明:船舶旅客运输旅客伤亡违约归责原则的完善与适用思路

(一)前提:通过法的价值取向调整归责原则适用的立法——“一降一增一平均”

法的价值是立法的思想先导。违约归责原则的选择在立法中体现了法的价值取向的不同。根据《民法典》第592条和第823条的规定,笔者认为现行《民法典》对合同违约责任归责原则采取的是过错责任为原则、严格责任为例外,即在合同编通则中采用过错责任原则,在旅客运输合同分则中则采用了严格责任。而此类特别规定,如不能与现行《民法典》原则融合无间,抑或是存在未充分协调之下的瑕疵[17],则需要在以后的特别法立法中通过法的价值取向去引导,依赖法的价值来校准。

笔者认为,在船舶旅客运输法律关系中,对效率与公平进行价值权衡,仍应以公平为先,对承运人的权利给予平等保护,既保护旅客的人身权益,又能够保护承运人从事旅客运输的积极性。首先,应通过水路旅客运输专门立法,对《海商法》第5章“海上旅客运输合同”规定以外的水域中一切从事水路旅客运输(含旅游运输)旅客伤亡采用过错责任原则,可参照现行《水路旅客运输规则》的相关规定;同时,在《海商法》修改中,为了与国际接轨,参照《1974年海上旅客及其行李运输雅典公约的2002年议定书》(以下简称《雅典公约2002年议定书》)的双层责任制,将海上事故分为航运事件和非航运事件。[18] 第一层为严格责任,适用于航运事件,承运人在规定的限额内承担全部责任(但事故由战争、暴动、不可抗力或完全由第三方故意造成,承运人不承担责任)。第二层为过失责任,适用于两类:一类为承运人对旅客的伤亡承担第一层限额的赔偿后,对旅客未获赔偿的部分,承运人在有过失时才承担责任;另一类为非航运事件的一般事故,承运人承担过失责任。[19] 在举证责任上,结合旅客一方举证能力较弱的问题,在过错责任中,索赔方在证明承运人存在过错的同时,应

---

〔17〕 参见陈自强:《民法典草案违约归责原则评析》,载《环球法律评论》2019年第1期。

〔18〕 航运事件,指船舶失事、倾覆、碰撞或搁浅、船内爆炸或失火或船舶缺陷。

〔19〕 参见李志文:《〈雅典公约〉的最新发展及对我国海上旅客运输承运人赔偿责任限制的影响》,载《中国海商法年刊》2002年第00期。具体条文参见《雅典公约2002年议定书》第3条。

让承运人负担证明旅客存在过错的责任，以便最终根据双方有无过错来承担赔偿责任。其次，提高赔偿责任限额，有限适用公平赔偿理论。不管是《责任限额》第 3 条(4 万元人民币)，还是《海商法》第 117 条、第 211 条规定的赔偿责任限额(46666SDR，折合约 6.06 万美元)，都与我国经济发展水平、物价变化不相适应。在《海商法》及《责任限额》修改中应考虑提高赔偿责任限额，考虑到与国际社会接轨、强调航运安全与生命价值的立法趋势，以及我国经济发展现状、航运经济发展水平等现实国情，可参考我国人身损害赔偿责任标准的赔偿水平，在海上人身伤亡赔偿涉外限额上逐步向《雅典公约 2002 年议定书》规定的 250000SDR〔20〕靠拢；同时，我国目前实行的海上人身伤亡赔偿涉外限额远高于国内限额，这种差别待遇已经不符合我国目前在各领域实现本国公民和外国人待遇一致的趋势，且旅客乘坐不同航线的船舶所得到的赔偿差别太大，不符合法律平等保护人的生命的价值理念，应逐步缩小差距，或确保同一水平的赔偿责任限额标准。最后，对于双方在非航运事件中失踪或伤亡的人，双方都不存在过错或无法证明对方存在过错的，从公平原则的角度考虑，可通过特别法(法律)的规定由双方分担损失。〔21〕 综上，“一降一增一平均”的立法调整，可在适用过错责任制度减轻承运人责任的同时，提高责任限额，维护旅客一方的利益，并在双方均无过错的特殊情形下公平分担损失，达到承运人和旅客权利义务的平衡。

(二)方法：个案“四步裁判法”

船舶旅客运输中旅客伤亡赔偿案件涉及的违约归责原则及相关问题比较复杂，对法官的逻辑思维能力和法律适用能力有较高的要求。本文在确定法的价值取向及修法的前提下，试图构建个案的“四步裁判法”(见图 1)。

第一步：明确船舶航行的水域。目前我国不同水域的船舶旅客运输法律关系适用不同的法律规定，故归责原则的适用前提为区分船舶航行的水域。

第二步：明确法律适用及归责原则。如属于海上运输，即国际海上旅客运输、国内港口之间的海上旅客运输、海江之间和江海之间的直达旅客运输，则应适用《海商法》，相应的违约归责原则适用双层责任制；如属于国内通海可航水域之间的旅客运输，以及其他可航水域旅客运输，包括非通海可航江河、湖泊旅客运输，则适用水路旅客运输的专门立法，相应的违约归责原则适用过错责任原则。

---

〔20〕 2021 年 6 月 28 日，折合 356698 美元。

〔21〕 根据《民法典》第 1186 条的规定，受害人和行为人对损害的发生都没有过错的，仅可依照法律的规定由双方分担损失，故对于公平责任原则，应通过法律的特别立法予以明确。

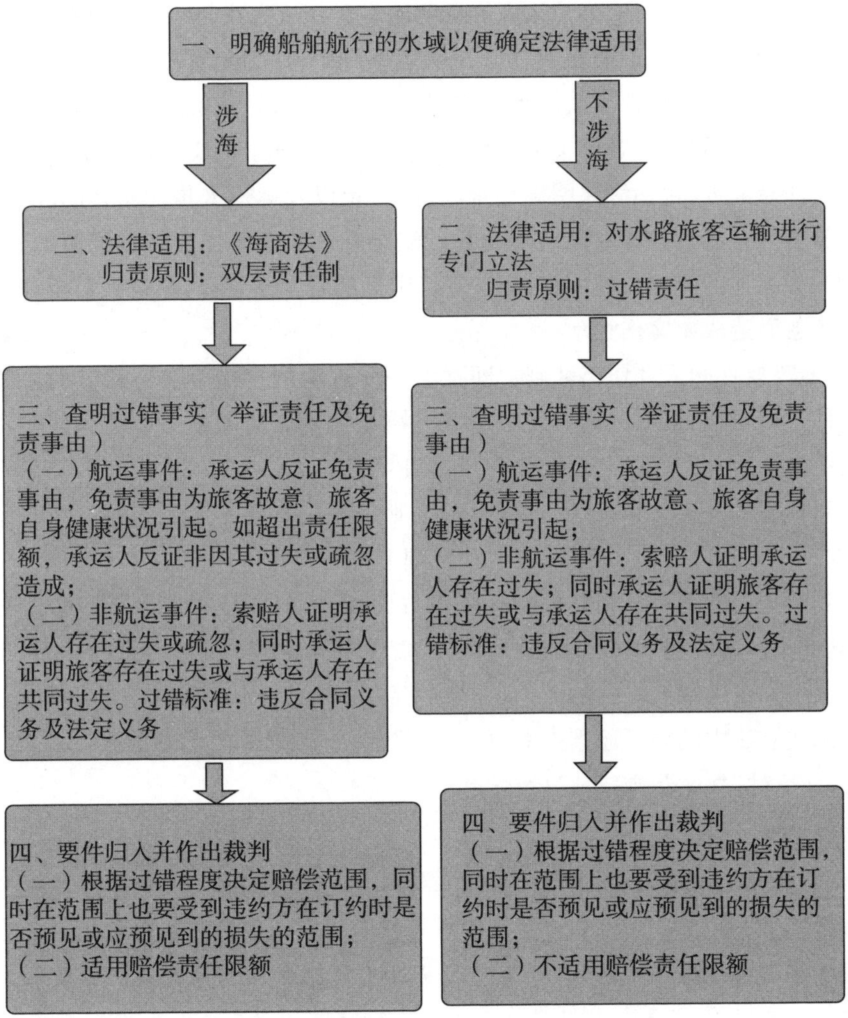

图1　船舶旅客运输旅客伤亡案件四步裁判法

第三步：明确免责事由及举证责任，查明过错事实。在确定基础规范后就是要件事实证明〔22〕，要件事实证明的重点则是免责事由及举证责任分配。在这一步，不管是海上船舶旅客运输还是其他水域的船舶旅客运输，均应区分航运事件和非航运事件。如果系航运事件，则承运人无须举证，而由承运人举证证明存在免责事由，如旅客伤亡系旅客故意、旅客自身健康状况引起。如果是非航运事件，则由索赔人对承运

〔22〕　参见邹碧华：《要件审判九步法》，法律出版社2010年版，第201页。

人的过失先承担举证责任，如承运人能证明旅客存在过失或与承运人存在共同过失，则应免除或减轻承运人的赔偿责任。在航运事件中，作为免责事由的旅客过错标准要求更高，即旅客故意；在非航运事件中，作为免除或减轻承运人责任的旅客过错标准要求则较低，只要违反合同义务及法定义务即可。这里的义务可以定义为作为旅客的安全注意义务，包括法律明确规定、合同约定以及承运人提醒旅客的注意义务，也包括旅客与自身智识相对应的对自身的安全管理义务。需要特别说明的是，在海上船舶旅客运输的航运事件中，对超过责任限额的第二层责任，承运人需反证非因其过失或疏忽而造成旅客伤亡。

第四步：要件归入并作出裁判。即把上一步查明的过错事实与相应的法律规范构成要件进行对应，根据过错程度决定双方赔偿比例。对于上一步竭尽证明资源并用尽证明方法后，证据不够充分，仍然不能证明各自的事实主张，案件事实仍然处于真伪不明状态的，应当适用证明责任分配规则来解决真伪不明的问题。在赔偿范围上，根据过错程度决定赔偿范围，同时在范围上也要受到违约方在订约时是否预见或应预见到的损失的范围。在赔偿责任限额方面，海上船舶旅客运输适用赔偿责任限额，而其他不涉海的船舶旅客运输没有赔偿责任限额规定。需要注意的是，对于双方在非航运事件中失踪或伤亡的人，双方都不存在过错或无法证明对方存在过错的，可适用特别法立法中的公平原则由双方分担损失。

（三）演练："四步裁判法"之应用

案例1：第一步，发生在我国沿海港口间的海上旅客运输。第二步，适用《海商法》的双层责任制。第三步，因属于非航运事件，在查明过错事实时，由原告证明被告存在过失或疏忽。原告主张认为涉案船舶监控系统存在问题导致被告未能交代裴某的去向故而被告存在过失，但被告船舶的监控系统能否全面覆盖整艘船舶及能否监控到裴某的去向，与裴某死亡结果的发生并无直接的因果关系。而同时被告也无法证明裴某存在过失。第四步，应根据公平责任原则判决由被告分担裴某死亡的损失。

案例2：第一步，发生在非涉海水域；第二步，适用水路旅客运输专门立法的过错责任原则；第三步，因属非航运事件，在查明过错事实时由双方证明对方存在过失或疏忽；第四步，双方亦未能证明对方存在过错，应根据公平责任原则判决由被告分担王某死亡的损失。

案例3：第一步，发生在非涉海水域；第二步，适用水路旅客运输专门立法的过错责任原则；第三步，因属于非航运事件，在查明过错事实时，由原告证明被告存在过失或疏忽;第四步,综合双方的举证,魏某直违反了安全管理、运输的合同义务,胡某违反了作为乘客应当尽到的安全注意义务,结合海事部门作出的《结论书》,应判决魏某直对胡某的死亡事故承担40%的赔偿责任。

结 语

与航空旅客运输、铁路旅客运输的快速发展相比,船舶旅客运输发展较慢,在全国旅客运输中占比很小。但是,船舶旅客运输也是我国人民生活不可缺少的交通方式。船舶旅客运输行业发展的保障及旅客安全的保护需要立法进行平衡。本文提出的立法调整思路大胆,但是也有相关立法规范的经验积累及法理基础。对《海商法》的修改及其他特别立法条文对船舶旅客运输旅客伤亡违约归责原则的具体规定,不仅需要考虑法的公平价值,更需要与我国《民法典》体系协调及融合,故本文的建议及思路仍需要进一步研究、校准。

类案检索系统的应用现状与优化进路

——以大数据理论分析为视角

谭小彤　庞　丽*

统一裁判尺度，是确保法治权威性和统一性的应有之义，也是司法作为社会公平正义最后一道防线的必然要求。因此，基于对统一裁判尺度抱持强烈的需求与期待〔1〕，各项类案检索智能应用应运而生。但受业已成熟的通用大数据理论影响和限制，现有类案检索系统存在模糊数据真实特征、脱离法学理论和法律思维、检索供需不平衡等问题。故本文从大数据理论分析视角出发，对智能类案检索系统进行解构与重构。本文论述的智能类案检索系统，即为推动审判工作高质效发展，集成裁判大数据，通过自然语言分析和机器学习等技术，充分解构裁判数据并自我学习进化以实现快速匹配同案类案的功能，向人民法院提供审判辅助决策信息和向社会公众提供法律规范和裁判规则参考的系统化应用。

一、问题切入：类案检索低效利用之现实探析

（一）类案检索应用现状

1. 类案检索规范发展情况

2013 年通过的最高人民法院《关于人民法院在互联网公布裁判文

* 谭小彤，南宁市江南区人民法院；庞丽，南宁市江南区人民法院。

〔1〕 参见左卫民：《如何通过人工智能实现类案类判》，载《中国法律评论》2018 年第 2 期。

书的规定》[2]要求自 2014 年 1 月 1 日起,法院生效裁判文书应当统一在中国裁判文书网公布。自 2014 年起该网站的民事裁判文书年收录量呈现飞跃式增长(见图 1),为此后各类类案检索系统的诞生提供了坚实基础。

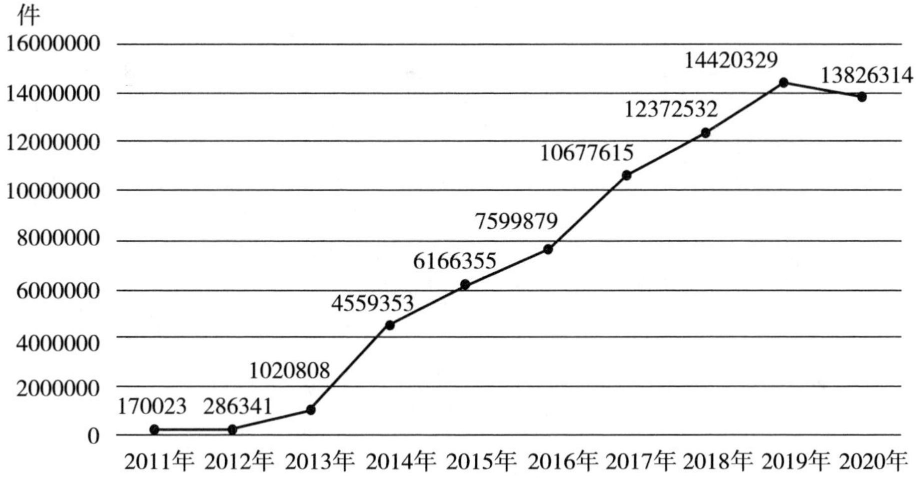

图 1　中国裁判文书网 2011—2020 年每年收录民事案件裁判文书数量对比
(数据截至 2021 年 8 月 15 日 11 时)

之后的《最高人民法院司法责任制实施意见(试行)》及最高人民法院《关于进一步全面落实司法责任制的实施意见》,明确规定"类案与关联案件检索"机制和强制检索机制。2020 年 7 月发布的最高人民法院《关于统一法律适用加强类案检索的指导意见(试行)》(以下简称《类案检索指导意见》,其规定导图见图 2),在总结人民法院类案检索实践经验的基础上,围绕类案界定、强制检索、检索平台、检索范围和顺序、结果运用、反馈回应、法律适用分歧解决等提出了明确的指导意见,进一步规范完善了类案检索制度[3],是目前指导类案检索系统研发的重要制度依据。但审判实践中难以精确检索到贴切的类案用以裁判参考,理想与现实的矛盾急需解决。

---

〔2〕 法释〔2013〕26 号,该规定现已失效,目前执行的是于 2016 年 7 月 25 日由最高人民法院审判委员会第 1689 次会议通过的法释〔2016〕19 号最高人民法院《关于人民法院在互联网公布裁判文书的规定》。

〔3〕 参见刘树德、胡继先:《关于类案检索制度相关问题的若干思考》,载《法律适用》2020 年第 18 期。

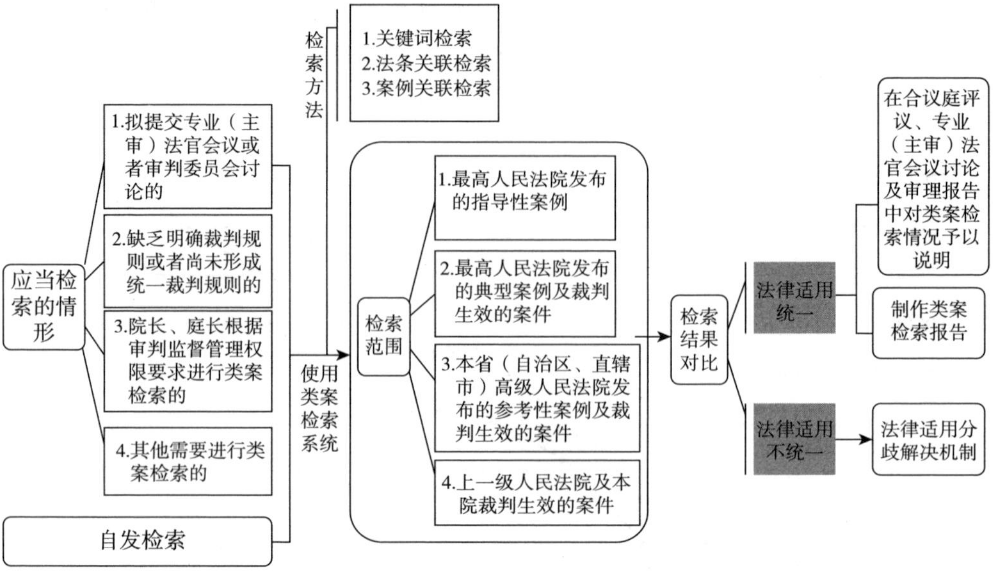

图 2 《类案检索指导意见》规定导图

2. 五大热门检索系统比对

我国类案检索系统中目前使用较多、针对性较强的有五大网站，分别是中国裁判文书网（wenshu. court. gov. cn）、法信（www. faxin. cn）、北大法宝（www. pkulaw. com）、无讼案例（www. itslaw. com）、聚法案例（www. jufaanli. com）。此外，各地法院也自主研发了不少类案检索系统，如重庆市法院的“民事类案智能专审系统”[4]、浙江金华市中级人民法院与金东区人民法院的“类案大数据分析平台”[5]、北京互联网法院的“知识地图”系统[6]等。

前述网站中，中国裁判文书网原本仅是面向案件/文书检索，但近年经不断更新改版逐渐满足用户高级检索需求。除无讼案例的高级检索缺乏人性化设置外，其余四大网站均设置了案件名称、案由、法院名称等基础元素进行检索，同时能直接寻找

〔4〕《【成果巡礼】号外！重庆市法院民事类案智能专审系统开通了》，载微信公众号“智慧法院进行时”2021 年 6 月 4 日，https://mp. weixin. qq. com/s/KfkdSZ9K_qy0PqF58jgQvg。

〔5〕《【成果巡礼】人工智能大数据助力司法审判——浙江金华中院研发类案大数据分析平台》，载微信公众号“智慧法院进行时”2021 年 6 月 4 日，https://mp. weixin. qq. com/s/1MqHjHkNFpUW8EdUd1Fsbw。

〔6〕《线上首次应用！北互上线“诉讼风险分析”与“知识地图”信息系统》，载微信公众号“北京互联网法院”2021 年 8 月 10 日，https://mp. weixin. qq. com/s/7FUj1SwguzWXPb1VAOlzUQ。

争议焦点、本院认为、裁判结果等用户更为关心的人性化元素。在此基础上,每家网站支持的检索项目又有所不同(见表1)。

表1　五大类案检索网站高级检索项目对比

检索项目网站名称	法信	北大法宝	无讼案例	聚法案例	中国裁判文书网
案号	√	√	√	√	√
审理法院	√	√	√	√	√
案由	√	√	√	√	√
当事人名称	√	√	×	√	√
原告诉称	√	×	×	√	√
被告辩称	√	×	×	√	√
审理经过	√	√	×	√	√
争议焦点	×	√	×	√	×
本院查明	√	√	×	√	√
本院认为	√	√	√	√	√
法律依据	√	√	×	√	√
裁判结果	√	√	×	√	√

对于无效检索行为的自动修复功能,中国裁判文书网、法信与北大法宝会在未能精确匹配到符合用户需求的案例时自动切换成“全文+模糊”模式,聚法案例则会提示用户是否需要“切换成模糊检索”,无讼案例只显示无符合条件的数据/检索结果。整体而言,法信与北大法宝在检索用户体验方面设置更为人性化。

相比于其他类型案件,民事案件更具有案由繁多、法律关系复杂、案情多变、数量巨大等典型特点,类案检索需求量巨大,但五大检索网站的检索方式仍为关键词检索,检索结果并不精准,目前尚未研发推广一个针对民事审判工作的专业化、智能化的类案检索系统,导致《类案检索指导意见》列举要求形同虚设。

(二)现有系统共性问题表征

本文对G省J法院的类案检索系统使用情况进行了调研(见图3、图4、图5),五分之一的法官或法官助理均不进行类案检索,大多数法官反映经常检索不到预期的结果,尤其是承办疑难案件较多的资深法官的检索需求很大但对检索系统满意度偏低,普遍反映关键词检索不精确,检索到大量不相关的简案文书或检索不到相关裁判要旨,久而久之放弃使用检索系统。

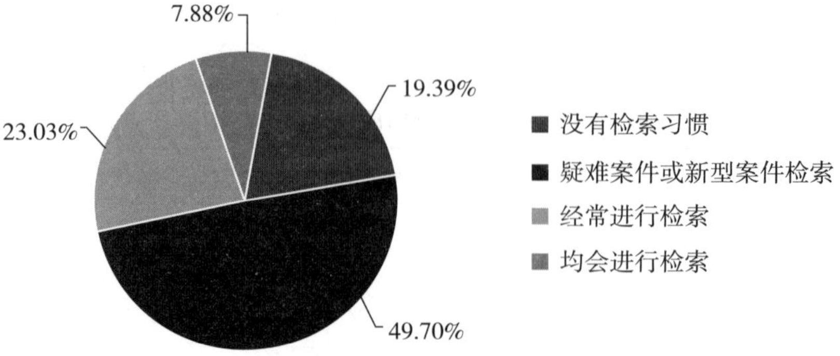

图 3 类案检索使用频率

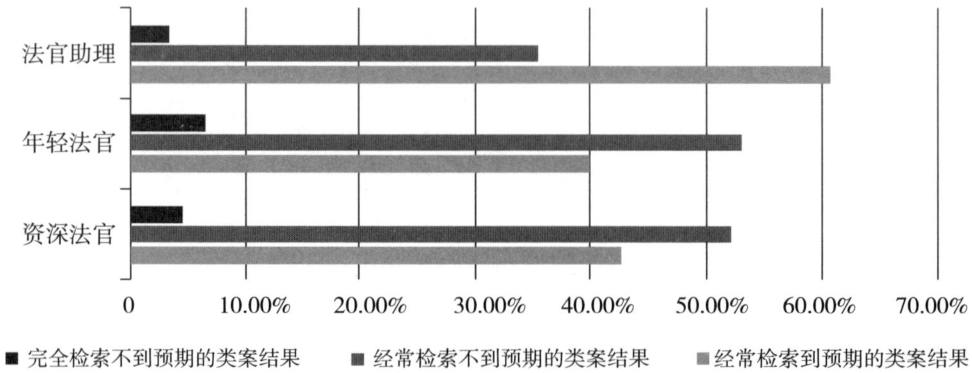

图 4 类案检索系统使用感受

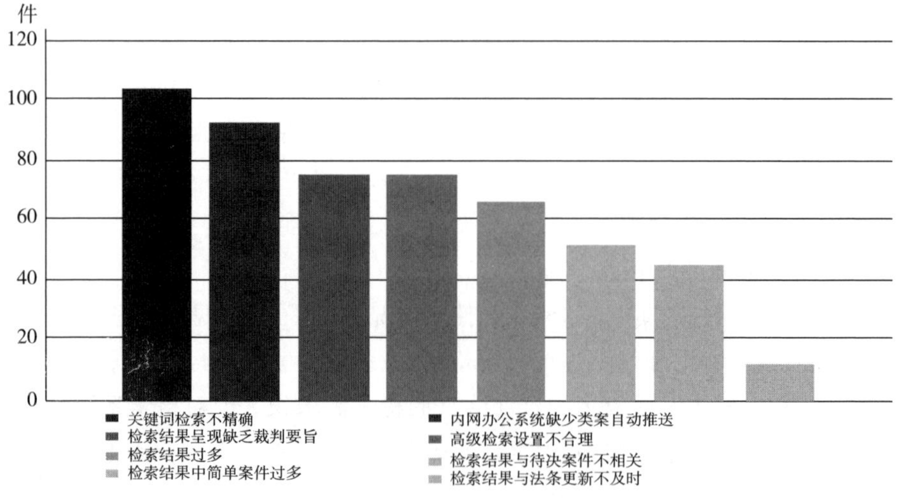

图 5 类案检索系统存在的问题

虽然不少学者在技术[7]、制度[8]改进上提出了方案,近两年五大网站也在提升用户体验感上进行优化,但仍表现出共性问题:第一,检索数据不够精准,关键词检索容易导致检索结果范围过大、过小或误筛正确类案,且需求量小的简案数量反而较多;第二,检索出的类案往往只是文本形式或用词用句相似的案件,法官最关心的类案裁判规则呈现较少;第三,检索结果受限于数据来源限制,文书之外案件信息体现不足;第四,审判与技术复合型人才较少,检索系统设计忽视审判实践需求,《类案检索指导意见》实施现状与设想仍有差距。

二、追本溯源:类案检索低效利用之成因剖析

(一)本体论:数据通说特性难以适用

普遍认为大数据具有"4V 特征"——海量性(volume)、高速性(velocity)、多样性(variety)、价值性(value),[9]即认为数据应具备样本量大而全面、体量及处理速度显著增长、多结构数据自动高效处理和整体样本价值性等特性,但是否完全符合裁判大数据真实特征值得商榷。

第一,数据规模体量并非根本特性。若海量简案裁判数据背后所指向的裁判规则一致,则法官仅需一个简案类案即可,因此更应关注数据分析、加工、利用的可处理性,如何在庞大体量的裁判数据(见图6)中准确检索到所需裁判理据是法官更关心的问题。

第二,数据处理速率并非核心需求。给予类案信息识别、提取、筛选、训练、反馈的时间相对充裕,对于实时计算的需求在所有领域中并非最高。在大数据领域发展大背景下,当前裁判数据处理速度足以满足类案检索需求,不"图快"而"图精"才是用户核心需求。

第三,数据内容类型并非仅限于文书。裁判数据载体多为裁判文书,其在结构上具有相对固定、规律性的表达方式,各部分位置大致相同且均有明显标识,因此数据技术处理更集中于自然语言表达分析。庭审视频、证据音频、图片等重要数据资源也承载大量案件信息,可受限于技术障碍和开发成本未能得到重视,利用程度有限。

---

[7] 参见王禄生:《司法大数据与人工智能开发的技术障碍》,载《中国法律评论》2018 年第 2 期。

[8] 参见周佑勇:《智能技术驱动下的诉讼服务问题及其应对之策》,载《东方法学》2019 年第 5 期。

[9] 参见王禄生:《论法律大数据"领域理论"的构建》,载《中国法学》2020 年第 2 期。

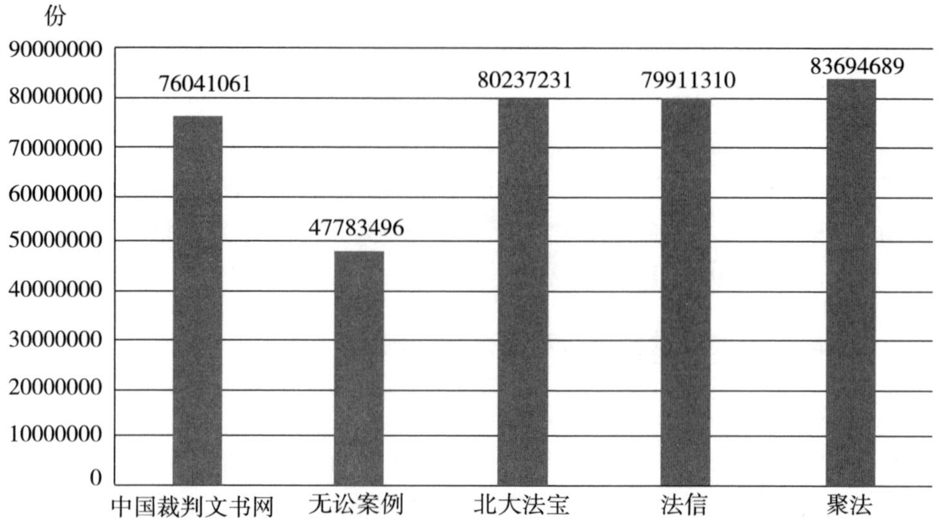

图6 五大网站上公开的民事裁判文书数量(数据截至2021年8月15日11时)

第四,数据价值密度并非整体利用。大数据“价值性”是基于深度学习海量数据以实现未来行为预判,当个体数据样本集成一定量整体才具有利用价值。但判例价值均在于个案示范效应,即便是我国作为非判例法国家,最高人民法院发布的指导性案例也具有极高的个案价值。如果疑难案件、新类型案件的裁判规则库存一成不变,则无法适应司法领域的“创造性演变”[10]。因此,在单个指导性案例或典型案例中提取的知识价值要高于归纳海量简案裁判共性规则价值。

明确裁判数据的核心数据特征是类案检索系统的构建基础,在数据本体论构建出现模糊数据特征的情形下,盲目追求数量规模、处理速度、样本形式、数据价值,导致类案检索系统成效不佳。

(二)认识论:知识发掘逻辑存在问题

当前,大数据研究在认识论上强调依靠已有数据、技术工具和集中变量相关性,因此法律思维推导、裁判规则归纳、检索结果表达与检索数据的演算过程存在巨大差异,导致裁判数据基础庞大,但输出利用率低下。

〔10〕 See Caryn Devins et al., *The Law and Big Data*, Cornell Journal of Law and Public Policy, Vol. 27:357, p.359(2017).转引自王禄生:《论法律大数据“领域理论”的构建》,载《中国法学》2020年第2期。

1. 法理构建的思维差异

大数据分析强调从现有数据推导行为，即“追求相关、放弃因果”[11]。类案检索系统正是在这一认识论基础上，借助数据挖掘技术从海量裁判文书、卷宗材料等非结构化、半结构化数据中发现法律适用规律并加以应用。[12] 然而，经典三段论的法律思维是“在规范与事实之间循环往复，建立案件事实和法律规则之间的涵摄关系，进而推导出结论”[13]，将结论共识凝结的过程[14]即为司法行为。两者思维模式差异导致类案的因果关系和说理解释十分不足。

2. 内容获取的数据壁垒

类案检索的根本目的在于利用生效案件裁判内容为待决案件提供已经检验和凝练的规则或标准。法官通常情况下看到的是裁判要旨，但更希望看到由此表现出的裁判规则。[15] 因此，类案检索不是单纯寻找类似案件裁判结果的过程，而是寻找提炼出的法律规则的过程。且往往是疑难复杂案件、新型案件才需要案例进行指导、约束。目前，系统中只有数量占比极小的指导性案例、公报案例附带裁判要旨，而其他案件并无直接体现裁判规则，即便法官能够检索出一定数量这样的类案对待决案件也用益不大。此外，当前系统所收录的裁判文书效力一般不予标明，导致检索出大量相关文书后还需要逐一复核。

3. 结果表达的技术阻碍

检索系统一般从定性和定量两方面对裁判数据进行分类解析。定性是指按照案由、法律关系进行宏观标注分类；定量是指“要素式分解”，即依照预设关键词解构具体案情。最后使用了文本词频统计方法和语义层次结构方法[16]计算相似度，将案件信息转化为代码、符号等程序语言。目前关键词检索不能给予用户精准检索结果，其原因有以下三个方面：第一，经关键词检索出的数据过大（见图7），即使用户输入关键词缩小范围，也仍需人工逐一查阅筛选；第二，由于用户与系统间拟定关键词的差

---

〔11〕［英］维克托·迈尔-舍恩伯格、肯尼思·库克耶：《大数据时代：生活、工作与思维的大变革》，盛杨燕、周涛译，浙江人民出版社2013年版，第68～94页。

〔12〕参见王禄生：《论法律大数据“领域理论”的构建》，载《中国法学》2020年第2期。

〔13〕杨先德、陈禹橦：《类案检索运用场景与规则方法》，载《检察日报》2021年2月22日，第3版。

〔14〕参见马长山：《面向智慧社会的法学转型》，载《中国大学教育》2018年第9期。

〔15〕参见张骐：《指导性案例中具有指导性部分的确定与适用》，载《法学》2008年第10期。

〔16〕参见王君泽、马洪晶、张毅、杨兰蓉：《裁判文书类案推送中的案情相似度计算模型研究》，载《计算机工程与科学》2019年第12期。

异,在结果中检索新的关键词容易错误筛除检索结果;第三,检索结果呈现不够简洁精准,无论是裁判文书标题还是裁判要旨的呈现均不够明晰。

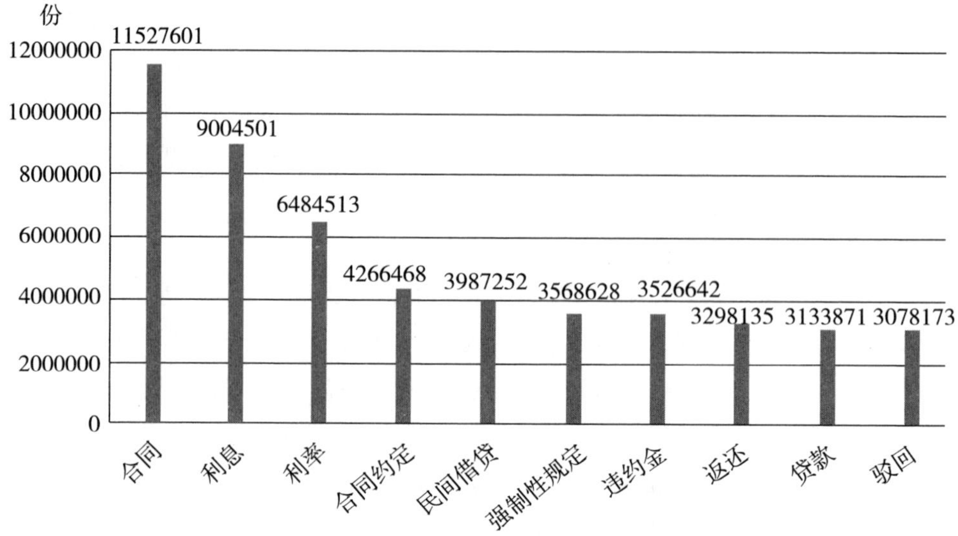

图 7 中国裁判文书网民事裁判文书可检索量前十的关键词

(数据截至 2021 年 8 月 15 日 11 时)

(三)方法论:检索机制矛盾尚未解决

唯物辩证法认为事物普遍联系的最本质的形式和运动发展的最深刻的原因是矛盾的对立面的统一。类案检索如果不能正视现有矛盾,则必然脱离实践,致使研究轨道偏离。

1. 法官检索需求与研发技术门槛之间的矛盾

长期以来,法律大数据的研发奉行技术主义,类案检索系统研发与应用过程中也出现了技术人员与法学专家脱节、技术开发与审判一线需求分离的现象。学者约翰·亨利·梅利曼(John Henry Merryman)早前曾指出类案检索之内在动因——前案判决权威、不愿独立思考、不甘冒险被上诉撤销。[17] 基于前述三种原因法官自发进行检索。然而,必须与数据打交道成为法官参与类案检索系统研发的先天技术门槛,薄弱的数据运用能力可能导致系统开发程度流于浅层甚至产生谬误。如果单纯

〔17〕 参见[美]约翰·亨利·梅利曼:《大陆法系》,顾培东、禄正平译,法律出版社 2004 年版,第 47 页。转引自孙海波:《类案检索在何种意义上有助于同案同判?》,载《清华法学》2021 年第 1 期。

依靠大数据技术研究人员，则很难把握裁判文书的用词、语义以及更深层次的关联。目前常用的“词频—逆文本词频模型”（TF－IDF），将文本按照词汇划分，根据词汇出现频率来计算两篇文书的相似度。但由于法官表述差异，采用TF－IDF模型计算分析出的类案只能说是两篇写法高度相似的文书。

2. 简案供过于求与难案供不应求之间的矛盾

类案检索存在一条供需悖论：能被大量检索到的都是简案类案，法官所需要参照的典型疑难类案又没有数据或极难检索。这“降低了法官的用户体验和使用意愿”〔18〕。一方面，大多数简案的检索意义不大。首先，大部分法官基于自身经验和知识积累，对于某类反复出现的案件自然而然形成了裁判规则，无须参考类案；其次，当前法院案多人少，如果简案也进行类案检索势必使法官不堪重负。另一方面，《类案检索指导意见》规定的强制检索情形也是针对疑难复杂案件而设计。目前，各大系统大量收录简案裁判文书，往往因文书撰写较为简练没有体现裁判规则，能够提供给待决案件解决疑难问题的裁判思路有限。

3. 类案冲突处理与裁判统一尺度之间的矛盾

类案检索的最终目标是实现裁判尺度统一，然而目前的系统大多还停留在发现类案的层面。类案类判、同案同判的关键是统一的裁判思路和规则，理想状态就是法官只需通过检索出类似案件并参照类似案件的裁判规则完成法律适用。但审判实践的情况则要复杂得多，检索出的类案群〔19〕所蕴含的裁判规则往往也是多元的，而当类案群所提供的裁判思路和规则不一致甚至相互对立时，法官又需要解决规则适用问题。

三、命题解答：智能类案检索系统之规制设想

（一）求同存异：集成“3C”特性数据样本

为解决前述本体论问题，智能类案检索系统的数据应在汲取“4V特征”合理性的基础上明确“3C特征”。

1. 准确性（correctness）：类案标准的界定

要检索出适合的类案，前提必须明确类案数据的标准，即何以判断案件是否“类似”。根据《类案检索指导意见》，案例之间“类似”的标准至少包含基本事实类似、争

〔18〕 魏新璋、方帅：《类案检索机制的检视与完善》，载《中国应用法学》2018年第5期。

〔19〕 参见孙海波：《类案检索在何种意义上有助于同案同判?》，载《清华法学》2021年第1期。

议焦点类似、法律适用类似。事实类似是案件类似的首要标准,但客观上并不存在完全一致的案情,如果将检索关键词设定过窄则可能导致无效检索。因此,事实“类似”只需限定为指向争议焦点而影响裁判的关键法律事实一致即可。例如,盲人因盲道设计缺陷摔倒受伤和路人因道路井盖损坏坠落受伤两起案件,看似个体情况、受伤原因均不相同,却可提取“当事人因为市政工程不完善而受到人身损害”[20]的共性。但目前系统预设的案情要素却往往难以提取共性信息,并且仅关键事实一致仍不足以解决部分复杂案件时,就需要系统提供争议焦点和法律适用具有一致性的案例。

2. 兼容性(compatibility):数据处理的适配

智能类案检索系统应更强调数据兼容性,不过分追求数据海量性,而要追求类案检索所需数据。裁判文书本身就是一种不完全的记载形式,因此需要系统整合庭审视频、音频、图片等多个数据资源,以达到数据间的查漏补缺。另外,全国各地案件裁判受地域文化差异、经济发展水平等影响,全国数据训练效果势必无法适应各地审判实务的多样性,因此要对数据进行本土化处理,在总体相似度阈值基础上设定细化阈值。同时,针对各类型案件裁判的主题需求形成类案检索指标、收集适配样本。

3. 可变性(changeability):法律适用的更新

通用领域的数据价值相对稳定,可以反复挖掘深度利用;而裁判尤其是民事裁判的部分数据具有易变性,情境一经调整,原有数据将失去挖掘价值。当前类案检索缺乏有效的时间指引,在法律规定不断推陈出新以及不断涌现新类型、新案情的背景下,不加时间范围限制、新旧法律衔接的类案检索显然不合时宜,需要推动类案检索的法律知识库自动更新,并根据最新的法律规定向用户优先显示最新的案例,对于没有适用最新法律的检索结果应注明法律适用建议。

(二)不破不立:破解法律数据知识壁垒

“法律 + 大数据”应用发展需要攻克将法律领域的理论结构映射到法律大数据的知识发现过程并指导法律大数据应用的问题[21],同理改进类案检索系统亦必须解决将法学理论结构映射到裁判大数据的知识发现过程,对符合“3C”特性的数据进行知识表示、提取、导出的数据挖掘。

---

〔20〕 黄凯柯:《如何检索“类案”? 详细方法来啦!》,载微信公众号“最高人民法院司法案例研究院”2021 年 6 月 5 日,https://mp. weixin. qq. com/s/tGSoiXcQqMdE9qmfmeLyAg。

〔21〕 王禄生提出法律大数据领域认识论的更新需要引入当前科学界提出的“轻量级理论驱动”(lightweight theory - driven)。参见王禄生:《论法律大数据“领域理论”的构建》,载《中国法学》2020 年第 2 期。

1. 建立案情要素识别模型

要素表示的基础是明确案件中需要描述的对象，而这些要素之间相互关联又各自有不同的表现维度。例如，合同无效要素有“无民事行为能力人”“虚假的意思表示”“违反法律、行政法规的强制性规定”“违背公序良俗”“恶意串通，损害他人合法权益”“超越经营范围订立”[22]，而仅“无民事行为能力人”这一要素中就有多种表现维度，包括“不满8周岁的未成年人”，因智力、精神健康原因所致“不能辨认自己行为的成年人”以及“不能辨认自己行为的8周岁以上的未成年人”，以上要素在具体案件中又可能有多种语言表示。由于没有专用法律词库，实践中连篇章结构划分都无法达到100%的精确性，还需要大量人工识别标注[23]。故需建立明确法律知识要素与表现维度的专用法律词库，才可采用深度学习算法优化形成可解释性的案例数据挖掘过程。

同时，需进一步探索裁判文书改革。应当规范裁判文书数据生成和上网，重视裁判文书说理，必要时增加“裁判要旨”撰写和裁判规则凝练，既推动裁判文书说理的实质性提升[24]，又为类案检索规范化、系统化供给原始数据。

2. 深化 NLP 与 OCR 技术应用

法律知识要素并不是法律知识本身，还需要在诸多个案中提取出满足法律知识要素的数据装载到数据库中，因此类案数据的收集过程又可以归纳为案件原始信息获取、信息标注、识别训练和结果生成。其中信息标注不是简单地“贴标签”，这一关键环节需要将大量非结构化、半结构化的裁判数据转换为类案检索需要的知识要素变量。首先，需要自动识别判决书的篇章结构并准确分割“首、正、尾”三部分；其次，在识别篇章结构后，进一步根据符号进行句子分割；最后，按照法律专有词汇进行分类，进而识别、抽取个案关键信息。因此，势必要在汇编专用法律词典的基础上充分借助自然语言处理（Natural Language Processing，NLP）技术，将目标案件的属性标签与原有法律大数据库中所有案例的属性标签进行比对，计算相似度之后反馈给用户。

同时，要推进司法领域光学字符识别（Optical Character Recognition，OCR）[25]的研发。对卷宗材料中的图片进行准确 OCR 识别以进一步实现由非结构化、半结构化

〔22〕 参见《民法典》第144条、第146条、第153条、第154条、第505条、第508条。

〔23〕 参见王禄生：《论法律大数据“领域理论”的构建》，载《中国法学》2020年第2期。

〔24〕 参见梁平：《基于裁判文书大数据应用的区域法治化治理进路——以京津冀类案检索机制的构建为例》，载《法学杂志》2020年第12期。

〔25〕 参见王禄生：《论法律大数据“领域理论”的构建》，载《中国法学》2020年第2期。

数据向结构化数据转换的关键一步，最终满足裁判大数据多样性与兼容性。

3. 智能显示类案检索成效

优化最终显示的检索内容是提升用户满意度的关键，因此在类案检索结果生成上应当遵循精准简明的原则。除案例名称、案号、案由、案例效力级别等基础信息外，还要根据用户特点有侧重点地优先显示其最需要的内容，如法官更关心关键词、争议焦点、查明事实、裁判要旨、参考法条等内容，当事人更关心证据证明力和裁判结果，代理人更关心诉辩意见、争议焦点、裁判要旨等内容，并在此基础上智能生成检索报告或有侧重点推荐其他类案。

（三）对立统一：化解类案检索三组矛盾

1. 建立JEC复合型人才结构研发团队

要强化法官在类案系统研发中的角色，加强复合型人才培育。可借鉴深圳市盐田区人民法院创立的“鹰眼查控网JEC模式”[26]，建立“法官+工程师+外包公司”JEC研发维护团队。其中，法官和法学专家需要在类案检索需求分析、裁判数据本体论构建、适配数据训练集确定、法律知识要素标注、类案检索模型校验的研发维护全环节中结合专业知识积极发挥作用。在法官的指导下，法院工程师先行绘制知识地图并向外包公司技术人员转译法律术语和协作开发系统（见图8）。

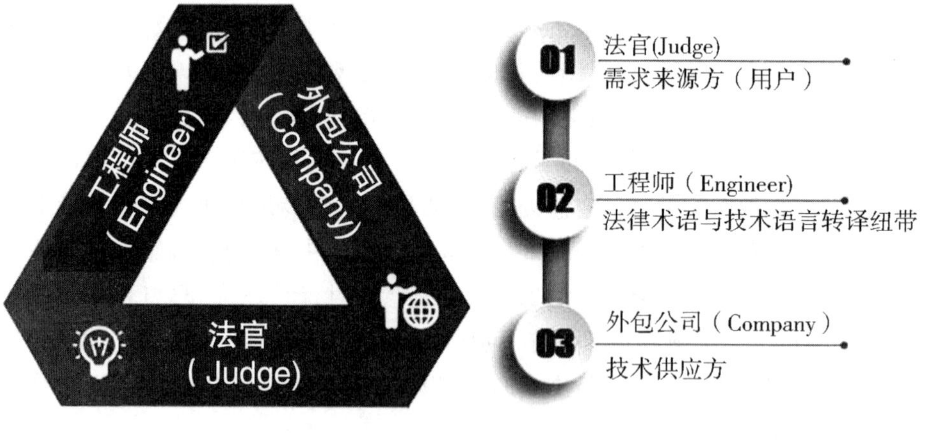

图8 JEC复合型人才结构研发团队组成

〔26〕 参见胡志光、王芳：《智慧法院建设的思维导图——以深圳法院“鹰眼查控网”建设为案例》，载《中国应用法学》2018年第2期。

2. 难案收录扩大化与裁判规则抽象化

海量简案文书虽一定程度上提高了法官处理待决案件的效率,但审判活动的根本目的是实现公平正义,类案检索的落脚点亦应是提供正确的裁判思路与规则。一些新型案件的案情要素甚至前所未闻,例如无锡冷冻胚胎案,该案争议焦点是如何认定人工冷冻胚胎的法律性质以及是否能作为遗产以供继承,在法律没有明文规定的情形下,二审主办法官在国外的相似案例中找到裁判思路,支持失独老人获得已故儿子夫妇冷冻胚胎的监管权和处置权。[27] 这类疑难案件或新型案件为后来此类案件的处理提供了重要裁判指引。因此,类案检索系统的发展应当在提高难案数量的基础上,朝着提炼共性裁判规则的抽象化发展方向前进。

3. 明确类案效力等级与冲突处理规则

《类案检索指导意见》中规定的类案效力等级见图 9。

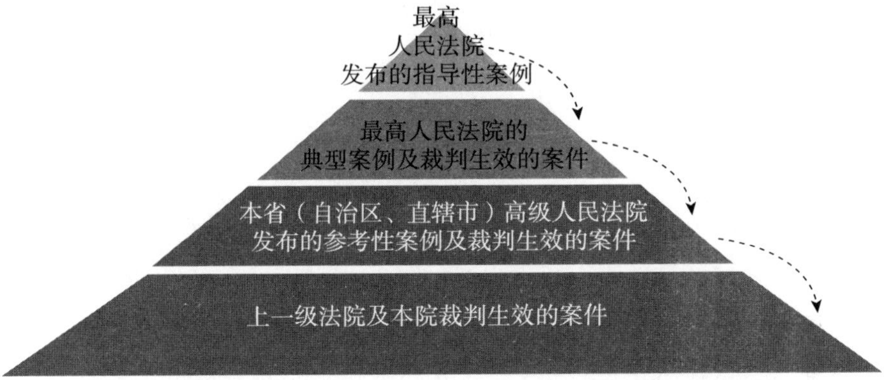

图 9 《类案检索指导意见》中规定的类案效力等级

追求裁判尺度统一则不可避免地要面对类案集相冲突的问题。《类案检索指导意见》对类案提供了一种建议性排序。首先,当检索到的裁判规则包含指导性案例并且发生冲突时,指导性案例提供的裁判规则具有准法源之效力,如无特殊情况,具有排他效力;其次,由于其他案例未作强制性的效力排序,此时法官对类案裁判规则的取舍与协调更多依靠其自身对案件的通盘考虑作出判断。今后需要根据法律适用分歧解决原则继续细化类案的效力标准,从而实现裁判规则的统一。

---

〔27〕 美国有高度相似的案件:亡故夫妻留下 11 枚冷冻胚胎和一个 2 岁的孩子,最终法院判决由医院保管冷冻胚胎,等小孩成年以后由其决定如何具体处置这些胚胎。参见张圣斌、范莉、庄绪龙:《人体冷冻胚胎监管、处置权归属的认识》,载《法律适用》2014 年第 11 期。

结 语

智能类案检索系统还处于起步阶段，从系统研发最基础的裁判大数据本身出发，识别数据真实特征、嵌入法学理论和法律思维、把握技术逻辑、化解检索供需矛盾，方能去伪存真推动人工智能与审判领域深度融合。本文正是由此进行尝试性研究，以期为推动通用大数据理论与法学理论、法律实践有机结合提供些许规制设想，未来还需要理论界、实务界、科技界的共同努力。

论《民法典》实施后违约精神损害赔偿条款的司法适用

——以95份合同纠纷案件裁判文书为分析样本

钟小琴　覃　炜*

2020年5月28日颁布的《民法典》第996条首次明确规定，当事人人格权因违约行为而受侵害，可以主张精神损害赔偿。这突破了立法和司法实践中违约之诉不适用精神损害赔偿的一般原则，将精神损害纳入合同法律关系的救济范畴，一定程度上弥补了立法对人格权保护的缺陷，完善了对人格权的保护和救济，彰显了我国立法的进步。

2021年1月1日，《民法典》正式实施，违约精神损害赔偿条款作为其中的亮点条款，正式进入司法实践领域。各地法院待处理的合同纠纷案中，当事人主张精神损害赔偿的，裁判者将面临是否适用新法以及如何适用的问题。但由于对《民法典》溯及力的理解不一，以及立法对违约精神损害赔偿的规定较为原则，司法实践中就违约精神损害赔偿追溯力及适用范围、适用标准等问题存在诸多争议。笔者拟以95份适用《民法典》违约精神损害赔偿条款的裁判文书作为样本对其进行分析，揭示《民法典》实施后违约精神损害赔偿条款的司法适用现状并分析原因，在规则解读的基础上，提出有针对性的优化司法适用之策。

一、样本分析：违约精神损害赔偿条款的适用现状

为全面考察《民法典》施行后违约精神损害赔偿条款的司法适用现

* 钟小琴，南宁市武鸣区人民法院；覃炜，南宁市中级人民法院。

状，笔者从中国裁判文书网以“民事案件、合同纠纷、判决书、裁定书、2021年”为检索条件，选取含有“违约”“精神损害”字样的判决，共筛选出449个结果，在前述基础上再次选取含有“民法典”字样的判决裁判文书，共筛选出178个结果[1]。对这178个样本按系列案选择一个案件的民事裁判文书进行分析的原则[2]，剔除重复及原告不主张精神损害赔偿（如变更诉讼、被告抗辩要求精神损害赔偿等导致的识别错误）等不具备分析价值的样本，最终获得95份参考样本。样本的分布情况见图1。

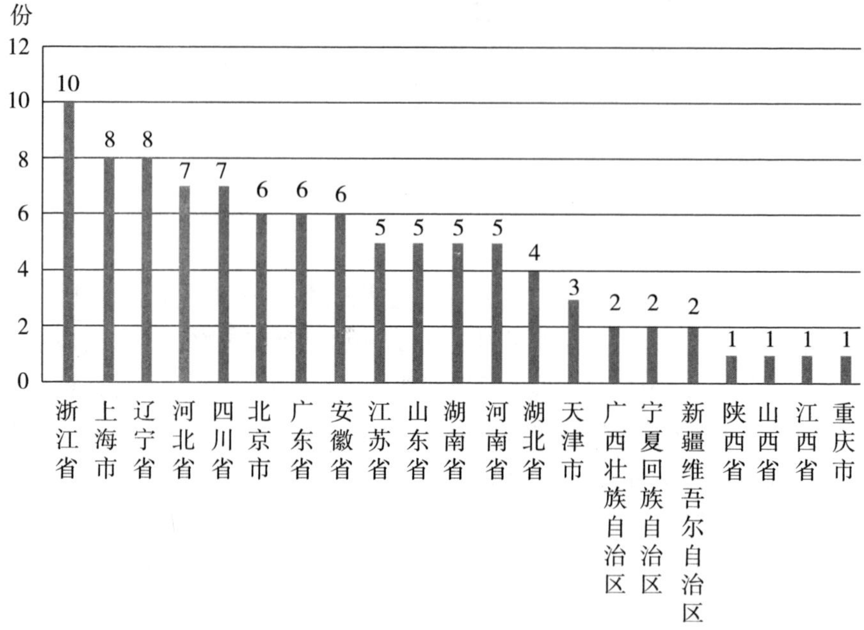

图1　95份样本在各省市的分布情况

由图1明显可以看出，我国司法对于当前违约精神损害赔偿的重视度不够、运用还不够普遍，案例的省份分布并不均衡，其中运用相对较多的是经济较为发达的省份。

通过对样本的进一步研读发现，违约精神损害赔偿在司法实践中存在以下问题：

（一）违约精神损害赔偿条款溯及力存在争议

新法实施初期，司法实践中对新规则及衔接适用规范等处于探索阶段，因此在相当长一段时间内，违约精神损害赔偿条款的溯及力问题仍是争议焦点，其溯及力的认

[1] 数据来源于中国裁判文书网，http://wenshu.court.gov.cn，最后访问日期：2021年7月29日。

[2] 例如，四川省成都市双流区人民法院有4个结果是不同业主起诉同一家物业服务公司、开发商的案件。

定决定着法律适用的统一。

经过分析449份判决发现，司法实践中对违约精神损害赔偿条款溯及效力认定存在较大争议。案件法律事实发生于《民法典》实施前，法官在裁判文书中需要论证分析违约精神损害赔偿条款是否具有溯及力。但有80%以上案件的裁判文书中未检索出“民法典”这一关键词，可知，作出这部分样本判决的法官严格贯彻落实“法不溯及既往”的一般原则，未适用《民法典》的规定进行裁判。余下95份检索出“民法典”且提出违约精神损害赔偿诉求的样本判决中，有39份样本采用明示或默示的方法在裁判文书中选择不适用违约精神损害赔偿条款〔3〕，有56份样本判决适用《民法典》的规定支持或驳回了原告诉请。限于篇幅，本文选取3个适用《民法典》的代表性观点展示（见表1）。

表1　样本判决中适用《民法典》的理由

序号	案号	审理法院	案由	选择理由
1	（2021）赣0202民初369号	江西省景德镇市昌江区人民法院	运输合同纠纷	适用《民法典》的规定更有利于保护民事主体合法权益，更有利于维护社会和经济秩序，更有利于弘扬社会主义核心价值观
2	（2021）浙0212民初1984号	浙江省宁波市鄞州区人民法院	运输合同纠纷	《民法典》中关于责任竞合情形下精神损害赔偿的规定，允许受损害方在请求行为人承担违约责任的同时主张精神损害赔偿，这更有利于保护受损害方的合法权益
3	（2021）豫1103民初190号	河南省漯河市郾城区人民法院	客运合同纠纷	虽然本案是《民法典》施行前的法律事实引起的民事纠纷，但是对于侵权适用的《合同法》中并未明确规定当事人根据合同主张精神损害抚慰金不予支持，而根据《民法典》第996条之规定可以支持

〔3〕例如，浙江省杭州市余杭区人民法院（2020）浙0110民初19325号民事判决书、河南省鲁山县人民法院（2021）豫0423民初1585号民事判决书，直接适用旧法，同时援引最高人民法院《关于适用〈中华人民共和国民法典〉时间效力的若干规定》第1条不溯及既往的原则性规定进行判决；江苏省无锡市中级人民法院（2021）苏02民终588号民事判决书、四川省三台县人民法院（2021）川0722民初16号民事判决书等不适用理由是：案件事实发生于《民法典》实施前，适用当时法律，而当时法律规定精神抚慰金不属于违约赔偿范围。

尽管最高人民法院于2020年12月29日公布了《关于适用〈中华人民共和国民法典〉时间效力的若干规定》（以下简称《时间效力规定》），明确了《民法典》不溯及既往的基本原则及"有利溯及""新增溯及"的例外[4]，但也留给了法官较大的自由裁量空间。实践中，基于裁判者对所涉及的法律法规的理解差异、司法理念以及价值取向不同，有的从"三个有利于"溯及角度出发，认可违约精神损害赔偿条款溯及既往的效力，有的从新增规定溯及适用的角度，选择适用违约精神损害赔偿条款，有的基于法不溯及既往的一般原则选择不适用违约精神损害赔偿条款。

（二）违约精神损害赔偿的裁判尺度不统一

对56份提及《民法典》精神损害赔偿条款的样本判决类型化分析后发现，有32份支持或部分支持了原告精神损害赔偿的诉请，有24份以不符合违约精神损害赔偿条件为由驳回原告诉请，不支持的原因见表2。

表2 样本判决中驳回原告（或上诉人）诉请的理由

案号	案由	未支持理由	类似判决
（2021）川1529民初471号	医疗服务保险合同纠纷	没有投保附加精神损害赔偿责任保险	
（2021）沪0115民初20598号	服务合同纠纷	精神损害抚慰金请求权仅限于侵权之诉赔偿范围	（2020）辽0213民初3332号、（2019）鄂0202民初2384号、（2020）沪0115民初61878号、（2020）京0108民初32735号、（2021）冀04民终1003号
（2020）湘0121民初9540号	承揽合同纠纷	未举证证明其他损失	
（2020）苏0324民初5470号	房屋买卖合同纠纷	原告的请求并不符合法定情形	
（2021）川0116民初687号	物业服务合同纠纷	被告的违约行为并未造成原告人身权益受损或具有人身意义的特定物损毁，不应当承担精神损害赔偿责任	（2021）桂1031民初746号

[4] 参见郭锋、陈龙业、蒋家棣：《〈全国法院贯彻实施民法典工作会议纪要〉理解与适用》，载《人民司法》2021年第19期。

续表

案号	案由	未支持理由	类似判决
(2021)陕0113民初333号	房屋租赁合同纠纷	无事实与法律依据	(2021)皖0203民初2号、(2021)京0105民初1739号、(2021)豫0103民初3229号、(2021)皖1323民初2038号、(2020)京0106民初25876号
(2020)津0115民初8726号	庆典服务合同纠纷	违约行为不足以造成精神损害或严重精神损害	(2020)沪0106民初14417号、(2021)宁0104民初6305号、(2021)津0104民初5321号、(2021)皖0123民初3923号
(2021)冀0204民初374号	房屋买卖合同纠纷	原告以房间内女儿的遗物对其有着强烈的精神寄托为由主张精神损害赔偿，但原告所列举的遗物如空调、洗衣机等物品并不是具有人格象征意义的特定纪念品	
(2021)辽0302民初3393号	商品房销售合同纠纷	不符合最高人民法院《关于确定民事侵权精神损害赔偿责任若干问题的解释》第1条规定	
(2021)冀07民终1354号	公路旅客运输合同纠纷	《民法典》第996条虽然规定了非违约方对违约方可以要求精神损害赔偿，但当事人订立合同应主要以实现精神利益为目的，如遗体、骨灰等人格物保管合同，医疗（美容）服务合同，婚礼服务合同，旅游服务合同等，本案属于旅客运输合同，原告要求精神损害抚慰金没有法律依据	
(2020)京0106民初25876号	合同纠纷	被告不违约	

上述判决中，大部分以无事实与法律依据、违约行为未造成严重精神损害、不符合法定情形、合同未以实现精神利益为目的为由驳回原告诉请。上述理由看似并无不妥，但以合同纠纷不适用精神损害赔偿（或精神损害赔偿仅适用侵权之诉）、当事人订立合同未以实现精神利益为目的为由驳回原告诉请存在不妥，该理由实际上曲解了《民法典》第996条的内容和适用范围、适用条件，与立法初衷相悖。

另外，仔细考察32份支持精神损害赔偿的案件，发现这些案件的基本要素均包含合同关系、违约行为、精神损害，但对于精神损害严重程度判断标准、赔偿金额的确定存在较大差异：一般而言，在造成人身损害的合同纠纷中，司法实践的判断标准较为统一，准用侵权责任相关规定来判断。如原告能提供相应的医学证明证实损害程度达到伤残标准时，法官均支持其精神损害赔偿诉请。在赔偿金额方面，考量的因素有受损害方伤残程度、被告方过错程度和当地经济水平等，也有较为成熟的认定标准可供参考。但在精神利益受损的合同纠纷中，我国《民法典》第996条用语是“严重精神损害”，这一法律术语并不能指引形成对“精神损害赔偿责任”的定性和定量认定，此前也没有评价精神利益受损程度的成熟做法进行参照，只能依赖于法官审判经验及对法律文义的解释行使自由裁量权来确定。不同审判人员的学识、经验和对法律的理解不同，造成违约精神损害赔偿裁判结果的差异。

（三）违约精神损害赔偿的论证说理不充分

通过分析95份样本，发现对违约精神损害赔偿责任的适用条件、规则、考量因素说理仅占25%。部分法院在“本院认为”部分不说理，简单表述认定与否的意见。即便说理，多数也是直接援引法律条文，或者采用寥寥数语作形式化表述。违约精神损害赔偿条款是新规则，当前司法实践中对于其适用条件、标准、金额界定等规则都在不断摸索中。此类案件，不论是当事人、代理人还是司法审判人员，均希望参考在先判决法院的裁判逻辑、认定标准、金额标准来辅助认定自身所涉（办）案件，因此法官进行充分有效的裁判文书说理，能切实发挥司法裁判的指引功能。

但在司法实践中，随着案件数量倍增，办案量加大，司法责任终身制，使得法官的办案压力剧增。在此基础上，法官为追求办案效率、减少工作量、规避裁判风险而不断简化裁判文书的篇幅，选择“不说理”或“少说理”，最终使裁判文书形式上渐趋格式化、模板化。尤其是在说理部分，裁判理由越来越简单，说理越来越少，对某个问题进行详细充分的理论分析和阐述的裁判文书越来越少，客观上导致类案的参考价值逐渐降低。长此以往，司法审判的良性发展将会受到阻碍。

二、揭开面纱:违约精神损害赔偿条款的规范解读

通过对涉及违约精神损害赔偿的样本的分析发现,当前存在不用、乱用、误用的现象,主要原因是对违约精神损害赔偿的适用效力、内涵及特性理解上存在分歧。因此,准确理解违约精神损害赔偿的适用范围、适用条件、适用规则等,以此约束裁判行为,提高司法适用的合理性和准确性,迫在眉睫。

(一)违约精神损害赔偿条款原则上具有溯及力

《时间效力规定》并未明确《民法典》第996条的溯及效力。法律事实发生在《民法典》实施后,或发生在实施以前但延续至实施以后的,司法实践中适用《民法典》条款无争议。但在法律事实发生于《民法典》实施前的判决样本中,出现有的法院裁判溯及适用《民法典》第996条,有的法院则不溯及适用的问题,裁判结果不统一。

关于《民法典》第996条溯及力的问题,笔者认为,违约精神损害赔偿条款原则上具有溯及力。首先,从立法精神来看,违约精神损害赔偿是《民法典》新增的亮点[5],该规定更有利于进一步承认和保护当事人合法的精神权益,体现社会主义法治理念中以人民为中心的核心价值取向,应具有溯及既往的效力。其次,从立法解释的角度来看,《时间效力规定》第3条规定的新增溯及"可以适用",虽然从文义理解上看不是"必须适用",但该条款又增加了三个"除外规定"限制了"不适用"的具体情形。由此可知,存在这三个例外时,不适用《民法典》的规定,不存在这三个例外时,则应该适用《民法典》的规定。最后,精神损害赔偿是对被侵害方民事合法权益救济的一种方式,追溯适用违约精神损害赔偿条款并未改变当事人根据旧法所形成的合理预期,也没有影响或破坏交易秩序,因此适用该规定未增加一方的法定义务或背离合同预期。而且从价值上看,这更有利于保护当事人合法权益,更有利于维护社会稳定。

(二)违约精神损害赔偿条款适用范围的限制

对于精神损害之赔偿,以法律有规定者为限。[6] 这是一个为近代民法所确认的规则。我国立法对精神损害赔偿的适用范围进行限制:《民法典》侵权责任编第1183

[5] 参见《中华人民共和国民法典(含新旧与关联对照)》,中国法制出版社2020年版,第472页。民法典与相关法律规定对照表中可知,《民法典》出台前,并没有相关法律、法规提及或确立违约精神损害赔偿。

[6] 参见张新宝主编:《精神损害赔偿制度研究》,法律出版社2012年版,第57页。多数国家通过立法明确限制精神损害赔偿范围,如德国、瑞士、意大利、荷兰、俄罗斯等,少数国家通过司法判例来限制精神损害赔偿适用范围,典型代表是法国和日本。

条明确了请求精神损害的主体仅限于自然人，适用范围限定在侵害人身权益及具有人身意义的特定物的情形；[7]《民法典》第996条适用范围则限定于侵害人格权的情形。相比于侵权责任编采用概括性例举的方式限制适用范围，《民法典》第996条的规定的“人格权”的外延较为宽泛，所以有必要结合《民法典》第1183条和人格权的学理分类对人格权作进一步解读。学理上人格权可分为物质性人格权和精神性人格权。[8] 据此分类，违约精神损害赔偿的适用范围应包括以下两种不同情形：

一是侵害物质性人格权。物质性人格权包括身体权、健康权、生命权，其受到侵害时，人格权的侵害表现方式为人身损害，即自然人健康、身体的损伤和生命的丧失导致的精神痛苦。例如，造成被侵害人死亡，死者近亲属丧失亲人的精神痛苦，或者侵害健康和身体，造成侵害相对方的精神痛苦等。此种情形在司法实践中比较常见，如养老服务机构违反服务合同造成老人的伤害或死亡[9]、运输合同中承运人违反合同约定造成乘客人身伤亡等。这类合同中违约方一般负有保护非违约方人身安全义务。此类案件可准用侵权责任的相关规定。

二是精神性人格利益。其不仅包括自然人的纯粹精神利益，如内心安宁、精神愉悦等，还包括财产中特别确认的精神利益，如具有特定意义的物品。侵害精神性人格权所导致的后果是精神利益损害，即被侵害方的精神创伤和精神痛苦，是无形的人格利益。此类案件在实践中也较为多见，如与婚礼、典礼相关的合同纠纷中婚庆公司违反合同未提供完整服务或服务效果不符合约定[10]、保管合同中墓地管理方违约导致骨灰盒被盗或丢失等。这类案件中，对于精神损害赔偿能否支持，要区分情形而定：在涉及特定财产损毁的合同纠纷中，关键在于涉及物品是否为具有精神利益的特定物；单纯违约行为导致精神利益受损的情形下，应根据合同目的、合同性质、合同标的、严重程度等来判断。

（三）违约精神损害赔偿条款的“严重精神损害”的理解

合同之诉中并不是所有人格权受侵害，被侵害方主张精神损害赔偿均可获得支持。《民法典》第996条采纳“法律不问小事”原则，规定达到“严重精神损害”方可主

---

〔7〕 参见最高人民法院民法典贯彻实施工作领导小组主编：《中华人民共和国民法典侵权责任编理解与适用》，人民法院出版社2020年版，第178页。

〔8〕 参见王利明、杨立新、王轶、程啸：《民法学》，法律出版社2020年版，第885页。

〔9〕 参见浙江省台州市路桥区人民法院（2021）浙1004民初50号民事判决书。

〔10〕 参见浙江省宁波市鄞州区人民法院（2021）浙0212民初3120号民事判决书、安徽省南陵县人民法院（2021）皖0223民初220号民事判决书。

张损害赔偿。但何为“严重精神损害”,当前立法未有明确规定。

精神损害是肉体及心理等主观感受,并没有一套标准可供检测和判断,只能依靠法官在个案中根据法律事实来判断。有些国家为了规范裁判行为,对精神损害赔偿责任的适用作了严格的限制。如法国司法实践中通常要求有医学证据,才会作出精神损害的判决。在受损害方健康状况稳定时,法院还会传唤医学专家,基于他们的专业判断对损害进行描述,并就损害程度按百分比进行量化。[11]

笔者认为,严重精神损害指超出一般程度的精神损害,判断的标准应当是客观的,有据可循的,即以常理可以推断或判断其为严重精神损害即属于严重精神损害。在侵害物质性人格权的情形中,被侵害方的健康、身体遭受一般伤害(此时需结合被侵害方的饮食起居、病历记录等综合判断),没有达到伤残等级时,即构成严重精神损害,而轻微伤害属于一般精神损害,不适用精神损害赔偿;在侵害精神性人格权的情形中,结合侵害方的违约程度、违约情形、被侵害方的精神痛苦状况等可以推断被侵害方存在严重精神痛苦的,即认定为构成严重精神损害。

(四)违约精神损害赔偿条款的其他限制规则

在救济被侵害方合法权益的同时,为了防止违约精神损害赔偿条款的滥用,过分加重违约方的负担,需要确定一定的规则,以平衡法律适用。

一是在违约精神损害赔偿领域,如果被侵害人对损害发生有过错的,应当适用过失相抵原则。理由如下:首先,从立法体例看,《民法典》合同编第 592 条第 2 款及《民法典》侵权责任编第 1173 条均规定过失相抵原则,违约精神损害赔偿具有违约责任与侵权责任之共性,亦应适用此规则。其次,从诚实信用原则及公平责任的角度出发,不能将被侵害方自身的过错导致的损害转嫁给侵害方,应适用过失相抵以减轻侵害方的赔偿责任。这意味着不论是侵害人还是被侵害方,最终都对自己的过错行为承担责任,对他人的过错不负责任,使得赔偿的确定更加公正。

二是审慎适用意思自治原则。当事人能否在合同中约定适用或排除适用精神损害赔偿?对此,司法实践中也存在不同的观点。一种观点认为,法无明文禁止即可为,有约定从约定;另一种观点认为,违约精神损害赔偿是立法的突破,不适用精神损害赔偿的一般原则,应对其适用范围进行限制,排除当事人的约定适用。[12] 笔者认

〔11〕 参见最高人民法院民法典贯彻实施工作领导小组主编:《中华人民共和国民法典人格权编理解与适用》,人民法院出版社 2020 年版,第 84 页。

〔12〕 参见任明艳:《民法典中违约精神损害赔偿新规探析》,载《人民法院报》2021 年 1 月 7 日,第 7 版。

为，精神损害赔偿范围法定已成为立法通例，不属于当事人意思自治的范畴。违约精神损害赔偿作为其中一种形式，亦应严格遵循范围法定这一基本原则。另外，现行立法已明确法定适用条件，如侵害人格权的事实存在且精神损害达到严重程度等。如果未达到法定标准，即便合同约定降低了精神损害赔偿的适用标准，也仍然难以获得支持。但这并非对意思自治原则的完全限制，当事人仍可以在合同中对精神损害赔偿额度的上限和下限进行约定。

三、路径优化：违约精神损害赔偿条款司法适用优化方案

《民法典》第 996 条是立法的突破与创新，为违约之诉中主张精神损害赔偿提供了明确的法律依据。然而，这一规定的实施效果取决于司法适用的技巧。当前由于立法的抽象性、原则性规定，违约精神损害赔偿的司法适用存在不用、不规范适用等情况，结合违约精神损害赔偿条款的规范解读，笔者认为有必要从以下几个方面进行优化：一是从法律解释的角度出发，通过发布审判指导规则，规范违约精神损害赔偿的标准及量化问题，明确裁判指引；二是各地要充分利用类案检索等办案助手，以及强化裁判文书说理，规范法律适用；三是法官在司法裁判中按照一定顺序检视案件事实，结合规范构成，合理裁决个案。

（一）立法层面：明确违约精神损害赔偿的评算标准

违约精神损害赔偿条款仅规定在受损害方主张违约责任时，不影响其请求精神损害赔偿。样本判决均是在违约之诉中直接主张精神损害赔偿。可见，司法实践对在合同之诉中可以一并主张精神损害赔偿尚无争议，但对于违约精神损害赔偿标准与量化问题由于缺乏明确评算标准，需要予以规范。

1. 违约精神损害赔偿标准的确定

精神损害赔偿的立法层面并未明确统一标准。如前所述，部分样本法院在确定精神损害赔偿考量因素上已经取得了明显效果，如选择从违约程度、精神损害的严重程度（人身伤害中受损方伤残等级）、当地社会经济水平、受损害方有无过错、违约情节及违约人的经济能力等方面予以确定。笔者认为，违约之诉中主张的精神损害赔偿，保护对象是自然人的人格利益，是纯粹精神利益，这种损害是无形的，无法用金钱来准确衡量，且自然人千差万别，立法不宜采用统一或者固定的标准，应当由裁判者在个案中根据具体情况来进行具体判断。但在个案中又依托裁判者的经验、学识、价值理解等，容易造成裁判尺度的差异，也需要通过立法进行规范。笔者建议可以由各地区高级人民法院根据本省市的具体情况，在总结和归纳的前提下确定判断因素，制

定指导意见下发给辖区法院参考，规范辖区内的裁判行为，指导意见应根据情况变化及时更新。

各地在出台指导意见时，应注意以下几个方面的问题：一是违约责任适用无过错责任，在考量判断标准时，违约方的过错程度不应作为精神损害赔偿的考量因素之一，但可以作为数额判断标准。二是主要考虑精神损害的实际情况，可以明确必要的证据来判断损害程度，如存在人身健康受损的情形时，可依据专业机构的鉴定意见书等或医疗机构诊断证明，涉及具有人身意义的特定物受损时，可参考合同标的物价值等。三是违约程度、合同类型、履行情况、被侵害人的损失情况应作为参照因素之一，在涉及精神利益实现的合同中，如婚礼服务合同纠纷中，合同履行程度、违约严重程度均是主要参考依据。

2. 违约精神损害赔偿的数额

如前所述，精神损害赔偿因其自身特性无法准确量化，赔偿数额亦不宜在司法解释中统一规定。但部分地区已经开始对精神赔偿数额作出较为具体的规定，为精神损害赔偿数额设定上限、下限。〔13〕 笔者赞同合同纠纷中精神损害赔偿应设置限额。精神损害赔偿应遵循适当赔偿原则不宜过高，如果不设置上限，将会诱导受损害方或利害关系人为谋取不当利益，恶意制造条件导致相对方违约，以此主张精神损害赔偿，势必造成司法资源的浪费及滥用。

需要注意的是限额的确定也要区分具体情况：一是存在人身损害的情形下，各地在司法实践中已经有了有益探索〔14〕，限额具体化具备可行性，具体可参照各地出台的人身损害赔偿标准中精神抚慰金的限额；二是在涉及侵害精神性人格权的情形下，由于个体的特性及标的物的差异性，此时的限额不宜具体化，应结合合同约定，以及被侵害人获得的其他救济情况来综合确定，但从维护社会稳定、避免司法资源浪费的角度出发，亦应结合地区实际设置最高上限。

（二）司法辅助层面：发挥违约精神损害赔偿的类案辅助作用

善用类案检索等办案助手，规范法律适用。违约精神损害赔偿条款突破了精神损害不适用违约行为的一般原则，是司法领域的新规则。对于样本反映出来的存在

---

〔13〕 例如，广西壮族自治区印发的《广西壮族自治区道路交通事故损害赔偿项目及计算标准》中，第 16 项精神抚慰金中，说明精神抚慰金数额可在 2000 ~ 50000 元酌定。

〔14〕 例如，江西、甘肃、重庆、广西等地制定的道路交通事故损害赔偿标准中对精神损害抚慰金上限作了规定，如甘肃规定死亡、伤残案件最高不超过 5 万元。

法律适用差异性问题,法官在审理此类案件时要严格依照《类案检索指导意见》的规定进行类案检索,并制作检索报告,最大限度实现个案的判决均衡。对检索过程中发现的法律适用分歧,在当前各地没有具体规定处理方法的前提下,可参照最高人民法院相关做法,如层级提交审判委员会或法官专业委员会讨论决定。

为了真正落实类案检索等办案方法,强化实施效果,笔者建议可从以下几个方面开展工作:首先,各地法院要加强对该类系统或工具的学习培训,确保办案法官、法官助理、书记员熟练操作,避免不会检索、识别不精准等问题;其次,各地要根据本地实际情况及时出台类案检索工作规则,可结合繁简分流机制改革,有针对性地区分繁案与简案的检索原则和标准;最后,针对类案检索制度建立问责追责机制,坚决杜绝"纸面上的规章"问题的发生。这就需要将信息化工具建设成为规范裁判尺度,从而避免裁判标准的区域性差异。

构建裁判文书释法说理的配套机制,提升裁判文书质量。裁判文书质量的好坏,影响类案检索的实施效果。当前裁判文书中关于违约精神损害赔偿责任认定的释法说理不充分,会直接导致各地法官通过类案或关联案件等辅助工具检索出的大量文书缺乏参考价值,不仅消耗了大量的精力,也不利于类案系统的推广和运用。笔者建议,各地法院要多措并举,从制度上全面落实司法责任制,调动法官积极性,从而真正提升裁判文书质量。

各地法院需从以下四个方面进行改善和提升:首先,要加强对司法审判人员裁判文书撰写业务培训,提高员额法官及法官助理的裁判文书撰写水平,从裁判文书格式、要素、结构、论证说理等方面予以培训,杜绝低级错误发生;其次,进一步规范和落实案件评查制度,积极探索引入第三方机构开展裁判文书质量评价活动,及时通报案件评查结果,制定可操作性较强的制度,对评查、检查出来的有错的案件进行责任追究,以案件评查倒逼裁判质量;再次,法官业绩考核科学化,将裁判文书质量纳入法官业绩考核指标,记入法官个人业绩档案,作为其晋升评价指标之一;最后,结合繁简分流机制改革,裁判文书也可以根据案件具体情况,进行繁简处理,繁简得当,该繁则繁、当简则简,但需具备裁判文书的基本要素。

(三)裁判路径层面:借助违约精神损害赔偿的一般规范合理裁决个案

法官在适用违约精神损害赔偿条款审判时,要在查明案件事实的基础上,根据违约精神损害赔偿条款适用规范,按照一定的顺序路径检视案件的事实构成,并结合条款的规范构成,运用类案检索系统等司法辅助办案系统,合理裁决个案。违约精神损害赔偿条款的适用可遵循以下步骤:

第一，根据法律事实判断适用的可能性。根据当事人举证，梳理案件的法律事实，并严格注意是否存在有效合同关系、诉讼主体及客体是否符合法定要求、是否存在违约行为、是否存在严重精神损害等要点。法官需在分析基础上，将其与违约精神损害赔偿条款的适用条件进行对比，来判断是否符合法定情形，能否适用该条款。

第二，决定量化数额。法官在决定适用违约精神损害赔偿条款后，根据案件事实，参照判断标准计算出被侵害人的损失数额，即违约方应承担的数额。此时，需要判断是否存在过失相抵，是否有约定赔偿限额的情形。另外，为统一裁判尺度，要运用类案检索系统检索出本地区的类案，检索结果可作为数额确定的参考依据。对于检索过程中发现的适用分歧，在本地区法院没有具体规定处理方法的前提下，可参照最高人民法院相关做法，如层级提交审判委员会或法官专业委员会讨论决定。

结　语

我国《民法典》第996条以立法形式认可了违约精神损害赔偿。从《民法典》正式施行至今，人民法院在审理案件时已陆续开始适用违约精神损害赔偿条款。当前违约精神损害赔偿条款司法适用存在的问题，不利于发挥违约精神损害赔偿的功能性价值，这需要在司法实践中进一步探索和完善适用规则，以期达到对当事人合法权益的全面保护和救济。笔者尝试运用《民法典》合同编、侵权责任编、人格权编相关规定解读违约精神损害赔偿的适用范围、条件、规定，文中的观点也许并不全面，但是只要有助于推进违约精神损害赔偿的适用条件进一步细化，本文的尝试就是值得的。

直播带货主播民事法律责任适用规则的类型化构建

——以主播主体身份区分为切入点

陈文君　曾　芳*

题　记

“有商业的地方,就应该有美德。”

——孟德斯鸠

2020年年底,我国直播行业主播账号累计超1.3亿,网络直播用户达6.17亿人,电商直播用户达到3.88亿人。[1]直播行业已然是一个正在高速发展的行业,直播带货主播也正式成为“互联网营销师”。直播带货的现有模式是商家作为供应商,选择适合自身品牌形象的主播,主播依托自身所在的平台,在自己的直播间对外宣传商家产品或服务,并促使观看该直播的观众购买上述产品或服务。与传统的销售模式不同,直播带货中主播对消费者购买商品的影响力巨大,但直播带货行业快速发展的同时,直播带货“翻车”事件越来越多。直播带货引发的一系列问题,对消费者的人身、财产利益构成了潜在的威胁。在司法实践中,当主播带货的商品造成消费者权益损害时,直接起诉带货主播,并要求

* 陈文君,柳州市鱼峰区人民法院;曾芳,柳州市中级人民法院。

〔1〕 参见《2020年中国网络表演(直播)行业发展报告》,载中国演出行业协会2021年5月18日,http://www.capa.com.cn/news/zgrdDetail/170763。

其承担责任的案例很少,消费者多是通过起诉商家来维护自己的权益。虽然通过起诉商家,消费者也可能获得一定的权利救济,但是主播法律责任的确定是解决当前直播购物纠纷的关键要素,明确主播不同情形下的法律主体身份和相应的法律责任具有必要性和紧迫性。

一、现象:检视直播带货主播在实践中的责任承担问题

根据国家市场监督管理总局发布的报告〔2〕,2020 年,全国 12315 平台共受理“直播”投诉举报 2.55 万件(“直播带货”诉求占比近 8 成,同比增长 357.74%),结合中国消费者协会发布的《2021 年“618”消费维权舆情分析报告》〔3〕对直播带货问题的舆情反馈,经观察,消费者的投诉主要集中在主播直播带货过程中涉嫌夸大宣传产品功效或使用“极限词”等引导消费者冲动消费、产品质量货不对板、售后退换货难以保障、平台主播向消费者兜售假冒伪劣产品等四类问题上。由于目前消费者起诉直播主播的司法案例较少,因此下文选取的四个案例包括了热点事件及司法案例,并结合了上述消费者集中投诉的四种类型,较为全面地反映了直播带货主播民事责任承担中可能存在的各种问题,具有普遍性与代表性。

【现象一】主播责任包含在商家责任之内

案例 1: 刘某某与杭州 YX 电子商务有限公司(以下简称 YX 公司)网络购物合同纠纷案〔4〕中,刘某某在 YX 公司经营的网店直播间购买和田玉挂件一块,直播间主播承诺该产品材质为“籽料”,并承诺“假一赔十”。刘某某收到挂件后将挂件拿到鉴定机构检验,检验结果表明该挂件并非“籽料”,然而 YX 公司拒绝退款及 10 倍赔偿。

在此类案例中,商家与主播形成雇佣关系,主播介绍的商品是商家提供的,消费者在商家的直播间观看直播并购买商品,当所购商品出现质量问题时,消费者仅对商家提起诉讼,直播间的主播并未对有问题的商品承担责任。

---

〔2〕 参见国家市场监督管理总局:《2020 年全国市场监管部门为消费者挽回经济损失 44 亿元》,载政府网,http://www.gov.cn/xinwen/2021-03/17/content_5593384.htm。

〔3〕 参见《2021 年“618”消费维权舆情分析报告》,载中国消费者协会 2021 年 6 月 25 日,http://www.cca.org.cn/zxsd/detail/30085.html。

〔4〕 参见浙江省杭州市中级人民法院(2020)浙 01 民终 3789 号民事判决书。

【现象二】主播责任隐藏于商家责任之后

案例2:某团队旗下主播“时大漂亮”于2020年9月17日、10月25日,在快手直播间向消费者推广商品“茗挚碗装风味即食燕窝”,在推广过程中主播主要强调商品的燕窝含量及功效。后被消费者质疑该商品并非即食燕窝,实为风味饮料,经检验该商品确为风味饮料。某团队随后向消费者致歉。

在此类案例中,商家与主播形成推广合作或委托合同关系,主播推广商品时出现夸大宣传产品功效等违规宣传问题,此时消费者通常只能向商家提起民事诉讼,主播除受到名誉上的影响外,无须对外承担民事责任。

【现象三】主播与商家售后责任相互推诿

案例3:在新浪旗下消费者投诉平台“黑猫投诉”上有消费者投诉,在某直播间预定了某品牌的九宫格眼影一套,主播承诺“产品+赠品”应为:正装唇釉一支、正装口红一支、眼影一盒、首饰箱一个、零钱包一个、镜子一块、化妆刷一把。但消费者实际只收到正装口红一支、首饰箱一个、眼影一盒、镜子一块,在多次与商家客服及直播间沟通后,仍无人解决问题。

在此类售后问题案例中,当主播与商家形成推广合作或委托合同关系时,直播间与商家可能会相互推卸责任,导致消费者无法确定责任承担者。

【现象四】主播的推荐责任与销售责任区分不清

案例4:王某林与许某怡、快手公司网络购物合同纠纷案[5]中,原告王某林在观看快手主播许某怡的直播时,许某怡提到自己有一台闲置的二手手机,如需购买可以添加她的微信号。王某林添加许某怡微信后向其支付4000元买下手机。手机到货后王某林将手机送到专业鉴定机构鉴定确认手机不是正品,但许某怡拒绝退款。法院最终确认主播许某怡作为产品销售者,依法承担违约责任和3倍赔偿责任。

在该案的判决中,法院认为,在直播带货的不同场景下,主播在直播中是以纯粹的主播身份还是以主播加销售者的身份进行带货,其法律地位和法律责任具有显著差别。本案的关键在于如何认定主播的法律地位和法律责任。

---

〔5〕 参见北京互联网法院(2020)京0491民初7972号民事判决书。

以上案例表明,目前的直播带货情境下,主播的身份类型多样,但中国消费者协会2020年发布的《直播电商购物消费者满意度在线调查报告》显示,消费者对主播角色的认知存在争议。调查结果表明,38.5%的消费者认为主播就是经营者,30.8%的消费者认为主播不是经营者,还有30.7%的消费者表示并不清楚主播是何种角色。这种对主播角色认知的不确定性,对消费者遇到消费纠纷后如何去维权将产生直接的影响。因此,区分主播的主体身份,对于确定各类型主播应当承担何种民事责任至关重要。

二、反思:直播带货在规范及学理上的认定缺失

直播行业的快速发展也推动着相关法律法规的完善,主播法律责任的确定有利于消费者权利的及时、全面维护。结合原有的《反不正当竞争法》、《广告法》、国家市场监督管理总局《关于加强网络直播营销活动监管的指导意见》、《网络直播营销管理办法(试行)》等法律法规及行业规范来看,直接明确直播带货法律属性及主播法律责任均有所缺失。

(一)直播带货监管规范的不健全

从前述直播带货案例可知,其涉及的关键主体有三个,即商家、主播及网络直播平台。以这三个主体查找相关法律规定发现,为直播提供商品或服务的商家属于《民法典》《消费者权益保护法》的经营者,并因其通过互联网渠道进行商品销售,所以可作为《电子商务法》第9条规定的“电子商务经营者”。但我国目前并没有直接对带货主播进行直接规范的法律。例如,《广告法》原本是按照传统媒介上的广告进行的主体区分,虽然后来在新修订时将互联网广告列入规制范围,但仍未明确直播带货主播适用规定。《电子商务法》规范的是电子商务经营者的各种法律行为,也未明确涉及直播带货。《消费者权益保护法》是消费者权益保护最直接的法律,但其中的法律主体只笼统地包括经营者及消费者。若要通过以上法律明确直播带货主播的责任,仍然会面临主体身份难确认的困境。

为解决“直播带货”引发的诸多问题,国家多部门相继出台了一系列行业规范,对直播带货的监管提供先行指引。2020年6月24日,中国广告协会发布《网络直播营销行为规范》,明确为商家、主播等参与者在各大网络平台上以直播形式向用户销售商品或提供服务的网络直播营销活动提供行为指南;2021年4月16日,国家互联网信息办公室、公安部、商务部等七部门联合发布《网络直播营销管理办法(试行)》,对直播营销平台、直播间运营者、直播营销人员从事网络直播营销活动作出进一步规

定。直播带货主播按照该管理办法的界定,应当属于直播营销人员。但由于上述规定仅为行业规范性文件,不具有法律强制性效力,约束力较弱。其中《网络直播营销行为规范》第22条第2款规定:"直播间的设置、展示属于商业广告的,应当符合《中华人民共和国广告法》规定。"《网络直播营销管理办法(试行)》第19条规定:"直播间运营者、直播营销人员发布的直播内容构成商业广告的,应当履行广告发布者、广告经营者或者广告代言人的责任和义务。"两个行业规范均将直播带货与《广告法》衔接起来,但并未直接明确直播带货直接适用《广告法》,也没有列明何种情况下直播带货属于商业广告,也未明确直播营销人员应当履行广告法上的主体责任。这样模糊的规定对直播带货主播的法律责任承担没有实现真正的指引作用,但这两个规定至少释放了一个信号,即直播带货以及主播与《广告法》的联系极为紧密,如果能将他们与《广告法》之间的联系进行明确,那么对直播带货主播的法律责任的确定就有很强的推动作用。

(二)直播带货法律性质的不统一

在探讨如何规制网络直播带货主播行为之前,应当先明确网络直播带货的法律属性。对于直播带货是商业广告或是一般营销行为,学界尚无定论。部分学者认为直播带货应该是商业广告。[6] 直播带货行为满足《广告法》第2条"商品经营者或者服务提供者通过一定媒介和形式直接或者间接地介绍自己所推销的商品或者服务"的特征。《广告法》所涉及的主体为广告主、广告经营者、广告发布者等。直播带货中也出现了对应的身份,如现实中作为广告主的品牌商在网上设立旗舰店,传统的广告经营者、广告发布者所从事的宣传制作、发布工作由MCN[7]机构或独立主播完成,原本为产品代言人的明星也加入带货主播的队伍中。因此,亦有学者将直播营销直接界定为《互联网广告管理暂行办法》中规定的"商业性展示广告"[8]。对于直播带货中不严格属于广告代言人的情形,部分学者认为应在《广告法》中作特别规定,如为了规制网络竞价广告单独列了一个法条进行规制。[9] 部分学者认为,直播带货不同于商业广告。这类观点的理由如下:第一,直播带货属于直播营销行为。从活动主体

---

〔6〕 参见孙颖、赵泽人:《网络直播营销行为商业广告性质辨析》,载《中国市场监管研究》2021年第4期。

〔7〕 MCN即Multi-Channel Network,是联合若干垂直领域具有影响力的互联网专业内容生产者(PGC),利用自身资源为其提供内容生产管理、内容管理、粉丝管理、商业变现等专业化服务和管理的机构。

〔8〕 参见何茂斌:《网络直播营销活动监管中的〈广告法〉适用》,载《中国市场监管报》2020年11月19日,第4版。

〔9〕 参见宋亚辉:《网络市场规制的三种模式及其适用原理》,载《法学》2018年第10期。

的角度看，在直播带货中明确区分公众熟知的才称为广告代言人。未被公众熟知的一般主播对产品有一定了解，属于推介产品的营销者，不应称为产品代言人。商业广告属于商家商业言论自由的范围，而直播营销中对产品的介绍更多属于履行法定的信息披露义务。〔10〕第二，传统广告最主要的目的是宣传商品以及品牌宣传，宣传与交易在时空上是分离的，而直播主播带货的过程中，宣传商品与商品交易在同一个时空内，直播宣传商品的功能已经被商品交易功能大大地吸收了。〔11〕第三，网络直播无法履行《广告法》第34条规定的广告发布者、广告经营者对广告业务应负的核对义务。〔12〕

笔者认为，直播带货不同于商业广告的三种观点均值得商榷。第一种观点仅以主播深度介绍了产品为由而否认直播带货属于商业广告，以"被公众熟知"作为称为广告代言人的标准不够严谨，且会致使非公众熟知的直播带货主播置于监管的"真空"状态。第二种观点认为，直播带货不同于传统的线下营销，因其传播形式、受众范围和传播效果都具有明显区别。直播间也不是传统意义上的交易地点，直播间通过提供购买链接的方式提供相关产品购买途径，通过带货主播在直播间对产品的宣传，引导消费者点击链接完成交易。"通过语言或行动推销商品或服务"就使得直播间有了宣传媒介的性质。因此，不能因为直播带货过程中兼有宣传及交易功能，就否定直播带货的宣传属性。第三种观点认为，尽管《广告法》规定了广告经营者、广告发布者应当核对广告内容，但由于《广告法》修订时直播带货这种新形式尚未被重点关注，并且核对义务在法律上属于规制工具的选择与解释适用问题〔13〕，不能作为认定广告的评判标准。如果满足核对义务这一标准才能被定义为广告，那么其他互联网广告也同样面临这一问题，因此以核对义务的履行与否来评判直播带货是否为广告无法成立。

回归到《广告法》第2条对商业广告的界定，既有研究表明，广告应当具有以下三个特征：第一，除公益广告外，广告的目的应当是商业推广；第二，形式应当是广而告之；第三，要指向特定的产品或服务。〔14〕因此，只要满足这三个要件，都应当属于商业广告，也就应该纳入《广告法》调整规范的范畴。直播带货的目的就是"带货"，也

〔10〕参见刘双舟：《直播带货不同于商业广告》，载《中国市场监管报》2020年7月28日，第8版。

〔11〕参见刘双舟：《直播带货不同于商业广告》，载《中国市场监管报》2020年7月28日，第8版。

〔12〕参见宋亚辉：《网络直播带货的商业模式与法律规制》，载《中国市场监管研究》2020年第8期。

〔13〕参见宋亚辉：《网络直播带货的商业模式与法律规制》，载《中国市场监管研究》2020年第8期。

〔14〕参见宋亚辉：《虚假广告的法律治理》，北京大学出版社2019年版，第35～36页。

就是商业推广特定的商品或服务，且通过互联网作为媒介进行公开的直播，符合广而告之的形式。因此，直播带货应当被认定为商业广告。

三、破局：对直播带货主播主体身份进行类型化讨论

在目前直播带货的运营模式中，尽管不同平台的主播属性不同（见表1），但主播始终是直播带货这一新商业模式链条中的核心主体。明确直播带货属于商业广告后，结合直播主播的平台属性，以带货来源和相关法律主体为分类依据，可以具体确认直播主播的法律主体身份。

表1　不同平台的主播属性

平台名称	淘宝	京东	拼多多	快手	抖音	微信	小红书
平台属性	电商	电商	电商	内容	内容	社交+电商	电商+内容
带货模式	直播+淘宝	直播+京东商城	直播+拼多多商城	直播+快手小店	直播+商品橱窗	公众号+小程序+社群+直播	直播+小红书商城
是否接入第三方电商平台	否，淘宝自有商铺	否，京东自有商铺	否，拼多多自有商铺	是，在视频和直播中嵌入淘宝、有赞、魔筷等第三方电商平台	否，抖音小店	否，微信商城	否，小红书商城
主播与商家之间的关系	主播为商家内部人员（商家自播）+独立主播与商家合作	主播为商家内部人员（商家自播）	主播为商家内部人员（商家自播）	独立主播与商家合作为主	独立主播与商家合作为主	主播为商家内部人员（商家自播）+独立主播与商家合作	主播为商家内部人员（商家自播）+独立主播与商家合作

(一)主播带别人的货

在此类别下有三种情况需要区分。第一种情形是商家委托主播、MCN 机构进行商品推广,主播对外在自己的直播间以自身名义和形象推荐特定的产品或服务,直播带货主播与商家形成带货推广合作协议。第二种情形是主播或 MCN 机构受商家委托,商家仅提供相关产品的信息,由主播自行设计、制作、发布广告。这种形式要求主播要有自己的团队可以设计、制作广告,并且对广告的内容有一定的自主权,直播带货主播与商家形成委托合同关系,如淘宝、快手、抖音里的头部主播大多会采取这种形式。第三种情形是主播作为平台或商家雇佣的店员,对外在商家的直播间宣传产品和服务,直播的内容形式由广告主限定,主播以自身的名义和形象推荐特定的产品或服务,商家与直播带货主播签订雇佣合同,如淘宝肯德基直播间、京东直播等多为这种形式。

当主播带别人的货时,法律身份区分为"广告代言人""广告代言人 + 广告经营者 + 广告发布者"情形。上述第一种情形"商家委托主播、MCN 机构进行商品推广",主播、MCN 机构应当构成广告代言人身份。理论上对这种观点是有争议的。一种观点认为,无论是大 V、KOL〔15〕、KOC〔16〕还是草根,只要是以第三方身份出场,都可以成为广告代言人。〔17〕代言人及代言行为的核心判断标准为"广告主之外的人以推荐为目的在商业广告中表达自己的意见和主张",笔者认同这一观点。另一种观点认为,只有网络直播带货主播是具有一定圈层影响的人,才能成为广告代言人。且某一特定圈层具有影响力的人如果在不具有影响力的领域进行直播带货,此时不应当认定其为广告代言人。例如,在汽车领域有影响力的 KOL,商家委托其直播带货女性护肤品,那么此时该 KOL 不能被认定为广告代言人。笔者认为这种观点有一定的局限性。因为广告代言人是以自己的名义和形象推荐产品或服务,即使汽车领域的 KOL 在女性护肤品市场不是 KOL,但他在一定程度上吸引的也是自己本领域的受众去观看直播,因此仍应具有代言人的性质。第二种情形"主播受商家委托,商家仅提供相关产品的信息,由主播自行设计、制作、发布广告"的主播在广告代言人的基础上,设计、制作了广告并通过自己的直播间发布广告,因此主播具有广告代言人、广告

〔15〕 KOL 即 KeyOpinionLeader,关键意见领袖。其是指能拥有更多、更准确的产品信息,且为相关群众所接受或信任,并对该群体的购买行为有较大影响力的人。

〔16〕 KOC 即 KeyOpinionConsumer,关键意见消费者。其是指能影响自己的朋友、粉丝,产生消费行为的消费者。

〔17〕 参见李希盛:《"网红带货"的责任分配问题》,载《中国市场监管研究》2020 年第 5 期。

经营者、广告发布者三种身份重合。第三种情形下，主播构成广告代言人身份。综上，当主播带别人的货时其均具有广告代言人的身份。

（二）主播带自己的货

此类别下有三种情况需要区分。第一种情形是主播拥有自己的团队，自主设立 MCN 机构并且自开网店，直播带货主播与生产者形成销售合同关系，主播作为经销商，在自己的网店内销售货物，并且对外以自己的名义和形象进行直播。主要表现为主播或成立的 MCN 机构自主选择产品进行销售，赚取进价与销售价之间的差价。第二种情形是主播在自开网店的同时，店内的产品均为自产自销，并对外以自己的名义和形象进行直播带货，如淘宝网格力直播间主播董明珠、小米直播间主播雷军以及农产品直播等多为这种形式。

当主播带自己的货时，法律身份区分为“广告主 + 产品销售者”“广告主 + 产品销售者 + 产品生产者”情形。由于《消费者权益保护法》第 3 条将销售者和生产者统称为经营者，因此带自己的货时，上述两种情形都有经营者、消费者之间的合同关系及广告主和消费者之间的法律关系。上述第一种情形，主播作为经销商在自己的网店对外直播带货的，应当具有广告主、经营者两种身份重合；第二种情形，主播作为生产者在自己的网店对外直播带货的，具有广告主、经营者、产品生产者三种身份重合。综上，当主播带自己的货时其承担更多相关身份的法律责任。

四、构建：明确直播带货主播的民事法律责任适用规则

根据线上与线下市场规制手段之间的差异化程度理论，可将我国现行法应对网络市场失灵的方案总结为准用模式、改良模式和重建模式三种。[18] 笔者认为，要对直播带货主体的法律责任进行规范，应采取改良模式。在《广告法》中确认直播带货属于商业广告，遵循“明确法律主体—商品的渠道来源—法律关系—适用法律—法律责任承担”的路径规则（见图 1）。通过对直播主播法律主体身份的界定来确定相应的责任承担规则，综合确定其需要承担的违约或侵权法律责任。

〔18〕 参见宋亚辉：《网络市场规制的三种模式及其适用原理》，载《法学》2018 年第 10 期。

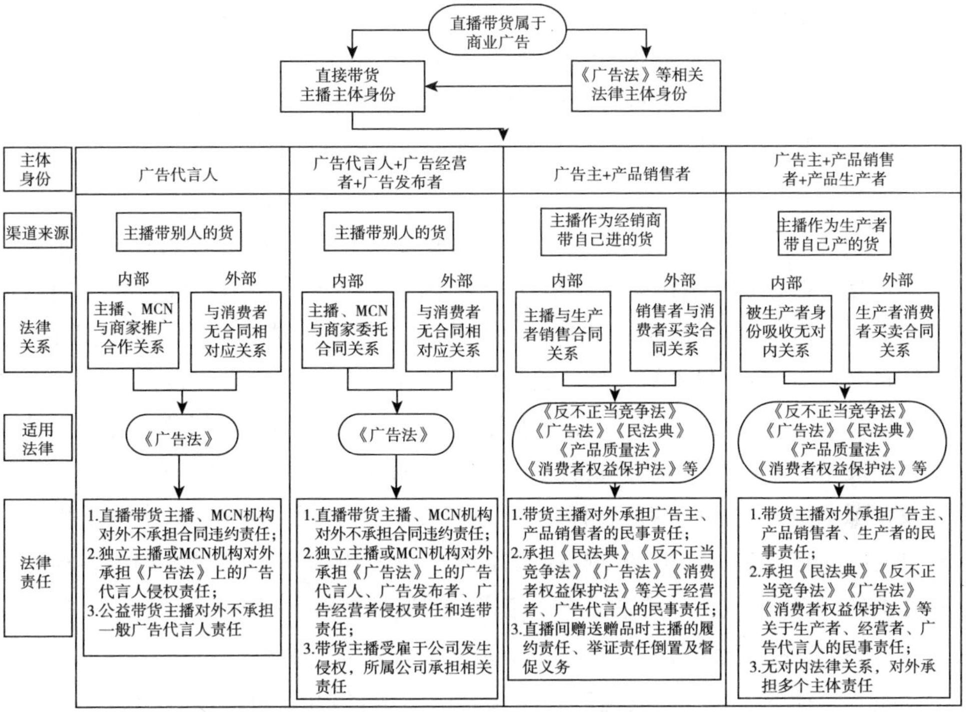

图 1　直播带货主播的民事法律责任适用规则

（一）带货主播仅为广告代言人时的民事责任

当直播带货主播、MCN 机构仅为广告代言人时，其在广告中以自己的名义或者形象对商品服务作推荐、证明，直播带货主播、MCN 机构仅就其作为广告代言人身份承担《广告法》第 56 条第 2 款、第 3 款等规定的责任。对外，广告代言人与消费者之间没有直接的合同关系，不承担合同违约责任。带货主播、MCN 机构仅为广告代言人时，常见法律责任承担有以下三种情形：第一，若独立主播或 MCN 机构通过自有平台接受商家的委托，双方签订《直播推广商品服务合同》等委托推广协议，独立主播对外承担广告代言人的责任。若 MCN 机构安排旗下的主播进行直播卖货，此时，MCN 机构为广告代言人，直播主播为 MCN 机构的签约员工，MCN 机构对外承担广告代言人的责任。第二，若主播为平台或商家雇佣的店员，此时主播对外身份被产品销售者或产品生产者所属的广告主身份吸收，对外统一体现为商家，雇佣店员与消费者之间没有直接合同关系，不承担合同违约责任。但受雇佣的直播主播仍需与商家按行为侵权情况承担广告法上的广告代言人的侵权责任，前述案例 1 中的主播责任应当按照这种情形承担。第三,若带货的主播为“公益带货”,即主播直播带货不收取任何费用,仅以帮助农户、企业脱离农产品、商品滞销困境为目的的公益行为,若带货的主播非恶意与商家串通进行虚假广告宣传,“公益主播”并不与商家构成推广合作关系,也不是受商家雇佣的行为,一旦销售的商品发生质量问题,消费者应向商家直接主张权利。

（二）带货主播为广告代言人＋广告经营者＋广告发布者时的民事责任

当带货主播、MCN机构与商家签订的是委托服务合同,主播不仅在广告中以自己的名义或者形象对商品、服务作推荐、证明,且为广告主或者广告主委托设计、制作、发布广告。直播带货主播、MCN机构的法律主体身份为广告代言人＋广告经营者＋广告发布者时,对外,广告代言人、广告经营者、广告发布者与消费者之间没有直接的合同关系,不承担合同违约责任。但直播带货主播、MCN机构仍需与商家按行为侵权情况承担《广告法》相应责任,主播不仅要就其作为广告代言人身份承担相应责任,还要就《广告法》第56条、第68条,涉及广告发布者、广告经营者的内容承担相应法律责任,前述案例2中的主播责任应当按照这种情形承担。

（三）带货主播为广告主＋产品销售者时的民事责任

当带货主播的主体身份既是广告主又是产品销售者时,直播用户购买主播带货的商品出现纠纷,主播不仅要承担《广告法》第56条、第68条规定的民事责任,也要承担《民法典》《反不正当竞争法》《消费者权益保护法》等关于经营者的民事责任。值得注意的是,主播在直播间推广的商品,常常比直接在平台售卖的商品有更多的优惠,这种优惠一般体现在消费者购买了特定的商品之后,还会得到一定数量的赠品。在消费者购买有赠品的商品的情形下,如果发生赠品无法兑现的纠纷,主播应当承担何种责任。笔者认为,此时主播的法律责任应当分为三种情形:第一,主播本身为广告主＋产品销售者时,承诺所有购买特定商品的消费者均有赠品,但因自身的原因无法兑现赠品,此时这种赠品的承诺实际上应当是主播与消费者之间形成的网络购物合同内容的一部分,主播不能兑现赠品应视为未能完全履行合同义务,应当承担相应的合同违约责任。第二,主播承诺在直播间购买特定商品的指定消费者获得赠品,比如购买该商品的前1000名消费者可获得赠品,当消费者主张自己属于前1000名,并对赠品无法兑现要求主播承担违约责任时,由于消费者无法知晓自己是不是前1000名消费者,此时证明该消费者是否为前1000名的举证责任应当由主播承担。第三,主播属于独立主播或MCN机构,仅作为广告代言人,依照广告主的要求,向消费者承诺赠送赠品,但商家违约不送赠品或货不对板,主播有义务督促商家按约履行义务,前述案例3中的主播责任应当按照这种情形承担。

(四)带货主播为广告主+产品销售者+产品生产者时的民事责任

当直播带货主播具有广告主、产品销售者、产品生产者三种主体身份时,并无对内法律关系。对外,直播主播既是广告代言人,又是产品销售者和广告主,主播面向消费者承担多个主体责任。根据《广告法》第56条,关系消费者生命健康的商品或者服务的虚假广告,造成消费者损害的,其广告经营者、广告发布者、广告代言人应当与广告主承担连带责任。若产品为食品,根据《食品安全法》第148条,消费者因不符合食品安全标准的食品受到损害的,可以向经营者要求赔偿损失,也可以向生产者要求赔偿损失。一旦发生虚假广告和食品出现问题的情况,造成消费者损害的,主播作为商品经营者应承担连带责任,消费者可向作为广告主、产品销售者、产品生产者的主播进行追偿。前述案例4中的主播在线下进行销售,其原有广告代言人身份与销售者身份重合,同理也应按照身份被吸收的情形承担销售者责任。

结　语

在万物可直播,人人能带货的时代背景下,直播带货提供生活便利、带动经济发展的同时,应该对直播带货出现的法律问题进行规制。直播带货主播作为其中关键主体,其带货行为涉及《广告法》《反不正当竞争法》《民法典》《产品质量法》等,应当对其在不同情形下的主体区分为四大类,遵循"明确法律主体—商品的渠道来源—法律关系—适用法律—法律责任承担"的路径规则,从而实现对直播带货主播民事责任适用规则的类型化构建。

社会主义核心价值观融入裁判说理的实践困境与路径完善

——从对1311份中级人民法院民事判决的分析展开

傅 媛 黄灵峰*

社会主义核心价值观融入裁判说理，是实现社会主义核心价值观融入法治建设的常态化表现形式。2016年以来，最高人民法院先后发布了三批“弘扬社会主义核心价值观典型案例”，在类案裁判中起到一定的价值引领作用，但其侧重于以司法维护核心价值，对于核心价值观〔1〕融入裁判说理这一命题缺乏可操作性。2021年1月，最高人民法院印发《关于深入推进社会主义核心价值观融入裁判文书释法说理的指导意见》（以下简称《指导意见》），从路径和规范方面描述了“法官在法律框架内运用社会主义核心价值观释法说理”这一基本定位，但对于社会主义核心价值观能否作为裁判依据适用仍存在模糊空间。如何在一次次的个案审判中对当事人及社会大众进行核心价值观的引导和强化，有效实现司法的社会治理功能，依旧是需要进一步探索的命题。

* 傅媛，贺州市中级人民法院；黄灵峰，贺州市中级人民法院。

〔1〕 在我国制度语境下，核心价值观便是指社会主义核心价值观，故本文所称核心价值观若无另外说明，皆是指社会主义核心价值观。

一、运行困境:社会主义核心价值观融入司法裁判的量化分析

通过中国裁判文书网以“社会主义核心价值观”[2]为关键词,共检索出中级人民法院作出的民事判决书2721份(截至2021年6月26日),排除与裁判说理无关的文书1410份,涉及裁判说理的样本文书为1311份。选定中级人民法院作出的民事判决为样本,一方面由于其包含一审和二审的裁判说理内容,可辐射两级法院的审理现状,保证样本的代表性和典型性;[3]另一方面能够比较两级法院在适用中存在的分歧问题,增加研究的准确性。

(一)各行其是:一审和二审法院核心价值运用不连贯

二审民事判决中核心价值观的援引既可以在一审裁判说理部分,也可以在二审裁判说理部分,具体统计情况见图1。

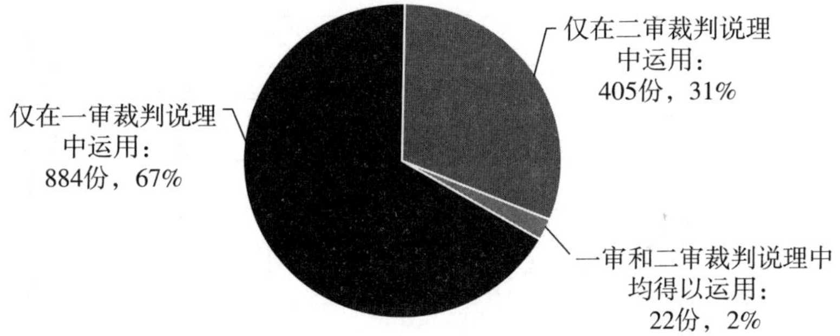

图1　核心价值观在中级人民法院一审、二审民事判决书中的运用情况

图1显示,核心价值观仅适用于一审裁判说理部分的有884份,单独在二审裁判说理中适用核心价值观的有405份,一审和二审同时援引核心价值观的判决数量微乎其微。总体来看,二审法院对于一审适用核心价值观的情况基本并不加以评价,核心价值观的运用在一审和二审法院之间并不具有连贯性。特别值得注意的是,一审法院援引了社会主义核心价值观进行裁判,但二审法院推翻其裁判结果并且未针对

---

〔2〕 裁判文书引用核心价值观的全貌,按现有政策还包含直接引用核心要素、间接引用外延要素的情形,若都作为研究样本,数量过于庞大,不具有可操作性,故本文排除该类样本类型。

〔3〕 在各级人民法院运用社会主义核心价值观的民事判决书中,中级人民法院作出的民事判决占总数的43%,数量上能具备一定的代表性;同时,对比基层人民法院、中级人民法院、高级人民法院作出的民事判决运用社会主义核心价值观的比例,中级人民法院也是其中占比最高的,因此选取中级人民法院为视角,具备一定的典型性。

核心价值观予以阐述时,所体现的一审和二审裁判理念的不同、价值取向的不一,不可避免会对社会主义核心价值观司法判断正确性和权威性造成伤害。

（二）单向应用:裁判主体与诉讼主体缺乏价值沟通

在对 2721 份判决进行样本筛选的过程中,笔者发现 47% 的判决属于由当事人在诉辩意见中提出核心价值观的无效样本,而由法院援引核心价值观进行裁判说理的有效样本数只占到 48.18% 。例如 2016—2020 年,共有 791 份判决是由当事人提出核心价值观,885 份判决是由法院援引核心价值观进行裁判说理,两者并无重合(见图 2)。

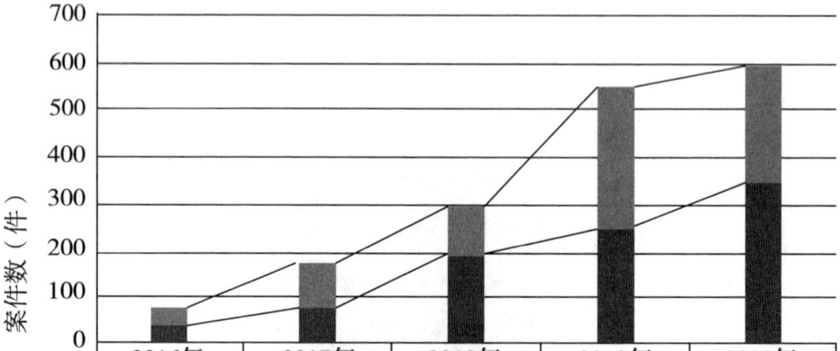

	2016年	2017年	2018年	2019年	2020年
■当事人提出	39	98	104	303	247
■法院裁判说理	34	72	187	246	346

图 2　判决书中社会主义核心价值观的适用主体类型对比

中级人民法院第一份出现"社会主义核心价值观"字样的判决是在 2010 年,由诉讼当事人提出,而第一份由中级人民法院援引核心价值观进行裁判说理的判决出现在 2015 年。由此可见,当事人对于核心价值观的理念需求要早于审判机关的司法供给,随着诉讼当事人和法院运用核心价值观的意识逐年增长,司法机关不予回应当事人价值需求的问题也越来越突出。

（三）概念模糊:核心价值观概念的虚泛化

核心价值观的"核心"指的是价值共识,由 12 个核心价值要素构成,内容确定,但内涵丰富。核心价值观与"非核心"价值观、基本道德、公序良俗等概念应存在区分,但以"社会主义核心价值观"分别与"家庭美德""社会公德""公序良俗"混同为关键字进行统计,排除并列适用核心价值观要素的类型,得到的判决书就有 331 份(见图 3),占样本文书总数的 25.24% 。

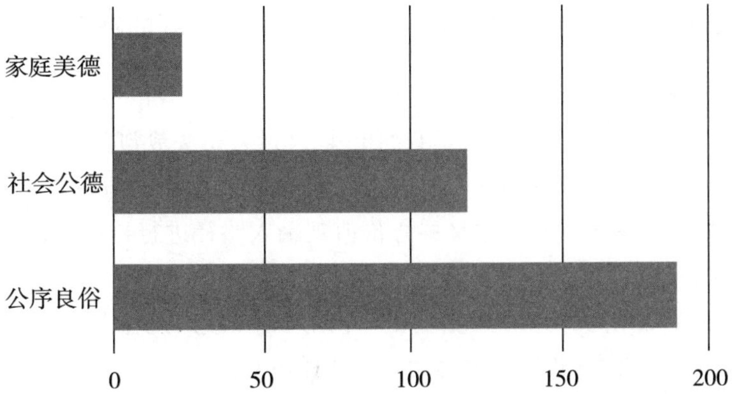

	公序良俗	社会公德	家庭美德
■判决数量（份）	189	119	23

图3　社会主义核心价值观与相关概念混同情况

审判实践中似乎所有涉及向善的道德以及符合善良风俗的价值观都可在核心价值观的外延中找到一席之地。例如，正确的婚姻家庭观念，既是社会公德、家庭美德、和个人品德的必然要求，也是社会主义核心价值观应有内涵〔4〕；孝道是中华民族传承了数千年的美德，也是社会主义核心价值观的重要内容〔5〕。这种使用方式极易造成核心价值观概念的虚泛化，削弱其概念的独立性和重要性。在一起共有纠纷案〔6〕中，一审法院认为，“抚恤金的分割参照《中华人民共和国民法典》……但在分割时应当考虑……根据民事活动应遵循公平和公序良俗的社会主义核心价值观原则，酌定……”其中“公平”“公序良俗”“社会主义核心价值观”“原则”的排序，让人无法厘清相关概念的内涵。

以上实践运行中所展现的核心价值观的运用在一审和二审法院间不连贯、在当事人与法院间缺乏互动，展现出各主体之间“自说自话”的困境；社会主义核心价值观概念、性质的不同理解也造成“各说各话”的局面，导致相关政策并未能形成强大合力。

〔4〕　参见天津市第三中级人民法院（2021）津03民终1203号民事判决书。

〔5〕　参见四川省宜宾市中级人民法院（2021）川15民终1036号民事判决书。

〔6〕　参见陕西省咸阳市中级人民法院（2021）陕04民终1847号民事判决书。

二、实践偏差:社会主义核心价值观融入司法裁判的路径分析

(一)实践路径梳理

价值观属于意识形态范畴,具有抽象性,其融入司法裁判必然需通过一定的媒介载体形成路径。司法裁判的核心要素为法律规则的适用,以司法裁判中的法律规则为载体对样本文书中的社会主义核心价值观融入路径进行梳理,可展现其在实践运用中的清晰脉络。

1. 无法律规则为媒介的直接运用。即裁判者在裁判说理中直接援引社会主义核心价值观,而未与法律规则共同适用。具体样态有:

路径 1:社会主义核心价值观→价值评价。表现形式为裁判者援引社会主义核心价值观进行单纯的价值评价或者道德宣扬,运用行为不会对判决结果造成影响。[7]适用形式主要有以独立段落发表论述,或嵌入裁判说理中对某些当事人的行为进行评价。

路径 2:(法律规则)社会主义核心价值观→裁判结果。表现形式为所争议问题在有法律明确规定的情况下,裁判者未适用该法律规则进行裁判,而直接援引社会主义核心价值观作为说理理由进行裁判。

路径 3:(法律空白)社会主义核心价值观→裁判结果。表现形式为法律规则对某种情形并没有规定时,直接援引社会主义核心价值观进行裁判结果的证成。

路径 4:法律≠社会主义核心价值观→裁判结果。表现形式为裁判者认为依法律规则作出之裁判结果将与社会主义核心价值观相悖,故不适用该法律规则,而直接援引社会主义核心价值观进行裁判。路径 2 中依法律规则作出之裁判的价值判断与社会主义核心价值观是同向的,本路径则是相悖的。

表 1　社会主义核心价值观融入裁判说理的实践路径

路径 1:社会主义核心价值观→价值评价	路径 2:(法律规则)社会主义核心价值观→裁判结果	路径 3:(法律空白)社会主义核心价值观→裁判结果	路径 4:法律≠社会主义核心价值观→裁判结果
(2021)苏 03 民终 6160 号	(2021)渝 03 民终 459 号	(2021)辽 02 民终 3259 号	(2021)吉 01 民终 2071 号

〔7〕 法官的价值偏好等因素诚然在一定程度上会影响裁判结论,但此类型是指裁判的“公示理由”即判决书中“可以看见”的证立裁判结论的理由不包括对价值的评价。

续表

本案中刘某在发送短信给徐某时，所使用的语言很不恰当，有违社会主义核心价值观，应予以批评	《中国平安人寿保险公司e生保医疗保险条款》免责条款约定"就诊时被保险人未使用社会医疗保险"。中国平安人寿保险股份有限公司重庆市涪陵中心支公司要求蒋某向基本医疗保险基金申请支付应由第三人负担的医疗费用，是变相要求蒋某违法骗取基本医疗保险基金支付不该支付的费用，这不符合诚实守信的社会主义核心价值观，不应支持	张某军、张某阳这样的行为，使经济适用房的登记所有权人和实际使用人相分离，会造成国家经济适用房管理体系的混乱，扰乱正常的市场秩序，破坏社会公平机制并损害社会公共利益。该行为严重背离了社会主义核心价值观中公正、法治的社会层面的价值取向，亦背离了诚信、友善的公民个人层面的价值准则	劳动者以虚假的身份信息入职，法院认为即使签订劳动合同也将因劳动者不诚信的行为而导致其无法正常享受订立有效劳动合同而可以享受的权利，如保护其关于未签订书面劳动合同2倍工资的诉求，则将违背社会主义核心价值观的基本要求，变相鼓励社会中的不诚信行为，故对劳动者的请求不予支持

2. 以法律规则为媒介的共同引用。即裁判者在判决中适用法律规则的同时，说理过程中援引社会主义核心价值观。具体样态有：

路径5：法律规则（社会主义核心价值观）→裁判结果。表现形式为裁判者适用法律法规时，对其内在蕴含的社会主义核心价值观进行阐述，以达到价值宣示的效果。实质仍是根据法律规则进行的裁判，将社会主义核心价值观从中拿掉，不会造成对裁判结果的影响，仅适用法律规则也可直接证成裁判结果。实践样态可分为正面阐述和否定评价两种。

路径6：法律规则→社会主义核心价值观→裁判结果。表现形式为依据现有法律条文进行裁判时，出现不确定情形或需行使自由裁量权时，裁判者援引社会主义核心价值观证成结果。

表2　社会主义核心价值观融入裁判说理的实践路径

路径5：法律规则（社会主义核心价值观）→裁判结果	路径6：法律规则→社会主义核心价值观→裁判结果
（2021）京02民终4796号 （2021）新02民终203号	（2021）苏02民终1855号

续表

正面阐述:"民事主体从事民事活动,应当遵循诚信原则,秉持诚实,恪守承诺。当事人在民事诉讼活动中,应当遵循诚信这一社会主义核心价值观。" 否定评价:"这一行为已违反《中华人民共和国民法总则》第七条'民事主体从事民事活动,应遵循诚信原则,秉持诚实,恪守承诺。'……所体现的'禁反言''真实义务'等规则,亦不符合社会主义核心价值观。"	《中华人民共和国保险法》第30条规定,保险人与投保人、被保险人或者受益人对格式条款有争议的,对合同条款有两种以上解释的,应当作出有利于被保险人和受益人的解释。江苏省无锡市中级人民法院在审理一起保险合同纠纷案中就适用社会主义核心价值观对保险合同条款进行解释

根据核心价值观是否对裁判结果构成论证前提以及是否适用法律规则为媒介载体,上述路径可划分为道德教育型、价值宣示型、补强证成型以及直接证成型[8](见表3)。

表3 社会主义核心价值观融入裁判说理路径类型

			证成裁判结果	不证成裁判结果	以法律为载体	不以法律为载体
道德教育型	路径1	社会主义核心价值观→价值评价		√		√
价值宣示型	路径5	法律规则(社会主义核心价值观)→裁判结果		√	√	
补强证成型	路径6	法律规则→社会主义核心价值观→裁判结果	√		√	

〔8〕 有学者将核心价值观的司法适用分为道德教育宣示型、直接证成结果型与补强证成结果型,本文虽然在路径类型命名上对其有所借鉴,但实质内涵有所区别。参见江秋伟:《价值的司法适用及方法——以法院适用社会主义核心价值观的案例为对象》,载《西安交通大学学报(社会科学版)》2019年第3期。

续表

			证成裁判结果	不证成裁判结果	以法律为载体	不以法律为载体
直接证成型	路径2	(法律规则)社会主义核心价值观→裁判结果	√			√
	路径3	(法律空白)社会主义核心价值观→裁判结果	√			√
	路径4	法律≠社会主义核心价值观→裁判结果	√			√

(二)路径偏差

1. 道德教育型缺乏规制。由于道德教育型中核心价值观的运用只作为单纯的行为评价,其对案件判决不构成判决结果的证成,既非“裁判依据”也非“说理论据”。其作出是否合理,一般难以约束。实践中部分裁判者适用社会主义核心价值观进行评价只为契合个人情感认同,并非出于对法律的维护。例如,一起商事合同纠纷的判决中这样写道:“原、被告双方未积极采取协商、调解等途径主动化解矛盾方式以减少诉讼节约司法资源……况且,经过法庭多次做双方的调解工作,均未达成共识,法庭理应给予提出批评。秉持诚实信用、行为善意原则……解决或者化解民商事活动及交易各方纠纷均要严格遵循这一原则,充分体现大力弘扬社会主义核心价值观……”〔9〕此论述与我国法律所确立的调解自愿原则不符,也不免有立于“道德制高点”的嫌疑。

2. 价值宣示型路径异化。价值宣示型系宣示法律规则之中所契合的社会主义核心价值观,虽然运用结果并不影响判决结果的证成,但构成对适用法律之解释,应属“说理论据”。从路径上看,位于直接证成型中的路径2:(法律规则)社会主义核心价值观→裁判结果,看似是核心价值观对裁判结果的直接证成,但其实质仍属于对法律规则的运用,是对价值宣示型即路径5:法律规则(社会主义核心价值观)→裁判结果的形式异化,以社会主义核心价值观虚化法律。

3. 直接证成型及补强证成型证成的任意性。结果证成型包括直接证成型和补强证成型,所含路径最多,包括路径2、路径3、路径4、路径6,但数量在样本中占比却最少(见图4)。一方面,证成结果型展现裁判作出的专断、任意性,直接表现为在援引

〔9〕 参见河南省漯河市召陵区人民法院(2017)豫1104民初2466号民事判决书。

社会主义核心价值观的二审改判案件中[10],93%的改判案件属于直接证成型。例如,在一起机动车交通事故责任纠纷[11]中,一审法院认为"原告明知被保险人系饮酒后驾车发生事故死亡,仍向人民法院提起诉讼主张赔偿,其主张所依据的事实和理由与当前大力弘扬社会主义核心价值观的精神相悖……因此,对原告请求平安保险公司赔偿的主张,一审法院依法不予支持"。裁判者并不以法律规定的保险公司免赔条款生效情形进行深入论述,却将明显的道德好恶展现于判决之中,所作表述违背裁判中立原则,对当事人也难以形成说服力。另一方面,证成结果型在审判实践中的具体适用存在实质差异,既有直接适用核心价值观作为"裁判依据"推导出裁判结果,也有将核心价值观作为"说理论据",运用法律解释方法予以援引。

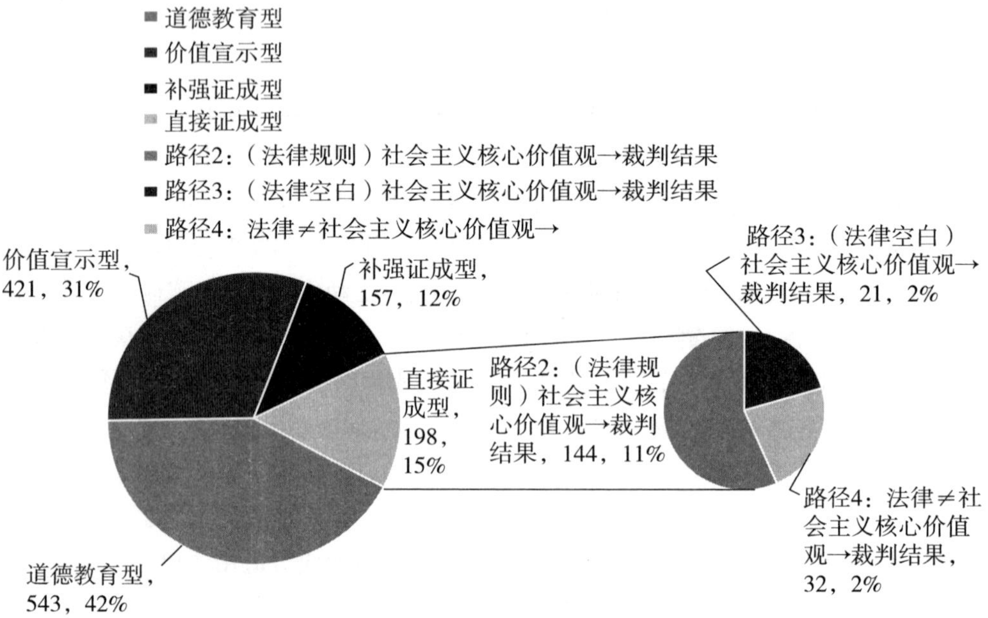

图4 核心价值观融入裁判说理路径类型统计

[10] 包括一审适用社会主义核心价值观作出判决被二审改判,以及二审适用社会主义核心价值观对一审判决进行改判的案件。

[11] 参见四川省泸州市中级人民法院(2020)川05民终1963号民事判决书。

三、溯源：造成社会主义核心价值观融入困境的原因

对于核心价值观运行困境和路径偏差，既有客观的制度原因，也是主观上的认识不足导致的。

（一）客观原因

1. 典型案例“非典型”。自2016年以来，最高人民法院发布了三批弘扬社会主义核心价值观典型案例，在类案裁判中具有很强的价值示范和引领作用。但也有两方面的问题需要关注：一方面，其案例所宣扬的意义更着重于以司法维护核心价值，宣示法律鼓励和保护何种行为，不支持和不保护何种行为，着重的是司法对社会主义核心价值观的能动性，而核心价值观融入裁判说理强调的是如何发挥核心价值观在司法裁判中的能动性。典型案例所展示的司法维护价值的形式与融入裁判的释法说理要求存在差异。另一方面，典型案例所保护的价值与核心价值之间的关联性未能进行阐述，典型案例所注明的“核心价值”与社会主义核心价值观并不完全一致，实践对此参照适用，自然导致核心价值观概念的虚泛化。也正是由于在制度层面核心价值观的各项要素缺乏明确的参照标准，司法裁判很少对案件所涉及的核心价值要素进行具体阐释，造成核心价值观在裁判说理中的呈现更多的似乎是对政治要求的回应，甚至陷入一种可有可无的尴尬状态。

2. 规范路径未全面。最高人民法院印发的《指导意见》，是现阶段司法机关唯一一份明确阐述核心价值观与法律规则的关系、规范核心价值观如何融入裁判文书的司法文件，指导意见表明社会主义核心价值观是作为理解立法目的和法律原则的重要指引，明确了“法官在法律框架内运用社会主义核心价值观释法说理”。《指导意见》第5～7条虽然根据审判实践，区分不同情形，细化了运用社会主义核心价值观释法说理的内容，但根据其内容严格来说只能对应上述审判实践中的四种融入路径（见表4）。无法涵盖路径1与路径4的适用规范，以及对核心价值观作为立法目的的条款的规范适用。

表4　指导规范与实践路径对比

规范内容	对应路径
《指导意见》第5条：有规范性法律文件作为裁判依据的，法官应当结合案情，先行释明规范性法律文件的相关规定，再结合法律原意，运用社会主义核心价值观进一步明晰法律内涵、阐明立法目的、论述裁判理由。	路径2：（法律规则）社会主义核心价值观→裁判结果 路径5：法律规则（社会主义核心价值观）→裁判结果

续表

规范内容	对应路径
《指导意见》第 6 条:民商事案件无规范性法律文件作为裁判直接依据的,除了可以适用习惯以外,法官还应当以社会主义核心价值观为指引,以最相类似的法律规定作为裁判依据;如无最相类似的法律规定,法官应当根据立法精神、立法目的和法律原则等作出司法裁判,并在裁判文书中充分运用社会主义核心价值观阐述裁判依据和裁判理由。	路径 3:(法律空白)社会主义核心价值观→裁判结果
《指导意见》第 5 条:有规范性法律文件作为裁判依据的,法官应当结合案情,先行释明规范性法律文件的相关规定,再结合法律原意,运用社会主义核心价值观进一步明晰法律内涵、阐明立法目的、论述裁判理由。 《指导意见》第 7 条:案件涉及多种价值取向的,法官应当依据立法精神、法律原则、法律规定以及社会主义核心价值观进行判断、权衡和选择,确定适用于个案的价值取向,并在裁判文书中详细阐明依据及其理由。	路径 6:法律规则→社会主义核心价值观→裁判结果

3. 核心价值观是否可作为裁判依据仍有模糊地带。虽然核心价值观不具备法律规则的行为模式和法律后果要素,不具有规范效力与强制约束力,但随着 2018 年"国家倡导社会主义核心价值观"写入宪法,社会主义核心价值观成为宪法规范,具有较高法律效力,随后核心价值观不断融入法律政策,《民法典》中起统领作用的总则编开宗明义将弘扬社会主义核心价值观确立为立法宗旨,也就是说弘扬社会主义核心价值观是作为民法的立法目的之一。而根据《指导意见》第 6 条的规定,当裁判面临无可适用的法律规范性文件时,裁判者可根据立法目的等作出司法裁判。

(二)主观原因

1. 未区分核心价值观与法律原则的适用方式。部分法官将核心价值观作为裁判依据适用,实质是将其等同于法律原则地位。一些核心价值观要素与法律基本原则在措辞上近似,但两者内涵未必一致,如父债子还、夫债妻还在生活中往往可以得到诚信的价值评价,但绝非法律应有之义。此种内涵的偏差反映出若适用核心价值观作为裁判依据将再次面临价值选择的难题。正是鉴于此,一般来说,法律规则以及制定法本身提供的法律原则应当优先于核心价值观,即使是在无具体法律规范可适用的情况下,核心价值观也需要配合法律原则才可共同形成作用于个案的"新的规则"。

2. 未重视判决结论的论证过程。司法实践虽然已认识社会主义核心价值观运用的重要性,但往往并未严格遵循论证的框架进行阐述,便导致了裁判结果的任意性。

究其原因，主要是缺失了从发现程序到论证程序的重要一环。结论赖以获得的程序是“发现的程序”，结论之证明所依凭的程序是“证立的程序”。[12] 不可否认，大部分裁判者对案件的价值的判定早于法律理性形成，拥有先入为主的价值判断后，再将视野转向找寻支撑的依据。法律发现可以是基于非理性的法律外因素作出，但为防止司法裁判主观任性，法律证立必须回到相关的法律问题和公共理由上，从道德的立场处理权利之间的冲突，并忠实传达立法者赋予规则的道德目的。[13] 如果法律发现的结论无法予以充分的证立，则结论仍然要被推翻，即必须完成发现与证立之间的司法说理要求。

3. 司法能力的有限性决定运用的局限性。人民法院行使审判权必然以事实为依据，以法律为准绳，核心价值观并非裁判必须予以援引的说理论据，加之审判人员对核心价值观的法理意涵以及运用方式掌握不足，在对核心价值观进行使用时，考虑到不恰当的运用以及价值冲突的处理不当，可能贬抑司法权威，带来巨大的办案压力，因而会谨慎对待在个案中对核心价值观的解释和论证，以及对当事人提出的核心价值观不作过多回应。

四、完善：社会主义核心价值观融入裁判说理的路径修正

最高人民法院发布的《指导意见》对于核心价值观在裁判说理中的地位、性质和路径规范进行了一些明确说明，但总体规范上，针对实践考察中发现的问题需要进行总体思路的梳理、具体路径的修正以及完善相应配套措施。

（一）社会主义核心价值观融入裁判说理的总体思路

1. 限度

核心价值观与裁判说理之间的关系，关涉如何正确处理德治与法治的关系。实现法治和德治的相辅相成，需要辩证统一的看待两者的关系，司法裁判需要核心价值观的融入，形成属于中国社会主义法治体系的价值根基，但核心价值观的融入也应遵循一定限度。

（1）规范立场：价值指引司法，提升司法公信力。核心价值观在裁判说理上更应着重价值对司法的引领立场，以此提升司法的公信力。将其价值定位为在法律语境下对社会主义核心价值观的运用，而不能假借核心价值观之名创制法律，法律本身的

---

〔12〕 参见［美］理查德·瓦瑟斯特罗姆：《法官如何裁判》，孙海波译，中国法制出版社 2016 年版。

〔13〕 参见秦策、夏锦文：《司法的道德性与法律方法》，载《法学研究》2011 年第 4 期。

稳定性价值应处于优先地位。社会主义核心价值观融入裁判说理的作用，一是可以减少机械司法，二是能在一定程度上促进道德建设。但是，这两种功能的实现并不是在法治实践中强加道德或价值，更不是借助法治的刚性来推动道德进步〔14〕，应理解为法治建设有了来自核心价值或法律价值的支持。社会主义核心价值观所提倡的是人民应当遵循何种价值，司法裁判的功能其意应在于增强人民对核心价值的认同，从而增强其中所蕴含的实然效力〔15〕，人民群众只有真正地认同该价值观才会切身践行。

(2)适用方法：以规则适用价值，以价值解释规则。在法律适用当中，法律方法实际上也是约束法官特立独行的有效进路。〔16〕 社会主义核心价值观在司法裁判中需通过法律规则或者法律原则的形式表达。法官必须依法办案，社会主义核心价值观并非规则，其内涵丰富，体系庞大，若依法官个人之理解适用易呈现任意性，缺乏规则作为媒介的证成过程，便只是法官个人价值理念的表达，缺乏说服力和正当性，倘能用尚未转化为法律规范的核心价值观作为裁判依据直接适用，必然导致司法滑向价值专断。

2. 准度

在法律适用领域，如何准确理解核心价值观的内涵，并在不同价值之间进行衡量和取舍，是对司法裁判者提出的重要要求。

(1)核心价值要素的准确定位。部分学者和法官认为民法典调整的是平等主体之间的法律关系，国家层面、社会层面的相关价值并不适用于个人，仅是社会治理的目标。该认识导致的后果就是在具体裁判适用中无法准确定位核心价值要素，只能统一以"社会主义核心价值观"指代。但社会主义核心价值观归根结底是以人民为主体，是人民的价值观〔17〕，是个人在三个层面的追求。司法裁判过程中不能以核心价值观的层次来判断其与具体条文的关系，因为核心价值观某一层面的价值要素只代表强调某一维度的表述，并不代表该价值要素不具备其他维度的属性。

(2)价值冲突判断的正确衡量。不管是核心价值观内部分属的三个维度不同价值追求，还是核心价值观与"非核心"价值观的价值冲突，都并不存在绝对的价值排

〔14〕 参见陈金钊：《"社会主义核心价值观融入法治建设"的方法论诠释》，载《当代世界与社会主义》2017年第4期。

〔15〕 参见江畅：《核心价值观的合理性与道义性社会认同》，载《中国社会科学》2018年第4期。

〔16〕 参见[德]魏德士：《法理学》，丁晓春、吴越译，法律出版社2005年版，第285页。

〔17〕 参见严立：《论作为民法典立法目的的社会主义核心价值观》，载《时代法学》2019年第5期。

序，对具体价值观产生冲突时，应结合具体语境，以个案衡量的方式进行判断，单纯地比较价值维度并无意义。

3. 空间

虽然要大力推进社会主义核心价值观融入裁判文书释法说理工作，但在任何案件中都简单地援引社会主义核心价值观，只是机械的形式主义，无法真正发挥社会主义核心价值观的引领作用。

（1）主动适用空间：关键案件的价值引领。相较于对社会影响较大的典型案例来说，社会主义核心价值观融入的司法裁判领域，实践中大量出现在家事纠纷、邻里关系等案件中，这些案件的审理固然存在适用核心价值观的需要，但此类案件往往有成熟的法律规则指引，价值观念争议不大，社会主义核心价值观的指引效应难以彰显。社会主义核心价值观被人民法院援引是要发挥其引领社会风尚、化解社会矛盾、弥补法律漏洞、防止机械司法功能，也就是说具有如上需要的案件可注重援引社会主义核心价值观，而不具有前述需求的案件并无太大必要进行援引。

（2）积极回应空间：有的放矢的价值宣扬。当案件涉及价值冲突问题时，诉讼当事人提出核心价值观作为诉讼论据，裁判者阐述核心价值观的含义，调和价值观之间的冲突，对当事人的诉讼论据进行回应，社会主义核心价值观在裁判说理中发挥的效力将更为明显和重要。当然，如果当事人只是简单提及，并不涉及一个价值观念的冲突，也无回应之必要。

（二）社会主义核心价值观融入裁判说理的路径修正

1. 道德评价型路径优化：为维护价值的评价式融入。社会主义核心价值观融入裁判说理，实质是以核心价值观指引裁判规则的适用，而非以道德引领规则。因此，对于路径1：社会主义核心价值观→价值评价的运用，在规范表述的同时，应保持司法理性，避免滥用或单纯的道德评价使用。如确有必要进行评价，在援引内容中，需立足于核心价值观的内涵，对相关事实予以价值评价而非道德评价。

2. 价值宣示型的路径优化：对裁判依据的解释性融入。依据路径5，核心价值观作为说理依据时，需要对法律规则涉及的具体核心价值观进行指明、解释和必要的论证。路径2：（法律规则）社会主义核心价值观→裁判结果，虽然形式上属于直接证成型，但实质是依法律规则作出裁判结果，该形式不符合法律文书的制作规范，应当准确、完整地援引法律法规，恢复到路径5的形态。

3. 补强证成型的路径优化：为说理依据的论证性融入。当法律规则具有开放结构时，应当结合核心价值观对具体规则进行补强适用。把社会主义核心价值观通过法律解释、论证的形式引入司法裁判,再结合个案情形,进行价值权衡,进而得出符合社会主义核心价值观的裁判结果。

4. 直接证成型的路径优化:对法律漏洞的填补性融入。对于尚未转化为法律规范的核心价值观的适用,应当作为裁判说理的依据对具体规则的适用进行说理论证,不能成为裁判直接依据进行适用。对于路径4:法律≠社会主义核心价值观→裁判结果的运用,即出现规则悖反情形时,首先应当从立法精神、立法目的、法律原则以及核心价值观对于适用规则的正确性上进行审查,对于适用现有规则可能造成严重违背核心价值观的结果必须充分证成。

5. 一般原则性条款中核心价值观的适用路径:结合具体规则进行补强适用。对于已经转化为一般原则性和目的性条款的核心价值观,一定程度上还是存在模糊性,比较妥适的做法是,或者参照法律原则适用,或者在使用已经转化为法律规则的核心价值观时,借助目的解释方法,配合其他规则进行论证性适用,也就是将其作为一种补强适用的规则进行适用,能取得比较好的裁判效果。

(三)配套措施的完善

1. 建立内部请示路径。基于裁判说理的核心价值观运用问题实际上是法律适用问题。对此问题可参照“情势变更”制度建立内部请示路径,请示的类型应限定为直接证成型中的路径3:(法律空白)社会主义核心价值观→裁判结果与路径4:法律≠社会主义核心价值观→裁判结果中核心价值观,该两类路径的案件数在近5年来为53件,占样本总数约4%,在数量上并不会造成过重的业务量。请示的对象可设定为上级人民法院或者直报最高人民法院。请示制度一方面可规制核心价值观的滥用,避免出现重大的价值争议,另一方面可协调核心价值观在法院内部的统一认识。

2. 健全典型案例发布机制。最高人民法院典型案例的发布对于核心价值观的作用更侧重于以司法维护核心价值,以司法公正引领社会公正,着重的是司法对社会主义核心价值观的能动性,对核心价值观如何融入裁判文书的释法说理实质缺乏可操作性;而核心价值观融入裁判说理主要是作为裁判价值的指引以及释法说理的论据,强调的是如何发挥核心价值观在司法裁判中的能动性。若能通过正面激励的形式,针对核心价值观融入裁判文书进行优秀文书评选,再予以作为裁判规范的典型发布,势必对司法实务有所裨益。

结 语

法安天下,德润人心。社会主义核心价值观是中国特色社会主义法治体系的灵魂所在,为司法裁判带来价值引领,情与法的融合将为司法裁判开启新的审判视角。助推社会主义核心价值观建设以及提升社会治理水平是新时代对司法活动提出的新要求。社会主义核心价值观融入司法裁判应诉诸何种路径和机制,不仅需关注顶层设计,还需从裁判者角度予以探索,不仅仅是典型案例的宣扬,更应在个案中得到普遍适用。融入路径得以厘清,法律解释方法、价值衡量问题仍需进一步探索,这是中国特色社会主义新时代法治建设赋予司法者新的发展要求和时代课题,吾辈亦上下求索,践行之,弘扬之,努力让人民群众在每一个司法案件中感受到公平正义。

紧急救助行为致害免责的司法适用

——基于“好人免责条款”出台以来司法裁判考察

黄　坤*

2017 年 10 月 1 日，《民法总则》开始实施，其第 184 条规定，“因自愿实施紧急救助行为造成受助人损害的，救助人不承担民事责任”。该条款被称为“好人免责条款”，在学界曾引起广泛的讨论，以王利明教授为代表的学者认为救助人具有豁免权，“无论救助人是否具有重大过失都不必负责”[1]，而以梁慧星、崔建远教授为代表的学者则认为“第 184 条存在法律漏洞，即欠缺但书”，“从立法论的角度，在编纂《民法典》时修正《民法总则》第 184 条，形成‘因自愿实施紧急救助行为造成受助人损害的，救助人不承担民事责任，但有故意或者重大过失的除外’的条文”[2]。2021 年 1 月 1 日，《民法典》实施，“好人免责条款”仍然以第 184 条位列其中，并未增加但书，坚持“自愿实施紧急救助行为对于因此造成受助人的损害属于免责事由，而非减责事由”[3]的立法精神。然而，“法律的生命在于其实施。因而迫切需要对怎样使大量立法和司法解释有效而进行认真的科学研究”[4]。为此，笔者考察了第 184 条出台以来的司法裁判，通过案例统计、分析，观测紧急救助行为致害的事实类

---

* 黄坤，桂林市中级人民法院。

〔1〕 王利明、周友军：《我国〈民法总则〉的成功与不足》，载《比较法研究》2017 年第 4 期。

〔2〕 崔建远：《我国〈民法总则〉的制度创新及历史意义》，载《比较法研究》2017 年第 3 期。

〔3〕 最高人民法院民法典贯彻实施工作领导小组主编：《中华人民共和国民法典总则编理解与适用》（下），人民法院出版社 2020 年版，第 927 页。

〔4〕 吕世伦主编：《现代西方法学流派》，中国大百科全书出版社 2000 年版，第 450 页。

型、紧急救助行为认定与否原因、案件的处理结果及逻辑依据等，研判法院在审理紧急救助行为致害案件时的普遍做法和存在的问题。相较第 184 条的立法初衷，司法实务在“好人免责条款”的适用上普遍视第 184 条前半句规定为成立条件，后半句规定为适用效果，存在紧急救助行为致害难以完全免责的偏差，尤其在认定构成紧急救助行为成立的情况下仍判决救助人承担赔偿责任更有突破法律规范之虞。因此，笔者认为有必要重新解释免责的司法适用，以期能在认定紧急救助行为与致害免责之间探索一条路径，协调实务审判与法律规范之间的冲突。

一、紧急救助行为致害之司法审判现状

笔者以“民事案件”“紧急救助行为”为关键词在中国裁判文书网检索第 184 条出台后的裁判文书，共计 76 份，经逐案甄别，共筛选出 62 份有效裁判。[5] 就检索筛选情况而言，司法审判对于紧急救助行为致害免责条款的适用频率似乎不高，62 份有效裁判文书中，2017 年 6 份，2018 年 9 份，2019 年 22 份，2020 年 21 份，2021 年 4 份，一审裁判 31 份，二审裁判 25 份，再审裁判 6 份。其中，认定紧急救助行为未成立的 34 份，认定紧急救助行为成立的 28 份，认定紧急救助行为致害免责的 20 份，认定成立紧急救助行为致害需赔偿受助人的 8 份（见表 1）。

表 1　62 份紧急救助行为致害裁判书统计表

单位：份

年份	一审			二审			再审			总计
	成立		不成立	成立		不成立	成立		不成立	
	免责	赔偿		免责	赔偿		免责	赔偿		
2017	3		1		1	1				6
2018	2	1		3	1	2				9
2019	2	1	9	4	1	3	1		1	22
2020	4		7		2	5			3	21
2021			1	1		1		1		4
合计	11	2	18	8	5	12	1	1	4	62

〔5〕 参见中国裁判文书网，http://wenshu.court.gov.cn，最后访问日期：2021 年 7 月 30 日。

(一)成立条件审查争议点多

通过对样本裁判文书的分析,笔者发现当事人主张紧急救助行为致害免责,法官一般会分两道关卡进行审查。第一道关卡是成立条件审查,即审查当事人行为是否符合第184条前半句之构成要件,而第二道关卡则是适用效果审查,即评价当事人行为是否可以完全免责。在第一道关卡审查中,62份裁判文书涉及的争议点颇多,包括救助人、受助人、有无义务、自愿性、紧迫性等,部分判决在争议点判断上大相径庭,当事人易产生司法审判认定标准不一之感(见图1)。

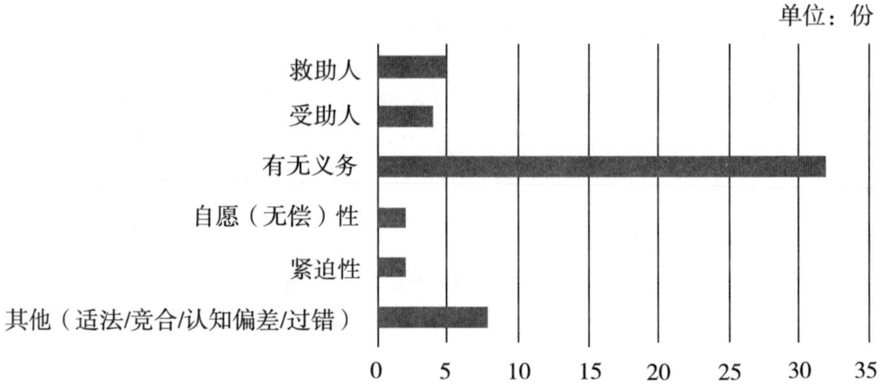

其他/（适法/竞合/认知偏差/过错）	紧迫性	自愿（无偿）性	有无义务	受助人	救助人
8	2	2	32	4	5

图1　62份裁判书涉及的争议点情况

(二)适用效果审查突破第184条

在第二道关卡审查中,存在判项突破第184条适用效果规范的情况。在已认定紧急救助行为成立的28份裁判文书中,20份裁判文书判定当事人紧急救助行为致害可以完全免责,占比71.4%;8份裁判文书则判定当事人紧急救助行为致害不能完全免责,需要按照10%~50%的比例对受助人进行赔偿,占比28.6%(见图2),司法判赔考量的理由涉及适法性、行为竞合、认知偏差、重大过错等因素,令当事人易产生司法审判既已认定紧急救助行为成立,却判决赔偿是否有违"好人免责条款"的疑问。

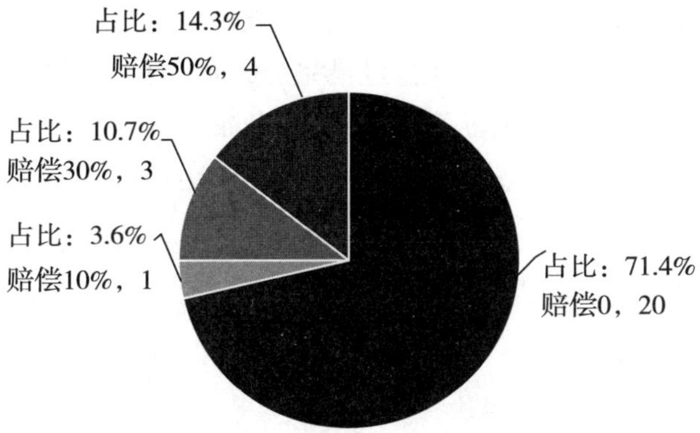

图2　紧急救助行为致害判赔情况

（三）成立条件析理不够充分

法院的裁判文书对紧急救助行为的构成说理极不充分。对于成立紧急救助行为的判定多是简单地引用条款，点到为止，对构成要件的释明析理多未能采用“三段论”，或是侧面阐述当事人主张行为属于侵权行为，从而否定紧急救助行为，难以令人产生服膺之感。而对于主张紧急救助行为不能成立的，裁判也多以一句话概括，甚至不予回应。理性是人性的一面，人类对于无理性天生具有排斥与不公之感，“本院认为”是对悠悠法哲的阐微，法理之光也正是通过“本院认为”让威严的法条在实践生活中得以体现，令人内心予以认同与信服。然所览62份裁判书委实是令人不甚满意的。下面系节选一份裁判书之部分，当可窥一斑而知全豹。

> 本院认为……李某在紧急情况下挪车救助杨某某，根据《中华人民共和国民法总则》第一百八十四条“因自愿实施紧急救助行为造成受助人损害的，救助人不承担民事责任”的规定，不管是否造成杨某某二次伤害，都不应当承担赔偿责任。

经统计，34份当事人主张紧急救助行为而未认定成立的裁判文书中，仅有3份正面阐明了理由，28份侧面阐述理由，3份未提及不成立原因。而28份认定成立紧急救助的裁判文书，其中12份直接认定，未阐明理由，6份围绕争议点阐明成立理由，10份按照第184条成立条件阐明理由。

（四）侵权视角论证救助免责

28份认定紧急救助行为成立的裁判文书中，法官对直接引用“好人免责条款”进行析理裁判是极不自信的，往往通过侧面或者反面进行论述，即通过论证实施救助者是否已尽到了合理的注意义务，是否存在过错，而对紧急救助行为致害是否免责进行判断。其实是以侵权理论进行思考，以侵权行为视角审视紧急救助行为的“合法性”与“合理性”，这与“好人免责条款”无论过错完全免责的初衷相悖，同时有突破“好人免责条款”之嫌，也使得“好人免责条款”沦为辅助条款，甚至“废”条款，而不能独立担当起判决之依据。下面系部分判决样本中有关紧急救助行为致害的论证部分节选：

最后，上诉人主张其行为属于紧急救助，不应当承担民事责任。本院认为，《中华人民共和国民法总则》第 184 条规定是对自愿实施紧急救助行为造成受助人损害予以免责的规定，但救助行为应当采取合理的措施进行，并且也应当负有对受助人的人身和财产尽到一定的谨慎保护和注意义务。本案中上诉人虽自愿驾车前往事故现场救助受害人，但上诉人在明知自己既饮了酒又没有驾驶资质的情况下仍然超载搭载受助人前往医院，且到医院后亦未及时向医院说明受害人受伤原因，不仅违反了《道路交通安全法》的相关规定，还在一定程度上延误了治疗时机，主观上存在重大过错，造成了严重的损害后果，故上诉人应当承担侵权责任。

经统计，28 份认定紧急救助行为成立的裁判文书中，有 12 份裁判文书是以侵权行为视角析理紧急救助行为的“合法性”与“合理性”，进而得出结论是否得以免责，占比 42.8%。

二、紧急救助行为致害无法免责原因分析

以上样本统计结果基本反映出“好人免责条款”司法适用的现状，一言以蔽之，“好人免责条款”适用不畅，紧急救助行为致害难以完全免责。而要解决该现状，得溯其源泉，唯明晰发端，方可决之使导。

（一）紧急救助行为概念不够清晰

“好人免责条款”之所以出台肇始于“扶与不扶”的道德危机，制定该法条用以提升社会道德的意图十分浓厚，兼舆论之引导，老百姓眼中的紧急救助行为与见义勇为无异。而见义勇为在地方性法规、政府规章中早已有之，省级地方性法规有 1999 年 11 月 26 日通过的《云南省奖励和保护见义勇为公民条例》（已失效）、省级地方性政府规章有 1994 年 5 月 4 日颁布的《贵州省维护社会治安见义勇为公民表彰奖励规定》（已失效），较大市地方性法规有 1995 年 12 月 22 日通过的《太原市奖励和保护见义勇为人员条例》，较大市地方性政府规章有 1991 年 2 月 25 日颁布的《沈阳市奖励和保护维护社会治安见义勇为人员暂行办法》……见义勇为在各地方性法规、政府规章中既有概括式定义，也有列举式定义，却并未形成过统一、抽象的法律概念，更没有

规范清晰的构成要件。而滥觞于见义勇为行为的紧急救助行为在原《民法总则》和现行《民法典》中也仅有第 184 条规范，缺乏潘德克顿式的立法定义，所以从一开始紧急救助行为就存在概念不清、构成要件不明的先天不足。梁慧星先生认为，“所谓自愿实施紧急救助的人和受助人，均应当限于自然人。法人、非法人组织实施救助行为，不应适用本条”[6]。司法实务中，认定紧急救助行为成立的救助人和受助人为公司法人的不乏其例，如“杨某军救火案”[7]、“衡阳制梁场救助案”[8]，而认定紧急救助对象为物，救助客体为财产权的判例亦不鲜见，如“李某救助案”[9]，这些判例无不显示出紧急救助行为的构成要件不清。而紧急救助行为的概念不清就给司法实务认定紧急救助行为造成了极大困扰，并对第 184 条的免责适用形成了阻碍。不过，相较于紧急救助行为概念的不明晰，笔者相信通过法规范的释明、澄清，以及司法实务上的长期共识积累，这应得到妥适解决。其实更令司法实务界感到棘手的问题是认定紧急救助行为成立与致害能否免责在逻辑上的冲突。

（二）紧急救助行为致害免责与侵权体系兼容性差

紧急救助行为致害免责条款立法上充满着争议，揆诸《民法总则（草案）》三次审议稿，从草案审议之过程，可以清晰地看出“好人免责条款”出台历经 5 次修改，方得定稿。对于紧急救助行为致害免责，全国人大法工委最初列有“但书”部分，不过在草案审议过程中，面对全国人大代表的质疑，为推进草案的审议进程，最终删除了重大过失担责的“但书”部分（见表 2）。

表 2　第 184 条审议沿革情况表

《民法总则（草案）》三次审议稿	第 187 条：实施紧急救助行为造成受助人损害的，除有重大过失外，救助人不承担民事责任
第十二届全国人大常委会第二十五次会议：2017 年 2 月 16 日审议修改	因自愿实施紧急救助行为造成受助人损害的，除有重大过失外，救助人不承担民事责任。但是救助人因重大过失造成受助人不应有的重大损害的，承担适当的民事责任
第十二届全国人大常委会第二十五次会议：2017 年 3 月 8 日审议修改	因自愿实施紧急救助行为造成受助人损害的，救助人不承担民事责任。但是救助人因重大过失造成受助人不应有的重大损害的，承担适当的民事责任

---

〔6〕 梁慧星：《〈民法总则〉重要条文的理解与适用》，载《四川大学学报（哲学社会科学版）》2017 年第 4 期。

〔7〕 参见辽宁省阜新市中级人民法院（2018）辽 09 民终 1953 号民事判决书。

〔8〕 参见湖南省衡阳县人民法院（2019）湘 0421 民初 1300 号民事判决书。

〔9〕 参见辽宁省营口市中级人民法院（2020）辽 08 民终 1700 号民事判决书。

续表

第十二届全国人大常委会第二十五次会议:2017 年 3 月 12 日审议修改	因自愿实施紧急救助行为造成受助人损害的,救助人不承担民事责任。受助人能够证明救助人有重大过失造成自己不应有的重大损害的,救助人承担适当的民事责任
第十二届全国人大常委会第二十五次会议:2017 年 3 月 14 日审议修改	因自愿实施紧急救助行为造成受害人损害的,救助人不承担民事责任
《民法典》于 2020 年 5 月 28 日由第十三届全国人民代表大会第三次会议通过	因自愿实施紧急救助行为造成受助人损害的,救助人不承担民事责任

就侵权行为构成体系而言,违法阻却事由传统上规定有无因管理、紧急避险、自助行为等,紧急救助行为属于新的违法阻却事由(见图 3)。依据传统侵权理论,无论是哪种阻却事实都有可能致害,从而成为侵权行为,即阻却事实具有两面性。因此,侵权与免责之间必定需要考量边界,一面性的免责意味着自由的践踏,无论是无因管理,还是紧急避险,或其他阻却事实,法律条款都列有"有责性"之规范。紧急救助行为致害,既是一种见义勇为,也是一种侵权行为,这种侵权行为如无有责性可言,其实是冲破了现有侵权行为构成体系。换言之,紧急救助行为致害免责似与现行侵权行为构成体系不兼容。因此,无论是具有专业知识的法官还是百姓都很难接受无论过错的紧急救助行为完全免责。

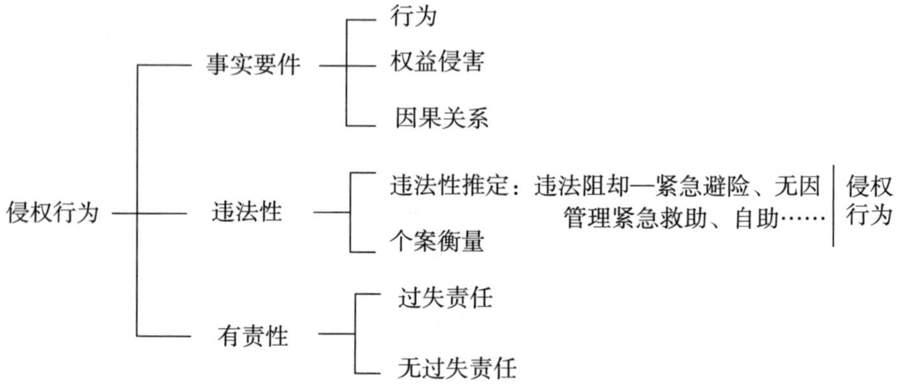

图 3 侵权行为体系

(三)紧急救助行为竞合法条适用优先性不明

紧急救助行为、紧急避险行为、无因管理行为皆属于违法阻却事由,属事实行为。司法实务界认为三者是存在竞合的,而紧急救助行为致害和紧急避险致害、不当无因管理行为存在竞合之情况下，适用紧急救助免责条款，与选择不当无因管理、紧急避险致害理论所导致的判决结果大相径庭。对于不当无因管理行为，如果管理人违背被管理人的意思或者说给被管理人造成损害，那么管理人就需要承担责任。对于紧急避险行为，紧急避险采取措施不当或者超过必要的限度，造成不应有的损害的，紧急避险人应当承担适当的民事责任。因此，存在竞合的情况下就需要判断优先适用哪种行为理论，是“好人免责条款”优先适用，还是无因管理条款、紧急避险条款优先适用。普遍的观点认为当紧急救助行为致害存在竞合的情况时，应该采取无因管理、紧急避险制度进行适用，因为无因管理、紧急避险制度相对完善，按照公平原则考量也应该优先适用无因管理、紧急避险制度。司法实务界也多是优先适用无因管理、紧急避险制度，但也不排除个别裁判优先适用紧急救助行为免责之理论。实际上，法律、司法解释并无明文规定救助行为存在竞合的情况下，应该优先适用哪种理论，导致裁量尺度不一。

综上所述，紧急救助行为因为概念不清，与侵权建构体系难兼容，与紧急避险、无因管理竞合优先性不明，先天在法理体系上就存有不足。正是紧急救助行为的先天不足肇致第 184 条适用不畅，紧急救助行为致害难以完全免责。不过，相较于紧急救助行为概念的不明晰，可通过法规范的释明、澄清，或司法实务上的长期积累共识得到解决，真正令司法实务界感到棘手的是如何解决与侵权理论体系相协调的问题，这关系到司法审判在逻辑推理上能否自洽，这也是本文着重阐微的内容。

三、紧急救助行为的三部分构建定义法

紧急救助行为致害长着一张普罗透斯的脸，一面是救助，一面是致害，即侵权。救助与侵权同一，密不可分，皆出自一个事实行为。侵权之债滥觞于罗马，千百年的法理生长，自成逻辑思维缜密之体系。紧急救助行为本位于侵权行为体系中违法阻却事由之列，与无因管理、自助行为、紧急避险同序。无因管理不当为侵权，负有赔偿责任，紧急救助行为致害，亦为侵权，却为完全免责，确实难以令司法实务界认同，无怪乎法官于裁判上很诚实地适用侵权思维方式考量，实际上是采侵权体系思维考量更具有理论的自洽性。

通过裁判文书样本的分析，笔者发现司法实务对紧急救助行为成立的构成要件认定可以分为两部分，即道德性构成要件和技术性构成要件，姑且称之为两部分构建定义法。道德性构成要件是一种期望性要件，包括自愿性、无偿性、无义务性要件，而技术性要件是一种范围性要件，包括主体、客体、对象、救助方式要件。只要救助行为

符合两部分构成要件，司法实务即会认定紧急救助行为成立。而一旦紧急救助行为判定成立，依据第 184 条的立法精神，则须判断救助行为完全免责，如此就意味着对救助行为致害进行一面性评价，而对另一面的侵权则不予评价。于是，在认定紧急救助行为成立的情况下又对致害过错进行评价，从而造成紧急救助行为成立与免责的紧张。笔者认为，紧急救助行为成立应采用三部分构建体系进行认定，将免责作为内生变量，纳入紧急救助行为成立的要件进行评价（见图 4）。三部分构件即道德性构成要件、技术性构成要件、免责性构成要件。司法实务不再将紧急救助行为分为两道关卡进行审查，先审查成立条件，再评价适用效果，而是直接对三部分构件进行认定，符合构件内涵即判定紧急救助行为成立，成立即免责。道德性构成要件、技术性构成要件与两部分构建定义法内涵相同，不再赘言。至于免责性构成要件的内涵，究竟涉及哪些因素、类型，认定标准是否全采侵权有责理论，则容有探讨。通过样本判例涉及的冲突性事项分析，笔者认为免责性构成要件暂涉及违法、认识偏差及竞合因素，对此可引入比例原则、竞合优先原则进行利益衡量以判断免责性构成要件成立与否。

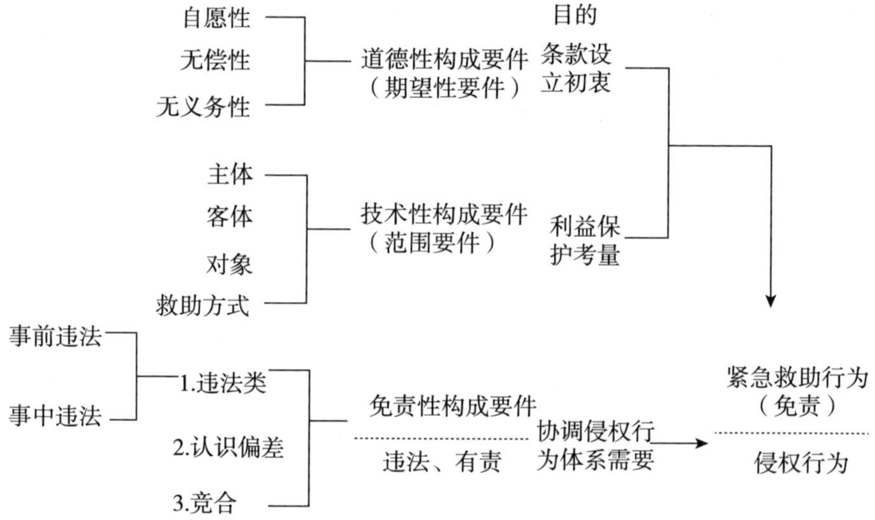

图 4　紧急救助行为三部分构建体系

（一）紧急救助比例原则的适用

道德性构成要件和技术性构成要件成立的情况下，救助行为是被评价为紧急救助行为免责，还是被评价为侵权行为赔偿，最终归结为免责性构成要件成立与否，而免责性构成要件是否成立终究需归结为利益衡量。在两部分构建定义体系中，司法实务多坚持以侵权有责性理论进行利益衡量，以重大过失作为判断紧急救助行为赔偿的临界点。若换成三部分构建定义体系,侵权有责性理论虽然也有适用余地,但主观性偏强,实操性不够,尤其欠缺独立性,标准和尺度难免不统一。因此,笔者认为在免责性构成要件判断上可引入比例原则进行分析。比例原则是行政法上一项重要的基本原则,对利益衡量具有很强实操性,其包含适当性原则、必要性原则和均衡原则三个子原则。首先,适当性原则要求救助行为要合理,救助人采取的救助行为应该符合目的要求;其次,必要性原则要求救助行为具有必要性,如果存在多种方式救助,救助人应采用损害受助人权益最小的方式进行,以个体智识判断;最后,均衡原则要求成本不能超过收益,成本和收益不单单指个人的,亦需考虑社会收益和成本。具体而言,比例原则可适用于违法和认识偏差救助行为的免责性构成要件分析判断。

1.违法救助比例原则适用

在司法实务中,违法救助行为是一种较常见造成判决与法条冲突的救助类型。违法救助行为可分为事前违法救助和事中违法救助。事前违法救助行为的判例主要集中在二次交通事故纠纷方面,事前处于违法状态的救助人违法驾车施救遭遇交通事故致受助者损害,违法的形式有酒后驾驶、无证驾驶、改装车辆行驶等,对于事前违法救助,交通事故认定书一般认定负主要责任。司法实务对于事前违法救助一般认定紧急救助行为成立,但存在过错需要对受助者进行一定赔偿,只是赔偿比例酌情降低。这显示司法实务以两部分构建定义紧急救助行为,同时不得不考量违法因素。若引入比例原则对救助行为免责性构成要件进行判定,事前违法救助不应认定成立紧急救助行为。首先,违法状态下进行救助不值得鼓励,明显加重了受助者致害风险,不利于目的达成,不符合适当性原则;其次,救助人是否存在多种救助方式,容有探讨余地;最后,法秩序受到破坏,社会成本超过个人收益,不符合均衡性原则。因此,事前违法救助仅可认定具有救助情节,对其侵权责任有所减轻,而不能完全免责。

至于事中违法救助的判例亦多出现在二次交通事故纠纷中。救助人在救助过程中出于施救考量,一定程度违反法规范,发生交通事故致受助者再受损害。对于事中违法紧急救助行为,二次交通事故负次要责任的,司法实务上一般认定成立紧急救助行为,无须对致害受助者进行赔偿,而救助人二次交通事故负主要责任的,是否赔偿,则未有判例可稽。若适用比例原则对救助行为免责性构成要件进行判定,则有必要进行以下分析:首先,救助人实施救助时,并未处于违法状态,救助行为是符合目的要求的;其次,救助人是否存在多种救助方式,容有探讨余地;最后,虽然法秩序遭到破坏,但权衡成本与收益,救助人二次交通事故负次要责任的,收益应可认定超过成本,而救助人二次交通事故负主要责任的,收益则不易认定超过成本。因此,事中违法救助行为免责性构成要件需要进行综合分析,不易以类型认定紧急救助行为成立与否。

2. 认知偏差救助比例原则适用

一般而言救助行为应具有持续性,若救助人中途任意放弃救助,即可能肇致受助人承受更大的损害,故除非受助人已经脱险或救助人因不可抗力确实无法再进行救助,否则中途中断的救助行为不能被视为紧急救助行为。若是救助人主观上并非中途放弃救助,而是认为已经救助完毕,系有认知偏差,则是否构成紧急救助行为。司法实务中有一则判例,受助人脑袋被他人用酒瓶拍伤,追凶途中昏倒在地,无义务人将其扶起,却并未送医,亦未拨打 120,只是将其扶到人流繁华门市落座即径行离开,受助人后被送往医院,治疗 7 个月后死亡。司法实务判决认为,救助人行为不当,但对受助人的死亡后果不存在放任或扩大的故意或过失,救助人系一种紧急救助行为,其目的是避免受助人伤害的扩大。若采比例原则对救助行为免责性构成要件进行考量,则有必要进行以下分析:首先,救助人目的上具有救助意图,行为、目的符合适当性原则;其次,救助方式不当,即存在多种救助方式,以救助人的认知标准衡量,救助人显然未达到采用损害受助人权益最小的方式救助的要求,不符合必要性原则;最后,救助人对受助人的死亡后果不存在放任或扩大的故意或过失,但并不意味着未产生受助人损害扩大的后果,成本超收益,不符合均衡原则。因此,不易认定成立紧急救助行为。

(二)紧急救助竞合优先原则的适用

之所以将竞合归入免责性构成要件,是因为司法实务选择适用不同法律关系,可能会产生不同责任后果。在紧急救助行为与无因管理行为、紧急避险行为存在竞合的情况下,司法实务一般倾向于选择适用无因管理、紧急避险理论裁判。因为相较于紧急救助行为致害的免责,无因管理、紧急避险皆需考量有责性要件,这既符合传统的侵权理论体系思维,也更容易令当事人服判息讼。然而就法律规范而言,却并没有规定三者竞合的优先性。当紧急救助行为致害与无因管理、紧急避险竞合,司法实务若选择无因管理一般意味着当事人无法完全免责,而若选择紧急救助行为,结果可能出现紧急救助行为成立完全免责,或出现紧急救助行为成立仍需赔偿的情况。无论如何,救助行为存在竞合的情况下,司法实务界裁判尺度不统一在所难免。但若采用三部分构建定义,则不存在裁判尺度的不统一,且有紧急救助竞合优先原则适用。将无因管理、紧急避险考量的因素、要件归入紧急救助行为免责性构成要件范围进行考量,若紧急救助行为成立,则自然适用“好人免责条款”,若紧急救助行为不成立,适用无因管理、紧急避险判断责任亦属题中应有之义。故救助行为致害与无因管理、紧急避险产生竞合,“好人免责条款”应具有适用之优先性,如此也有利于彰显第 184 条的立法精神。

结　语

德沃金(R. M. Dworkin)说:“法律是一种不断完善的实践,虽然可能因其缺陷而失效,甚至根本失效,但它绝不是一种荒唐的玩笑。”紧急救助行为致害具有一体两面性,法官其实于司法实务中无法忽视救助行为的过错责任,但总是习惯视其为外生变量,在认定紧急救助行为成立后再判断赔偿或免责,注定会导致法规范冲突的产生。在现有法规范下,解释论上是有必要将影响免责因素作为构成要件来对紧急救助行为的成立与否进行判断的,如此方能协调现有侵权理论。在三部分建构方法定义下,紧急救助行为可合理体系化,免责性构成要件可通过比例原则、竞合优先原则进行判断。紧急救助行为是第 184 条规范之新事实行为,其边与界,体系建构仍有待探索、发展,理论也有待今后司法实践积累夯实,若因理论自洽问题用之甚少或弃之不用,则殊为可惜了。

走出内卷化：智慧诉讼服务建设的理性回归

杜慧俭*

随着智慧法院建设进程的加速推进，信息技术深度嵌入司法领域过程的持续复杂性逐步凸显。近年来，学界展开了对智能技术在法律场景中运用方式、特征、范围、规制等方面的研究[1]，但对于智慧诉讼服务方面关注偏低，尤其对“重复建设”“技术滥用”后出现内卷化的新问题缺乏研究。而实践中，智慧诉讼服务建设已然出现持续的建设成本投入所产生增益的速度放缓甚至停滞，进而陷入“有增长无发展”的内卷化困境，制约诉讼服务转段进阶智能化发展的进程。在信息技术应用“遍地开花”的热潮中，智慧诉讼服务建设如何摆脱“内卷”回归理性，在“突破创新”与“维持传统”张力之下审慎完善具有更强包容性的建设方案，是深入推进智慧诉讼服务建设面临的新课题。

一、现状检视：智慧诉讼服务建设“内卷化”的现实表现

“内卷化”的本质是“没有发展的增长”，即当某一种社会事物发展到一定程度时，受到内部各利益主体相互博弈和外部宏观微观因素的影响，事物无法向更加成熟、更加高级方向发展，转而在内部不断复杂化，从而使事物呈现出无效率发展状况。[2] 综观当前智慧诉讼服务建设的

* 杜慧俭，横州市人民法院。

[1] 参见周佑勇：《智能技术驱动下的诉讼服务问题及其应对之策》，载《东方法学》2019年第5期。

[2] 参见姬庆、陈元欣：《公共体育场馆委托管理“内卷化”倾向及其生成逻辑——基于A市W场馆委托管理的经验分析》，载《中国体育科技》2021年第11期。

实践情况,虽然整体处于人工智能、大数据、云计算等信息技术不断深化应用到诉讼服务的智能化建设的发展态势,但实质状态并未实现突破性变革,实践层面表现出“有增长无发展”“旧体系的复制和延伸”“旧习惯和秩序的精致定格”等特征,呈现阻滞性的演化发展样态。可以说,智慧诉讼服务建设的实境状态与社会学“内卷化”的特质内涵高度契合,且在结构、功能和绩效三个层面上的现实表现尤为具体和突出。

(一)建设结构膨胀繁复

在结构层面,表现为在智慧诉讼服务建设的内部架构中,智能技术、智能设备、智能运行系统等各主要构成要素之间的关系不断膨胀、复杂混乱。一方面,在智慧法院建设俨然成为法院中心工作之一的热闹话语下,各级地方法院将大量资金、人力、物力投入在上马新技术、外包系统和项目开发、购买软硬件等技术领域,对所谓的“智能诉讼服务产品”研发“趋之若鹜”,导致短期内衍生了大量冠以“智慧诉服”之名的软件产品,促使技术这一构成要素持续膨胀繁复,一时间呈现出一片大有增长的“繁荣”发展表象。另一方面,在高度行政化的推进方式下,各级地方法院争相进入“智慧司法”市场,由于缺乏明确规范的技术标准,出现了跟风引进智能技术设备,盲目对诉讼服务的智能手段进行“精装修”的现象,陷入多系统、多平台的重复开发建设的恶性循环中,让内部结构中原有的主要构成要素之间的关系变得复杂紊乱,形成了不良的内卷效应。

(二)建设功能迟滞障碍

在功能层面,表现为智慧诉讼服务建设现阶段陷入了阻滞的发展瓶颈,无法从智能化向智慧化更高层级升级,且存在不能适应新趋势、无法满足人民群众多元司法需求的功能性障碍。从各级法院目前所展开的实践来看,虽然智慧诉讼服务建设方案均大量引入了“自然语言”“计算机学习”“流程再造”等专业术语,但各种信息技术的引入在建设方案中所占比重并不高。这说明当前的智慧诉讼服务建设与传统信息化所依赖的技术手段和方法并无实质性的区别,实质上并未完全超越和替代传统的信息化建设,缺乏从智能化向智慧化升级的成长动因,建设的作用、功能上亦未有根本性的提升,难以上升到更高层级。

(三)建设质效作用不彰

在质效层面,呈现为智慧诉讼服务建设系统运行效率不高,取得的成效不彰的状况。信息技术资源的价值没有充分体现,更没有发挥信息技术在提高诉讼服务绩效水平和充分回应人民群众多元诉讼服务需求上的效益。

表1和表2数据来源于最高人民法院信息中心电子诉讼专题调研。

总的来看,近年来全国各级法院将信息技术应用在智能诉讼方面进行了许多有益探索,积极建立"线上诉讼服务中心"、引进"线下"诉讼服务机器人等,提供了更多元、更便捷、更高效的诉讼服务。但《智慧法院建设评价报告(2020年)》的评价数据显示,全国支持网上缴费、网上开庭的法院均超过90%,但实际使用率仅20%。[3] 且对表1、表2的数据分析可见,从网上缴费、网上开庭在全国应用已是排名前10位的靠前成绩来看也并不理想,网上缴费及网上开庭平均应用率分别仅达到45.16%、8.54%,仍具有代表性地反映出"重建设轻应用"的现象。可以说,当前全国各地智慧诉讼服务建设在实践应用上并未达到预期效果,技术快速应用与实现价值不足之间产生了效益的"追及差"。

表1 全国法院网上缴费应用TOP10

单位:件,%

序号	省份	新收案件数	网上缴费数	网上缴费占比
1	浙江	1432750	1216766	84.93
2	江苏	1585279	816281	51.49
3	北京	727397	315581	43.38
4	山东	1991856	830949	41.72
5	广东	2515818	1045371	41.55
6	天津	345657	143178	41.42
7	上海	799942	320288	40.04
8	重庆	829350	324754	39.16
9	河南	902374	350775	38.87
10	河北	975528	283939	29.11

表2 全国法院网上开庭应用TOP10

单位:件,%

序号	省份	新收案件数	网上开庭案件数	网上开庭占比
1	北京	727397	307016	42.21
2	上海	799942	61449	7.68

[3] 参见最高人民法院《智慧法院建设评价报告(2020年)》。

续表

序号	省份	新收案件数	网上开庭案件数	网上开庭占比
3	陕西	637974	43678	6.85
4	新疆	471278	27610	5.86
5	江苏	1585279	76897	4.85
6	河北	975528	40201	4.12
7	吉林	409856	16289	3.97
8	河南	1752410	66223	3.78
9	江西	601751	19541	3.25
10	宁夏	205479	5915	2.88

综上所述，智慧诉讼服务建设的内卷化意味着建设进程陷入了无实质性发展的状态，即建设仍在持续进行，技术投入力度仍持续加大，但发展样态被限制，内部系统退化，发挥的功能绩效受局限。“就好像一张正在向外延展的白纸，当它延展到四至被限定的区域时，只能在自身内部产生卷曲和褶皱”〔4〕。

二、何以产生：“内卷化”背后的非理性冲突

从上述实践图景看，“内卷化”在客观上俨然成为现阶段制约信息技术深度运用和诉讼服务智能化建设的痼疾，给深化发展带来了现实挑战。非理性作为“内卷化”的显要性质，其背后深层次的诱因主要体现在以下三个层面。

（一）思维局限——目标与手段错位

1. 内在认知固化的掣肘

就应然要求而言，智慧诉讼服务建设的愿景是旨在通过发挥人工智能技术辅助诉讼服务工作，具体涵盖对内和对外两个维度的功能价值。对内体现为对法院审判工作实现质效提升，推进审判体系和审判能力现代化的内向价值；对外体现为优化司法服务，满足人民群众多元司法需求的外向价值。而实然状态是，与技术的价值相比，使用者的主体需求并未得到重视，把建设价值片面圈定和错误等同于技术应用价值。要评判智慧诉讼服务建设是否产生实际效益，要看能否精准回应内部与外部的

〔4〕 董向芸：《结果功能主义与内卷化理论视阈下云南农垦组织改革研究》，南开大学 2012 年博士学位论文。

司法需求,而能否精准回应需求的关键因素在于是否充分尊重主体需求。“人工智能在智慧法院建设中的嵌入使得科技与司法的关系发展为人类法官、现代技术与司法体系之间的多元关系”[5],而当前的智慧诉讼服务建设片面将智能技术开发应用作为发展的根本逻辑,把信息技术的嵌入价值作为主导发展的唯一要素,缺乏对智慧诉讼服务建设是以法律领域特殊专业为性质的深度认识与高度理解,导致以主体需求促进内生动力的缺失,偏离了目标既定的价值航线。

2.“本位主义”思想的桎梏

当前,法院外主体尤其是律师、诉讼当事人等的信息化诉求未得到充分重视,与智慧诉讼服务建设的价值目标相冲突。最高人民法院《关于加快建设智慧法院的意见》指出,建设智慧法院的主要服务对象是“法官、诉讼参与人、社会公众和政务部门”,智慧法院建设的根本目的是促进司法公正、提升司法效率,而当事人对司法是否“公正”、司法是否有“效率”最有发言权。[6] 这意味着智慧诉讼服务建设不能脱离服务对象的信息化诉求,而必须予以充分关照。回归实然,智慧诉讼服务产品开发应用存在某种“法院本位”的倾向,即建设项目和内容主要围绕法院自身的中心任务展开。例如“网上立案”问题,在实践中出现了“形式化”的建设趋势,笔者通过对N市12个基层法院网上立案情况调研后发现,普遍推行的“网上立案”实际上只是“网上预约立案”,符合立案条件的当事人仍需到立案窗口提交纸质版材料。可见,“法院本位主义”思想导致对智慧诉讼服务建设人民性的忽视,也是导致实际建设用户体验不佳的重要原因,众多的智能系统、智能硬件无法完全发挥预设中的功能价值,未能精准、充分地回馈当事人、律师等主体的多元需求。

(二)供需失衡——技术与应用偏离

1. 司法特殊性导致智慧诉讼产品开发难

智慧诉讼服务建设在司法实践中的作用不突出的主要原因是,司法过程的复杂性决定了司法技术应用与司法程序方面的困难性。司法过程具有复杂且多样化的特征,难以被量化、被标准化,有限的可量化项目往往也面临耗时较长且难度较大等问题。尤其在实践中,智慧诉讼服务产品研发公司“很难真正掌握法院系统和审务活动

---

〔5〕 陈子君:《我国智慧法院建设的困境与出路——基于人工智能技术局限的思考》,载《中共山西省委党校学报》2020年第6期。

〔6〕 参见陈甦、田禾主编:《法治蓝皮书:中国法院信息化发展报告 NO. 5(2021)》,社会科学文献出版社2021年版,第56页。

的特点"[7]。例如，虽然已有多个省市的移动微法院平台嵌入了人工智能技术，但存在后台法律知识库不完整、司法逻辑不清晰等设计弱点，智能回答系统无法准确识别问询意图，难以为当事人提供专业性的法律咨询；庭审语音识别准确率不高，人工修改耗费时间精力等。显而易见，当前智能技术开发还存在碎片化、实用性不足、缺乏重组功能等不成熟与不完备的弱点，导致智慧诉讼服务产品的使用价值很低，呈现"可用性不足""应用程度不高"的问题。

2. 智能技术与司法流程缺乏深度嵌套

从实践反馈看，诉讼服务智能化建设总体程度仍停留在"低智能"水平，司法实践中对支持案例推送、结果预判与调解建议等智能导诉服务能力还未深入挖掘；在服务审判执行方面，对当事人特殊身份甄别、法官工作量评估还未完全铺开，庭审语音识别转录系统受语种限制，不支持分音和方言识别。智能化水平不高的根源是信息技术与司法缺乏深度融合，而缺乏深度融合的主要在于：一方面，单纯依靠技术工程师承担应用系统的设计和研发工作，具有很大的局限性。由于法学和信息技术之间存在学科壁垒，技术工程师缺乏法律知识，只能根据法律人描述的法言法语需求编写程序，一旦涉及法律专业细节，极容易出现技术偏差，导致技术程序设计与法律的契合的准确度低。另一方面，智慧诉讼服务产品研发与应用在实践反馈层面的互动互补明显不足。由于缺乏应用主体的深度参与，法学领域与人工智能领域的对话平台尚未建成，加之应用反馈机制不完善，导致技术应用转化低效。

（三）资源限制——司法数据本土化

当前，法院内部与外部之间的信息壁垒和数据孤岛尚未完全消除，导致大数据信息无法实现实时互通互连，在一定程度上制约了智慧诉讼服务跨层级、跨地域、跨系统、跨部门、跨业务的深度应用。《人民法院信息化建设五年发展规划（2019～2023）》指出：基于神经网络、深度学习等前言人工智能技术在功能开发中应用程度不高，尚不能为群众诉讼、公众普法、司法资源调配、社会管理和公共服务提供全方位、高水平的智能分析服务，司法大数据资源的效用未发挥充分。这准确反映了当前整个办案流程中的数据无法实现整合的突出问题。由于系统的内外部关系壁垒，数据接口仍未充分向外部打开，与公安、检察等相关部门及各类社会组织未建立统一的数据共享平台，缺乏融入大数据的归集、交换、共享机制，影响到司法数据的互通、共享和公开。内外部区域阻隔催生了司法大数据"空间割裂"，形成信息孤岛，难以实现信

[7] 麦永浩、赵廷光：《中国电子政务建设与人民法院信息化》，国防工业出版社2003年版，第4页。

息对接和数据交换，未能充分利用社会资源深化法院信息化、智能化建设效果，数据分析成果反哺社会治理的转化率不高，数据驱动和服务能力有待提升。

三、出路探寻：基于 PDCA 模型的“内卷化”破局路径构想

智慧诉讼服务建设出现内卷化的主因是建设的背后充斥着非理性的冲突。那么，纾解内卷化困局的关键就在于理顺内部关系冲突。结合管理学中的 PDCA 循环模型理论，探索建立决策—执行—检查—运行四环相扣、循环有序的诉讼服务质量管理生态体系。

（一）P(Plan)的逻辑起点——以主体需求为导向制订建设计划

在智慧诉讼服务建设方案制订以及智慧诉服产品研发、推广中，应更加重视智慧司法的“人民性”，更多地考虑其他诉讼主体的信息化体验，主动将律师、当事人融入智慧诉讼服务建设进程中，进一步提升智慧司法带给诉讼主体的“获得感”。

1. 充分回应用户需求

智慧法院建设是技术实践先行的事业，在传统束缚根深蒂固的初期需要从技术入口实现核心性的突破，但发展到现今实践与需求、制度相互调试的阶段，需要技术应用在用户实际需求和实践体验中不断调试。所以，更应以法院法官、干警及诉讼参与人等主体性的需求为导向，将其作为智慧诉讼服务建设项目上马和已有项目完善落地的逻辑起点。以积极回应社会发展要求和人民群众的司法需求为本位，科学规划设计路径，避免陷入就技术谈技术误区。在新项目上马推广前因地制宜地充分考虑实际情况，全方位论证其是否契合司法规律；对现有的技术手段进行调整时，积极听取用户意见，建立健全双向应用反馈机制，使其不断优化，符合绝大部分甚至是极致接近全部用户的多元需求，满足服务诉讼、服务审判执行的目标。特别是各项系统功能的更新迭代不仅要满足审判管理需要，更要及时回应各类用户不断提升的使用需求。

2. 兼顾线上线下需求

在创新智慧审判建设的语境下，还需关注数据鸿沟问题，避免为完成绩效式的过分推崇线上模式。尤其是要重点考虑老少边穷地区的诉讼当事人，这类群体的计算机水平、互联网应用能力与智慧诉讼服务建设有一定脱节，网上立案、在线庭审等线上诉讼服务对于他们而言难以操作、无法适应。因此，各地法院应当正视不同区域、不同情况诉讼当事人的多元需求，在创新线上闭环高速运行的同时，提供类似于“傻瓜手机”的线下辅助应用，如嵌入方言高精度的语音识别系统等，实现线上线下工作

模式有机结合、灵活切换,避免引发新的不公平。

(二)D(Do)的核心定位——整合数据与多元处理同步执行

智慧诉讼服务中的"智慧"即以人工智能技术为支撑,通过数据集约共享,精准无误地进行数据采集,并将有用的数据进行整合优化,从而实现业务的协同集成创新,同步执行第一环节"P"制定的目标任务。

1. 互动性路径:打破数据壁垒

诉讼服务智能化建设需从顶层设计层面加强信息系统集成和总体设计,打通信息孤岛和数据壁垒,有效借助人工智能优化司法信息数据结构,打造统一的司法信息平台,实现纵向优化与横向整合。一是横向互联,搭建一体互通平台。智慧诉讼服务建设应当实现内部建设与外部建设的贯通,推进与公安、检察等行政、司法部门及银行、保险公司等相关部门各类系统的连接互通,从源头减轻司法大数据的转化压力,推进司法大数据整合归集,形成内外互联互通的新生态。二是纵向互通,建立统一门户平台。在一体化平台中设置统一操作入口,将各类集约事物操作嵌入一体化工作平台,搭建法院之间畅通无阻信息交换平台。规范统一技术标准,对目前众多的平台进行"去粗取精",留住有用的、符合使用需求的和规范的,最后整合"拔尖平台"优势进行破壁融合,实现贯通上下的数据互通。(平台建设路径见图1)

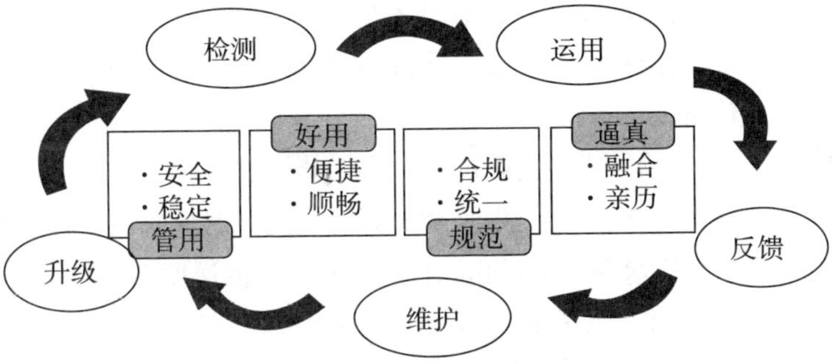

图1 平台建设路径

2. 能动性路径:塑造知识中心

有序从数据中心向知识中心的建设迈进,针对内部之间与内外部之间均被各自存储和维护,存在数据孤岛,不同数据类型和业务未能被充分融合和深度关联的突出问题,围绕"司法数据"进行"重构"与"创新"。有针对性地积累、汇聚、处理内部与内外部之间的数据,建构核心知识库。一是针对底层技术对知识做加工处理。通过多元数据进行融合处理,共同对上层应用提供知识辅助,即对从立案到结案再到审判管理的全流程提供服务。二是增强数据利用。从个案开始，每个案件都为“知识中心”的数据服务，形成个案知识流，个案知识流汇集到知识中心不断为总知识库储备，通过多元数据处理沉淀回流知识中心，实现“知识循环”（见图 2），进入信息技术革命时代知识大规模应用进而升级智能化水平的新阶段。

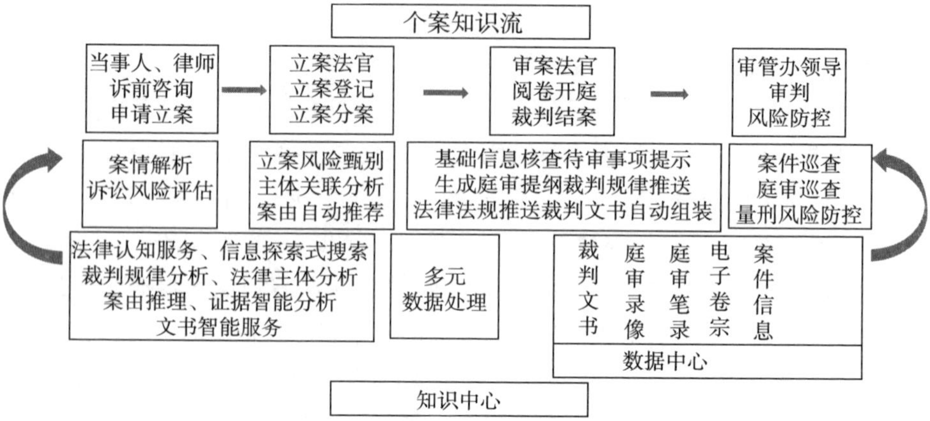

图 2 知识中心业务场景架构

（三）C（Check）的反思工具——通过明确限度和建立评估机制进行修正检查

智慧诉讼服务建设应高度关注信息技术的介入，明确技术权力介入法学专业权力的范围、限度和场景，同时亟须形成一套科学完整的评估机制，精准分析优劣，修缮改进弱项，持续提升建设整体效果。

1. 明确技术在司法场域应用的限度

智能时代给智慧诉讼服务建设带来全新可能的同时对传统司法理念与范式造成冲击，有必要克服片面技术理性的误区，在新技术引入诉讼服务各项功能应用时，需高度关注信息技术进入本身带有的不确定性和科学技术研究日益突破法律限制，即在技术成熟、试行并充分评估影响后再进入司法领域，规范科技介入司法领域的边界。例如，人工智能的认知短板，尚无法有效解决司法推理、证据认定的复杂性；科技过度介入司法，可能产生打破司法权的运行规律和固有属性，如“深挖案源”“提前介入”等主动启动权力的大数据技术就完全背离了司法伦理的限度。因此，应奉行有限技术的理性视角，深刻理解智慧诉讼服务每个建设阶段对新工具、新流程、新规则的需求，按照司法固有的属性来规定信息技术走入司法场域的界限，重点审查引进人工智能技术服务诉讼是否符合审判权运行规律和人民群众的司法需求，开发和匹配最适合的技术，协调好技术与诉讼规则，使科技理性、工具理性服务于价值理性。

2. 建立智慧系统应用成效评估机制

要真正从内卷化困境中脱离出来,就必须建立智慧诉讼服务运行有效的应用成效评估和应对负反馈的改进机制。以诉讼服务主体的群众、律师、当事人为主要对象,以服务的高效性、服务的满意度、服务的全面性为核心关键点,形成针对智慧诉讼应用的成效评估机制。以法官为服务对象,以应用快捷率、使用便捷度、业务支撑力、系统智能化等为核心关键点,形成针对审判执行中心应用的成效评估机制。对于在推进智慧诉讼服务建设过程中出现的失误或者效果不佳的尝试,应建立负反馈回路调节机制,根据诉讼当事人的反馈不断进行技术更新,积极应对负反馈并有针对性地进行深入研究,及时纠偏,快速修正,从考核评估中"不佳"的项目转型为调整修正的"对照样本",使负反馈成为促进智慧化深入建设发展的契机和激励。

(四)A(Action)的核心系统——设计和应用"智慧法院大脑"进行处理

深入推进智慧诉讼服务建设,通用的信息技术必须结合法学的特性及诉讼服务的需要进行兼容性升级,而构建并运行以 JMC 模式为核心的"智慧法院大脑"能处理司法工作对前沿科学技术专业性和精准性的对接要求,实现人工智能与司法工作的深度融合。

1. 设想的启蒙:借鉴盐田法院 JEC 模式的经验启示

技术与法律的深度融合要充分考虑各种信息技术的特点及其司法适用性[8],需要法律人与技术工程师的紧密合作。盐田法院在智慧法院建设中首创 JEC 模式,搭建了法律与技术的双向沟通需求桥梁,其充分的前瞻性和科学性被证实是智慧法院建设的成功范式。JEC 模式即以法官(Judge)为核心、法院工程师(Engineer)为衔接、科技公司(Company)为落脚点共同组成的合作研发团队。该模式以法官核心需求为主导,法官是主导者和"指挥部",负责牵头提出业务需求并参与项目测试和体验;法院工程师这一"中间人"的创新性角色兼具法律与信息网络技术的双重知识,是确保法官与科技公司顺畅交流的"翻译官",负责司法与技术的沟通联络、技术支撑和建设信息的双向反馈;科技公司则负责技术的开发和创新,为智慧法院建设制订技术解决方案,进行"建设施工"并根据法官需求和技术进步进行迭代完善。JEC 开发建设过程见图 3。

〔8〕 参见郑戈:《司法科技的协调与整合》,载《法律适用》2020 年第 1 期。

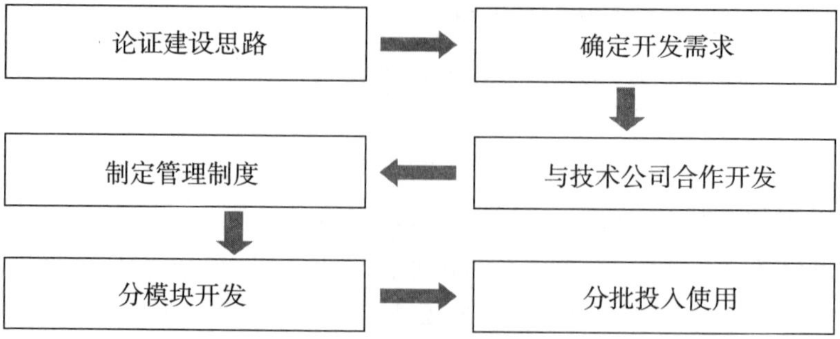

图 3 JEC 开发建设过程

总体而言,JEC 开发机制就是法官的“大脑”的智慧通过法院工程师“神经”传至外包公司的“手”,以法官需求为主导的开发模式举三方之力,三者互相支持、密切配合、循环推进,分阶段、分批次落实智慧法院建设中的各项设想,大大提高了系统开发的效率和效果。JEC 模式除消除法律与技术语言障碍、打造服务于法律与技术沟通的工程师媒介之外,为打造能够有效连接数字化、信息化和智能化三条主线的基础设施“数据中台”奠定了基础〔9〕,为建设更高水平的智慧法院提供了建设条件和路径试探。

2. 设计与运行:构建 JMC 模式的“智慧法院大脑”

最高人民法院发布的《人民法院信息化建设五年发展规划(2021—2025)》,进一步优化和完善了人民法院信息化“十四五”时期工作布局和整体思路,提出了建设智慧法院大脑和司法数据中台的设想。基于司法大数据打造驱动人工智能不断发展的“智慧法院大脑”是一个前沿而紧迫的问题,而数据中台的出现为实现司法大数据的快速流转和价值发掘,构建最强的智慧法院大脑带来可能。

盐田法院的 JEC 模式中“E”(Engineer)的角色创新是取得成功的核心,但“E”这一角色还局限在“人”,无法做到大量归集数据并快速实现转换。大胆设想,如果能兼具“E”的本质特性且具有超强的提升业务响应能力与速度,并将其作为智慧法院大脑的核心驱动,那将会带来巨大的能量。而在数据融合、处理、分析和管理方面占有绝对优势数据中台“M”(Data Middle Platform)理应成为代替升级“E”(Engineer)的最优选择。尝试探索以司法数据中台作为“智慧法院大脑”的中枢神经,以 JMC 作为

〔9〕 参见谢丽容:《数字政府的落地路径和飞轮效应》,载腾讯网,https://new.qq.com/omn/20191116/20191116A0F76L00.html。

"大脑"的思考运行模式，为智慧法院创新构建系统支撑体系。JMC 模式见图 4。

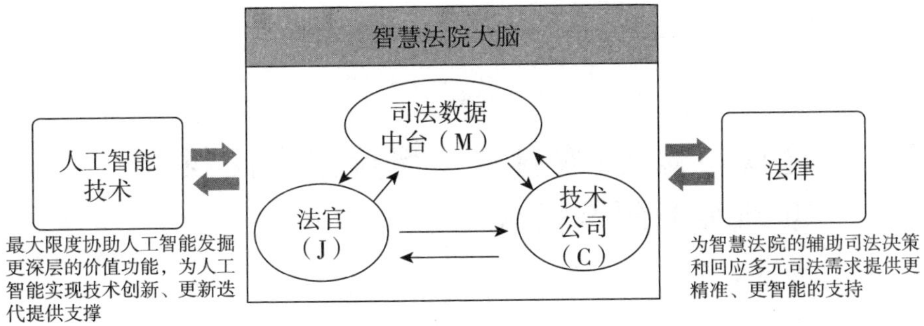

图 4　智慧法院大脑 JMC 模式

如图 4 所示，司法数据中台对司法数据进行融合、处理，使之成为可理解、可使用、可管理的数据资产，在积极回应主体需求上，能妥善处理智慧法院建设过程中"进路"（启动步骤时选择的路径）与"回路"（基于实现反馈而经调整后的路径）之间的关系，通过制造正反馈增强回路，应对负反馈调节回路，在建设系统内形成良性的反馈机制，成为智慧法院大脑的思维智库和指挥中心，为智慧法院整体建设体系提供数据采集和转化的强大运维后台。同时，司法数据中台突出具备两个层面的价值：数据服务价值和技术功能价值。数据服务价值层面，体现在司法数据中台以个性化服务为目标，通过对法官、诉讼参与人等主体以及法院业务（智审、智执、智服、智管）不同层级需求数据的全视域采集融合、归类分析，为智慧法院的辅助司法决策和回应多元司法需求提供更精准、更智能的支持。技术功能价值层面，体现在同时最大限度协助人工智能发掘更深层的价值功能，为人工智能实现技术创新、更新迭代提供关键支撑，推动实现从"智能"到"智慧"的深刻变革。

结　语

智慧法院已进入新一轮建设升级关口，在智慧诉讼服务前进探索的路上，既要善于守正创新，更要防止陷入"内卷化"旋涡，基于 PDCA 循环模式构建的智慧诉讼服务质量管理生态体系能有效纾解"内卷化"困境，让建设回归理性轨道。限于篇幅，本文仅在进路上作宏观指引，并未着眼具象建模，期待各级法院在智慧司法实践中，结合实际，在推动大数据、人工智能等科技创新成果同诉讼服务深度融合方面进行更深层次的有益探索，为创造更高水平的数字正义提供可复制的经验和进阶鼎新之道。

检视与修正:农村自建房施工合同纠纷审判实务问题研究

唐耀君*

近年来,农村自建房施工合同纠纷频发,呈上升趋势。在审判实务中,具体个案所涉及的基础法律关系、合同生效要件、合同效力认定、适用法律依据等各不相同,在处理自建房施工合同纠纷时主要以劳务合同、承揽合同、建设工程合同等进行处理,加之并没有统一的规范指引,导致在处理该类纠纷时出现合同性质评定尺度多样、合同效力认定标准不一、法律关系厘定不清、同案不同判等现象。房屋建设事关群众切身利益,因自建房产生的纠纷一旦处理不妥善,特别容易激化矛盾,不仅给当事人带来新困扰、新负担,还可能引发缠访、上访等社会问题。鉴于目前法学理论界与实务界并没有形成统一的认识和标准,研究如何妥善处理农村自建房施工合同纠纷有重大的理论和现实意义,结合审判实践,运用比较分析法,深层次剖析合同纠纷的具体类型、法律关系、合同性质、效力认定等若干方面问题,力求通过分析论证,寻找到科学方法,完善审理机制,规范裁判尺度,为解决农村自建房施工合同纠纷提供可资借鉴的裁判方式、方法和标准,为规范农村自建房市场秩序,推动农村经济持续稳定健康有序发展,实现乡村振兴、人民生活幸福提供有力司法服务和保障。

一、实证调查:现状与特点检视

随着国家脱贫攻坚、乡村振兴战略的持续推进,农村经济社会发展

---

* 唐耀君,全州县人民法院。

取得举世瞩目的成就,村容村貌发生历史性变化,农村住房保障的力度持续增强,新自建房屋也在不断书写历史新篇章,农村自建房市场日益繁荣。但受自建房规模小、利润低且零星分散等因素影响,有资质的建筑公司真正到农村承担自建房建设的情况不多,基本上还是以个体散户施工为主。相对而言,农村地区的建房主与施工人法律意识较为淡薄,虽在建房之初进行过一定商量,但从各自利益考虑,对自建房资质、合同审签、安全事故、质量标准等只是笼统约定,并不会细化厘清,且多为口头约定。加之农村地区建房市场管理并不规范、施工队伍素质参差不齐、施工活动缺乏相应法律的强制约束、行政管理缺位等多种因素交织,自建房质量、工资款结算等方面的摩擦和矛盾也在逐年增加,而纠纷一旦出现,往往因牵扯面广、耗时长、矛盾难以调和,最终只能依靠司法力量,致使纠纷大量涌入法院,启动了审判程序。对 G 省 H 县法院受理农村自建房合同纠纷情况的统计见表 1 和表 2。

表 1 G 省 H 县法院受理农村自建房合同纠纷情况(一)

年份	案件数	裁判情况
2019 年	106 件	判决 81 件,调解 17 件,撤诉 8 件
2020 年	189 件	判决 139 件,调解 38 件,撤诉 12 件
2021 年(截至 5 月底)	87 件	判决 76 件,调解 7 件,撤诉 4 件

表 2 G 省 H 县法院受理农村自建房合同纠纷情况(二)

年份	诉讼原因	法律关系认定
2019 年	薪酬:76 件,房屋质量:18 件,其他:12 件	劳务合同:44 件,承揽合同:22 件,建设工程合同:19 件,其他:21 件
2020 年	薪酬:128 件,房屋质量:21 件,其他:40 件	劳务合同:89 件,承揽合同:53 件,建设工程合同:26 件,其他:21 件
2021 年(截至 5 月底)	薪酬:56 件,房屋质量:8 件,其他:23 件	劳务合同:36 件,承揽合同:19 件,建设工程合同:22 件,其他:10 件

(一)司法审判现状

案例一〔1〕:李某某、罗某某(甲方)与蒋某某(乙方)建设工程合同纠纷。甲、乙

〔1〕 参见(2019)桂 03 民终第 2394 号民事判决书。

经商议签订《建房协议书》,约定甲方将一栋7层住宅楼以包工包料的方式发包给乙方承建。完工后,双方进行了工程款结算,后因甲方未支付完款项引发纠纷诉至法院。经审理认为:乙方系自然人无建筑资质,双方签订的《建房协议书》违反了法律法规的强制性规定,应为无效合同,合同虽无效,但双方对案涉工程进行了结算,对《结算单》均予以认可,甲方应按确认的《结算单》支付工程款,故判决甲方支付余款。

案例二〔2〕:张某与周某劳务合同纠纷。张某为经营需要,在自留地上建设钢混结构的厂房,周某在其指示下负责具体建设,因支付工程款问题诉至法院。经审理认为:张某主张双方系建设工程合同关系,以厂房存在质量问题为由不完全给付款项,但厂房建设是由张某提供建筑材料、设施设备、建筑图纸等,周某只是在张某指示下纯粹提供劳务,双方是劳务合同关系,故判决张某支付款项。

案例三〔3〕:蒋某与王某承揽合同纠纷。蒋某与王某自愿协商签订一份建房合同,蒋某把自家2层住宅楼以包工包料形式发包给王某建设,因对房屋质量有异议,蒋某拒绝支付余款引发纠纷诉至法院。经审理认为:双方自愿签订合同,对建房的用工、建筑材料、房屋样式、质量等进行了事先约定,王某按约定包工包料进行房屋建设,且房屋是低楼层建筑,蒋某主张双方成立建设工程合同关系,以王某无建设资质及房屋质量存在瑕疵拒绝足额给付款项的理由不成立,双方是承揽合同关系,故判决蒋某支付款项。

从上述案例可以看出,在审判实践中,涉农村自建房施工合同纠纷处理,对合同性质判断和效力认定并不统一,相对较为常用的观点即劳务合同、承揽合同、建设工程合同三种类型。〔4〕对合同性质和效力的判断不同,最终影响的是裁判结果,呈现出同案不同判现象。

(二)纠纷主要特点

分析归纳农村自建房屋施工合同的主要特点,追根溯源找出产生的原因,才能找准病灶,针对性化解矛盾纠纷。

1. 合同内容简单或未签订合同。农村自建房绝大多数是在自有宅基地上建设,是房主的生活居住用房,这与城镇化的大规模商品房开发相比存在本质区别〔5〕。农

---

〔2〕 参见湖南省永州市零陵区人民法院(2020)湘1102民初3122号民事裁定书。

〔3〕 参见(2020)桂0324民初997号民事判决书。

〔4〕 参见黄国成:《农村建房施工合同效力研究》,中国政法大学2018年硕士学位论文。

〔5〕 参见朱树英主编:《法院审理建设工程案件观点集成》,中国法制出版社2015年版,第10页。

村是一个熟人社会,在建设房屋时,大多数情况下,施工人是熟人或熟人介绍的,双方当事人对于自建房很少签订详细书面合同,自建房具体细节多由口头约定,甚至出现边施工边设计边更正情况,合同履行具有较大的随意性,一旦出现自建房质量、报酬结算等方面的纠纷,主要靠证人证实和自认事实。

2. 施工人没有相应资质占多数。农村自建房的发包方多为自建房人,受文化水平普遍不高和法律意识淡薄等因素制约,风险防范意识不强,还受传统习俗影响,选择凭经验办事,托熟人自建房。施工人往往是由具备一定人脉的建筑工匠或建筑手艺人召集的,他们基本上未经过岗前培训,不具备基本的建筑施工操作技能知识,对建筑施工过程中的标准和规范不清楚,属于典型的"无资质、无资金、无安全保障"临时施工队。

3. 以房屋质量与工程款支付纠纷为主。因施工人多数情况是无资质且缺乏专业建筑知识的临时施工队,对于房屋结构设计、自建房材料选配、施工标准等把握不定,加之没有专业人士把关,建成的房屋不可避免地会出现各类安全、质量问题,形成一定的居住安全隐患。[6] 另因双方在签订自建房合同或进行工程量变更时,多采用口头形式,在没有采取书面形式以固定的情况下,验收结算时常因自建房工作量、房屋质量修正、自建房款清算等产生分歧、引发矛盾。

二、梳理剖析:存在问题与原因分析

合同类型即合同的种类,它是"根据一定的标准对合同所做的分类"[7]。农村自建房施工合同隶属合同的一种,处理合同纠纷的法律适用原则也同样适合,但确认合同种类和效力是处理合同纠纷的前提条件,故必须对涉诉纠纷的合同类型和效力进行判定,才能明确诉争双方是否受合同约束、是否适用合同纠纷的裁判规则。

(一)利弊权衡:实务争议问题梳理

在审判实务中,对于涉及农村自建房施工合同的相关纠纷,因对具体案情及法律适用理解上的差异,在合同性质判断、合同效力认定、裁判尺度等方面存在争议。

1. 争议问题之一:合同性质判断和效力认定

(1)适用劳务合同审理是否妥当。劳务合同的主要特点是单位或个人以劳动方

---

〔6〕 参见贾劲松主编:《建设工程施工合同案件裁判要点与观点》,法律出版社2016年版,第12页。

〔7〕 王利明、房绍坤、王轶:《合同法》(第4版),中国人民大学出版社2013年版,第5页。

式提供服务,并对劳务或劳务成果达成共同协议。[8] 延伸到农村自建房施工中,认为提供劳动者是单纯的包公不包料进行房屋建设,而房屋设计、自建房材料、施工设备等均由房主负责,并指示和安排具体施工,按实际工作量及成果支付劳动者薪酬。提供劳动的大多是房主的亲戚朋友或邻近的建筑工匠,自然也就谈不上什么建房资质,仅仅是在约定时间内完成既定的劳动成果目标,在确保无质量瑕疵前提下,获取劳动报酬。[9] 在审判实践中,为权衡当事人利益,既要考虑房主的自建房质量保障等实际安全利益,又要考虑实际施工人所处地位、具体角色等具体情况。尤其在追索自建房劳动薪酬情形下的诉讼,适用劳务合同有关规定裁决符合有关法律规定,但如果自建房房主以自建房质量有瑕疵或问题进行抗辩或提起诉讼时,是否单纯适用劳务合同值得商榷。自建房纠纷适用劳务合同处理分析见图 1。

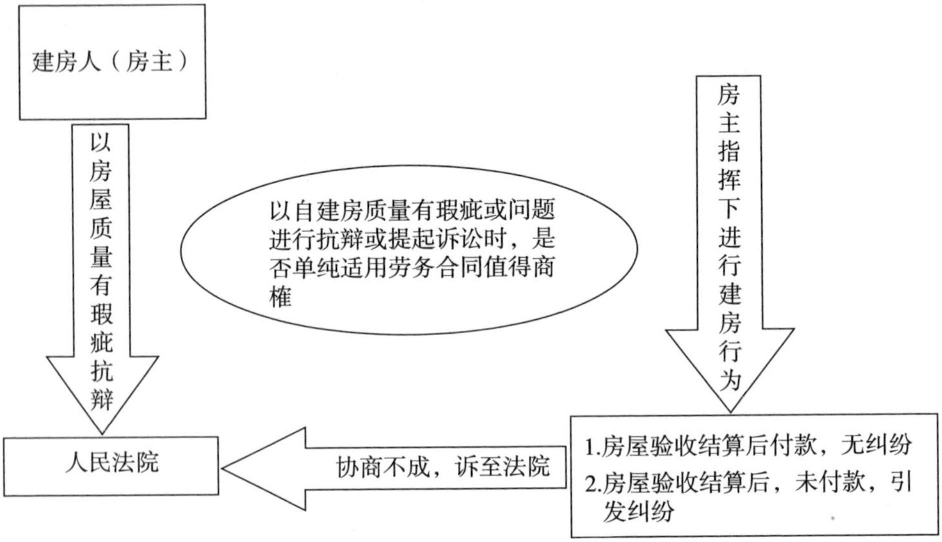

图 1　自建房纠纷适用劳务合同处理分析

(2)适用承揽合同审理是否妥当。承揽合同最大的特点是相对人依照定作人要求完成工作、交付成果、获得报酬。[10] 农村自建房施工中,房主将房屋设计、自建房材料、实施设备等均统一打包给承建人,由承建人具体组织实施,建设完成后,房主按

[8] 参见张焰:《劳动合同法适用法律问题研究》,中国政法大学出版社 2015 年版,第 203 页。

[9] 参见董保华:《劳动合同立法的争鸣与思考》,上海人民出版社 2011 年版,第 143 页。

[10] 参见郭洁:《承揽合同若干法律问题研究》,载《政法论坛》2000 年第 6 期。

照事先约定进行成果验收,确认质量并支付约定的薪酬。以交付的劳动成果获得薪酬,并非简单地以劳务工作量及成果计付报酬,同时考虑到农村房屋以低楼层建筑为主,一般工程量、施工复杂度、资金数额等达不到建筑施工对资质的规定,不应当用建筑法及有关法律法规进行限制。在审判实践中,许多长年外出务工的群众,在自身经济条件宽裕但又没有足够时间的情况下,往往采取打包方式,把自建房委托给当地的建筑工匠、自建房手艺人及经验丰富的相邻友人、亲戚,约定好房屋样式、质量标准、价款、建设时长等,验收成果支付报酬,一旦产生纠纷适用承揽合同相关规定处理并无不妥,但在以劳务工作量及成果计付报酬、高楼层建设的情况下,是否还依然适用,有待进一步研究明确。自建房纠纷适用承揽合同处理分析见图2。

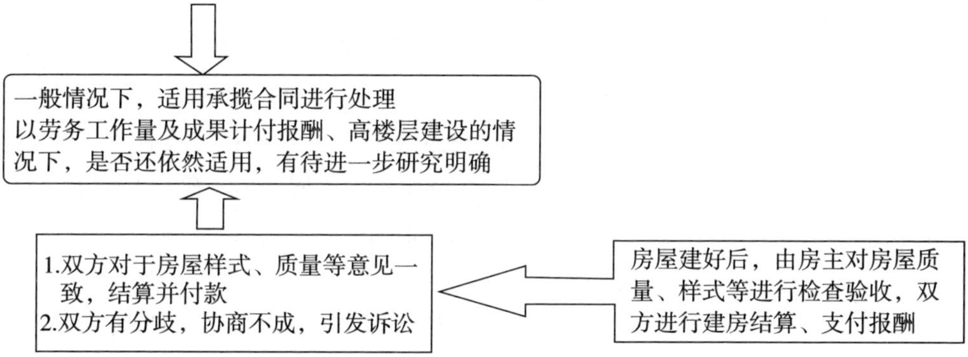

图2 自建房纠纷适用承揽合同处理分析

(3)适用建设工程合同审理是否妥当。建设工程合同是指承包人进行工程建设,发包人支付价款的合同,包括工程勘察、设计、施工合同,目的是规范工程建设、保障工程质量,是一种要求极高的规范性合同。[11] 农村自建房虽然工程量不大、程序不复杂、资金比重较小、建设楼层不高,但事关人民群众生命财产安全。从规范农村建设市场秩序以及建设房屋的专业性、安全性等角度考虑,农村自建房施工合同应纳入建设工程合同范畴,受相关法律法规约束。从广义角度来讲,建设工程合同本身也是一种特殊的承揽合同,只是与一般承揽合同相比较,具有更高标准更严要求。[12] 自建房纠纷适用建设工程合同处理分析见图3。

〔11〕 参见徐钊才:《建筑工程合同纠纷的处理及防范探究》,载《法制博览》2020年第17期。

〔12〕 参见杨山:《建设工程施工合同中的有关法律问题分析》,载《法制与社会》2020年第15期。

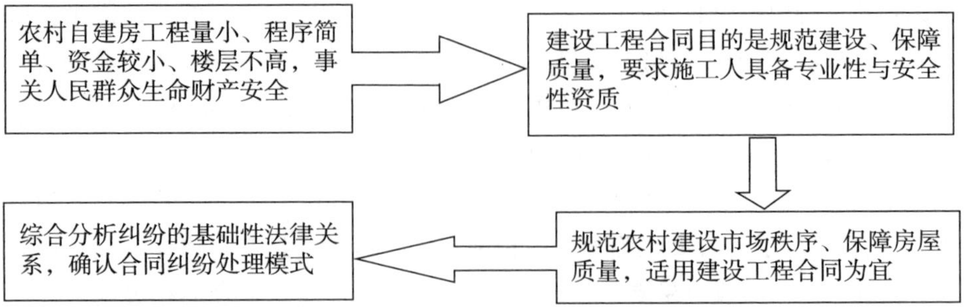

图 3 自建房纠纷适用建设工程合同处理分析

2. 争议问题之二：法律关系认定和法律适用

正确认定法律关系，是审判实务中不可或缺的重要因素，法律关系认定错误，审理者对案件事实和法律适用陷入误区，致使作出错误的裁判。农村自建房施工合同纠纷法律关系认定在实务界一直存在争议，也正是因为法律关系并没有统一的认定标准，在具体案件中，审理者难免会根据案件情况作出不同的内心确认与判断，认定为劳务合同、承揽合同、建设工程合同等不同合同法律关系并作出裁判。

3. 争议问题之三：裁判尺度把控不一

裁判尺度把控不一致使同案异判，一定程度上影响司法公信力。其一，对于相同或相似行为，不同案件中当事人举证不同，在一定程度上影响审理者判断；其二，对自建房施工合同的性质没有具体明确，案件事实与其他合同规定相似的情况下，避免不了使用相应规定；其三，虽然现在强调大数据背景下的类案检索，但我国毕竟不是判例法国家，不同的审理者在没有明确规范指引下，裁判差异也较大。

总之，审判实践中，农村自建房引发的矛盾往往带有事后性，在国家政策、法律不明确，审判案例引导作用不明显情况下，处理此类纠纷需区分具体情况、充分考虑楼层高低这个变量，综合权衡自建房的审批、安全性、质量标准等，厘清涉诉纠纷的基础性法律关系，在合同效力认定上找准出发点与落脚点，方能妥善处理纠纷、化解矛盾，真正实现案结事了。

（二）深入解读：争议问题原因剖析

根据新修订的《民事案件案由规定》，“农村建房施工合同纠纷”明确列在“建设工程合同纠纷”之下，但《建筑法》第 83 条第 3 款规定，“抢险救灾及其他临时性房屋建筑和农民自建低层住宅的建筑活动，不适用本法”，又直接将“农民自建低层住宅”排除在外。在审判实践中，因现行法律、法规对于审理和规范农村自建房施工合同纠纷的规定留有太多空白与模糊地带,加之市场监管方面管理缺位,给审判实务中出现的合同性质与效力认定、法律关系厘定、房屋质量问题处理等带来诸多困惑。

1. 合同性质判断存在偏差

处理合同纠纷的前提是对合同性质作出正确判断,确定合同性质后才能够找准适用法律依据及对合同效力作出精准研判。在农村自建房施工合同纠纷审理过程中,最大的一个争议问题是合同性质认定的依据到底是《民事案件案由规定》还是其他与建筑活动相关的法律法规,因没有具体明确的指引,基于具体案情和不同出发点的考虑,不同的审理者对合同性质的认定结果就不一样,势必最终给出的裁判结果各有不同,呈现合同性质认定不一、适用法律依据不同、同案不同判现象,对类案处理造成困扰。通过对目前存在的三种主流观点进行评析,也可得出的结论是面对不同案件审理者在没有统一规范指导下,站在不同角度、结合具体案情,对合同性质判断自然不同,作出的裁判结果也会存在差异。

2. 合同效力认定标准失范

审判实务中,合同效力认定是一个至关重要的问题,关系到合同类案件能否正确处理。[13] 在农村自建房施工合同中,当事人双方签订的建房合同或协议效力如何,不仅关乎合同对当事人权利义务的认定和匹配、关乎能否得到法律保护,还关乎自建房纠纷能否妥善化解、当事人各方合法权益是否可以有效保护。但是在司法实践中,对农村自建房施工合同或建房协议效力认定并没有统一的认定规范标准,尤其在对建房资质、楼层高低、建房方式等是否作为认定合同效力的判断上并不统一。在不同的具体个案中,加之不同案件审理者对法律理解和法律事实判断并不一致,对合同效力认定存在见仁见智现象,在具体适用法律的选择上亦出现标准不一。虽然我国不是判例法国家,但案例的指导作用不容忽视,尤其在大数据时代背景下,类案裁判尺度不统一,必将对司法公信力和执行力造成负面影响。

3. 法律关系厘清存在争议

厘清案件法律关系是审理者依法作出裁判不可或缺的必要条件。[14] 审判实践中,对农村自建房施工合同纠纷的处理之所以出现审理过程及裁判结果上的各种各样分歧及争议,一个不容忽视的方面就是审理者对引发纠纷的法律关系进行厘清时存有争议,没有统一规范指引。其原因包括:一是该类纠纷法律规范缺位、缺乏必要

---

〔13〕 参见王轶:《合同效力认定的若干问题》,载《国家检察官学院学报》2010 年第 5 期。

〔14〕 参见王长福:《关于农民自建低层住宅现状的分析》,载《佳木斯教育学院学报》2012 年第 3 期。

审理指引;二是本身内部关系错综复杂,不仅包括自建房人与施工队的法律关系,还包括施工队内部的法律关系。在对案件法律关系作出判断时,一旦对矛盾深层次的法律关系没有理解透彻或者理解存在偏差,对审理查明案件事实、认定合同效力、适用法律规范等势必造成困扰,影响审理者的判断。

4. 化解纠纷依据不完善

目前我国法律对何为农村自建房尚没有明确规定和具体划分标准,最高人民法院在《中国民事审判前沿》中的倾向性观点是"《建筑法》第83条规定的农民自建是从建设主体即权利主体而言的,不论是农民自己施工,还是将工程承包给个体工匠或者建筑企业建设,都属于农民自建",该观点对建筑主体作了相对明晰的陈述,但对被《建筑法》明确排除在外的"农民自建低层住宅"的标准则没有作出明确规定。各地受习俗、地域等影响,加之法律依据不到位、留有空白,在处理纠纷时,涉及不同法律规定甚至出现自相矛盾情况,致使在合同认定上众说纷纭,具体案件处理也是各有各的做法,适用法律和裁判尺度无法统一。[15]

5. 主客观因素双重影响

客观因素之一:房屋质量评价。因房屋质量提起诉讼或进行抗辩是农村自建房施工合同纠纷最常见的情形,每个案件中或多或少都会提到房屋设计缺陷或不规范施工引发的质量问题。无论是哪一方提起诉讼,房屋质量问题时常成为争议焦点,在认定事实及责任承担方面起到了关键作用。但房屋质量又是一个复杂烦琐的问题,现行法律对农村房屋质量并没有具体明确的评价标准,审判实践中,只能是参照执行,但也出现过"房屋鉴定报告是专门针对城市房屋安全进行鉴定的,而非针对农村房屋"的意见。

客观因素之二:监督管理不完善。我国尚未出台完善的专门针对规范农村自建房的法律法规,经过多年发展,农村自建房市场已呈现多元化态势,对工程质量监督尤其自建房这块基本上是空白的,缺乏有力的质量监督,房主的验收基本上是流于形式、浮于表面,房屋是否存在质量问题因没有经过专业检测监督而无法确定。政府的相关职能部门并没有履行职责,加强对农村施工队伍的监督管理、技能培训,源头上没有堵住质量问题。

主观因素之一:经济条件与法治意识不匹配。近年来,随着农村经济的迅速发

〔15〕 参见张志历:《农村自建房发包给个人施工应否适用〈建筑法〉》,载《建筑时报》2012年2月16日,第5版。

展,人民群众的经济条件大为改观,为改善住房条件,一栋栋砖混小洋楼拔地而起,部分村民也抱有盲目跟风、攀比心理,在没有充分考虑房屋结构、空间设计、用工用料等情况下,仅凭房主或施工人的经验或模仿他人住宅的方式进行房屋建造。农村是熟人社会,受多年传统观念影响,自建房事宜选择相信熟人或由熟人介绍,而这些建筑工匠或建筑手艺人基本上也是“忙时拿镰刀,闲时拿瓦刀”的农民,并未将有无相应施工资质列为考虑之列。另因自建房普遍采用口头协议方式,忽略合同内容、细节,对施工标准、单价、工作量等约定不清楚、责任划分不清晰,极易引发矛盾。

主观因素之二:无资质施工建房成本低。农村自建房规模不大,且零星分散、利润低,具备建筑施工资质的建筑公司并不愿意到农村承建低楼层居民房屋,建房人从节约成本考虑,情愿选择熟人社会中的农民施工队,既可方便自行掌控建房自主权又可节约成本。但农民施工队伍本身没有经过系统专业技术学习,无法达到建筑法对房屋施工的要求,既无相应施工资质,也无法保证建房质量,且往往因为施工进度、房屋质量、工程款结算与支付等产生纠纷,而且大多数情况下因为没有签订书面施工合同或者合同约定不清楚,这极易给审理者带来困扰,一定程度上影响纠纷处理。

表3　自建房合同纠纷主要特点和原因剖析

	主要特点	原因分析
农村自建房施工合同	合同内容简单或未签订合同 以房屋质量与工程款支付纠纷为主 施工人没有相应资质占多数	合同性质判断存在偏差 合同效力认定标准失范 法律关系厘清存在争议 化解纠纷依据不完善 主客观因素双重影响

三、路径突破:审理机制修正与完善

农村自建房施工合同在本质上是一种特殊的建设工程合同。[16] 审判实践中,对涉及农村自建房施工合同纠纷的诉讼只是简单机械适用建设工程合同相关法律法规进行约束调整,必须在总体原则框架下,根据具体案件情况,充分考量施工方式、施工内容、施工对象、楼层高度、合同或协议约定等不同因素。一是要树立合同性质判断和效力认定意识,充分认识到房屋建设的楼层及高度的界定是划分施工合同效力的起点,涉诉纠纷处理必须审查建房人与施工人签订的合同性质,查明施工人在整个建

〔16〕 参见刘贵祥:《合同效力研究》,人民法院出版社2012年版,第6页。

房过程中处于什么身份，双方达成的协议是否合法有效。二是对施工合同或协议进行要素式综合分析，从发包方式、报酬计付、施工方式、材料采购、质量监督等方面进行考量，具体区分情形，确定是承包建房还是帮工建房。三是对已经明显属于建设工程合同的情况，重点要对主体情况、当事人资质、工程质量、工程价款、工程进度、建设内容、是否存在分包转包、违约责任等进行全面实际性审查。自建房合同纠纷处理分析见图 4。

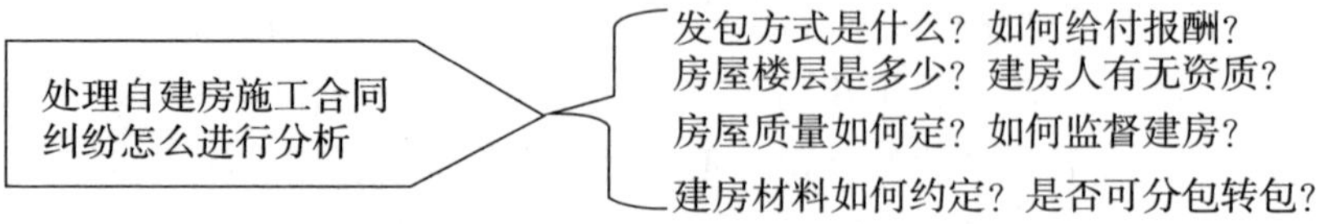

图 4　自建房合同纠纷处理分析

（一）明确合同性质，规范效力界定

农村自建房施工合同是平等民事主体经协商一致达成的一种民事合同，但因具体情况涉及的法律关系错综复杂，处理该类纠纷，除应遵循民事合同纠纷处理的一贯思路外，首先必须对合同性质作出评判并对效力作出明确界定，然后才能按照审理流程，查明案件事实、厘清法律关系、规范适用法律，对当事人诉求作出公平合理的评判，找准双方争议焦点、妥善处理矛盾纠纷。

对农村自建房施工合同的性质和效力如何判定，是必须解决的首要问题。毋庸置疑的是农村自建房施工合同是特殊的建设工程合同，受相关法律保护和约束，但因农村自建房特殊的施工群体和复杂的法律关系，在合同效力认定上必须慎重。审判实践中，不能简单生搬硬套“一刀切”，必须结合具体案情。一是对案件中涉及的包括但不限于施工方式、建设楼层、规模及工程款计付方式等作详细了解，并参照双方达成的建房合同或协议对具体权利义务的约定，综合判断施工合同的效力情况。二是以不违背法律规定为原则，充分尊重当事人真实意思表示，认真梳理涉及的各类法律关系，综合判断和认定合同效力。三是谨慎适用法律规定，宏观把握、综合权衡，对农村地区并无建筑资质的建筑工匠或建筑手艺人承建的房屋，不能当然被认定无效，因建筑资质更多是为了确保工程质量，加强对个体建筑工匠或手艺人的有效管理，严格意义上是一种管理性规范，不能作为认定合同是否有效的依据，至于此种情况的处理，可结合自建房实际情况，参考国家对二层以下（含二层）自用住宅合同的规定，即使存在无资质的瑕疵,亦可作为建设工程合同的特殊情形进行有效认定。[17]

(二)厘清法律关系,准确适用法律

审判实践中,在对农村自建房施工合同性质和效力作出认定基础上,对双方当事人的诉讼请求和答辩理由进行综合对抗性分析,方能进一步厘清纠纷涉及的法律关系。

一方面,具体案件办理中应结合双方诉请注重庭审逻辑掌控,充分发挥庭前会议作用,归纳争议焦点,释明举证责任,确定当事人的权利请求,即引导当事人明确意思表示,建房人行为是承包建房还是纯粹帮工建房,对合同本身的权利义务要清晰明了,厘清相关法律关系,确认是薪酬支付、房屋质量抑或是其他关联性纠纷,找准矛盾纠纷症结所在,开展举证质证辩论,抓住案件审理重心进行理性分析,促成矛盾纠纷及时妥善化解。[18]

另一方面,在具体案件处理中,坚持把立法本意和当事人真实意思表示有机结合有助于厘清法律关系。因农村自建房施工合同具有特殊性,应重点围绕案件争议焦点,查清案件事实。无论是建房人还是实际施工人,相对来说诉讼能力不高、风险防范意识不够强,部分涉案合同事前沟通不够、事中变化较多、事后矛盾较大,加之缺乏合同履行事项变更确认,一旦出现纠纷,证据准备上不足,主要是单方的手写记录单、证人证言等,证明力相对较弱,不利于查清事实。故在审判实践中,除严格按照法定证据规则合理分配举证责任外,对于争议大、需要出具专业意见的涉及房屋质量、工程量等情形,需开展必要的实地调查核实、现场勘察、委托鉴定、出庭提供专业意见等工作,推动案件事实认定清楚、当事人内心确信。

(三)统一裁判尺度,调解贯穿始终

农村自建房施工合同本质上是一种特殊的建设工程合同。审判实践中,既要遵循建设工程合同基本原则,又要根据具体案件情况,在总体原则框架下,充分考虑施工方式、施工内容、施工对象、楼层高度等不同因素,厘清法律关系,在此基础上,准确适用法律规范,统一裁判尺度。再者农村自建房施工合同纠纷事关人民群众生命财产安全,关乎人民生活幸福,也关乎国家乡村振兴战略实施、人民安居乐业,对整个农村建筑市场秩序都有非常之大意义。[19] 鉴于目前法律不够完善、管理不够规范,审

---

〔17〕 参见沈琦:《浅谈民房承建合同的性质及法律适用》,载《法制与社会》2009 年第 21 期。

〔18〕 参见王利明:《民商法研究》(第 9 辑),法律出版社 2014 年版,第 312 页。

〔19〕 参见许中缘:《民法强行性规范研究》,法律出版社 2010 年版,第 225 页。

判实践中,人民法院应充分发挥“一站式”诉讼服务和多元解纷机制,坚持调判结合、调解优先原则,把握裁判尺度,根据当事人的争议焦点和合理诉求,发挥调解作用,积极组织协商,以矛盾纠纷妥善化解作为主线,把调解贯穿审理的全过程,妥善化解矛盾纠纷。[20]

(四)坚持诉源治理,完善监管体系

农村自建房施工合同纠纷多发频发,与建房市场监管失范不无关系。为妥善化解纠纷,可以以下两个方面着手:一方面,职能部门加强农村建房市场监管,做好政策引导,开展建房施工技术和安全知识培训,改变农村泥工瓦匠落后生产局面,提升整体建房施工技术水平和建房质量保障,有效降低产生纠纷的可能性。另一方面,考虑到矛盾纠纷在基层的现实情况,应深入推进诉源综合治理,把非诉解纷机制前置,加强人民调解、行政调解、行业组织调解等多形式、多部门联动的解纷模式建设,从源头上化解矛盾纠纷,强化规范指导,使法治和善治同向加力,维护好人民群众的合法权益。

结　语

国家乡村振兴战略深入推进,农村经济社会发展进入新的发展阶段,村容村貌会有新变化,人民群众对幸福生活向往有新期待,对住房条件提出新要求,新建房屋或对旧房进行升级改造情况会持续增多。鉴于当前的农村建房市场现状,涉及建房的纠纷也在逐渐增多,在这个重要时间节点,对农村自建房施工合同进行再研究、再探讨显得尤为必要。农村自建房施工合同属于特殊的承揽合同即建设工程合同,现行法律对建设工程合同的规定相对严格与综合笼统,可操作性并不是很强,简单机械照搬法律规定,势必造成审判实践中对大部分农村自建房施工合同效力判定存在盲目引导,不利于纠纷化解。结合具体案件,对合同签订形式、合同主体、合同内容、合同标的物、合同权利义务等因素再次进行评析,坚持在总体框架下,着重从合同性质判断、合同效力认定、法律关系厘清、法律依据适用、裁判尺度统一、调解化解纠纷和诉源综合治理等方面进行考量分析,坚持用最严格的法律规范标准审查认定施工合同效力、规范统一明确界定标准,正确处理农村自建房施工引发的矛盾纠纷。但对因房屋质量、薪酬及利息追要等关联性纠纷处置等问题未作全面深入探讨,是否参照施工合同抑或其他合同纠纷及民法公平原则等来处理,可开展进一步深入探讨。

---

〔20〕 参见訾强龙:《新合同类型入典的标准与限度》,载《民商法论丛》2020年第1期。

购房者断供情形下商品房买卖合同解除问题研究

——以《民法典》第700条为切入点

张　芳　许　媚*

案例:2016年8月17日,王某与某开发商签订《商品房买卖合同》,约定王某支付完首付款后,余款由其向银行按揭贷款。其补充协议约定:"在房地产权证办理完毕前,买受人未按银行贷款合同规定期限偿还贷款或要求终止贷款合同,导致出卖人承担保证责任的,出卖人有权单方解除商品房买卖合同,收回该商品房。"后王某连续9次逾期,银行于2019年5月发出通知要求开发商履行保证责任。该开发商偿还完全部贷款后,向法院起诉,请求解除其与王某签订的《商品房买卖合同》并由王某支付违约金,撤销预告登记。一审法院判决解除合同;二审法院判决驳回某开发商的诉请。

在按揭贷款买房的情形下,开发商通常作为借款合同的保证人为购房者的按揭贷款提供阶段性保证,承担银行放贷至购房者取得商品房权属证书这段时期的保证责任。一旦购房者在此期间断供,开发商作为保证人承担保证责任后,会基于购房者的断供行为主张解除商品房买卖合同。此情形下的合同解除不同于购房者逾期付款或开发商逾期交房而产生的合同解除问题。后者的合同解除是基于违反商品房买卖合同义务所产生,而购房者断供情形下的合同解除系因购房者违反借款合同约

* 张芳,广西壮族自治区高级人民法院;许媚,广西壮族自治区高级人民法院。

定而引发。如上述案例,双方在商品房买卖合同中对购房者断供情形下开发商的合同解除权进行了明确约定,但开发商基于该约定享有合同解除权是否具有应然性,特别是在约定不具正当合理性或一方当事人明显利用其优势地位作出,且按照约定履行会产生显失公平的后果时,约定对双方是否仍具约束力,有待商榷。

一、实证分析:审判实践中存在两种不同态度

(一)案件检索概略

笔者在中国裁判文书网上以“断供”“解除合同”为关键词,在商品房预售合同纠纷和商品房销售合同纠纷案由下进行检索,涉及因购房者断供而导致开发商承担保证责任后起诉要求解除商品房买卖合同的案件共有674件。[1] 通过对案件的阅读整理和分析,发现全国各地法院均有此类案件,且案件数整体呈增长趋势,裁判尺度不统一,存在两种截然相反的观点。

1. 案件地域分布广

从案件地域分布情况(见图1)来看,购房者断供情形下的商品房买卖合同解除问题不仅仅是某几个省份法院面临的问题,亦非偶发性案件,全国2/3以上省份的法院均出现了该类案件。在现行按揭贷款买房制度下,商品房买卖合同解除问题事关购房者财产和生存利益,需妥善应对。

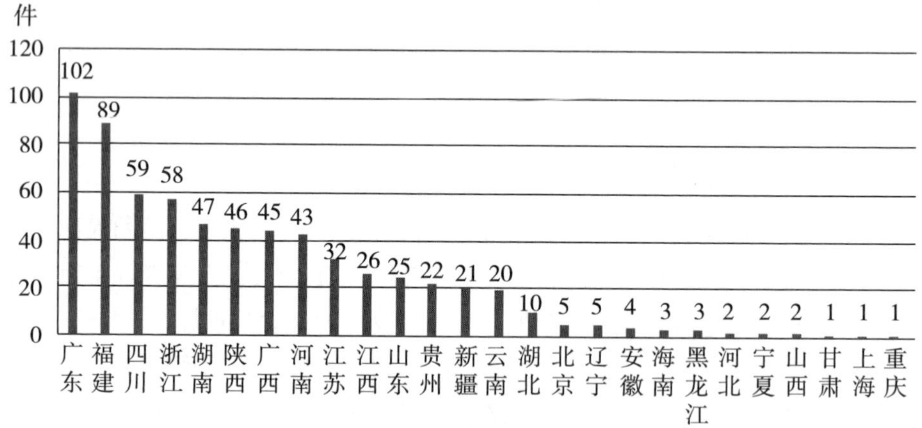

图1 案件地域分布情况

〔1〕 该数据为2021年8月10日9时28分的全部检索结果,参见中国裁判文书网,https://wenshu.court.gov.cn。

2. 案件数整体呈增长趋势

从案件审理时间情况（见图 2）来看，开发商在购房者断供情形下主张解除合同案件数随房地产行业的发展呈增长趋势，且在个别年份呈爆发式增长。自 2016 年开始，我国房地产行业发展到新的阶段，尤其是 2018 年三、四线城市房地产快速发展，开发商基于趋利避害的心理，在房价不断上涨的情形下，主张解除合同收回房屋更有利于保障其权益。故 2016 年至 2018 年该类案件亦呈现爆发式增长态势，直至 2018 年年底多地出台的房价调控政策逐渐发挥作用，全国房价有所稳定，该类案件才相对减少。而受 2020 年年初的疫情影响，全国经济受创，该类案件亦浮动增长。

单位：件

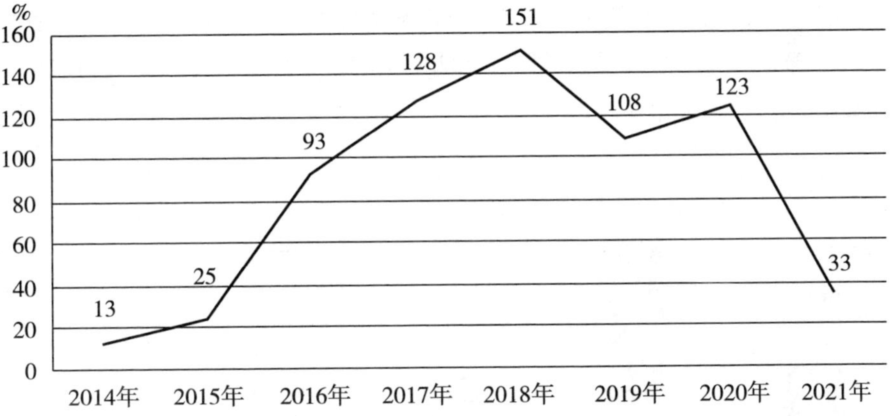

图 2　案件审理时间情况

3. 同案不同判现象突出

一是全国各地法院观点不一。根据案件检索情况，针对开发商在购房者断供导致其承担保证责任后主张解除合同的问题，审判实践中持解除观点的有 558 件，持不予解除观点的有 116 件。值得注意的是，在此类案件逐年递增的同时，持不予解除观点的案件数量以及占比亦在逐年递增，而且不可忽视的是此种变化与房价变化息息相关。如前所述，2016 年后我国房价上涨迅速，在房价快速上涨时，解除与否所涉及的利益更大，此时更多的法院不再简单地以约定解除对开发商的解除权予以支持（见图 3）。

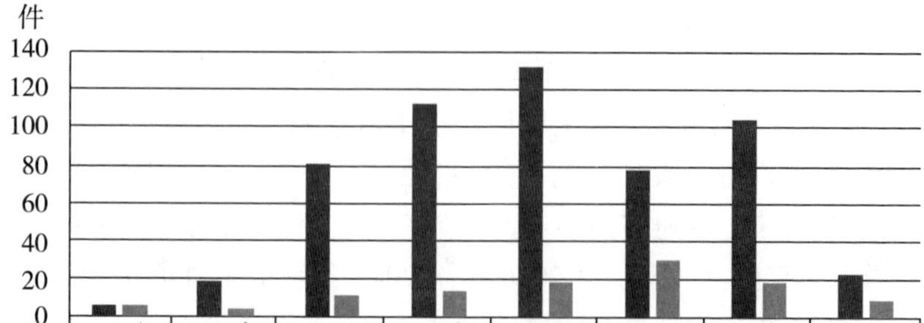

	2014年	2015年	2016年	2017年	2018年	2019年	2020年	2021年
■支持解除	6	20	81	113	132	78	104	24
■不支持解除	7	5	12	15	19	30	19	9

图 3　近年来法院审理态度

二是同一省份法院观点存在对立。对该类案件相对较多的部分法院进行抽样分析,发现广东、福建、湖南、广西、江西等地法院审理态度仍在支持与不支持之间徘徊,两种观点对比明显(见图 4)。

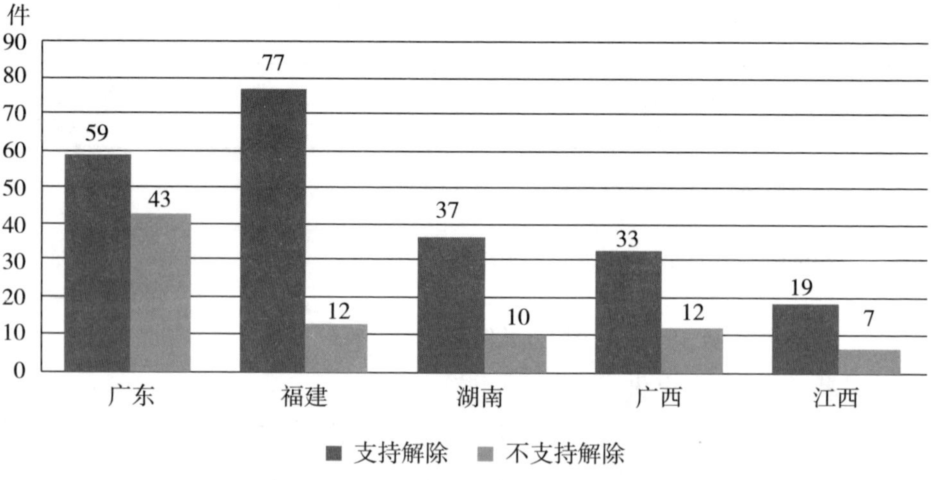

图 4　部分法院审理态度对比

三是上下级法院观点未达成共识。从图 5 来看,现有 674 件案件中,二审生效判决共 121 件,通过对二审生效判决的比较分析发现,二审改判案件共 36 件,改判率高达 30%。其中,二审判决改不支持解除合同为支持解除合同的 23 件,改支持解除合同为不支持解除合同的 13 件。

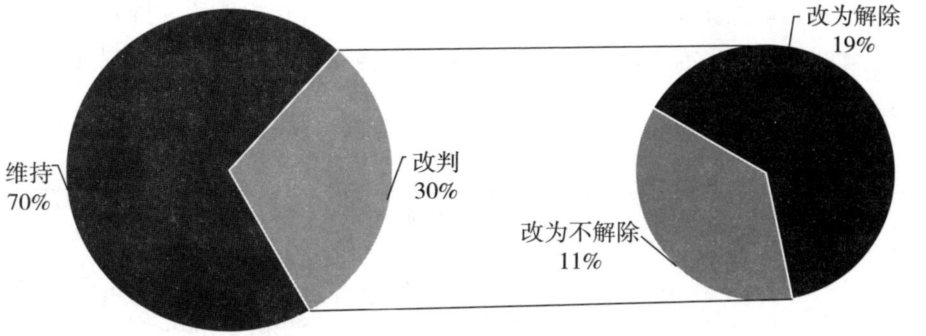

图 5　二审针对合同解除问题改判情况

（二）两种态度裁判理由各异

1. 支持开发商解除合同的情形和理由

约定解除权为法院支持开发商解除合同的主要理由，而即使未约定合同解除权，部分法院亦认可购房者断供导致开发商承担保证责任后，开发商享有法定解除权（见图 6）。

2. 不支持开发商解除合同的情形和理由

不支持开发商解除合同的理由更为庞杂，无论商品房买卖合同是否约定了购房者断供情形下的开发商合同解除权，其均不支持（见图 6）。

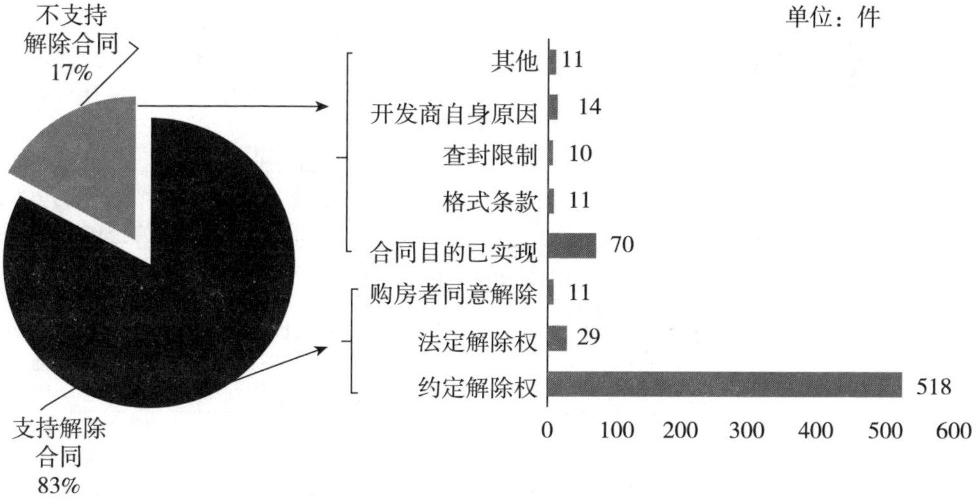

图 6　两种态度具体理由情况

通过对674份裁判的研究分析，分别选取部分具有代表性的支持开发商解除合同观点和不支持开发商解除合同观点，将不同观点裁判文书的主要裁判理由进行归纳（见表1）。

表1 法院观点及裁判文书说理情况表

	法院态度	案号	解除理由	说理部分
开发商诉请解除合同	支持解除	（2019）闽01民终5081号	约定解除权	购房者未能按照合同约定按时偿还银行贷款，导致开发商承担保证责任，符合合同约定的解除条件，对开发商行使约定解除权予以支持
		（2018）黔23民终789号	法定解除权	购房者断供导致开发商承担连带保证责任后，开发商获取购房款的根本目的无法实现，符合法定解除权行使条件
	不支持解除	（2020）桂09民终707号	合同目的已经实现	购房者已履行完合同中支付购房款义务，开发商的合同目的已经实现。开发商承担保证责任后，其依法享有的是追偿权而非合同解除权
		（2017）粤13民终2960号	格式条款加重购房者义务	“因购房者断供导致开发商承担保证责任，开发商有权解除合同”的条款为格式条款，此格式条款加重了购房者责任和义务，对购房者没有约束力
		（2017）云3102民初240号之一	限制其他查封人的权益	预查封人基于预告登记的公示效力对房屋进行查封，一旦支持开发商提出解除合同等诉请时，会导致预查封人的权利受到影响
		（2018）鲁01民终6780号 （2019）湘01民终9877号	开发商自身原因导致其承担保证责任	开发商未能在约定的办证时间内办理产权转移登记手续，导致其承担阶段性保证责任的期间延长，故在该期间内开发商承担保证责任的主要原因在其自身。 开发商未提供有效证据证明其在解除权发生之日起一年内已告知购房者解除合同，其起诉要求解除合同，已超过一年的解除权行使期限
		（2021）皖民申1975号 （2017）闽04民终796号 （2020）闽01民终1282号	其他	未约定解除权；开发商只代购房者偿还部分购房款；商品房为购房者的唯一住房，房屋已经装修入住，解除合同将影响其财产权和生存权等

二、价值衡量:商品房买卖合同解除与否利弊分析

按揭贷款买房中,涉及多重法律关系,所涉及的权益人不仅仅是开发商和购房者,还有银行、购房者的其他债权人等。上述看似简单的两种观点的背后实质是各方利益博弈的结果。通过对按揭贷款流程以及其中涉及法律关系的详细阐述,能更加明晰各方关系及其中的利益,以充分了解商品房解除与否的利益之争。

(一)商品房预售按揭贷款基本流程

商品房预售按揭贷款流程见图7。

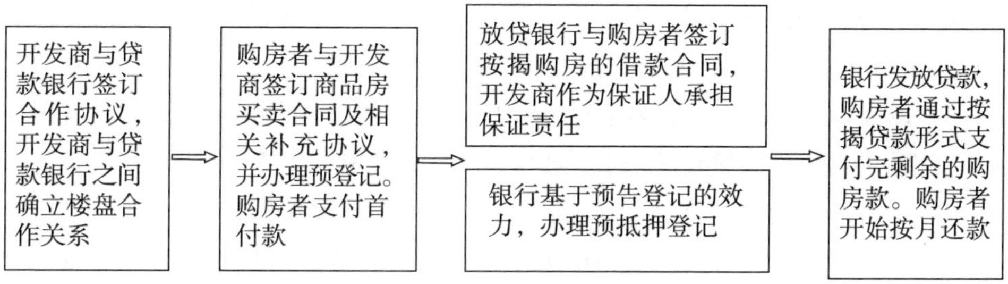

图7　商品房预售按揭贷款流程

从图7来看,其一,开发商承担保证责任的根本依据是开发商与贷款银行签订的合作协议,开发商承担保证责任从法律关系上来看是开发商以其经济实力为购房者的贷款提供保证,但从公平性的角度分析,是开发商和银行互惠互利的结果。一方面,开发商为了更快地销售楼盘,以达到资金在短期内回笼的目的,通过购房者向银行贷款的方式使得资金链得到维系;另一方面,银行通过与开发商合作,向购房者发放贷款获取利息。其二,开发商所承担的是阶段性的保证责任,即银行放款后至不动产权登记至购房者名下这段时间的保证责任。因在商品房预售制度中,购房者向银行贷款时无法提供房产作抵押,银行面临其放款后至购房者取得不动产权属证书期间无法实现抵押权的风险,故银行往往会要求开发商在借款合同中为购房者承担办理转移登记之前的保证责任,以避免银行的房贷风险。在商品房所有权转移登记至购房者名下后,银行的预抵押可转为正式抵押,购房者如无法履行借款合同义务,银行可以请求拍卖商品房并就拍卖所得款项优先受偿,其权益可以得到充分保障,开发商此时无须再承担保证责任。

(二)按揭贷款制度下的法律关系

一是开发商与银行之间的合作关系。开发商会在商品房预售前和银行协商达成

楼盘合作协议。在这种合作关系下,开发商以银行向购房者发放贷款的形式得以在短期内销售完商品房,收回开发成本,回笼资金,银行通过向购房者发放贷款而获取利息。

二是开发商与购房者之间的商品房买卖合同关系。购房者因购买商品房,与开发商形成商品房买卖合同关系。

三是银行与购房者之间的借贷关系。在商业贷款模式下,购房者一般是向开发商指定的银行申请按揭贷款,与银行成立借贷关系。而开发商所指定的银行是与其有楼盘合作协议的银行。

四是购房者与银行之间的担保关系。购房者基于商品房买卖合同已经办理了预告登记,将商品房作为偿还银行贷款本息的担保而与银行形成物的担保关系。在商品房的权属尚未办理至购房者名下时,银行所享有的抵押为预抵押。在司法实践中,人民法院并未承认预抵押有优先于普通债权受偿的权利〔2〕,放贷银行只有在商品房登记至购房者名下,预抵押转为正式抵押后,才享有优先受偿的权利。

五是开发商与购房者之间的担保关系。银行为了保证其贷款本息顺利收回,会要求开发商为购房者的借款承担阶段性保证责任。此时开发商是以其信誉作为保证,是人保关系。

六是购房者与其债权人之间的其他债权债务关系。开发商对商品房买卖合同办理预告登记后,购房者可能因与其他债权人的债权债务关系而导致讼争房屋被其债权人预查封,如解除商品房买卖合同,则影响其他债权人的权益。

(三)商品房买卖合同解除与否的利弊分析

因按揭贷款制度中涉及几方利益,在《民法典》实施前,无论商品房买卖合同解除与否均会有一方或几方的利益受损。

1. 商品房买卖合同解除的后果

第一,对于开发商而言。商品房权属证书办理的一般流程是,在房屋符合办理条件后,开发商先办理房屋的初始登记(俗称"办大证"),将案涉楼盘全部办至其名下,然后再依据商品房买卖合同,将房屋转移登记(俗称"办小证")至购房者名下。现开发商通过行使合同解除权解除商品房买卖合同,开发商无须再依据合同约定将已经办理了初始登记的商品房转移登记给购房者,商品房在撤销预告登记后就可完全回

〔2〕 参见赵培元、程洁:《唐一与叶辉等民间借贷纠纷执行案——抵押预告登记与法院预查封登记在正式登记条件具备时的司法处理》,载《人民司法·案例》2014年第4期。

归至开发商名下。开发商作为借款合同的保证人承担保证责任后亦无须行使追偿权,可直接重新获得讼争房屋,而讼争房屋此时的升值利益也当然由开发商所享有。

第二,对于购房者而言。其不仅未享受到房屋升值所带来的利益,还要承担高额的违约责任,受到的是一种双重惩罚。

第三,对于商品房的预查封人而言。预查封固定的是预告登记本身以及本登记完成之后对房屋的查封,预查封的执行效果取决于预告登记能否符合本登记的条件。一旦商品房买卖合同被解除,购房者不再享有相应的物权期待权,原来所办理的预告登记将会被撤销,基于预告登记进行预查封债权人的利益亦会因此受到影响。

2. 商品房买卖合同不解除的后果

第一,对于开发商而言。在购房者未按借款合同的约定履行还款义务情况下,开发商作为保证人,已经为购房者代偿了大部分房款,在购房者无力偿还全部债务而需要拍卖讼争房屋时,其享有的追偿权和普通债权一样,不享有优先受偿的权利,开发商已经支付大部分房款,却对房屋拍卖所得价款不享有优先受偿权,陷入钱财两空的窘境。

第二,对于购房者而言。因合同未被解除,开发商仍然应按照合同约定将房屋转移登记给购房者。购房者是讼争房屋的所有权人,如其不能足额清偿开发商的债务,开发商只能就讼争房屋拍卖所得的款项进行清偿。购房者在房屋升值的情况下,其仍然可以享有房屋升值的利益。

第三,对于预查封人而言。合同未被解除,在房屋转移登记给购房者之后,预告登记转为本登记,其预查封亦转为正式查封,其权益未受到损害。

通过上述分析,解除商品房买卖合同,购房者及其债权人的相关权益会受到损害;而不解除商品房买卖合同,开发商的权益则无法得到充分保障。此亦是各地法院对于购房者断供后商品房买卖合同是否可以解除产生争议的最根本的原因。且各地法院基于优化营商环境等因素考虑,往往支持开发商的诉请解除合同。此即《民法典》出台前的现状,但这种审判思路应当在《民法典》出台后发生改变。因《民法典》第700条确立保证人法定代位权制度,开发商即使不解除商品房买卖合同,其权益亦可以得到充分保障。

三、理论检视:《民法典》第700条对保证人权益的保护

(一)《民法典》第700条的理解分歧

《民法典》第700条规定:“保证人承担保证责任后,除当事人另有约定外,有权在

其承担保证责任的范围内向债务人追偿,享有债权人对债务人的权利,但是不得损害债权人的利益。"《民法典》颁布实施之前,原《担保法》第 31 条仅就保证人的追偿权进行规定。[3]《民法典》第 700 条在原《担保法》第 31 条的基础上新增规定了"享有债权人对债务人的权利"。"享有债权人对债务人的权利"在学理上被称为"法定代位权",是指保证人向债权人承担保证责任后,享有债权人对债务人的权利,取代债权人的地位。[4]《民法典》实施前,学界对于保证人的权利除追偿权之外,是否及于代位权,还是存在争议的。[5] 有学者认为保证合同是主债权合同的从合同,保证人履行保证责任后,相应的主债权消灭,针对主债权所设定的保证、担保物权亦随之消灭,承担保证责任的保证人无法取得和主债权相对应的从债权,保证人履行保证责任的行为并不能当然依据该条规定取得原债权人权利,并产生主债权、从债权一并转让的法律效果。即使《民法典》对保证人的代位权已作出明确规定,也仍有学者持否定观点,认为保证人享有的代位权不包括债权人对债务人的从权利。[6] 对于法定代位权的理解,主流观点还是认为债权人对债务人的权利,包括对债务人财产的抵押权等担保物权、迟延利息或者违约金。[7] 其实,上述两种观点核心焦点是《民法典》第 700 条所规定的"保证人享有债权人对债务人的权利"是否及于债权人的从权利,如担保物权、时效抗辩权等。如包括债权人的从权利,则属于完全代位,如不及于从权利,则属于不完全代位。

(二)《民法典》第 700 条是对保证人代位权全方位的保护

《民法典》第 700 条新增内容在于对保证人利益的全面保护,以提高保证人提供担保的积极性,最终可以起到鼓励交易的作用。因此,这种保护的力度应当是一种全方位的保护,不仅仅包括主债权的代位,亦应当包括从债权的代位,是一种完全的代位。

首先,基于文义解释,《民法典》第 700 条规定"享有债权人对债务人的权利",并未对"权利"进行限制。望文生义,在对法条进行解读时,不应人为地对"权利"二字进行限缩理解。这种"权利"既包括主权利,也应包括从权利。

---

〔3〕 原《担保法》第 31 条规定:"保证人承担保证责任后,有权向债务人追偿。"

〔4〕 参见马俊驹、余延满:《民法原论》(第 3 版),法律出版社 2007 年版,第 561 页。

〔5〕 参见程啸、王静:《论保证人追偿权与代位权之区分及其意义》,载《法学家》2007 年第 2 期。

〔6〕 参见汪兴平:《如何理解〈民法典〉第 700 条规定的保证人的代位追偿权》,载微信公众号"济南市历下区人民法院"2020 年 8 月 3 日。

〔7〕 参见黄薇主编:《中华人民共和国民法典释义》(中),法律出版社 2020 年版,第 1327 页。

其次，从大陆法系各民法典关于保证人代位权的规定来看，无论是《德国民法典》第774条之规定〔8〕，还是《法国民法典》第2306条之规定〔9〕，都在传达一种基本理念，即保证人在代为偿还债务后，直接取代债权人的位置成为新的债权人，原债权人的债权法定转移给保证人。且《法国民法典》规定得更为明确，代位债权人取得其对债务人享有的“所有权利”。不难看出，大陆法系民法典规定保证人代位是一种完全代位。

再次，《民法典》第700条所规定的代位权是债权的法定移转，而债权法定移转的效果应与约定转移的法律效果一致。《民法典》第547条规定双方约定对债权进行转让时，从权利一并转让。〔10〕则保证人通过代为偿还债务依法取得债权人的权利，主债权的从权利也应一并取得。因此，保证人承受取得的不仅仅是原债权人对债务人的债权，亦包括该债权的担保权利，如抵押权、质权、留置权等。

最后，在同一部法律对类似情形作出相同规定时，从维系法律体系协调和谐的角度，应作出同一解读。《民法典》第700条是对保证人清偿债务后法定代位债权人对债务人的权利，无独有偶，《民法典》第519条〔11〕对连带债务人清偿债务后法定代位债权人的债权亦作出规定。连带债务人在清偿全部债务后，相应的主债权其实已消灭，但《民法典》仍然明确规定连带债务人清偿超过自身份额的，有权就超出份额的部分向未足额履行份额的其他债务人进行追偿，并相应地享有债权人的权利。且法工委亦认可我国《民法典》关于连带债务人享有债权人权利系债权人的全部权利，担保

〔8〕参见陈卫佐译注：《德国民法典》，法律出版社2015年版，第306页。《德国民法典》第774条第1款规定：“以保证人使债权人受清偿为限，债权人对主债务人的债权转移给保证人。该项转移不得使债权人受不利益而加以主张。因主债务人和保证人之间的现有法律关系而发生的主债务人抗辩，不受影响。”

〔9〕参见罗结珍译：《法国民法典》，北京大学出版社2010年版，第503页。《法国民法典》第2306条规定：“已经清偿债务的保证人，代位债权人取得其对债务人享有的所有权利。”

〔10〕《民法典》第547条规定：“债权人转让债权的，受让人取得与债权有关的从权利，但是该从权利专属于债权人自身的除外。受让人取得从权利不因该从权利未办理转移登记手续或者未转移占有而受到影响。”

〔11〕《民法典》第519条规定：“连带债务人之间份额的难以确定的，视为份额相同。实际承担债务超过自己份额的连带债务人，有权就超出部分在其他连带债务人未履行的份额范围内向其追偿，并相应地享有债权人的权利，但是不得损害债权人的利益。其他连带债务人对债权人的抗辩，可以向该债务人主张。被追偿的连带债务人不能履行其应分担份额的，其他连带债务人应当在相应范围内按比例分担。”

权利亦包括在内。[12]《民法典》第 700 条关于保证人法定代位权的表述“享有债权人对债务人的权利”与第 519 条关于连带债务人法定代位权的表述“并相应地享有债权人的权利”基本一致,内容上亦无本质差别。因此,《民法典》中对于保证人与连带债务人关于代位债权的代位规定应一脉相承,应作出同一解读。既然连带债务人所代位的债权及于从债权,是一种完全代位,则保证人所代位的债权亦应及于从债权,亦是一种完全代位。

(三)开发商可代位取得银行的预抵押权

由此可见,《民法典》第一次以法律的形式承认了保证人的法定代位权。保证人承担保证责任后,被清偿的债权本应归于消灭,但《民法典》通过法律拟制的方式,确定债权继续存在,同时赋予保证人取代债权人地位,享有债权人的权利,目的在于保障保证人实现其追偿权。因此,保证人所享有的债权人的权利应当包括但不限于债权人对债务人享有的抵押权、支付本息请求权、支付违约金请求权。[13] 开发商基于承担保证责任后代位银行享有了银行在借款合同中所有的权利,亦包括了预抵押权。

因抵押权属于物权,对于这种预抵押权是否要进行转移登记,如未进行转移登记是否影响其担保物权实现?《民法典》第 547 条明确规定继受的从权利不因其未办理转移登记手续或者未转移占有而受到影响。因此,开发商在清偿全部借款、承担完保证责任后,其作为保证人,依据法律规定可以当然地享有放款银行对购房者的预抵押权利,不受其是否办理了预抵押权转移登记的影响。

在开发商依据商品房买卖合同约定将不动产权证登记至购房者名下后,其预抵押亦可转为正式抵押,在购房者无力偿还其所代偿的款项后,其可就商品房拍卖后的价款优先受偿。商品房买卖合同并未因此而陷入履行不能的境界,而继续履行合同亦未给开发商带来损失。因此,在《民法典》出台前,审判实践中倾向于支持开发商解除商品房买卖合同的主张是否合理,需要重新进行审视。

四、利益平衡:不解除商品房买卖合同更契合民法公平原则

购房者断供情形下开发商欲解除商品房买卖合同,无论开发商所行使的是约定解除权还是法定解除权,解除权的行使应受到限制。合同解除权的本质是违约方不

---

〔12〕 参见黄薇主编:《中华人民共和国民法典释义》(中),法律出版社 2020 年版,第 991 页。

〔13〕 参见最高人民法院民法典贯彻实施工作领导小组主编:《中华人民共和国民法典合同编理解与适用》(二),人民法院出版社 2020 年版,第 1392 页。

履行合同致使守约方利益受损的一种救济措施，是对“当事人所处的不公平状态”的一种“矫正”〔14〕。故解除权的行使应有其边界，否则会产生“矫枉过正”的后果。因此，对于购房者供断情形下开发商是否可以当然行使解除合同的权利，仍值得斟酌。

（一）约定解除权的条款不具正当合理性

根据案例检索情况，购房者断供情形下绝大多数开发商行使的是约定解除权，因商品房买卖合同所涉及的是老百姓的民生问题，其本质上属于民事合同的范畴，而非商事合同。〔15〕 对于商事合同，法官一般是从尊重约定，维护诚信出发，不对合同条款进行调整；而对于民事合同，法官更多应从正义或公平价值原则出发，对民事合同条款的合法合理性进行审查，在考量该条款的法律、社会效果基础上综合判定其效力。

1. 合同解除权的约定对双方无约束力

开发商与购房者在商品房买卖合同中约定，“购房者未能如约履行与银行的借款合同而导致开发商承担违约责任后，开发商享有解除商品房买卖合同的权利”。对此约定进行文义上的理解，亦即开发商承担了保证责任就有权解除合同，解除合同的后果是各方关系恢复到签订商品房买卖合同之前的状态——商品房回归至开发商名下，即使将来商品房符合办证条件，开发商亦无须再依据已解除的合同将商品房转移登记至购房者名下。但从该约定所产生的法律效果来看，本质上是购房者以其对商品房的物权期待权为开发商提供反担保。合同所约定的“开发商承担保证责任后可解除商品房买卖合同并收回商品房”与《民法典》第 401 条所规定的“债务人不履行到期债务时抵押财产归债权人所有”殊途同归。因购房者在签订合同时不是商品房的所有权人，其对商品房只享有物权期待权。此条款虽不是真正意义上的“流押条款”，但产生的法律后果与“流押条款”如出一辙。对于“流押条款”，《民法典》仍持否定态度，认为是无效条款〔16〕，故此条款与立法精神背道而驰，对双方无约束力。

2. 合同解除权的约定缺乏法律依据

在商品房买卖合同中，开发商的目的是出售房屋获得购房款，购房者的目的是取得商品房。购房者通过向银行按揭贷款的方式付清全部购房款，开发商也依约办理了预告登记，甚至有的已将商品房交付给购房者使用。双方虽未办理物权转移登记，

---

〔14〕 ［美］A. L. 科宾：《科宾论合同》（下册），王卫国、徐国栋等译，中国大百科全书出版社 1998 年版，第 536 页。转引自郝磊：《合同解除权制度研究》，中国政法大学 2005 年博士学位论文。

〔15〕 参见李志刚、张巍等：《民事合同与商事合同：学理、实务与立法期待》，载《人民司法》2020 年第 1 期。

〔16〕 参见最高人民法院民法典贯彻实施工作领导小组主编：《中华人民共和国民法典物权编理解与适用》（下），人民法院出版社 2020 年版，第 1071 页。

但主要原因在于开发商所出售的是期房，待办证条件成就房屋即可转移登记至购房者名下。如此看来，开发商已经收获购房款，而购房者也实际取得案涉房屋的准物权，商品房买卖合同中各方的权利义务基本履行完毕，双方的合同目的已实现，开发商诉请解除商品房买卖合同的基础已不存在〔17〕，此时开发商主张解除商品房买卖合同不应支持。

3. 合同解除权的约定有违合同相对性原则

开发商代为偿还购房者银行借款的行为，是其作为借款合同保证人履行保证责任的法律后果。开发商在履行完保证责任后，其享有的是保证人的追偿权和代位权，而开发商所要行使的是商品房买卖合同的解除权，与其基于借款合同所享有的追偿权、代位权分属完全不同的法律关系，不能混为一谈。购房者违反的是借款合同的义务，而非商品房买卖合同的义务，不能因购房者违反借款合同的义务而最终影响商品房买卖合同，借款合同和商品房买卖合同分属不同的法律关系，合同当事人也不尽相同，应当区分处理。

（二）法定解除权的行使条件不符合

即使在商品房买卖合同未对购房者断供情形下合同解除权进行约定的情况下，少部分开发商在承担保证责任后，会以商品房买卖合同目的不能实现为由主张解除合同。如前所述，商品房买卖合同已经基本履行完毕，购房者已以“首付款 + 按揭贷款”的形式支付了全部的购房款，开发商在商品房买卖合同中的权利已实现，合同目的并未落实，亦不存在法律所规定的其他法定解除情形。此时，开发商不享有法定解除权。

（三）合同解除后的法律、社会效果不理想

1. 从公平正义的角度分析

首先，开发商与购房者在商品房买卖合同中作出此约定亦是为了保证其在履行保证责任之后追偿权的实现。在开发商的追偿权可以得到充分保护的情况下，开发商亦不必然追求解除商品房买卖合同。当然，亦不排除个别开发商在利益的趋动下，想要收回房屋进行二次销售，以谋求更大的利益空间。但这种行为有违合同签订的初衷，亦会使利益失衡，为法律所不能容忍。

其次，从检索案例不难看出，开发商主张解除商品房买卖合同均是在房价处于上涨形势下提出。如果合同被解除，购房者一方面享受不到房价上涨的空间利润，另一

〔17〕 参见崔建远：《民法典合同解除的制度革新》，载微信公众号“法律出版社”2021 年 8 月 23 日。

方面还要承担高额的违约金,其所受到的处罚是双重的,且所承担的违约责任远大于其违约行为所造成的影响以及给开发商所带来的损失,商品房的预查封人权益同样会受到损害,而合同解除与否均不会损害开发商权益。正如阿狄亚(P. S. Atiyah)所说,在决定是否存在解除权时,如不试图平衡无过错方和过错方二者的损失,则产生的结果可能是不公正。〔18〕 因此,在司法实践中,法官不能依据双方的约定简单作出判定解除合同,而必须在权衡各方利益的基础上,作出更符合公众利益的裁判。

2. 从执行情况分析

如果解除商品房买卖合同,则依据该合同所形成的一系列社会状态将会被破坏,会给执行带来重重困难。首先,商品房买卖合同被解除,购房者已经支付的首付款及部分贷款以及利息问题并未处理,这将会引发新一轮的纠纷,并未达到定分止争的目的。其次,商品房买卖合同解除后,预查封人会提出执行异议,房屋是否当然直接归属于开发商,在执行过程中仍存在争议。有观点认为法院对房屋依法查封的前提下,不论商品房买卖合同纠纷结果为何,均不足以对抗依法查封在先的一般金钱债权人的权益。〔19〕 有的法院对开发商主张其享有房屋所有权采取了从严审查的态度,一般不予支持。〔20〕 最后,商品房买卖合同解除,已经装修入住的购房者将会面临腾房的局面,而且对于装修损失该如何处理,这也是在执行过程中比较棘手的问题。

在现行法框架下,开发商作为保证人履行完保证责任后,可以享有债权人对债务人的权利——预抵押权。其作为保证人为实现追偿权,必然会将房屋转移登记给购房者,预抵押权则可转为正式抵押权。若购房者无力偿还债务,开发商仍可以申请拍卖商品房并就拍卖价款优先受偿。购房者在偿还开发商的债务后,剩余的款项可以用来偿还其他债务,这样各方权益均能有效得到保护。故在《民法典》第 700 条出台后,开发商作为保证人的权利可以得到充分保障的情形下,开发商不必然通过行使合同解除权寻求救济,合同解除亦不利于市场秩序的稳定以及实质正义的实现。故对开发商解除商品房买卖合同的主张不应予以支持。当然,上述情形均是在开发商已经清偿全部贷款的情况下的分析。举重以明轻,对于开发商仅仅是偿还了几期贷款而主张合同解除权更加不应予以支持。

---

〔18〕 参见[英]P. S. 阿狄亚:《合同法导论》,赵旭东等译,法律出版社 2002 年版,第 432 ~ 433 页。转引自郝磊:《合同解除权制度研究》,中国政法大学 2005 年博士学位论文。

〔19〕 参见沈燕:《案外人不能以查封后的另案仲裁裁决阻却执行》,载《人民司法·案例》2018 年第 14 期。

〔20〕 参见周钰童、贾宏斌:《履行中商品房买卖合同解除后开发商的返还请求权应予支持》,载《人民司法·案例》2021 年第 2 期。

结 语

对购房者断供情形下开发商行使合同解除权不予支持,更有利于平衡开发商、购房者、银行以及其他利益相关人的权益,有利于促进交易市场的稳定和房地产行业的稳健发展,优化营商环境。同时期望更多专家学者和司法实践者进一步加强对该类案件的探讨研究,为该类案件的审理提供理论支撑,以促进司法实践裁判尺度的统一。

《民法典》溯及力问题中法律事实的认定

——基于《时间效力规定》第1条的适用分析

邹采伶*

《民法典》施行之日,《婚姻法》《民法通则》《担保法》等9部民事单行法及司法解释同时废止,但为保护当事人的合理预期,废止的法律并非一律不能再适用。因此,如何确保《民法典》实施初期在司法适用上的平稳过渡、统一裁判尺度、正确溯及适用民法典是法院急需面对的问题。最高人民法院审判委员会故而于《民法典》实施之前审议通过了最高人民法院《关于适用〈中华人民共和国民法典〉时间效力的若干规定》(以下简称《时间效力规定》)。从该规定不难看出,其围绕法律事实而展开,无论是"一般规定"部分、"溯及适用的具体规定"部分,还是"衔接适用的具体规定"部分,均是把法律事实的发生时间作为是否适用《民法典》的判断标准。因此,要判断是否溯及适用《民法典》,必须准确把握法律事实。至于何为法律事实,《民法典》未予界定,《时间效力规定》第1~5条亦仅明确《民法典》是否溯及适用的基本原则,诉至法院的某一具体事实,尤其是跨越《民法典》施行前后的事实如何落入抽象的法律事实中,目前主要通过各级法院尤其是基层法院在个案中作判断。但法律事实为抽象事实,对其概念、分类及意义辨析多见于学理探讨中,且界定多采用较为模糊的概括性术语,目前未有统一判断标准,审判实践易产生错误理解进而致使法律适用错误。

---

* 邹采伶,防城港市中级人民法院。

一、实证检视:《时间效力规定》第1条适用之现状梳理

《民法典》施行前的法律事实引起的民事纠纷案件及《民法典》施行前的法律事实持续至《民法典》施行后,该法律事实引起的民事纠纷案件,按照《时间效力规定》第1条及《全国法院贯彻实施民法典工作会议纪要》(以下简称《会议纪要》)规定〔1〕,需在分别适用已废止的法律与《民法典》的规定的同时援引《时间效力规定》相关条文作为裁判依据,故在个案中对《时间效力规定》的引用与法律事实的判断密不可分。本文从中国裁判文网中以《时间效力规定》第1条为检索要件随机选取了2021年4月21日至6月全国范围内400份民事一审生效判决作为研究样本〔2〕,结合该规定第1条的适用情况,对审判实践法律事实的认定及法律适用进行分析。

(一)裁判依据援引未规范化

最高人民法院于《会议纪要》中对《民法典》施行后的法条引用作了明确规定,四川省高级人民法院、吉林省高级人民法院及浙江省高级人民法院也分别于2021年5月11日、3月16日、1月18日对法院如何援引法条出台了相应工作指南。《民法典》施行前发生的法律事实需适用已废止的法律、司法解释及对跨越《民法典》施行前后的法律事实,在适用法律时应同时援引《时间效力规定》相关条文。但在个案适用中(见图1),裁判文书直接引用《时间效力规定》第1条作为裁判依据的为70份,占所有文书的17.5%,而该规定第1条含三款,每款视法律事实的不同发生时间分别应适用不同法律,概括地用第1条作为裁判依据不能反映法律事实的认定情况,该种引用并不符合规定。此外,尚有21%的文书仅引用旧法或新法而未援引《时间效力规定》即进行裁判。

---

〔1〕 参见《会议纪要》第13~17条。

〔2〕 选取400份民事裁判文书的原因:《会议纪要》于2021年4月6日施行,对是否援引《时间效力规定》作了规定,选择一审法院审结的案件更能反映当前法官认定法律事实的考量及《时间效力规定》实施的效果。

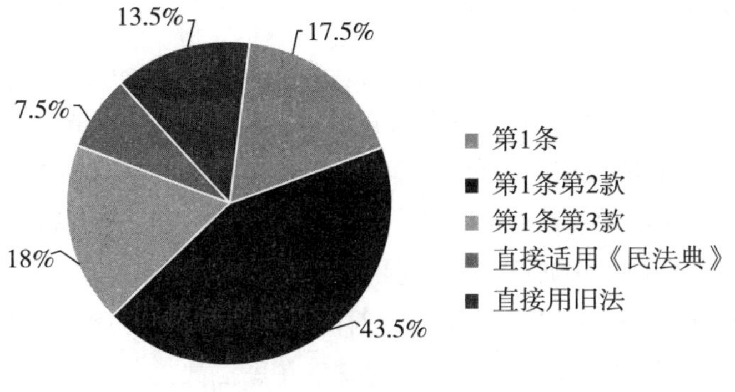

图 1　裁判依据援引《时间效力规定》情况

再就援引顺序来看，依据最高人民法院关于裁判文书引用规定、《会议纪要》等规定，制作民事裁判文书时，需同时引用实体法和程序法的，应当先引用实体法，后引用程序法。通过引致条文明确规定某一法律事实参照适用某一具体法律法规、司法解释的，在参照适用时，应当先引用引致条文，再引用引致条文指向的具体法律条文。根据图 2 所示，《时间效力规定》作为引致条文引于所有规范性法律文件前的仅为 109 份，占所有文书的 27.25%；引于所有规范性法律文件后的为 53 份，占 13.25%；引于实体法后、程序法前的为 154 份，占 38.5%；尚有 84 份裁判文书未将《时间效力规定》第 1 条作为裁判依据，仅在本院认为说理部分进行援引，如此，未能充分发挥《时间效力规定》引致条文的作用。

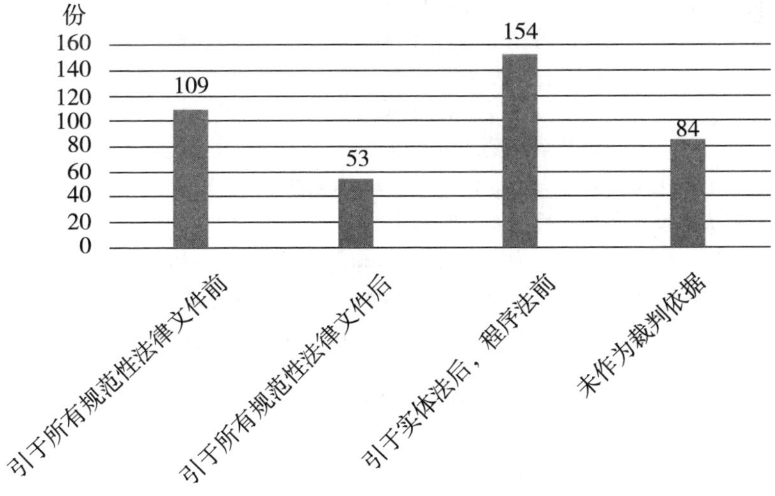

图 2　《时间效力规定》第 1 条引用顺序

（二）法律事实认定方式多样化

首先，因关系到新旧法的选择适用，实践中法院如于文书中载明选择法律的过程，多将法律事实及其发生时间的认定放在“本院认为”第一段进行论述，同时确定选择适用的法律。该做法与审理涉外民商事纠纷时准据法的确定过程类似。经检索，400 份判决中仅有 135 份对法律事实进行直接认定且依据不一。从图 3 可以看出，将“本案法律事实发生在民法典施行前”直接作为选择适用法律的理由的判决有 75 份，占总数的 55.56%，多表述为“本院认为，《时间效力规定》第一条第二款规定‘民法典施行前……另有规定的除外’，本案事实均发生在民法典施行之前，故依照前述司法解释的规定，本案仍应适用民法典施行前的法律、司法解释的规定”。该论述未确定任何选择依据，仅是阐明适用旧法的理由，从中无法窥探本案的法律事实为何。其次，是将当事人的违约行为认定为法律事实并认为该违约行为持续到《民法典》施行后，再依据《时间效力规定》第 1 条第 3 款适用《民法典》的规定[3]，该种情形涉及的判决为 27 份，占总数的 20%。如按该认定标准，在 2021 年诉至法院的发生于《民法典》施行前的未停止的违约行为引致的合同纠纷，均应适用《民法典》进行审理，因为该违约行为均持续到《民法典》施行后。但也有相当一部分判决(9 份)将侵权行为的发生瞬间认定为法律事实的发生时间，在此类判决中，侵权行为等同于法律事实，至于侵权行为是否持续到《民法典》施行后，判决中未予以考虑。对此可看出，同样是行

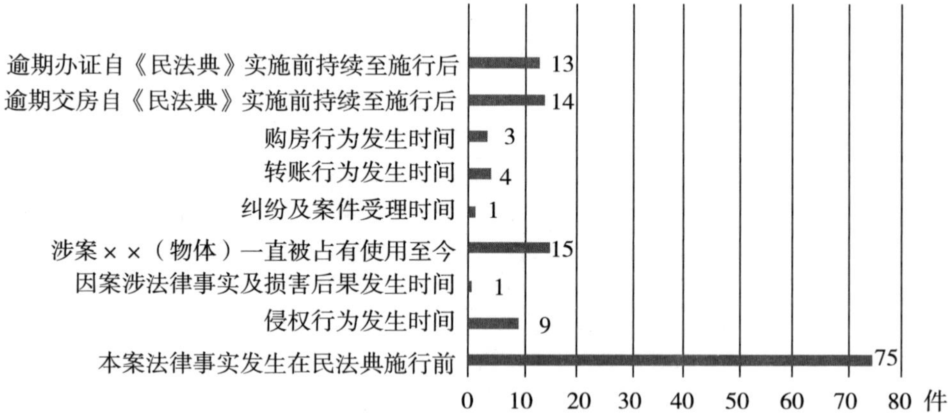

图 3　法律事实的确定依据

〔3〕 涉及的判决中违约构成要件于《民法典》施行前已成就。

为,在法律事实发生的时间认定上,法院却作出不同考量。值得注意的是,在返还原物纠纷、排除妨害纠纷等物权保护纠纷中,法院易将侵占物体行为及妨害行为等侵害物权行为认定为持续法律事实进而适用《民法典》的规定,以上情形涉及的判决为15份,占总数的11.11%。此外,尚有法院将案件受理时间以及购房行为、转账行为等行为发生的时间作为法律事实发生的时间。以上认定方式多样,说明审判实践中对法律事实的认定还在探索过程中。

(三)"同案不同用法"的现象普遍化

在新旧法交替时期,依据《时间效力规定》,正确认定法律事实,才能确保《民法典》的统一正确实施,降低试错成本,减少该时期审判质效波动。但通过检索发现,同案适用不同法律[4]的现象普遍存在(见表1),在同一纠纷中,适用新法与旧法的数值越近,说明法院对法律事实认定的分歧越大,在买卖合同纠纷及不当得利纠纷中尤为明显。分析本次检索的民事判决,以买卖合同为例,选取的42份判决中,买卖合同签订行为、货物交付行为、约定的买家支付货款时间均于《民法典》施行前,逾期付款的行为发生于《民法典》施行前并持续至《民法典》施行后,起诉时间也在《民法典》施行后,判决结果均是要求买家支付货款(有些需支付违约金),但18份判决适用《民法典》[5],24份判决适用原《合同法》[6],虽都是适用关于买卖合同中买受人逾期付款违约责任的规定,但法律指向不同。

表1 同一案由内适用法律的情况

单位:份

案由	适用新法	适用旧法
不当得利纠纷(48)	16	32
买卖合同纠纷(42)	18	24
物权保护纠纷(35)	25	10
商品房买卖合同纠纷(105)	27	78
承包地征收费用分配纠纷(20)	4	16
占有物返还纠纷(26)	24	2

〔4〕 不同法律是指新法或旧法。

〔5〕 如辽宁省海城市人民法院(2021)辽0381民初4496号民事判决书。

〔6〕 如陕西省定边县人民法院(2021)陕0825民初493号民事判决书。

检索的案例中也存在侵权方式相似但用法不同的情况。例如表 1 中的不当得利纠纷,表现形式即取得利益而使他人受损失的行为发生于《民法典》前,占有他人钱款的行为一直持续至本案受理后;占有物纠纷的占有物被侵夺的行为亦发生于《民法典》施行前,侵夺人对物的占有的行为一直持续至本案受理后,但针对款项的不予返还不当得利纠纷的法律事实认定分歧较大,而占有物的不予返还占有物纠纷的法律事实认定几乎达成共识,即被告持续占有某物的行为持续至《民法典》施行后,即法律事实持续至《民法典》施行后,按《时间效力规定》第 1 条第 3 款规定,适用《民法典》。由以上可以看出,纠纷类型不同,当事人行为、法律关系、涉案标的物等因素在实践中均会影响法院对法律事实的认定。

二、深度剖析:法律事实认定偏失的原因分析

(一)法律事实界定的抽象性

对于法律事实,萨维尼界定为指向产生或中止某项法律关系的所有事情。大陆虽然存在"法律关系说""构成要件说""综合说"等不同见解,以上学说或表述不同或研究视角不一,但均一致认可法律事实是指能够引起法律关系发生、变更、终止的客观情况。该定义为达到最低限度的学术共识而失去可操作和可识别性,以至于出现法律关系与法律事实的循环论证,司法实践据此无法用法律事实来选择适用法律:民事法律关系是平等民事主体间的权利义务关系,其产生前提是法律规范的存在和发生了相关法律事实。如此,法律关系的产生前提是法律事实,然而只有法律事实才能引起法律关系的产生、变更及终止,双方互为前提、相互定义。[7] 再就法律适用的效果来看,法律关系本身就是适用法律对事实进行评价后的概念,但对于是否能形成法律关系,其前提就需要确定适用新法或旧法进行评价,如根据该定义,法律事实自然就无法界定。《时间效力规定》虽将法律事实的发生时间作为是否适用《民法典》的判断基准,但该规定未就法律事实的认定作规范分析,司法实践容易沿循朴素的生活常识或具体事实的展开逻辑对法律事实进行设定从而扩大新法的适用范围,损害行为人的预期。

(二)类型化致使法律事实外延扩大

因界定过于抽象,民法学说着重研究法律事实的分类,尝试从类型化的角度来尽可能确定法律事实的外延,以便搭建法律事实的框架性认识,虽标准不一,但通常做

---

〔7〕 参见陈金钊:《论法律事实》,载《法学家》2000 年第 2 期。

如图 4 所示的分类。[8] 从类型化的角度确实可给法律事实提供可感知、可识别的途径,这种认识非常贴近人的直观感知,不需要凭借太多的抽象思维即可识别。但类型化的意义仍体现在具体事实及常识中,而民法学作为专业学科,虽然从具体事实、常识中来,但其由规范及法律术语塑造并围绕逻辑展开,若过于着眼事实具体分类,不从其内在含义、逻辑结构安排出发则难获取其内涵及本来面貌,且按照图 4 的分类,极易将个案包含的行为、状态等均认定为法律事实进而使个案法律事实的外延无限扩张。如以下案例所示,实践中常将违约状态的持续认定为法律事实持续,难以区分二者。

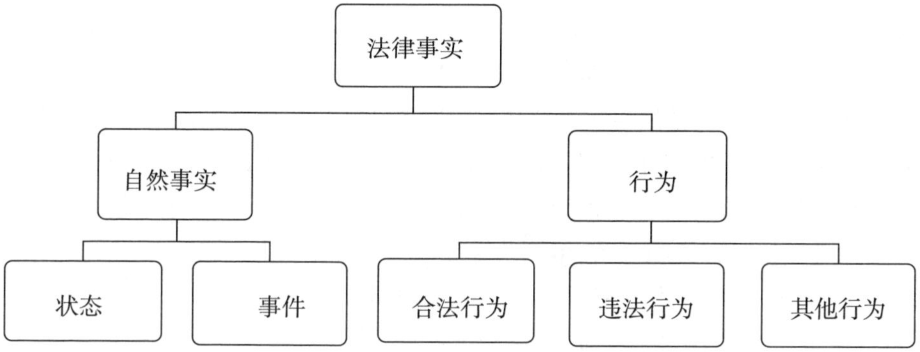

图 4　法律事实的分类

案例 1:买受人与开发商签订合同购买涉案 301 号房屋,约定开发商应于 2019 年 10 月 20 日向买受人交付,经查,涉案房屋因装修质量问题不符合约定交付条件,实际于 2021 年 1 月 17 日达到交付条件,至此,开发商应按约向买受人支付 2019 年 10 月 20 日至 2021 年 1 月 16 日延迟交付的违约金,该院依据《民法典》关于违约责任及《时间效力规定》第 1 条第 3 款规定,判决开发商向买受人支付逾期交房违约金。[9]

案例 2:买受人与开发商签订合同及补充协议购买涉案商铺,约定开发商应自交房之日(2017 年 7 月 14 日)起 365 天内将房产证交到业主手中,经查,开发商至今未按约提供办理产权登记的相关资料,已构成违约,该院依据原《合同法》、商品房买卖合同司法解释关于违约责任及《时间效力规定》第 1 条规定,判决开发商向买受人支付逾期交房违约金。[10]

〔8〕 参见王轶:《论民事法律事实的类型区分》,载《中国法学》2013 年第 1 期。

〔9〕 参见北京市门头沟区人民法院(2021)京 0109 民初 1310 号民事判决书。

〔10〕 参见四川省成都市成华区人民法院(2021)川 0108 民初 1725 号民事判决书。

案例 1 和案例 2 的对比情况见表 2。

表 2 案例对比

	违约行为	违约时间	违约状态持续	适用法律
案例 1	逾期交房	2019 年 10 月 20 日	2021 年 1 月 16 日	新法
案例 2	逾期办证	2018 年 7 月 14 日	至今	旧法

以上两个案例的相似之处在于：一是案由均是商品房预售合同纠纷，违约形态相似，案例 1 为逾期交房，案例 2 为逾期办证；二是违约行为均发生于《民法典》施行前；三是直至《民法典》施行后均未能交房或办证。但适用的法律截然不同，案例 1 适用《民法典》的规定，案例 2 适用原《合同法》等旧法的规定。之所以如此是因为法律事实认定不一致：案例 1 将出卖人逾期交房的状态认定为法律事实，该法律事实持续到民法典实施后，故依据《时间效力规定》第 1 条第 3 款规定而适用新法；案例 2 认定出卖人构成逾期交房之日在《民法典》施行前（2018 年 7 月 13 日），虽逾期交房违约状态一直持续至《民法典》施行后，但因法律事实，即逾期交房已完成于《民法典》施行前，故实际依据《时间效力规定》第 1 条第 2 款规定而适用旧法。

（三）法律事实认定缺乏统一标准

从以往司法实践来看，基于统一裁量尺度、维护法律秩序的目的，法院一般通过在司法解释中以个别条款的方式对新旧法的衔接适用予以明确且常将该条款置于附则中，或以纠纷受理时间作为适用新旧法的标准，如最高人民法院《关于审理民间借贷案件适用法律若干问题的规定》第 32 条（2020 年第一次修订），或以法律行为发生时间作为判断是否适用新法的标准，如最高人民法院《关于审理著作权民事纠纷案件适用法律若干问题的解释》第 31 条（法释〔2002〕31 号），或以期间经过作为适用新旧法的标准，如诉讼时效制度的解释（法释〔2018〕12 号，已失效），等等。以上规定散见于各司法解释的条文中，不仅不便于法官及当事人查找且判断基准不一，未能形成一套系统的溯及力判断规则，不能给《民法典》的溯及适用问题提供规范指引。

关于适用《民法典》的判断基准问题，如以纠纷受理时间或法律关系的发生时间作为判断标准必定使《民法典》适用范围过宽；而法律行为，如按法律事实的分类，在外延上无法包括期间经过、事件等，逻辑上不够周延；期间经过作为判断基准也仅针对诉讼时效等特殊情形。最高人民法院采纳了将法律事实的发生时间作为判断标准的意见并首次以专门的司法解释（《时间效力规定》）的形式对新旧法的衔接适用予以明确规定。以法律事实作为判断基准有先例可循，如《涉外民事关系法律适用法》

第37条即使用过“法律事实”这一概念，将法律事实发生时动产所在地作为选择适用法律的依据，原《民法总则》施行后最高人民法院在《全国法院民商事审判工作会议纪要》（九民会议纪要）第4条对其时间效力问题也进行规定，从文义来看，《时间效力规定》第1条以该条款条文为原型。但在涉外民事纠纷中，“法律事实发生时动产所在地”的动产物权适用的法律判断基准，在实践中通常直接以“涉案动产所在地为中华人民共和国”作为准据法的选择理由，参考意义有限。而会议纪要并非司法解释，不能作为裁判依据进行援引，且原《民法总则》施行后，法院几乎都是直接使用该法进行裁判，较少考虑是否可溯及适用的问题。故以往的司法实践在法律事实的认定上无过多笔墨，当然没确定统一标准。而学者对法律事实的研究多集中于其概念、分类及意义辨析等，鲜少有著作从审判实践的分析角度来探寻法律事实在个案中的展开路径，故此次民法典施行后司法实践中存在多种法律事实认定方式，亦在情理之中。

三、路径探寻：法律事实认定的三个维度

《时间效力规定》未就法律事实的认定作进一步解释，且存在条文数量不多、一般规定含义不够准确、具体规定部分亦存在指涉不明等瑕疵，只待各级法院在个案中作进一步判断。从上述实证分析可知，司法实践对个案法律事实的认定存在较大差异致使“同案不同用法”的情况频现，尽管裁判结果可能不因适用新旧法的不同而有实质差别，但会损害当事人的预期利益及破坏法律秩序。

（一）规则：认定法律事实的具体规则

1. 以规范为切入点来定位法律事实

生活事实只有转化为与某一法律规范有联结的法律事实才具有法律意义。[11]生活事实为法律术语铺垫了最基本的意义，且对法律术语的解读也无法脱离生活基本常识而高屋建瓴，但法律毕竟是规范性及逻辑性极强的专业学科，其旨意由体系化的法学训练及专业运用而确定，最终使规范用语表述不变但生活常识意义已大为减弱，不管是内涵、外延还是逻辑结构均可能已发生演变。例如死亡，通常理解为生命已经消失的生理状态，但法律意义还包括宣告死亡，该种死亡不过分关注生命是否已消失而落脚于人失踪达到法定期间而进行的推定死亡。由此可知，日常用语或生活

〔11〕 参见耿宝建：《在法律与事实之间——司法裁判中事实认定过程的法理分析》，载《河北法学》2008年第1期。

事实由法律规范"重塑"后可能就转变为具有新内涵、新外延的法律概念,结果可能会与其当初的含义相去甚远。故在理解法律事实定义的时候,必须遵循法律确定的旨意,有必要将认定切入点转到"法律"这一前置词。

"法律"事实因借助法律才具有法律上的意义。而一个完备的法律规范先要描述特定的事实类型,即构成要件,才赋予其某种法律后果。具体而言,其构造通常为"构成要件→法律效果",简化为"T→R",即构成要件引致法律效果,而法律效果即为权利义务的发生、变更或消灭。[12] 从中可看出,构成要件与法律事实的功能相当,构成要件即为规范层面上的法律事实(见表 3)。《民法典》第 1165 条"行为人因过错侵害他人民事权益造成损害"即为示例。法律事实经过抽象概念的转化被定位为构成要件,它并非抽象事实亦非具体事实。就司法裁判演绎推理常用的三段论而言,构成要件(法律事实)即为大前提,具体事实是小前提,二者的距离就是规范与具体事实的距离,裁判的过程就是小前提(某一案件具体事实)是否符合大前提(某一条文的构成要件)的过程,也即认定法律事实的过程。

表 3 构成要件与法律事实的功用

构成要件	→	法律效果 (权利义务的产生、变更或消灭)
法律事实		

以规范为切入点将法律事实定位为构成要件,使其在规范的调整下具有明确的内涵与外延,与具体事实拉开了距离,不会再混淆,逻辑明确、意义稳定、实践可操作性强。法律事实与法律效果相互限定,一一对应,二者也为因果关系,一个法律事实导致一个法律效果产生后,如没有新情况构成新的法律事实,法律效果不会再产生。因所有的法律效果都有持续性,仅就纠纷类型的不同而持续时间长短不一,故法律效果的持续并不影响法律事实的判断。但实践中常有法院将法律效果的持续认定为法律事实的持续进而将案件纳入《民法典》的调整范围。再看法律事实发生时间的认定,民法理论认为,法律事实可引起法律关系的变动。而法律关系变动通常有赖于一系列事实的发生,而这一系列事实作为一个整体,即为构成要件,以不当得利的构成要件为例,其所需的一系列事实见图 5,该构成要件的完成时间即法律事实的完成时间。

〔12〕 参见常鹏翱:《法律事实的意义辨析》,载《法学研究》2013 年第 5 期。

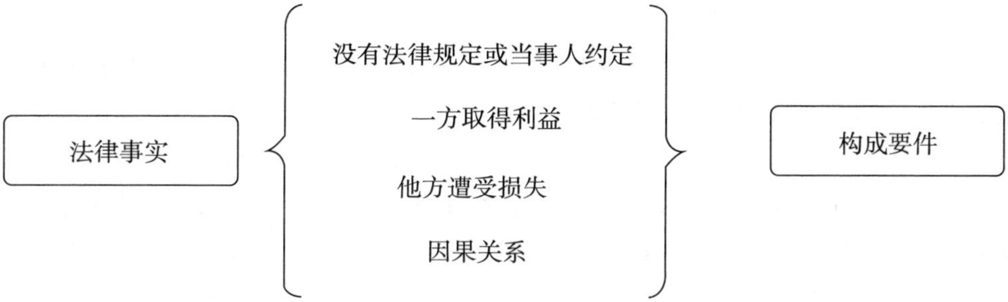

图 5　不当得利构成要件

《时间效力规定》“衔接适用的具体规定”部分实际也是按构成要件的完成时间来选择适用法律。例如第 24 条,一般侵权的构成要件为“侵权行为 + 损害后果 + 因果关系 + 过错”,侵权行为发生在《民法典》施行前,但损害后果出现在《民法典》施行后,整个侵权的构成要件,即法律事实跨越《民法典》施行前后才完成,应适用《民法典》的规定。再如第 21 条,房屋承租人行使优先承租权的构成要件为“承租人 + 同等条件 + 租赁期限届满”,作为构成要件的要素“租赁期限届满”于《民法典》施行后才完成,故适用《民法典》的规定。当然,如果在租赁期间,因《民法典》施行前履行行为发生争议的,如出租人诉请承租人支付拖欠至 2021 年 12 月的租金的,构成要件则于《民法典》施行前完成,适用原《合同法》的规定。

2. 状态并非法律事实持续

前已述及,通说一般认为状态为某种客观现象的持续,如对物的持续占有、期间经过等,为法律事实的一种类型。魏振瀛不仅支持以上观点,还专门论述区分事件和状态的法律意义。[13] 在占有物返还纠纷中,多数法院也认为被告对物的占有状态持续跨越《民法典》生效前后,为法律事实持续,应适用《民法典》的规定。本次检索的案件,该种认定的判决占该类纠纷判决的 92.3%。但状态是否真的可以认定为法律事实,答案为否定,笔者举例进行说明。

关于对物的持续占有,部分国家和地区规定了不动产所有权的时效取得制度,如德国和我国台湾地区的“民法”。以我国台湾地区“民法”为例,按“民法”第 769 条规定,占有人之所以可请求将他人的不动产登记在其名下,成为该物之所有权人,并非仅因其对该不动产“继续占有”的状态,还因占有人对他人未登记之不动产的“继续占有”满足了一定条件(“以所有的意思、自主、和平、公然”)且该“继续占有”达到了

〔13〕 参见魏振瀛主编:《民法》(第 7 版),北京大学出版社、高等教育出版社 2017 年版,第 35 页。

法定期限。在该种情形中,不动产所有权取得的法律事实并非指的是"继续占有"这种状态,而是占有人符合法律规定的占有行为,该行为不仅以占有人的意志为转移,也受外界之影响。从反面观之,尽管存在占有人对他人未登记之不动产之"继续占有"状态,但其以隐秘的方式通过暗挖地道在底下占有,其当然不能主张对该不动产的所有权。由此可知,对物的持续占有的状态并非法律事实,不能引起法律关系的任何变化。再论期间的经过,如诉讼时效期间,义务人获得抗辩权并非仅因"期间经过"的状态,还因权利人不及时行使权利。换言之,"期间经过"状态仅是构成法律事实的要素,其本身不是法律事实。

关于违约状态是否可认定为法律事实,违约行为是债务不履行或债务履行不符合合同约定的行为,而违约状态是指违约行为导致的损害后果的状态的持续,该持续与法律事实的判断无关。但从各法院确定法律事实的方式来看,相当一部分法院将违约状态认定与案件的法律事实混为一谈,如上文提及的(2021)辽 0381 民初 4496 号买卖合同纠纷案件,田某向宋某购买一次性筷子,宋某于 2020 年 6 月 20 日交货,但田某一直未支付全部货款,宋某于 2021 年 5 月 8 日向法院提起诉讼。该案法律事实是田某逾期支付货物款项的债务不履行行为,该债务不履行行为的构成要件完成于交付货物之日,至迟不超过交货的合理期限,即完成于《民法典》施行前,引致的法律后果为支付货款及逾期利息,应适用原《合同法》及其司法解释的规定。虽然田某的违约状态持续至《民法典》施行后且宋某亦是民法典施行后以诉讼的方式主张权利,但属于法律后果的持续而非法律事实的持续。实践中的一种错误理解是将田某至起诉前仍没有支付货款的违约状态认定为债务不履行的法律事实而适用《民法典》的规定,该种情形属于未能准确把握法律事实的认定标准。

(二)原则:认定法律事实应遵循的基本原则

法律事实具体化为构成要件,而构成要件本身即需要用法律规范来进行衡量。对法律事实的认定,是一个"目光在规范和具体事实间往返流转的过程"。例如,民法典对民事单行法仅是予以法典化的整合,构成要件的认定不会存在规范选择的障碍,自不待言,然而一旦涉及对民事单行法的明确修改、填补空白、细化解释等,法律规范如何选择就直接关系法律事实的认定,故法律事实应以如下原则为指引。

1. 坚持法不溯及既往

原则应以旧法对构成要件进行认定。如用未来制定的规则来评判今天或昨天的行为,会使人陷入恐慌和无所适从。法律只有可被公民预见、公民可依据其对将来进行行为,该法才值得被遵守同时是一部被制定得良好的法律。可预见性要求法律不仅可作为行为依据，还要认可公民依照法律所为行为的后果，是鼓励、是认可还是惩罚等，正常情况下，明天的法律不可对昨天的行为作出与旧法相反的评价。构成要件总会引致法律后果，如溯及既往亦是改变了个人依据旧法而为行为的后果，故不溯及既往是为确保个人依照旧法从事行为的法律后果不被新法评价，是保护当事人信赖利益的应有之理。

2. 坚持有利溯及

《时间效力规定》在坚持"法不溯及既往"的同时，明确认可民法典溯及适用原则的多样性，从"有利溯及"和"重大公益溯及"等方面为《民法典》的溯及适用提供法条依据。在明确规定的旧法被新法修改的情形，如适用新法能符合《时间效力规定》第2条三种有利于的情形，可溯及适用新法规定，在以上三种情形中，不会损害当事人的信赖及利益预期。构成要件的认定也是如此，若《民法典》涉及对民事单行法的明确修改、填补空白、细化解释或者新增规定等，可按有利溯及原则对构成要件进行认定。当然，在个案中判断是否"有利溯及"并不容易。不同于刑事案件被告人的单方有利溯及，民事案件中：一则，原告和被告间的利益往往"此消彼长"，在旧法明确、新法修改的情形中尤其凸显，因原告和被告均可因旧法产生信赖利益；二则，原告和被告对旧法的信赖利益受新法溯及适用的影响需结合具体个案进行分析。故应更换视角，侧重从当事人在旧法运行的情形下利益预期的强弱和正当性、过错程度等因素来综合评价。

（三）辅助办法：合理使用法律解释方法

某一事实经法律规范进行衡量后，可能符合多个构成要件，再者，法律事实的认定并非仅以法定的情形为限，在具体认定中法官可能会依经验法则或使用价值规则进行判断，在借助法律术语对事实加以说明时不可避免带有主观判断，此时则需要对法律事实辅以解释，可从以下几个维度进行：(1)文义解释。《民法典》的许多规定是对以往单行法及司法解释的解释与细化，此通常涉及是否适用新法的问题，但旧法规定是否明确并非一目了然，故对法律事实的认定首先应对新旧法进行文义解释，再结合个案对构成要件进行判断。(2)当然解释。认定法律事实、适用法律的目的是规范人的行为，就以行为为核心的构成要件而言，其引致的后果、可得利益及法律关系的变动很大程度以当事人的意思自治为基础，故法律事实的认定应尊重当事人的主观意愿及利益预期，保护当事人的原本安排。(3)目的解释。就不以当事人的意志为转移的构成要件而言，其法律后果由法律规定，不存在损害当事人信赖利益的问题，故法律事实的认定应以当时的法律规定为基础，符合当时条件下的立法目的。

结 语

《民法典》是中华人民共和国成立以来第一部以法典命名的法律，它的颁布不仅极大推进我国民事立法的体系化，也充分反映人民的意愿、诉求，保障人民的利益。但因其对民事单行法的修改、整合、纂修类型复杂，人民法院要正确处理好新旧法衔接适用问题并不容易。其中，正确对法律事实的发生时间进行认定至关重要，法律事实的认定不仅应符合基本的民事理论，也要具备可操作性，方能确保《民法典》统一正确适用，降低新旧法过渡时期的裁判用法错误的概率。

商业特许经营合同法定解除制度的困境与出路

——以关系契约理论为视角

韦丛君　唐冰发*

在彼此完全孤立、追求功利最大化的个人之间存在的不会是契约关系,而是战争。

——麦克尼尔

一、制度梳理:特许经营合同法定解除规则体系

特许经营是一种规模化、低成本的合作模式,通过其致力双赢的获益方式迅速在全国各地爆发式发展,但随之而来的是特许经营合同纠纷与日俱增、争议频发,其中关于商业特许经营合同(以下简称特许经营合同)的解除问题更是矛盾重重。合同解除是合同法中的重要制度,亦是合同法理论和实务中的一块冲突集中地。合同解除是"契约必须严守"原则的例外。[1]《民法典》对于合同解除规则及解除权的行使、效果作出了一定的变革和补充,但对于特许经营合同的法定解除问题,无论是原《合同法》还是《民法典》,都没有提供较好的应对方案。究其原因,首先,《民法典》合同编通则中关于合同解除的规则,多以一时性合同为模型进行设置,对特许经营等继续性合同关注不足。继续性合同具有履行时间长、信赖关系强等特点,在法律适用上会产生诸多与一时性合同不

---

* 韦丛君,南宁市中级人民法院;唐冰发,南宁市中级人民法院。

〔1〕 参见刘凯湘:《民法典合同解除制度评析与完善建议》,载《清华法学》2020 年第 3 期。

同的规则需求。其次,《民法典》关于法定解除的规则中存在如"合同目的"等不确定概念,需要裁判者根据个案情况具体判断,而在面对包含综合性内容的特许经营合同时,判断尺度更难把握。最后,特许经营合同不是有名合同,在《民法典》合同编"典型合同"部分没有专门规定,关于特许经营合同的解除制度仅特别规定在国务院2007年颁布施行的《商业特许经营管理条例》(以下简称《条例》)中。但是该《条例》的性质为行政法规,而特许经营合同本质上是一种民事法律关系,适用不同位阶的规则解决纠纷时易引发争议。

通过对特许经营合同的法定解除规则进行梳理,其主要可以分为以下三个层次:第一,《民法典》合同编通则对合同解除制度的总体规定。这主要包括第七章"合同的权利义务终止"中的规定,如《民法典》第557条第2款、第563条、第566条。第二,散见于《民法典》合同编通则其他章节中的规定。这主要包括第四章、第八章中的规定,如第528条的不安抗辩权解除、第533条的情势变更解除、第580条第2款的履行不能解除。第三,《条例》中特别规定的合同解除权。这主要包括《条例》第12条的特许经营合同"冷静期"条款、第23条特许人违反信息披露义务时被特许人的解除权。以上三个层次的规则遵从了从一般到特殊的逻辑顺序。

对上述规则的分析如下:首先,《条例》第12条"冷静期"条款是为了防止被特许人的投资冲动、平衡特许人和被特许人之间的信息不对称而特别赋予被特许人的解除权,被视为特许经营合同特有的解除规则。其次,在第二层次的规则中,《民法典》第528条规定因履行不安抗辩权而解除合同的,"视为以自己的行为表明不履行主要债务",故该解除权应认为属于第563条第2项规定的违约解除情形之一。《民法典》第580条第2款,多数观点认为系适用于违约方解除合同的场合。由于违约方解除合同制度与一般的合同解除制度理论基础不同,本文对此将不作阐述。最后,第二层次的第533条规定的情势变更解除与第一层次的第563条第1~3项规定的不可抗力解除、拒绝履行或延迟履行解除,法律条文中规定了具体的行为表现、适用情形,鲜少因特许经营合同的特性而产生适用上的特殊问题。

因此,结合上述分析,目前特许经营合同法定解除规则中主要存在以下三个突出问题:第一,《条例》第23条与《民法典》第563条之间的衔接与适用问题。《条例》第23条规定,特许人违反信息披露义务时,被特许人享有合同解除权。但在适用此条款时,是否可以仅以行政法规的赋权作为法律依据判令合同解除,抑或是仍必须考虑《民法典》作为上位法对合同的一般规定,有待厘清。第二,《民法典》第563条第4项中"合同目的"的判断问题。该条属于合同违约解除的一般规定,但"合同目的"是一个抽象的概念，在适用《民法典》第 563 条第 4 项判断特许经营合同应否解除时，特许经营合同的"合同目的"判断标准的尺度应如何把握，仍须斟酌。第三，对《民法典》第 566 条解除后果的理解问题。《民法典》第 566 条规定，合同解除后，已经履行的部分"根据履行情况和合同性质"，可以请求恢复原状、采取其他补救措施及赔偿损失，亦可同时主张违约责任。此时如何理解上述规定中的恢复原状、采取其他补救措施、赔偿损失及违约责任各自的性质及在适用上的逻辑关系，亟待明确。

二、实务检视：特许经营合同法定解除规则适用困境

上文对特许经营合同法定解除规则进行了条文梳理，但法律是一门实践的科学，法律条文间的逻辑、语义问题只有在实践中确实形成困局才能称得上真问题。下文将通过分析多个特许经营合同纠纷案例，对上述提出的问题进行实证检视和考察。

（一）《民法典》或《条例》：合同解除法律基础"模糊不清"

[案例一]〔2〕徐某以 A 公司违反信息披露义务为由主张解除合同。一审法院适用《条例》第 23 条的规定及原《合同法》第 94 条第 5 项判决解除合同。二审法院认为一审适用原《合同法》第 94 条第 5 项不当，认为《条例》第 23 条规定的被特许人的合同解除权，是对原《合同法》第 94 条第 4 项规定在特许经营法律关系中的具体化。

[案例二]〔3〕黄某以 B 公司违反信息披露义务为由主张解除合同。法院认为，《条例》系具有强制性的行政管理法规，不是法律，故对于《条例》中该条款的适用，应结合原合同法的规定予以综合判断。

为了讨论当《条例》规定的解除权与《民法典》出现交叉时不同法院援引法律依据的情况，笔者在裁判文书网上以"法律依据为《条例》第 23 条"为条件，检索"特许经营合同纠纷"案由项下的一审民事判决书，随机排布的前 50 个案件中，有 44 个案件涉及合同解除问题。其中，在这些案件的法律依据部分，法条援引情况分布见图 1。

根据图 1 可知，同时援引原《合同法》第 94 条第 4 项、第 5 项、援引第 94 条、仅引用原《合同法》第 60 条或第 107 条的案件共 13 个，在这些案件中法院对《条例》第 23 条的定性较为模糊。有 16 个案件援引了原《合同法》第 94 条第 4 项，认为《条例》第 23 条规定的解除权是原《合同法》第 94 条第 4 项的具体化。有 7 个案件仅引用原

〔2〕 参见贵州省贵阳市中级人民法院（2019）黔 01 民初 103 号民事判决书、贵州省高级人民法院（2020）黔民终 61 号民事判决书。

〔3〕 参见上海市徐汇区人民法院（2018）沪 0104 民初 20939 号民事判决书。

《合同法》第 94 条第 5 项“法律规定的其他情形”条款，认为《条例》第 23 条规定的解除权属于法律规定的其他情形。

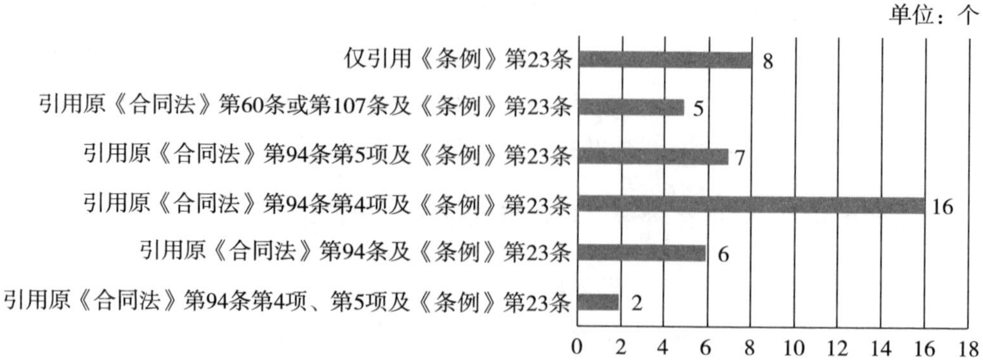

图 1 法条引用情况统计

不同法院对《民法典》第 563 条与《条例》第 23 条间的关系的理解不尽相同。在《民法典》结构体系之外，存在特别法与例外法两类法律。特别规范意指《民法典》基本原则在某一特定领域或特定案件类型的延伸应用，例外规范则是对《民法典》基本原则的背离，仅在有明确规定的情形和时间内例外使用，而不能类推适用于其他领域或其他案件类型。[4] 显然，当法院结合《民法典》第 563 条第 4 项及《条例》进行裁判时，是将《条例》的规定视为该项根本违约解除权在特定合同领域的具体化和自然延伸，此时在对《条例》第 23 条适用时应当结合《合同法》的一般规范意旨进行综合解释，保持合同法规范体系的一致性和协调性。[5] 但若依据《民法典》第 563 条第 5 项进行裁判，此时还有必要明确法律另有规定的相关条款是对《民法典》第 563 条的特别规定或是例外规定，在适用时是否仍须遵循《民法典》的基本逻辑与精神。《条例》作为行政管理规范，立法目的、价值取向与《民法典》均有差异，会更偏向被特许人的利益。例如，《条例》规定的“冷静期”解除制度，是特许经营合同特有的解除规则，属于例外条款，法院在适用该条解除特许经营合同时则会援引《民法典》第 563 条第 5 项或直接适用《条例》进行裁判，司法适用统一。但对于《条例》第 23 条的解除权性质，目前司法实践中尚未达成一致。

---

〔4〕 参见陆青：《论法定解除事由的规范体系——以一般规范与特别规范的关系为中心》，载《华东政法大学学报》2015 年第 1 期。

〔5〕 参见陆青：《论法定解除事由的规范体系——以一般规范与特别规范的关系为中心》，载《华东政法大学学报》2015 年第 1 期。

(二)严格标准或利益平衡:合同目的判断“宽严不一”

[**案例三**][6]王某以C公司未披露“两店一年”信息为由主张解除合同。法院认为,是否有直营店是特许经营活动中重要的经营信息,特许人应当明确向被特许人披露。故王某有权据此要求解除合同。

[**案例四**][7]王某以D公司未披露“两店一年”信息为由主张解除合同。法院认为,D公司的主要义务是提供产品工具后台、广告材料以及相关技术支持,D公司无直营店并不影响其履行相关合同义务,不足以致使合同目的无法实现。

表1　合同解除标准

序号	案号	判决理由概述	标准	判决结果
1	(2019)陕01知民初351号	未将不具备“两店一年”条件、未将特许经营情况等信息告知被特许人,不足以影响被特许人决定是否签订涉案合同	高	不解除
2	(2019)鲁01民初1537号	“两店一年”的规定属于管理性规范而非强制性规定,违反该规定并不当然导致开启公司不具有商业特许资格……不会实质性影响原告的合同权利、对原告的实际经营产生影响,也不会导致合同目的不能实现	高	不解除
3	(2018)津02民初322号	不具备“两店一年”条件及没有向商务主管部门备案等情形并不属于应当向被许可人提供的信息范围。但特许人在签订合同时并未向被特许人书面披露其相关信息,还存在提供虚假信息的情形	综合	解除
4	(2019)津03知民初478号	未披露“两店一年”的行为虽不必然影响合同的成立及生效,但系合同是否应当解除的重要考虑因素。但被告除向原告提供授权书及设计施工图纸外,并未履行约定的其他义务	综合	解除

〔6〕 参见山东省青岛市中级人民法院(2018)鲁02民初1441号民事判决书。

〔7〕 参见江苏省苏州市中级人民法院(2019)苏05知初267号民事判决书。

续表

序号	案号	判决理由概述	标准	判决结果
5	(2020)皖0191民初4277号	“两店一年”往往会影响被特许人对特许人是否具有成熟经营模式的判断,以及对特许经营资源价值的判断,进而影响合同能否订立	低	解除
6	(2019)湘07知民初19号	特许人在与被特许人签订加盟协议时,明知自己不具备“两店一年”的资格条件,而不主动告知,隐瞒了足以影响相对方作出意思表示的重要信息,符合合同解除条件	低	解除

解除标准过于宽松可能会导致被特许人动辄解除合同的投机行为泛滥,过严则又会造成无履行意愿的当事人陷入合同僵持中无法抽身。由上述案例可见,司法实践中关于未披露“两店一年”信息能否导致合同的解除判断标准宽严不一。

《民法典》第563条第4项规定的合同目的是一个抽象性概念,如何理解“合同目的”只能根据具体案情进行个案判断。在特许经营合同纠纷中,对合同目的尤其是“两店一年”信息对合同目的影响程度的判断标准更像是虚无缥缈、空中楼阁。一方面,虽然最高人民法院已经明确《条例》第7条“两店一年”条件属于行政法规的管理性强制性规定,不具备上述条件并不当然导致特许经营合同无效,但未说明不具备“两店一年”条件或不披露“两店一年”信息是否影响合同目的的实现。实践中不乏认为“因‘两店一年’信息不影响合同效力,因而也不能导致合同解除”的裁判。〔8〕另一方面,特许人若未进行“两店一年”备案会受到行政处罚,但行政处罚能否造成合同履行的障碍、对合同目的的实现的影响程度有多少,亦需要进行更深入的分析与判断。

(三)解除责任或违约责任:合同解除后果“众说纷纭”

[案例五]〔9〕法院依据“冷静期”条款判决解除合同。在解除后果上,法院综合考量E公司未披露相应信息,E公司为占某提供了开店培训等服务,占某未充分审核

〔8〕 参见重庆市第一中级人民法院(2019)渝01民初741号民事判决书:法院认为,“‘两店一年’属于管理性强制性规定,并不会影响合同的效力……故,原告以新依美公司不符合‘两店一年’条件而享有合同解除权,不予支持”。类似判决参见山东省济南市中级人民法院(2020)鲁01民初2817号民事判决书、江苏省徐州市中级人民法院(2020)苏03民初181号民事判决书。

〔9〕 参见南京铁路运输法院(2019)苏8602民初1019号民事判决书。

特许人资质、资源等信息便贸然签约等因素酌情确定E公司返还合同款金额。

[案例六][10]法院依据“冷静期”条款判决解除合同。在解除后果上,法院认定:首先,F公司所收取的项目合作费用应全额返还李某。其次,F公司履行义务不符合约定,构成违约,应承担赔偿经济损失的责任,鉴于李某对造成的损失未尽到审慎的注意义务,故其应当对损失承担部分责任。

[案例七][11]法院依据“冷静期”条款判决解除合同。在解除后果上,法院认定,关于特许经营费返还问题,主要按照实际经营期限与涉案合同约定经营期限的比例、黄某判断经营风险的能力的局限性、F公司的信息披露程度情况等因素,确定F公司返还金额。关于经济损失问题,F公司网站宣传的部分内容明显夸大经营资源,导致被特许人违背真实意思签订合同,F公司对涉案合同的解除具有一定过错,故酌定判其赔偿损失10000元。

上述三个案例中,法院对于合同解除后果的处理可以分别归纳为以下三种模式(见图2至图4):

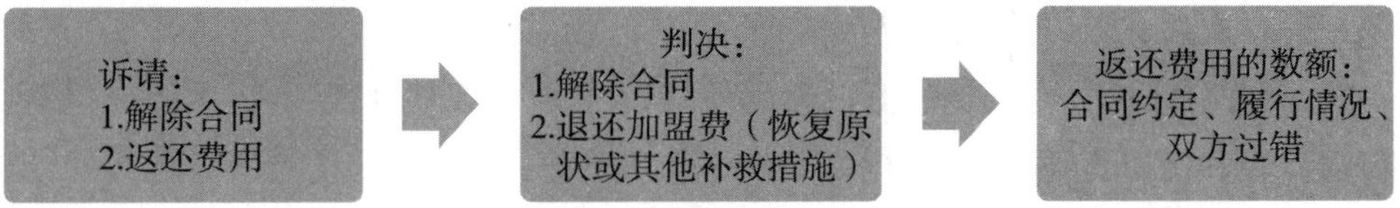

图2　模式一(案例五)

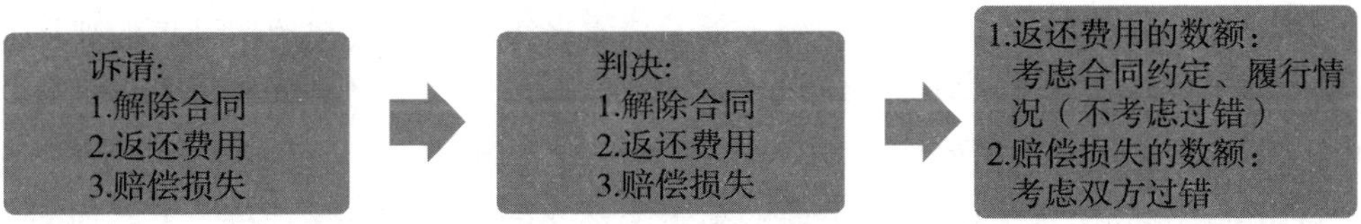

图3　模式二(案例六)

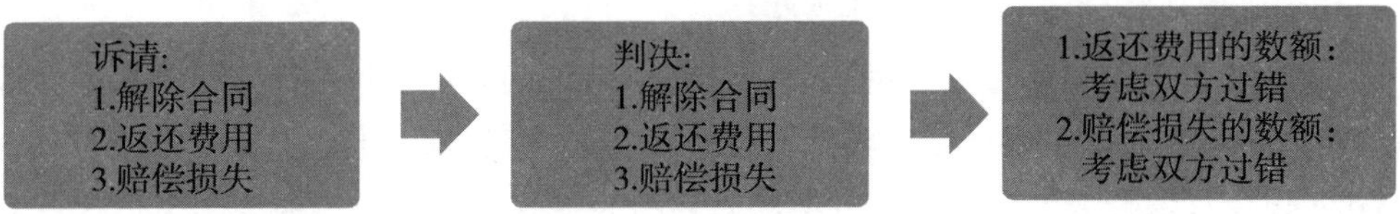

图4　模式三(案例七)

---

〔10〕 参见山东省济南市中级人民法院(2019)鲁01民初3370号民事判决书。

〔11〕 参见(2020)粤73民终3167号民事判决书。

《民法典》第 566 条第 1 款规定,合同解除后当事人可以请求赔偿损失,而第 2 款又规定了"解除权人可以请求违约方承担违约责任",有些观点认为第 1 款中的"赔偿损失"并非第 2 款中违约责任的形式之一,即认为特许人因合同解除而产生了独立的赔偿损失请求权。由于特许经营合同是一种继续性合同,通说认为合同解除后不具有溯及力,根据上述观点,在已经履行的部分无法恢复的情况下,即使权利人未主张违约责任,法院在处理"加盟费返还"请求时,也通常会将双方过错、因合同解除而导致的损害赔偿考虑其中(模式一)。北京市高级人民法院《关于审理商业特许经营合同纠纷案件适用法律若干问题的指导意见》中也采取了这样的观点。但若依此逻辑,在当事人同时主张返还及违约赔偿时,在返还加盟费及处理违约赔偿时均考虑双方的过错(模式三),是否会造成对过错的重复认定?对合同解除的后果认识不一,将影响合同当事人的利益与责任分担,是缓和或激化矛盾的关键一步。

三、路径选择:关系契约视角下的特许经营合同法定解除制度

(一)关系契约理论的基本内涵及价值取向

古典契约法理论对契约的假设为:合同当事人具备完备理性、合同主体地位平等以及合同当事人对合同内容进行了充分商讨。因此,"意思自治"被奉为合同的基础及准则。在充分强调"契约自由"的社会思潮下,法院在裁判时往往遵循形式主义的方法论,严守契约及法律条文的规定。但是,正如莫吉尔在《契约的死亡》中强调的中心思想:契约自由并不一定导向契约正义。现实世界并非古典契约法设想的那样完美,当事人往往不是真正的"理性人",他们的地位、社会经验差异巨大。若一味放任当事人自己订立合同,他们将可能会被地位优越的合同相对方击败。实践也显示,契约自由确实带来了越来越多的外部性,造成了社会的不公、市场的混乱、不合理的垄断魔爪蔓延。而关系契约理论的出现一定程度上缓解了这些问题,为契约理论的健康、持续发展寻找到了一个新的前进路径。

美国学者斯图尔特·麦考尼尔(Stewart Malaulay)在 20 世纪 60 年代开启了关系契约理论的研究,开创性地将关系纳入合同行为研究,美国学者伊恩·麦克尼尔(lan Malaulay)、日本学者内田贵发展了关系型契约的观念。关系契约理论的主体假设是"社会人",认为人具有有限的理性、不完备的知识以及一定程度的利他性。与此相对应,关系契约理论采取实质主义的方法论,认为法律的适用既要依据规则和标准,同时要考虑这些规则背后的立法根据、目的与理由。

关系契约理论所倡导的核心价值主要有以下两点:第一,契约团结。每一段契约

关系内部都形成了各自相互依赖的网络,比起作为利益博弈的“相对方”,关系契约理论更倾向于将契约关系看成互惠合作的“相向方”。它们认为契约关系中的人并非一味追求自身利益的最大化,而是通过互利共赢推动契约的稳定与发展。当然,为了维系这样的契约团结,关系契约理论也强调国家或法律规范这些契约外部的作用力,认为国家、法律不应是契约的旁观者。〔12〕第二,契约公平。契约公平强调首先要关注契约双方的角色完整,也即要考察契约中主体的具体境况、权力地位关系,而非将他们看成抽象的、孤立的缔约主体;其次要追求实质正义,在实体和程序上践行公平的价值。

回到特许经营合同的语境之中,特许经营合同是复杂的继续性合同。在主体上,一方通常是具有经营资源的商事主体,双方的经济、谈判、获取信息实力往往处于失衡状态。这与传统契约对于合同的假设大相径庭。而关系契约理论对契约主体完整性的强调,更能照顾到特许经营合同缔约主体的特殊性。在合同内容上,特许经营合同往往是涵盖许可、委托、服务、买卖等综合性内容的复合合同。在复合合同关系中,合同的目的和义务的履行并不仅仅是互为给付,“而是建立某种形式的经济联盟关系,共同谋求同一目标的利益”〔13〕。同样,特许经营合同的本质亦是一种通过协作实现市场开拓和互利的经营行为。若使用传统契约理论考察特许经营合同,可能会对合同产生僵化理解,动辄依据传统的“意思自治”理念处理合同的解除问题,助长投机或欺骗行为。

“合同的概念应重新调整并转变为一种包含合作、团结和公平义务的法律关系”〔14〕。关系契约理论的思维逻辑和价值取向,可以为我们理解特许经营合同提供一个新的视角和思路。

(二)关系契约价值下的特许经营合同法定解除路径

1. 以实质主义的方法论定位特许经营合同解除的法律依据

现代社会发展迅速,新型法律关系层出不穷,传统的民事法律渊源已经无法完全回应日益复杂的现实,由于立法具有先天滞后性,而行政机关所做的行政规范往往更加贴近不断变化的事实原貌,故行政规范当然应当成为民事法源之一。最高人民法院《关于裁判文书引用法律、法规等规范性法律文件的规定》(法释〔2009〕14 号)第 4

〔12〕 参见孙国良:《关系契约理论导论》,吉林大学 2006 年博士学位论文。

〔13〕 万挺:《继续性合同解除若干实务问题探讨》,载《人民司法 · 案例》2008 年第 22 期。

〔14〕 参见[德]海因 · 克茨:《欧洲合同法》(上卷),周忠海等译,法律出版社 2001 年版。

条[15]规定民事裁判文书中可以直接适用行政法规。在审判实务中,“《条例》也一直在特许经营合同领域充当着合同法‘特别法’的角色”[16]。故使用《条例》作为裁判的法律依据不存在障碍。但是,特许经营合同在本质上毕竟是民事合同关系,当事人双方对经营事项的约定都是通过合同来实现的,《条例》只是对特许经营的条件、门槛进行秩序上的规范与指引。因而,在寻找特许经营合同法律依据、进行法律解释、衡量法律利益时,应当以《民法典》的精神和规则为原则。在《条例》与《民法典》的规定产生冲突时,则应注意区分《民法典》的特别规范与例外规范,考虑规则背后的立法目的和理由。如前文所述,《条例》中设立的“冷静期”解除规则,在没有规定权利义务内容的情况下直接为被特许人赋权,以达到利益平衡的效果。“冷静期”属于《民法典》的例外条款,仅在有明确规定的情形内例外使用,不能类推适用。但是《条例》第23条规定的违反信息披露义务的解除权则不同,此条实质上是为特许人设定了法定、具体的合同义务,此义务并未对《民法典》对合同的规定进行突破,更不应理解为《条例》专门规定了信息披露义务解除权。此项规定是对《民法典》法定解除权的具体化和自然延伸,在适用时应当结合原《合同法》的一般规范意旨,遵循民法典确立的合同解除标准与原则进行综合解释。同时,在进行裁判时,应当准确定位法律依据,注意《民法典》与《条例》之间的正确衔接。具体而言,在适用《条例》第23条规定解除合同时,应当同时援引《民法典》第563条第4项的规定,将未履行信息披露义务理解为该项中的“其他违约行为”,进而结合个案判断是否构成根本违约。

2. 以互助协作的思维把握特许经营合同解除的标准

特许经营这类商业模式中,合同双方之间不是你强我弱的零和博弈,而是需要双方完整、全面地履行义务以实现共同的拓展市场的目的。因此,在把握特许经营合同是否构成根本违约解除时,应当以鼓励交易、合作、继续履行为原则,为合同的解除设立一定的门槛。例如,无论是在考量未披露“两店一年”信息还是其他不适当给付行为是否构成根本违约,都应该站在合同全过程、关注合同条款体系性上进行综合判断。特许经营合同内部存在“复杂的相互依赖之网”,各项权利义务间并不是孤立的,不适当给付并不一定会构成根本违约,不宜通过合同个别条款或义务就认定根本违

---

[15] 最高人民法院《关于裁判文书引用法律、法规等规范性法律文件的规定》第4条规定:“民事裁判文书应当引用法律、法律解释或者司法解释。对于应当适用的行政法规、地方性法规或者自治条例和单行条例,可以直接引用。”

[16] 吴永盛:《论特许经营合同的解除——基于利益衡量理论的分析》,载《四川职业技术学院学报》2019年第4期。

约行为成立。不过分地强调利益的锱铢必较,而是关注契约中互助和合作的面向,更契合特许经营的发展需求。再如,如果在合同履行过程中,合同当事人为了合同履行已经投入了专门定制或设计的产品、工具、经营资源,此时轻易解除合同,这些专用性投资就会丧失其使用价值。同样,为签订和维系合同关系,有时较为弱势的一方当事人需要额外投入大量的沉没成本,这些成本并非合同文本中约定的义务。[17] 在这些情况下,应尽可能鼓励当事人重新谈判,维护合同关系的稳定,实现当事人间的利益平衡。[18]

但是,正由于特许经营合同强调彼此间的互助协作,经营过程需要特许人与被特许人持续互动,如果在合同履行过程中,信赖关系已经明显破裂,如一方擅自注销了特许经营合同约定成立的相关公司,合同签订后较长时间内双方均怠于选址、开展经营等,则应当允许当事人解除合同。

正如内田贵教授强调的,“所谓关系契约法可以说是相对于在那种契约存续中随事态变化而相机提供弹性处理装置的法制度”[19]。通过关系契约理论提供的互助协作、利益平衡、全局思考的思维,我们可以更好地把握合同解除的判定标准。

3. 以契约公平的思路分析特许经营合同的解除后果

司法实践中,有很多法院会在没有列举出具体因素的情况下,直接酌定加盟费的返还数额及损害赔偿数额。但自由裁量并非万能灵药,有时候容易导致类案不同判的不公平后果。《民法典》第 566 条第 1 款规定合同解除场合可有赔偿损失,但未明确是违约损害赔偿还是合同解除导致的损害赔偿。由此导致的问题便是,如果合同并非因违约而解除(如上文案例五至案例七中,合同均因“冷静期”条款而解除),此时如果产生了损失,当事人是否负有赔偿义务?若非,此时在处理加盟费返还时,考虑双方过错是否有法律依据?在合同因违约而解除的场合,是否又会产生不同?

事实上,产生上述问题的原因主要是一些观点将价值返还与赔偿损失的性质相混淆。[20] 其实,损失界定属于损害赔偿的范畴,不是合同解除后返还财产所解决的问题。财产返还本身是当事人基于其所有权固有的、与违约责任无关的权利,其实质

---

〔17〕 转引自张艳:《关系契约理论对意思自治的价值超越》,载《现代法学》2014 年第 2 期。

〔18〕 参见王利明:《论合同法组织经济的功能》,载《中外法学》2017 年第 1 期。

〔19〕 [日]内田贵:《契约的再生》,胡宝海译,中国政法大学出版社 2004 年版,第 120 ~ 121 页。

〔20〕 这种观点认为,“合同解除后的损害赔偿是指无过错的一方所遭受的一切损害均可请求赔偿,既包括债务不履行的损害赔偿,也包括因恢复原状而发生的损害赔偿”。周林彬主编:《比较合同法》,兰州大学出版社 1989 年版。

是已毁损灭失或价值减损的标的物的价值形态补偿，与可归责性无关，更与因违约责任主张的损害赔偿不同。[21] 故而，许多因合同解除而产生的支出，如因返还本身而发生的支出、管理维护标的物所生的费用等，在当事人未主张违约损害赔偿时，不应当直接在处理返还时将这些支出归责于有过错方并进行费用扣减或折抵。合同解除并不能产生一个独立的损害赔偿请求权。至于违约责任与赔偿损失，在当事人明确主张赔偿损失时，《民法典》第566条第1款中的赔偿损失与第2款中违约责任包含的赔偿损失应作相同理解，即均是指对因违约（包括违约解除、协议解除、约定解除的场合）而发生的损害的赔偿。《民法典》第566条第2款可以视为对第1款进行了具体化，其主要目的系强调合同解除的后果可以与违约责任并存。至于赔偿损失的范围，应当遵循一般违约责任中赔偿损失的思路，仅包括履行利益的损失，包括所受损害与所失利益。也就是说，合同解除时，可以产生恢复原状或采取其他补救措施的债权请求权，在确定返还金额时，考虑的应当仅是不能实际返还的部分的对待给付，并根据合同履行情况、使用的情况或时间等扣减相应的费用。如当事人意图主张损害赔偿，则只能基于对方的违约行为而另外提出要求对方当事人承担违约责任。[22] 在确定赔偿的数额时，可以考虑双方当事人的过错，以真正实现填补损害的功能。以上思路既厘清了合同解除不同后果的请求权基础，符合法理基础，又彰显了合同公平的价值追求。

结　语

关系契约理论是对古典契约理论的创造性发展，而特许经营合同性质、目的、价值都具有区别于传统合同的新特征。以关系契约理论的视角重新审视商业特许经营合同，可以让我们在判断特许经营合同解除问题时有更开阔的视角。在《民法典》颁布之后，我们有了一些新的规则指引，一方面，我们期待能出台特许经营合同的专门法律回应现实需求；另一方面，将通过不断地探究和省思，进一步厘清特许经营合同的法定解除问题，以更好地统一裁判尺度，指导司法实践。

---

〔21〕 参见杨震：《合同解除后的财产返还责任》，载《人民司法·应用》2014年第5期。

〔22〕 “损害赔偿属于民事责任范畴，原则上要求损害后果可归责于赔偿义务人，在其他合同解除的情况下不产生损害赔偿的问题。”陆青：《合同解除效果与违约责任——以请求权基础为视角之检讨》，载《北方法学》2012年第6期。

冲破“隐秘角落”:离婚案件中家庭暴力举证难之突破进路

——以公权力有效介入为视角

卢嘉馨　余家丞*

家庭是社会的细胞。家庭和睦则社会安定,家庭幸福则社会祥和,家庭文明则社会文明。

——习近平

2009 年 3 月,董某第一次向家人和警察披露婚后经常遭受丈夫家暴,10 月 19 日,董某遭其夫王某家庭暴力而死亡,在这短短的几个月间,她及家人曾先后八次向警方报告王某的暴行。[1]

2010 年 11 月 3 日,李某在最后一次遭受家庭暴力时将常年对其实施家暴的丈夫谭某杀害,并分尸、烹煮,弃于厕所与河中。杀夫前两个月,李某找过社区干部、派出所、妇女联合会(以下简称妇联)反映,三方相互推诿,均未出面干涉。[2]

家庭暴力是社会生活中一个极其隐秘的角落,受害人往往在遭受家庭暴力的第一时间,基于害怕、慌乱、无助等诸多情绪影响及家庭因素考量而疏于或惧怕收集证据,但恰巧家暴的证据固定极其讲求时效,此时

---

* 卢嘉馨,南宁市江南区人民法院;余家丞,南宁市中级人民法院。

〔1〕 参见《今日说法:受伤的女人》,载央视网 2012 年 3 月 4 日,http://news.cntv.cn/jinrishuofa/20120304/112526.shtml。

〔2〕 参见田雪皎:《李彦杀夫分尸案最终改判死缓》,载《华西都市报》2015 年 4 月 24 日。

就需要站在正义立场的“第三人”及时伸出援手。学术界及实务界很早便出现让公权力介入家庭暴力的声音,2015年3月两会期间,最高人民法院原副院长黄尔梅在接受采访时也提到,“现在家庭暴力犯罪案件很大的一个问题,就是不能及时进入国家公权力的视野内”。2016年《反家庭暴力法》[3]实施后,如何让公权力有效介入家庭暴力的证据固定,破解举证难之困境,保障受害人的合法权益成为目前迫切需要解决的突出问题。

一、检视:家庭暴力举证难的现状与困境

(一)家庭暴力举证之“难”

笔者以“家庭暴力”为关键词,从中国裁判文书网上搜索近一年即2020年5月1日至2021年4月30日的离婚纠纷判决书,共搜索出507份,经过对判决书的逐一筛查,剔除当事人未主张存在家庭暴力而因系统错误等原因被列入本范围的判决,剩余当事人主张遭受家庭暴力的有效判决418份作为本次实证研究的样本。通过对样本的量化分析,可以总结出家庭暴力举证“难”在何处。家庭暴力证据情况统计见图1。

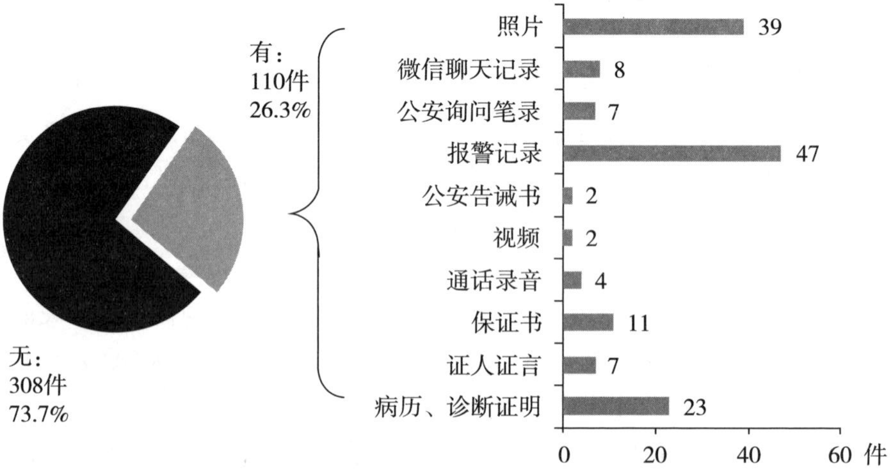

图1 家庭暴力证据情况统计图[4]

[3] 《反家庭暴力法》由中华人民共和国第十二届全国人民代表大会常务委员会第十八次会议于2015年12月27日通过,自2016年3月1日起施行。

[4] 在一个案件中会出现多种证据类型,故证据总数之和大于110。

1. 客观证据收集"难"。从证据总体情况看,418 件受害人主张遭受家庭暴力的案件中,仅有 110 件案件受害人能够提供遭受家庭暴力的客观证据,先不论证据的证明力如何,即使全部具有证明效力,也仅仅占到案件总数的 26.3%。实践中,受害人往往只能提供自己的陈述作为主张家庭暴力的依据,内容完全在于其自身的认识与主张,主观性强,一般不能作为独立的定案依据。[5] 而更具"原生性、稳定性"的客观证据,如物证、书证、视听资料等材料较难提供。

2. 直接证明事实"难"。能够单独、直接证明案件主要事实的证据,如保证书、证人证言、公安询问笔录、现场录像等,仅有不足 40 份;而与待证事实之间仅具有间接联系,需要其他证据补强或配合才能形成完整证据链的证据,如伤情照片、病历、报警记录等均属于间接证据,总数逾百份,比例显有不同。

3. 侵害行为取证"难"。侵害行为是认定家庭暴力的关键,往往比损害后果更直观、更具证明力。不能证明侵害行为,而仅能证明损害后果的案件,由于无法确认损害后果与施暴人的关联性,法院一般不认定为家庭暴力。梳理图 1 中的证据内容,证明损害后果的伤情照片、病历、诊断证明等证据共 62 件,而能够直接证明家庭暴力侵害行为的保证书、询问笔录、证人证言等证据只有 33 件;报警记录普遍只提供出警回执单,内容的实质性不甚理想,难以证明实施了家暴行为,侵害行为证明难的问题非常明显。

4. 优势证据固定"难"。优势证据在家庭暴力案件中指证明力高、具有权威性的证据。一般认为由当事人以外的第三方直接收集或作出的客观反映家庭暴力事实的证据,普遍属于优势证据。本次研究的样本中,如公安询问笔录、告诫书等优势证据仅有 9 件。

(二)家庭暴力举证难导致的困境

家庭暴力举证困难,必然导致家暴认定率低,从而产生家庭暴力的恶性循环。对 418 份判决书判决结果的统计分析(见图 2),能够准确反映家庭暴力举证难带来的直接后果。

主张家庭暴力的离婚案件中,判决不离或驳回诉讼请求的为 331 件,占 79.2%,原因基本为受害人提交的证据不足以证明存在家暴行为。在上述判不离的案件中,又有 2% 的案件,法院根据当事人自认而认定了殴打行为,但认为未达到家庭暴力的程度,亦不予判离。判决离婚的 87 件案件中,因认定家暴判离的为 63 件,因证据不足而未认定家庭暴力的,以及没有论述是否存在家庭暴力而直接以其他理由判决离婚的为 24 件。由此观之,在当事人主张存在家庭暴力的 418 个样本中,最终因认定

[5] 参见黄海涛:《反家庭暴力法作为裁判规则之实效性分析》,载《人民司法》2019 年第 7 期。

家庭暴力而判决离婚或赔偿精神损害抚慰金的仅为63件,占比15%。

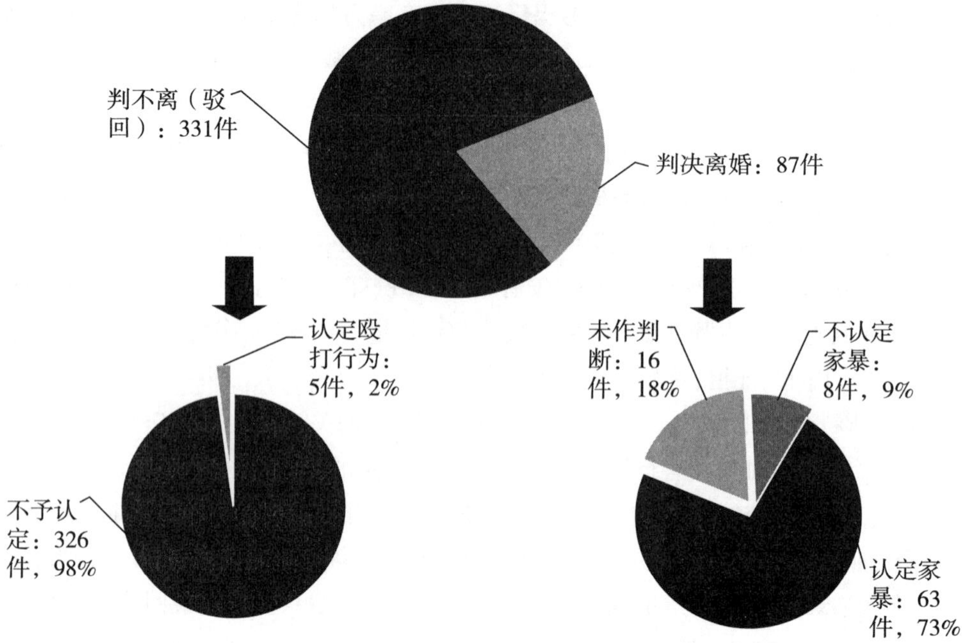

图2　家庭暴力认定情况统计图

家庭暴力的认定率低则最终导致家庭暴力的恶性循环(见图3)。

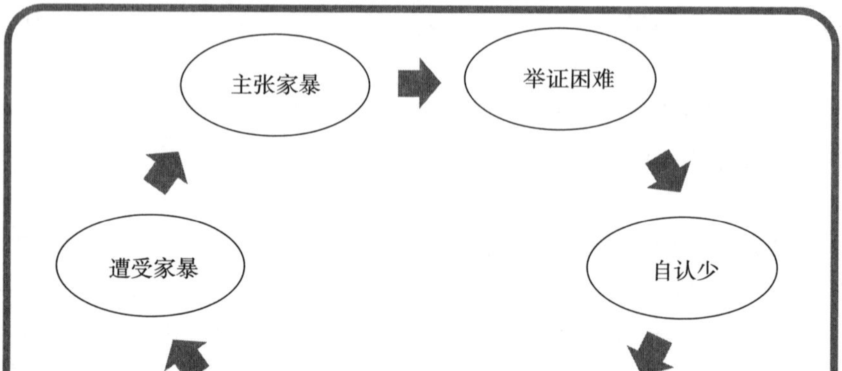

图3　家庭暴力恶性循环示意图

由于受害人无法有效举证,且施暴者的自认率极低,当事人遭受家庭暴力的情况并未得到有效认定,后续的保护机制如告诫书、人身安全保护令等无法触发,反而激化了婚姻双方的矛盾,引发下一次家庭暴力,更有甚者将暴力对象转移或扩大至其他家庭成员,后果不堪设想。这也是目前实务中家庭暴力普遍呈现出的困局。

二、反思:家庭暴力举证难之深层归因

古谚有云:“举证之所在,败诉之所在。”举证责任所分配到的一方,往往就是败诉的一方。离婚案件中,由于家庭暴力的私密性、隐蔽性,家暴受害人举证较普通侵权更加困难,要想达到破除举证难之目的,还需厘清家庭暴力举证难的深层原因。

(一)立法的简略性

《反家庭暴力法》第20条规定了认定家暴事实的部分证据,但仅仅列举了公安机关出具材料的证明力,对于其他证据的采信并未提及;第13条规定了相关组织的帮助义务,但具体操作比如实践中比较多的是当事人去妇联寻求帮助时的记录,相关机关、机构处置家庭暴力行为的记录等没有明确;第7条提及了医院的记录义务,但具体记录、询问的重点没有点明(见表1)。立法的缺失,给予了法官自由裁量的权利,但同时使得法官在事实证明过程中无法可依,特别是在举证责任分配方面,更容易引发争议。

表1 《反家庭暴力法》具体规定表

法条	内容
第7条第2款	医疗机构应当做好家庭暴力受害人的诊疗记录
第13条第1款	家庭暴力受害人及其法定代理人、近亲属可以向加害人或者受害人所在单位、居民委员会、村民委员会、妇女联合会等单位投诉、反映或者求助。有关单位接到家庭暴力投诉、反映或者求助后,应当给予帮助、处理
第20条	人民法院审理涉及家庭暴力的案件,可以根据公安机关出警记录、告诫书、伤情鉴定意见等证据,认定家庭暴力事实

(二)举证的局限性

当事人自行举证的局限性,是涉家庭暴力案件举证难最根本的原因。除家庭暴力行为本身的突发性、隐秘性外,举证的局限性主要表现在以下几个方面:

1. 受害人取证困难。一是受害人收集、保存证据的意识淡薄。受害者,特别是农村女性或长期从事家务活动的女性,缺乏法律及诉讼相关知识,对家庭暴力证据类

型、取证及留存方式亦不十分了解,即使是受到身体伤害也没有及时就医或报警。二是受害人受情绪影响或威胁难以收集证据。受害人在遭受家庭暴力的第一时间,基于害怕、慌乱等情绪会无法冷静思考以及保存证据;也有的受害人由于遭到施暴者的威胁或长期压迫,不敢收集家暴证据,害怕自己或家人遭受更大伤害。三是收集证据滞后。受害人举证基本集中在病历、出警记录、照片等伤害后果上,证明对象具有滞后性,而对于伤害行为本身,缺乏有效证据,除非有证人证言或者当事人自认,这也反映出家庭暴力的隐蔽性特点。

2. 证人不愿出庭作证。家庭暴力的隐秘性决定了施暴行为发生时不易被家庭成员以外的人所知晓,而家庭成员或亲友出于维护家庭和谐稳定的目的,在"亲亲得相首匿""家丑不外扬"的传统思想影响下,也不愿意作证,更希望当事人之间和解。一些目睹家庭暴力的未成年子女,迫于亲情的压力,更不会到庭作证。

3. 受害人提供的证据无法匹配证明标准的高要求。家事案件中当事人之间的诉讼能力通常不具有对称性。[6] 这也导致了家暴的认定率低,从本文第一部分的统计也可清晰看到,因认定家庭暴力而判决离婚的案件仅占 15%。实践中,受害人提供的证据往往为单一证据,不能形成证据链,此种情况下,只要对方当事人矢口否认,受害者基本不能提供更多的或者证明力更强的证据来证明其遭受家暴的事实,这显然过分拔高了对受家暴当事人自行搜证的要求,不利于受害人权益的保护。

(三)履职的被动性

家庭矛盾相较于其他矛盾冲突的调处本应更具灵活性、主动性,但由于长期以来的履职习惯及对家庭矛盾引发社会后果的轻视,各公权力机构对于家庭暴力的处置未引起应有的重视。

1. 公安机关接处警行为不规范。当事人仅提交报警记录、报警回执或接处警登记表的,法院一般很难单凭此证据认定家暴事实,因为这只是受害人报案时的自述情况,尚未经过调查核实。而民警的接处警也存在一定问题,由于部分公安派出所的民警对家庭暴力的认识不够深刻,思想上没有引起足够重视,仍把家庭暴力归类于家庭成员间的日常矛盾,他们在接警之后只是调解和规劝,更有甚者,听到是家庭纠纷就一走了之,让双方自行解决,对此类案件没有做认真细致的调查与记录。或一些出警记录上对家庭暴力仅做简单的记录,无法展现案发时的基本情况,无实质性调查内容故而无益于案件审理。

---

〔6〕 参见张海燕:《家事诉讼证据规则的反思与重构》,载《政治与法律》2018 年第 11 期。

2. 妇联、社区等相关部门调处不记录。部分受害人在遭受家暴后,会向当地妇联或社区反映,以期得到规劝和调解,虽然《反家庭暴力法》规定了相关组织有给予受害人帮助、处理的义务(见表1),但工作人员在接待受害人时会按照一贯的思维方式进行口头劝说或上门了解情况,没有记录在案,这将造成受害人在今后举证时难以收集有效证据。

3. 医院诊疗记录不到位。《反家庭暴力法》规定了医疗机构的诊疗记录义务(见表1),但受害人到医院就医时,部分医院特别是诊所一般不会主动出具疾病证明或电子病历,而是手写病历,记录非常简单,加之部分医生在病历上的字迹难以辨认,这就导致了当事人举证不充分,即使有就医记录也无法证明遭受家暴。

(四)联动的失范性

家庭暴力作为社会生活中涉及面广、隐蔽性强的普遍婚姻家庭问题,牵涉的相关职能部门、基层组织及机构众多,工会、妇联、居民委员会、医疗机构、公安、法院等不胜枚举,但众多组织机构之间却缺乏有效的联动机制,甚至没有部门愿意牵头组织研究联动方案,制订计划。受害人遭受家暴后只能依靠自己的能力收集证据,却不知向谁求助,去哪里主张权利,该如何得到有效救助。部门之间亦相互推诿,一盘散沙。引言中"以暴制暴"的李某案就是因部门间联动失范、推诿扯皮而酿成的社会悲剧。

三、破局:公权力介入家庭暴力证据固定的内在逻辑

家庭暴力司法认定取证的困境,无法从传统的证据规则中得到破解,为此,需要从外部加以干预,以矫正此种实质的不正义。公共权力介入取证,不失为一种可行的路径。要论证公权力介入家庭暴力证据固定的必要性,必须从家庭暴力需求侧和公权力介入供给侧进行分析。供求关系是相互制约、相互联系的,只有当"迫切需要"和"完美契合"同时具备,公权力才有了介入家庭暴力证据固定的现实必要性。

(一)基于家庭暴力认定需求侧的论证

张恒山认为,"在一个社会中,任何两个人在发生相互的行为作用和影响时,都不仅仅是两个人的事,而是存在着社会其他的人以观察评价的方式表现的参与"[7]。这就是"三人社会"理论。正义只有在一个利益无关的"第三人"存在的情况下才有实现的基础,在力量不平等的"两人社会",强者定义正义,而弱者只能服从。家庭暴力恰好体现了这一矛盾,从本质上讲,是对妇女的性别歧视。家庭暴力呈现出男性成

〔7〕 张恒山:《法理要论》(第3版),北京大学出版社2009年版,第90页。

为压迫者,女性成为屈从者的关系,侵犯了女性的尊严,否定了女性所享有的平等权利,呈现出加害人对受害人的统治状态。由于家庭暴力的隐蔽性和特殊性,要求“两人社会”中的受害人即处于弱者地位的妇女进行证据的收集和固定显然高估了妇女自行取证的能力,不能实现公平正义的目的。因此,就需要处于公正立场的第三人有效介入,帮助受害人抵抗暴力行为,收集家庭暴力的证据。

(二)基于公权力供给侧的论证

公权力是人类共同体组织以共同体的名义,代表共同体作出某种行为的能力或力量。公权力包括国家公权力、社会公权力和国际公权力。[8] 国家公权力的主体是拥有使用合法国家强制力的垄断性权威机构,如公安、法院;社会公权力则发端于社会内部治理,是社会自治权的表现,如医疗机构、妇联、社区等。

1. 公权力的介入符合“三人正义”的要求。人民通过社会契约的方式形成公权力,授权其以第三人的身份评价社会中各种不公正的行为,并为这些弱者提供帮助,以实现公平正义的价值,完美契合“处于公正立场的第三人”之要求。在发生家庭暴力行为时,由接受人民委托的公权力介入,一般被认为处于公正的立场,代表社会解决家庭内部的不公正现象,这正符合“三人正义”的要求。

2. 公权力的介入是保障人权的重要手段。《世界人权宣言》及后来1967年《消除对妇女歧视宣言》、联合国1979年《消除对妇女一切形式歧视公约》都形成了一个国际共识,即家庭暴力侵犯妇女人权。当一种权利受到侵犯时,国家义务也就随之产生,国家和社会有义务运用公权力对侵权者予以制裁,对受害者予以保护。[9] 家庭暴力侵害了妇女的基本人权,为了实现性别平等,保障妇女的合法权益,必须通过公权力介入来达成反对家庭暴力的目的。这种保护也当然包括帮助受害人固定家庭暴力的证据,以保障妇女的人权。

3. 公权力的介入顺应社会发展趋势。在《反家庭暴力法》颁布前,就有许多学者提出了公权力应介入家庭暴力的呼吁。随后2016年3月《反家庭暴力法》正式颁布实施,规定了包括公安、妇联、居民委员会、医疗机构等十余个主体在反家庭暴力方面的工作职责及内容,公权力介入家暴证据固定的可行性、有效性在法律层面被固定了下来。公权力介入收集证据相较于受家暴当事人自行举证,不仅能够提供部分当事人无法自行收集或因法律知识欠缺而未及时收集的证据,也能极大提高证据的证明

---

〔8〕 参见江必新:《健全公共权力制约监督体系》,载《法治现代化研究》2017年第3期。

〔9〕 参见刘昱辉:《公权力介入家庭暴力的法理思考》,中共中央党校2016年博士学位论文。

力及规范性。可以说,到目前为止,公权力介入家庭暴力证据固定势在必行,亦是破解举证难问题的最有效途径。

(三)基于否定"完全私人领域"的论证

认为公权力不应介入家庭暴力的一个主流观点即家庭完全属于私领域,公权力不能干涉私生活。而家庭暴力确实完全属于私人领域吗?不论是从性别平等的角度来看,抑或是人之属性的角度来看,这一理论都是站不住脚的。公权力不仅可以而且应当介入家庭暴力。

"个人的就是政治的",即政治"并不是那种狭窄的只包括会议、主席和政党的定义,而是指一群人用于支配另一群人的权利结构关系和组合"〔10〕。人是社会的产物,是社会关系的承担者和体现者,具有社会属性。家庭暴力的施暴行为影响的不仅仅是个人,暴力行为本身即具有反社会性,损害社会的公序良俗,破坏社会的稳定秩序,如果国家、社会放任不管,将会造成极大的负面影响。因此,就家庭暴力而言,以"个人空间的自治""私人领域"等为理由来排斥公权力的介入是不合乎法理的。〔11〕暴力的伤害行为本身就决定了其不再只具有家庭属性,更多的是对整个社会的反作用。

四、进路:公权力有效介入家庭暴力证据固定的路径

相较于当事人自行举证的单一举证模式,公权力介入家庭暴力证据固定以相对权威、高效的方式提高了家庭暴力行为的证明力度。在《反家庭暴力法》的指导下,可构建一套形式鲜明、管理规范、机制流畅、分工明确的家庭暴力证据固定模式,推动解决举证难之困局。

(一)公权力介入家庭暴力证据固定模式的基本架构

1. 公权力介入家庭暴力证据固定的模式设定。被《反家庭暴力法》赋予法律义务的公权力组织中,与离婚案件相关的主体包括法院、公安、医疗机构、妇联、村民委员会、社区。基于家庭暴力证据固定的现实需要,构建以受害人自行取证为中心,公权力主体协同收集证据的家庭暴力证据固定模式(见图4),相较于以往由受害人单向取证的举证模式,更为有力且更具权威性。

---

〔10〕[美]凯特·米利特:《性政治学》,宋文伟译,江苏人民出版社2000年版,第32页。

〔11〕参见张彩凤,沈国琴:《家庭暴力案件中警察权的权限及行使原则——性别平等主义视角下的分析》,载《中国人民公安大学学报(社会科学版)》2009年第1期。

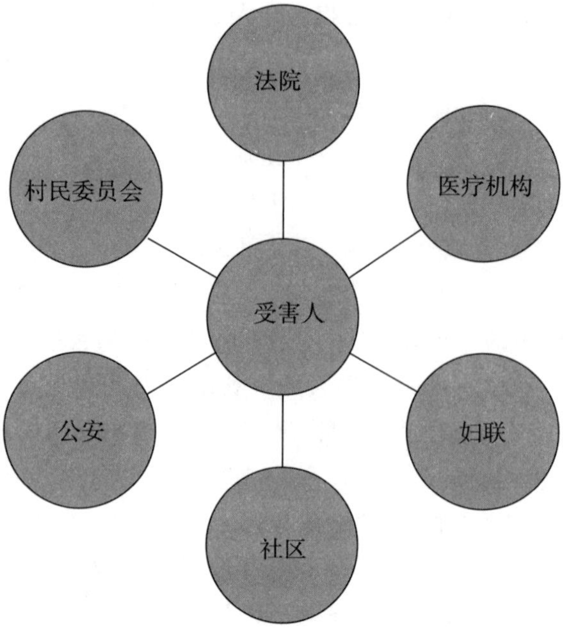

图4 离婚案件中公权力介入家庭暴力证据固定模式示意图

2. 公权力介入家庭暴力证据固定的细则制定。为弥补立法规定不到的细节之处,应在《反家庭暴力法》的指导下,尽快制定“涉家庭暴力案件证据固定的实施细则”,明确具体职责及细化各职能部门的工作要求。这包括人民法院依职权调取家庭暴力相关证据的正当性,当事人可以申请人民法院调取、收集的证据范围、工作流程以及涉家庭暴力案件举证责任分配和事实认定规则,列举“认定家庭暴力行为”的证据范围,阐明加害人在诉前作出的悔过书或保证书、未成年子女提供证言、专家辅助人意见以及负面影响评估报告的证据效力等。〔12〕

3. 公权力介入家庭暴力证据固定的联动建立。构建各主体之间反家庭暴力联动机制,建立反家暴档案,以便于在各主体之间流转。各公权力主体接处家庭暴力纠纷后,做好调处记录工作,并根据受害程度及时给予受害人申请人身安全保护令、就医、报警等建议及帮助,同时做好反家暴档案流转工作。

〔12〕 参见尤晓岚:《恩阳出台〈关于涉“家庭暴力”案件证据固定制度的实施意见〉》,载民主与法制网2021年6月2日,http://dfcn.mzyfz.com/detail2020.asp? r=t&dfid=27&cid=300&id=396295。

(二)家庭暴力证据固定模式下公权力主体的职责构建

各公权力主体完善家庭暴力纠纷接处、调处机制,不仅是将《反家庭暴力法》落实到实践中的规则细化,亦是对受害人自行举证缺陷的有力补足。

1. 公安机关充分履行家暴证据固定的核心职责

其一,完善家庭暴力接处警流程。英国从 20 世纪 70 年代开始,系统地介入和干预家庭暴力,是迄今为止制定有关家庭暴力法律文件最多的国家[13],对于家庭暴力的纠纷处理走在世界前列。英国的警察局中通常设有反家庭暴力处,会对官员进行反家暴训练,并向家庭暴力受害人提供帮助;地方派出所中的社区安全科作为反家庭暴力处的基层单位,负责处理辖区内居民的家庭暴力问题。[14] 反观我国目前公安机关对于家庭暴力案件的处理情况,尚有很大的进步空间。我国和英国家庭暴力接处警对比(见图 5)。

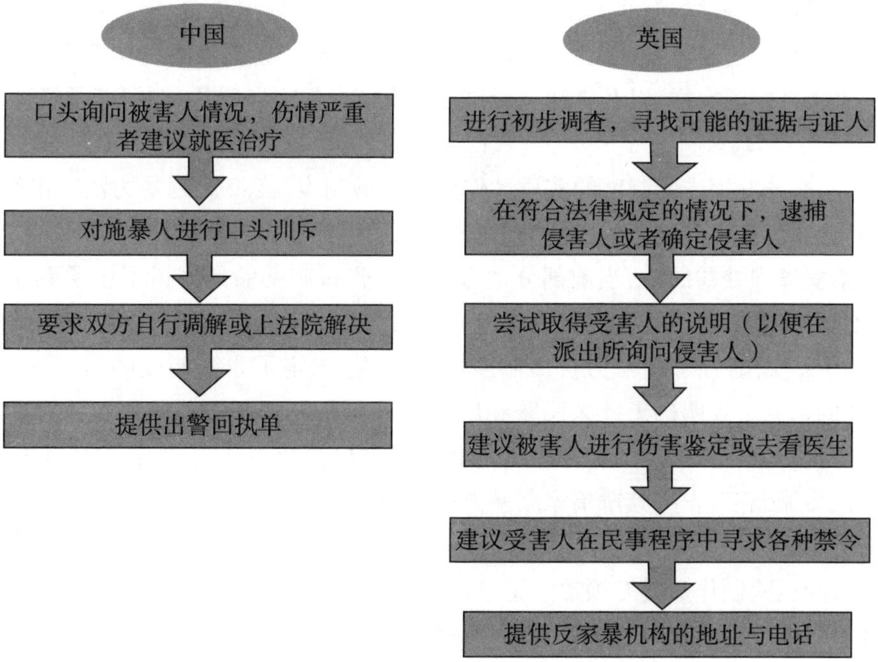

图 5　中英家庭暴力接处警对比

---

〔13〕 参见罗杰:《家庭暴力立法与实践研究——以民事法律规制为中心》,西南政法大学 2012 年博士学位论文。

〔14〕 参见王世洲:《现代英国反对家庭暴力的主要法律制度研究》,载《法学杂志》2016 年第 1 期。

由图5可知,英国警察对于家庭暴力案件的处理之重视程度非同一般,也更有利于收集固定家暴证据,公安机关作为第一个接触家暴现场的公权力机关,更应注重家暴证据的及时固定。此时,我们可以在适当参照英国家庭暴力接处警工作流程的基础上,结合本国国情,制定适合我国国情的家庭暴力接处警工作流程:一是进行初步调查,拍摄照片,不仅仅是拍摄家暴现场的照片,亦需要拍摄受害人的伤情照片。二是对在场人员做询问笔录或录音。在家暴现场第一时间的当事人陈述往往更为真实可信,不仅是当事人,对目睹现场的证人,包括在场的邻居也应当进行询问,因条件限制未能及时进行书面记录的,可以录音替代。音频文件、现场照片或询问笔录作为最直接、最有力的证据应至少保留两年以备当事人日后要求调取。三是建议(必要时协助)受害人及时就医并告知其申请人身安全保护令的相关规定。四是对于受家暴严重或仍有可能继续遭受家暴的受害人,通知民政部门并协助将其安置到临时庇护场所。五是对符合条件的施暴人出具告诫书,更严重者追究刑事责任。六是向受害人出具出警回执单。家暴案件出警回执单上应印刷提醒受害人注意保留病历、出警回执单等家暴证据的字样,以及告知今后调取公安留存的现场照片、询问笔录等证据的流程。

其二,充分发挥告诫制度的实质性作用。告诫制度是《反家庭暴力法》明确规定的一项新制度,作出告诫书的主体为公安机关,适用条件为“家庭暴力情节较轻,依法不给予治安管理处罚的”。当前部分地方法规对告诫制度的具体运用作了更详细的规定,如《江苏省家庭暴力告诫制度实施办法(试行)》细化了应当作出告诫制度的具体情形〔15〕,《湖南省家庭暴力告诫制度实施办法》规定了告诫制度的当场送达,湖南、浙江的地方法规明确了社区民警和居民委员会在告诫书作出一个月后的查访制度……以上对于告诫制度的种种规定均具有可推广性及可复制性,各地公安机关应充分运用告诫制度,发挥其矫治家庭暴力的作用,亦能够为离婚案件中证明家庭暴力提供有力证据。

2. 医疗机构制作家暴专项诊疗记录档案

随着家暴受害者取证意识的提高,医疗机构接待家暴受害人的数量逐渐增多,为落实《反家庭暴力法》对于医疗机构应当做好家庭暴力受害人诊疗记录的规定,医疗

〔15〕《江苏省家庭暴力告诫制度实施办法(试行)》第5条第1款规定:“对违反法律、法规的下列家庭暴力行为,应依照本办法作出告诫:(一)情节特别轻微,依法不予行政处罚的;(二)主动消除或减轻违法后果,并取得受害人谅解,依法不予行政处罚的;(三)情节较轻,经公安机关调解处理,当事人达成协议,依法不予行政处罚的;(四)其他不宜直接作出行政处罚的家庭暴力行为。”

机构，特别是包括社区医院、诊所、乡镇医院等，应当制作家暴专项诊疗记录。需记录的内容主要包括以下几项：一是受家暴人的基本信息（姓名、详细住址、联系方式等），方便建立档案及日后取得联系；二是详细记录受家暴的过程、施暴方式及受伤部位；三是对于受害人受伤部位的伤害情况及诊疗情况。另外，医疗机构根据接诊情况，对于伤情严重的受家暴患者，应当向公安机关报案。

3. 基层组织做好接访及调处的记录工作

妇女在第一次遭受家庭暴力时，因维护家庭稳定等因素，一般不会直接采取报警的措施，但很大程度上会向社区或妇联反映，寻求帮助及调解。社区居民委员会、村民委员会、妇联等基层组织应将家庭暴力行为的预防与处置作为重要工作事项，加强相关工作的规范性、制度性，在处置过程中制定相应的记录归档标准并严格执行。[16]在工作中应当建立并遵循一套完整的处置流程，其中对于家庭暴力行为的事实过程能有清晰、齐备的记录，包括对现场的描述、当事人陈述、受伤情况、在场人员等，在记录后应派人上门向施暴者及邻居了解情况，以便进行调处及固定证据。

4. 法院积极采用家事调查员制度

家事调查员制度是全国法院家事审判改革背景下诞生的一项创新制度。最高人民法院于 2018 年 7 月发布的《关于进一步深化家事审判方式和工作机制改革的意见（试行）》中明确提出要充分发挥家事调查报告、心理疏导报告及大数据的应用。法官根据对个体案情的判断，在家事调查委托书中列明当事人信息、联系方式及待调查的事实等，委派法院聘请的家事调查员（一般从陪审员中挑选）到家事案件当事人的住所、单位向其邻居、亲属、社区工作人员、同事、门卫等就案件事实进行调查、询问，并于接受委托后的若干日内向法院出具家事调查报告。家事调查员制度的诞生对于家庭暴力的证据固定具有重要作用，家事调查员在调查时即是在行使国家公权力，被调查人员需完全配合并陈述事实，这在一定程度上缓解了证人不愿意出庭作证的尴尬局面，减轻了家庭暴力受害人的举证责任。对于家庭暴力认定存疑的案件，委派家事调查员前往调查不失为一种恰当的证据收集和固定手段。

结　语

“给妇女一个没有暴力的世界”是联合国消除对妇女的暴力国际日口号，体现了

---

〔16〕 参见王新宇：《法观念现代化与女性权益保护——以〈反家庭暴力法〉为中心》，中国政法大学出版社 2019 年版，第 137 页。

《反家庭暴力法》追求的精神实质。公权力有效介入家庭暴力证据固定，恰恰补足了受害人自行举证的不足之处，亦是将法律条文落实到实践中的规则细化。另外，本文之所以将研究范围限定在离婚案件中，一是因为离婚案件的家庭暴力矛盾最为突出，数量最多；二是出于对学术严谨性的考虑，分析样本不宜过分宽泛，以避免在有限的字数内无法对所研究的问题进行深入论证。但本文所论公权力介入家庭暴力证据固定的完善路径对于其他类型的家庭暴力案件（对儿童、老人使用家庭暴力）亦可参照适用，仅以此抛砖引玉，以期能普遍解决家庭暴力举证难之问题。

知识产权审判中时间戳认证适用的困境与完善

——基于对2020年载明时间戳认证电子证据裁判文书的分析

蔡梦晓　周丽君*

在网络编织的虚拟空间中开展活动已成为“互联网+”时代的标志,社会公众逐渐习惯电子购物、电子交易、电子商务等的工作和生活方式。然而,科技创新在改变生活的同时带来了不可避免的矛盾与争端。目前,虚拟的网络空间已经成为知识产权侵权的重灾地,无论是知识产权的产生、使用,还是侵权行为的发生,都有发生在网络中的情形。在科技发展的驱动下,新形态的证据即电子数据逐渐被使用,时间戳认证被催生。

虽然我国《刑事诉讼法》和《民事诉讼法》中均规定了电子数据,但其并没有对电子数据的内涵加以概括,2020年5月1日生效的最高人民法院《关于修改〈关于民事诉讼证据的若干规定〉的决定》细化并扩大了电子数据的范围,即与群众生活息息相关的网页、手机短信、即时通信、注册信息等虚拟网络中的数据均被明确为可作证据使用的电子数据。因法律对电子数据的内涵尚未明确,目前理论界对电子数据的认识并不一致。多数学者认为,电子数据作为一种超越传统证据形式的新型证据,是指以电子形式生成,以数字化形式存在于磁盘、光盘、计算机等载

* 蔡梦晓,南宁市江南区人民法院;周丽君,南宁市江南区人民法院。

体,用以证明案件事实的电磁记录物。[1] 亦有学者提出,电子数据顾名思义就是电子形式的数据信息,其存在的电子形式可以是介质、磁、光学设备等设备生成、传输、存储、处理的任一信息形式。[2] 电子数据依托于电子设备而存在,通过电子、光学等手段被不断存储、处理、传输。本文认为,证据形态上的电子数据即基于电子通信手段进行的人机交互、人人交互过程中产生的数据,且通过电子、光学或其他手段能够被存储、处理、传输的,能够证明案件事实的信息。

电子数据的产生、运输、存储必须依附于强大的运行环境、网络环境及相应平台的支持,才能从虚拟的电子代码转换为可视化的信息,才能够被提取和采信。往往简短的信息是被大量的"0""1"代码编写在介质中,任何一个指令的修改都可以轻易地对电子数据进行修改、删减、转移。因此,电子数据所依赖的外部环境被篡改、变动,电子数据则可能丢失或者出现错误信息。电子数据的记录方式及存储空间决定了其自身异常脆弱,具有数字化、时效性、不稳定性的特点。为发挥电子数据的效能而又不为其数字化、时效性、不稳定性的特点所局限,时间戳认证在实践探索中应运而生。

一、时间戳认证模式的缘起及发展支撑

19 世纪 90 年代,贝尔实验室的斯图尔特·哈珀与斯科特·斯托内塔通过哈希函数计算文档的散列值,生成了简短字符串证明了原始文档的存在。[3] 自此,运用"数字文件的安全时间戳方法"[4]确认版权的时代拉开帷幕。2008 年,自称为"中本聪"的学者发表文章对区块链的核心环节时间戳技术进行了系统阐述。运用区块链技术加密电子货币的过程中,时间戳服务器通过对以区块形式存在的一组数据实施随机散列而加上时间戳,并将该随机散列进行广播,该时间戳能够证实特定数据必然于某特定时刻是的确存在的。[5] 在互联网时代的推动下,时间戳的概念越来越明晰,这种通过截取时间段内的电子数据用于确认法律事实的真相成为被广泛运用的取证方式。在实务的运用中,时间戳衍生出诸多概念,如时间戳证据、可信时间戳、时间戳技术等。

---

[1] 参见刘素霞:《电子数据"入法"要细化三个问题》,载《检察日报》2012 年 5 月 25 日,第 2 版。

[2] 参见樊崇义:《电子证据及其在刑事诉讼中的运用》,载《检察日报》2012 年 5 月 18 日,第 3 版。

[3] 参见娄必县:《知识产权诉讼中时间戳认证的检讨与规范——基于全国高级人民法院 749 份裁判文书的分析》,载《知识产权》2020 年第 8 期。

[4] Lesk, Michael, *Ideas Aheadof Their Time: Digital Time Stamping*, IEEE Security&Privacy4, 76, p. 76 – 79 (2015)。

[5] 参见赵磊:《对"去中心化"的区块链如何监管》,载《经济参考报》2019 年 1 月 9 日,第 7 版。

（一）时间戳认证的理论基础

1. 时间戳的概念

2004 年《电子签名法》在第三章对电子签名和认证进行了规范，其中明确了电子认证的机构、提供服务的条件和规则等，但是并没有提出时间戳的概念。

有学者指出，时间戳存证，是基于电子签名技术，将待存证数据的哈希值（Hash）与权威时间绑定，产生时间戳文件，以证明存证数据的完整性和产生时间。[6] 也有观点认为时间戳是区块链技术的推广和应用。[7] 时间戳实质上是电子数据，原始数据通过哈希函数与时间源技术生成时间戳数据，即通过“电子签名”赋予数据成为可验证的数据。

2. 时间戳与可信时间戳

审判实践中，有“电子签名”的电子数据能够被采信的关键在于特定时间点取得的数据是否有可信时间源的认证，也即能够与时间源绑定的时间戳才能够在审判领域得以运用，于是，能够与时间源绑定的便冠以“可信时间戳”的名称。有学者指出，可信时间戳本质仍是一串信息数据，属于时间戳的一个种类。[8] 但并非所有被第三方时间源绑定的均为可信时间源，其“可信”源于时间第三方时间源的可信赖度。目前，我国权威可信的授时来源一般指中国科学院国家授时中心，该中心以天文等基础科学为依托承担着我国标准时间的产生、保持和发播任务，是一家以时间频率研究、授时服务为主的综合性天文研究机构。[9]

3. 时间戳认证

时间戳认证是时间戳技术在审判领域的应用，是指申请人对电子数据提出时间戳认证申请，时间戳服务中心依据申请根据授时中心的时间对数据“烙印”，申请人获得时间戳认证证书的过程。

（二）时间戳认证的发展支持

1. 时间戳认证的技术支撑

时间戳认证是由用户对数据进行哈希函数的处理后，提出时间戳请求，由服务器

---

〔6〕 参见雷蕾：《从时间戳到区块链：网络著作权纠纷中电子存证的抗辩事由与司法审查》，载《出版广角》2018 年第 15 期。

〔7〕 参见张怀印、凌宗亮：《区块链技术在商标领域的证明作用》，载《知识产权》2018 年第 5 期。

〔8〕 参见米佳、卢睿：《可信时间戳动态电子物证取证平台的设计》，载《中国人民公安大学学报（自然科学版）》2011 年第 4 期。

〔9〕 参见黄旭辉：《可信时间戳技术在电子物证取证中的应用》，载《科技资讯》2014 年第 17 期。

对哈希值及时间记录签名,电子数据信息与时间戳绑定后反馈回用户(见图1)。通过时间戳服务器的"数字签名",确保了电子数据的真实性、可靠性。其中,哈希函数的重要功能即确保了数据不被篡改。

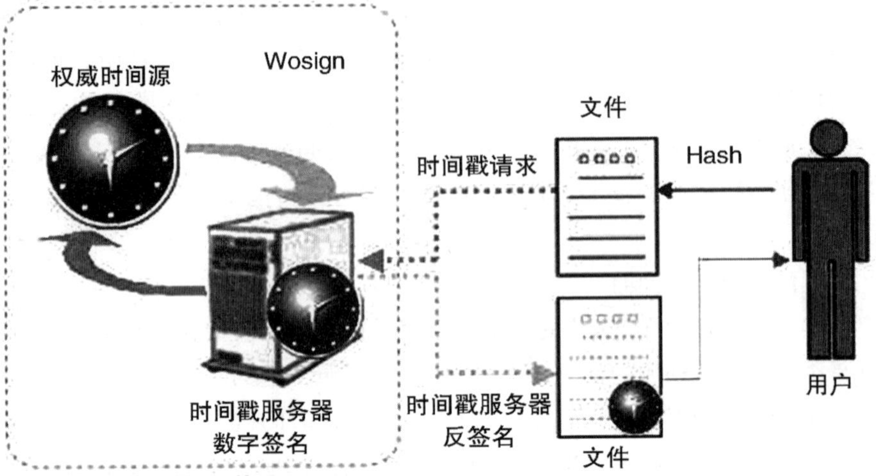

图1 时间戳工作示意图〔10〕

时间戳数据的验证则是将数据输入后,通过时间戳服务器的计算得出哈希值M,再将原来加密的哈希值通过时间戳服务器进行解密后产生哈希值M′,通过将哈希值M′和M进行比对,确认电子数据在时间戳服务器进行数字签名时与验证时并未被修改(见图2)。

由此可见,能否通过时间戳的验证即是电子数据是否未被改变的关键技术。

2. 时间戳认证的制度支撑

在互联网设立的背景下,最高人民法院出台了《关于互联网法院审理案件若干问题的规定》,条文中明确当事人提交的电子数据,通过电子签名、哈希值验证、可信时间戳等能够证明其真实性的互联网法院应当认定。这是时间戳的概念首次出现在法律规定当中,同时确认了可信时间戳在审判程序中的效力。然而,该条文并没有明确可信时间戳取得的电子数据可以作为证据使用,而仅仅是把可信时间戳作为一种验证电子数据真实性的辅助性手段。把可信时间戳明确在《关于互联网法院审理案件若干问题的规定》条文中,实际上也限制了时间戳的适用范围。

〔10〕《可信时间戳如何生成?可信时间戳技术原理》,载百度经验2021年6月6日,https://jingyan.baidu.com/article/4b52d702d1a274fc5c774bba.html。

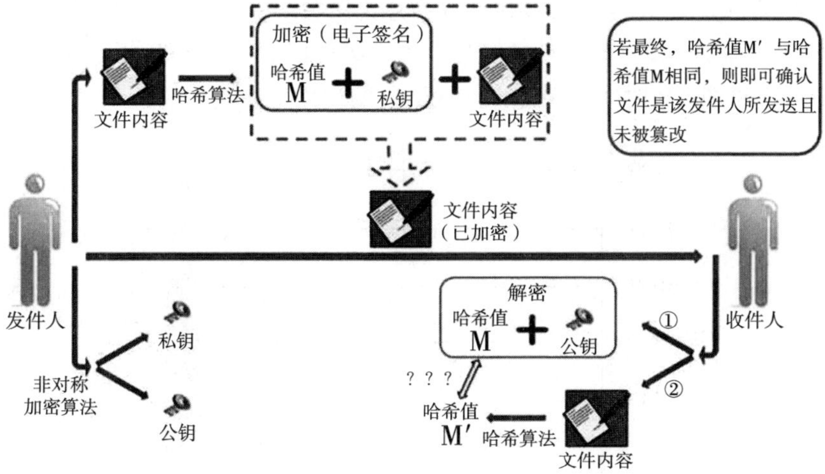

图2　时间戳验证示意图〔11〕

在2019年出台的最高人民法院《关于民事诉讼证据的若干规定》中，虽然对电子证据的种类作了更为详细的划分和明确，但是对于在审判实践中认定电子证据真实性，往往还是依托于审判人员对电子数据生成、传输的过程进行综合判断，或者是通过公证的方式认定其真实性，仍未将可信时间戳的认证作为确认电子证据的辅助性条件。

尽管司法层面没有将可信时间戳取证或者认证通过司法文件的方式明确下来，但时间戳取证、认证模式已经成为司法审判领域普遍应用的一种新技术。

二、时间戳认证的司法实践现状

运用时间戳技术固定证据的便利性大幅降低了知识产权的维权成本，成为知识产权新业态保护的有力武器。在知识产权三大领域，时间戳在著作权权属、侵权中对认定事实起到指引作用，但在商标权及专利权权属、侵权中，时间戳应用并未普及。时间戳认证作为证据认证的模式后起之秀，其逐渐普及使市场主体被其背后的经济利益吸引。然而就现有需求而言，时间戳认证服务机构市场尚未饱和，并存在供不应求的现象，时间戳认证在司法裁判中的潜力未能充分释放。

笔者在中国裁判文书网，以“时间戳”为检索关键词，检索了自2015年1月1日

〔11〕《区块链+存证，如何打通数据信任“最后一公里”?》，载搜狐网2021年6月7日，https://www.sohu.com/a/441616922_100013231。

至2020 年 12 月 31 日的案由为知识产权与竞争纠纷的民事一审案件，共 27057 件，其中 2015 年涉及时间戳的知识产权与竞争纠纷案件仅 65 件，2020 年一年度的案件达到 12958 件（见图 3），时间戳在知识产权案件的运用呈井喷式增长。

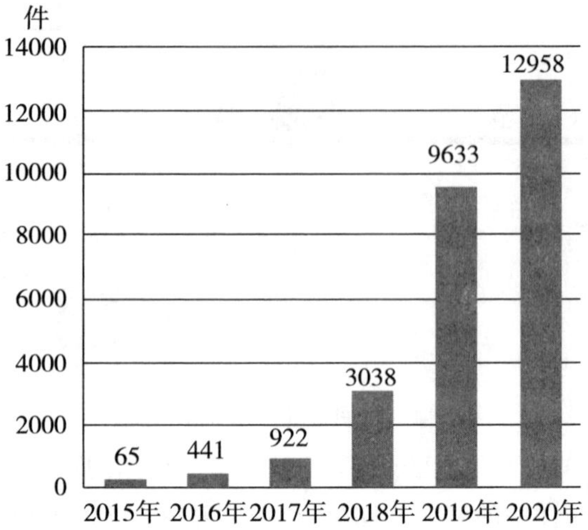

图 3　2015—2020 年裁判文书时间戳认证分布

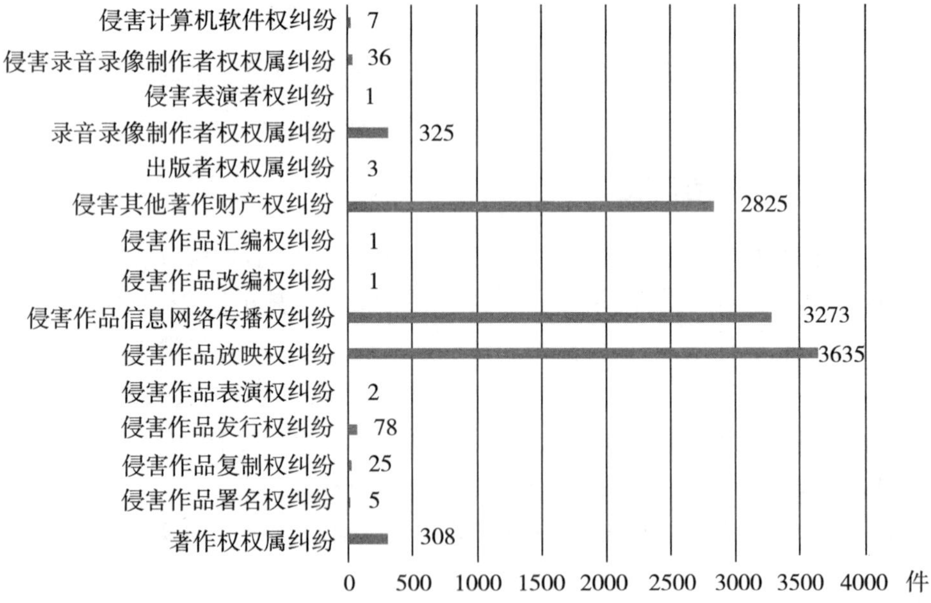

图 4　时间戳认证在著作权权属、侵权纠纷中的分布

由于涉及案件较多，难以对所有涉及时间戳的案件进行整理分析，因此，笔者以“时间戳”为关键词，以知识产权权属、侵权纠纷作为案由，整理出2020年的民事案件作为研究样本，共计15094件，笔者从中检索出755件案件进行分析。对适用时间戳的纠纷案件的案由、使用主体、服务机构、认证模式、采信情况进行梳理总结。

（一）案由分析：时间戳在著作权侵权中被大量应用

在国家创新驱动发展战略的实施和不断调整下，社会公众的创新动力逐渐提高，权利人对其享有的著作权愈加重视，相关产业的管理者开始正视著作权管理、运用过程中的潜在侵权行为。时间戳在作品放映权纠纷、作品信息网络传播权纠纷案件中被广泛运用，运用时间戳认证技术获取的证据用以证明被诉主体通过网络实施被诉侵权行为。

（二）使用主体分析：应用主体集中于极少数

尽管使用时间戳认证的侵权案件众多，但案件中80%以上为公司诉侵权的系列案件。例如，在北京优图佳视公司起诉的系列案件中，其均提交了北京联合信任技术服务有限公司出具的可信时间戳认证证书。不可否认，公司为成本控制，对于批量的侵权案件统一采用时间戳固化证据，既便捷又高效。相较于企业对时间戳认证的接受度，个体使用时间戳认证的概率极低。

（三）服务机构分析：时间戳服务机构少

因时间戳认证的应用主体集中于少数公司，故实践中选择的时间戳服务机构也相对集中，如在中国音像著作权集体管理协会起诉的著作权纠纷案件〔12〕、重庆辰希健康管理有限公司起诉的侵害商标权纠纷案件中，均是由联合信任时间戳服务中心（TSA）进行时间戳认证说明。因此，在目前时间戳认证服务机构资质没有统一标准的情况下，选取权威服务机构是最为稳妥的方式。

（四）认证模式分析：缺少辅助认证方式

基于案件诉求的不同，采用时间戳认证的方式也各有千秋。然而多数案件的主体均使用时间戳独立证明案件事实，并未提供其他证据加强时间戳证据的证明效力。例如，全景视觉公司与东方天使公司侵害作品信息网络传播权纠纷案〔13〕中，全景视

〔12〕 参见河北省秦皇岛市中级人民法院（2019）冀03知民初140号民事判决书，中国音像著作权集体管理协会与凤凰娱乐秦皇岛有限公司著作权权属、侵权纠纷一审；江苏省扬州市中级人民法院（2020）苏10民终669号民事判决书，中国音像著作权管理协会与仪征市真州镇八嘉一量贩练歌房著作权权属、侵权纠纷二审。

〔13〕 参见山东省高级人民法院（2020）鲁民终1105号民事判决书。

觉公司请求判令东方天使公司立即停止使用全景视觉公司享有著作权的摄影作品，全景视觉公司提供了著作权认证证书、北京联合信任技术服务有限公司出具的《可信时间戳证书》，山东省高级人民法院经审理认为，虽然全景视觉公司未就侵权事实进行公证，但已经获取时间戳认证，并认定在东方天使公司没有提供相反证据的情况下，全景视觉公司提供的证据真实有效。

不可否认，与时间戳认证相比，传统的认证及公证价格昂贵、周期长、过程烦琐且复杂。经调查，运用时间戳模式的认证、取证流程便捷，如辽宁出版集团旗下企业推出的超级维权平台，其认证费用为1.99元，三分钟即可获取认证证书。因此，两相对比之下，维权成本较小的时间戳认证模式逐渐被采用，但单一的可信时间戳认证并不足以让裁判者确认侵权事实的存在，只有在被诉主体没有相反证据的情况下，裁判者才据此认定时间戳认证证据真实有效。

（五）采信情况分析：采信标准不统一

事实上，虽然时间戳认证已经在著作权权属、侵权纠纷案件中普遍应用，但司法裁判对时间戳认证并未统一标准。如表1所示，通过对样本进行分析，发现法院对于时间戳认证是持支持态度的，但多数法院在时间戳认证上并没有与其他证据分别开来，而是系统概括所有证据，并未对时间戳认证作出单独评价，且对时间戳认证的采信与否多数依赖于时间戳服务机构的威信力及其地位。

表1 司法裁判中对时间戳认证事项的认定

案件	诉讼请求	时间戳认证事项	时间戳认证事项的裁判认定
北京华视聚合文化传媒有限公司（以下简称华视聚合公司）与安阳莫云网络科技有限公司（以下简称莫云公司）侵害作品信息网络传播权纠纷案件	一审中，华视聚合公司诉请莫云公司立即停止通过其所经营的视频网站“莫云网络”提供影视作品《京城81号》的在线播放服务	华视聚合公司提交了联合信任时间戳服务中心出具的《可信时间戳认证证书》及所附光盘一份，证明莫云公司在其经营的网站“莫云网络”上实施了被控侵权行为	河南省安阳市中级人民法院通过光盘中载明的播放网页的地址开头仍是 http://moyun.online，未转接第三方，而确认了安阳莫云公司存在侵权行为 河南省高级人民法院结合最高人民法院《关于互联网法院审理案件若干问题的规定》第11条规定，从可信时间戳服务的权威性论证华视聚合公司举证的《可信时间戳认证证书》证明事实可以认定

续表

案件	诉讼请求	时间戳认证事项	时间戳认证事项的裁判认定
北京全景视觉网络科技股份有限公司(以下简称全景视觉公司)与泰安市东方天使整形美容医院有限公司侵害作品信息网络传播权纠纷案	一审中,全景视觉公司要求东方天使整形医院有限公司停止使用其享有著作权的摄影作品	全景视觉公司提交了由北京联合信任技术服务有限公司出具的《可信时间戳认证证书》	山东省高级人民法院认定,在东方天使整形医院有限公司没有提供相反证据的情况下,应当认定全景视觉公司提供的证据真实有效

总体而言,时间戳认证下的法律事实能否揭示案件发生时的真相,并未在实践中取得统一认识。

三、时间戳认证模式的发展困境

时间戳认证模式因在实践审判中缺少必要的制度支持,其无法得到一致认可。近年来,知识产权侵权行为当中,对时间戳认证的大量运用,体现了实务界对于时间戳认证模式的实际需求。在缺少立法规范的背景下,时间戳认证模式不能得到有效规范,对于知识产权侵权行为事实的认定而言犹如一柄“双刃剑”。

(一)时间戳认证的效力存疑

电子证据本身就具有数字化、时效性、不稳定性的特点。即使通过时间戳服务器的数字签名,也并不能改变人们对电子数据随时会被篡改的固化认识。

1. 时间戳认证的证明效力存疑

有法官认为,时间戳服务机构并非法定的电子认证服务机构,对其出具的《可信时间戳认证证书》用于证明侵权的效力不予认定。[14] 例如,在中国音像著作权集体管理协会与大理市音乐之窗娱乐城侵害作品放映权纠纷案中,音乐之窗以音像协会提交的《可信时间戳认证证书》的出具机构并非公证机构及法定的电子认证服务机构为由否认证据的公信力及认证证据的真实性。可信时间戳认证服务机构是否取得工信部的认证决定了可信时间戳认证是不是具有证明效力。目前审判中大多数当事人提供的可信时间戳认证来自北京联合信息技术服务有限公司与国家授时中心合作成

〔14〕 参见曹慧敏、沈修梵、梅贤明:《时间戳服务系统固定的电子数据证据之采信》,载《人民法院报》2018 年 1 月 4 日,第 7 版。

立的联合信任时间戳服务中心(TSA)。也因此,有法官提出,可信时间戳证书系由国家授时中心建设的第三方机构签发,用于证明电子文件在一个时间点是已经存在的、完整的、可验证的,以防止电子数据的篡改,具有证明效力。〔15〕

2. 可信时间戳认证推定采信

有的法官在实践中表示,将可信时间戳认证的效力取决于第三方平台的资质不具有合理性。依据目前的法律规定,并未明确规范经营该类业务需要相应的认可资质,同时对于电子证据类的审查本身也要结合外部环境、证据的固定方式以及技术手段来确定。有当事人提出,“可信时间戳认证证书,没有出具单位的公章和具体出具人的签名,该认证证书不能作为证据使用,其可信度不高”〔16〕。在当事人质疑时间戳认证的证明效力时,若其未合理说明或提交反证,多数法官会直接对原告主张被告存在侵权事实的主张予以采信。〔17〕

(二)时间戳认证的诉讼冲击

时间戳认证作为当事人认证权利的有效武器,其在为当事人维护权利提供便捷的同时,给传统知识产权审判带来冲击。

1. 可信时间戳认证便捷,存在滥用可能

时间戳认证作为一种成本低、操作更容易的权利认证方式,因为其缺乏规范,在通过可信时间戳认证的过程中,可操作性空间大,认证过程容易出现漏洞。在江西省萍乡市中级人民法院审理的著作权权属侵权纠纷一案〔18〕中,一方当事人即通过时间戳服务商提供的软件到某场所进行视频证据保全时,被告却辩称原告所认证的场所并非自己的经营场所。此种因时间戳认证而造成的错误诉讼并不在少数,实践中区分是认识错误还是恶意诉讼需引起高度注意。

2. 可信时间戳认证适用具有不对称性

在最高人民法院《关于互联网法院审理案件若干问题的规定》第11条中,已经明确可信时间戳是认定电子证据真实性的手段之一,并且只能够适用于互联网法院。但是在实践中,可信时间戳早已普遍适用。根据裁判案例的分析,可信时间戳大多用

---

〔15〕 参见贵阳欢唱新馆娱乐有限公司、上海灿星文化传媒股份有限公司侵害作品放映权纠纷,贵州省高级人民法院(2019)黔民终863号民事判决书。

〔16〕 北京互联网法院(2020)京0491民初237号民事判决书。

〔17〕 参见北京互联网法院(2019)京0491民初18704号民事判决书、北京知识产权法院(2020)京73民终2044号民事判决书等。

〔18〕 参见江西省萍乡市中级人民法院(2019)赣03民初95号民事判决书。

于原告方举证被告存在侵权行为，而时间戳认证服务商具有一定资质，则时间戳认证的事实往往就能被采信。但是即使服务商能够保障时间的权威和准确，也无法直接确认法律事实的真实性。被告若无直接证据否认侵权事实的存在，时间戳认证结合原告提交的其他佐证证据往往会直接确认侵权行为的发生，导致被告败诉。

（三）审判者面临论证困境

随着科技的不断创新，审判人员需要对进入逻辑推理阶段的各种新知识具有充分的了解。依据审判程序，法官需要根据双方当事人的陈述以及举证、质证，探求案件事实的真相。但是知识产权的技术信息成为法官面临的科技难题，难以熟知最新的科学技术。虽然最高人民法院《关于民事诉讼证据的若干规定》明确了审判人员应当从电子数据生成载体的完整性、可靠性、运行环境是否正常、提取方法是否科学等方面综合判断电子数据是否能够用于认定案件事实，但无论是电子数据载体的完整性，可靠性确认还是其运行环境的判断，都是法官难以通过法律知识作出审查判断的。而苛求法官对技术问题进行专业研究，无疑会成为法官的负担。

如何发挥时间戳认证通过技术手段确认案件事实真相的效力，而又要避免时间戳认证对诉讼的冲击，避免给法官增加负担，是知识产权审判需要深入研究的课题。

四、时间戳认证模式的完善路径

时间戳认证模式作为认定知识产权侵权法律事实较为便捷的途径，应当针对其在实务运用中的困境，从时间戳认证服务商的行业标准、当事人举证时间戳认证的规定，法院对时间戳认证的审查三个方面，进一步完善时间戳认证模式，切实发挥时间戳认证带来的诉讼便利，维护司法权威。

（一）明确当事人举证时间戳认证的事项

时间戳认证对于知识产权侵权行为认定而言是一剂良药，但绝非“万能药”，时间戳认证的适用应当正当且合时宜。1998 年《加拿大统一电子证据法》第 5 条规定，在缺少相反证据的情形下，满足条件，记录或存储电子记录的电子记录系统的完整性即得以证明〔19〕，其规定：在电子记录系当事人自身记录或拥有时，需要依据当事人的利益与电子记录内容，判断能否直接确认电子记录的完整性；在电子记录系企业日常或通常记录时，如果当事人并非电子记录的实际控制人则该电子记录的完整性可以得

〔19〕 参见百度百科 2021 年 6 月 6 日，https://baike.baidu.com/item/1998 年统一电子证据法/20831784? fr = aladdin。

到认证。不同的认证对象和认证目的需要采取不同的认证程序和规则，因此需要对当事人举证时间戳认证的事项加以明确。

1. 认证确认知识产权权属

知识产权是权利主体对自己的智力成果享有的专有权利，是“头脑风暴”的成果。其中，著作权以作品产生为条件自动取得，在不以任何注册等手续的履行前提下，著作权侵权往往需要认定作品的产生时间，此时，当事人可以选择利用时间戳认证的方式在作品上加盖“时间烙印”，用电子技术生成的“数字签名”证明作品已经完成，作为在侵权行为认定中更为有利的证据。凡在“时间烙印”后擅自利用作品的人，均可能构成作品侵权。

2. 认证确认侵权事实发生

通过实证分析得知，时间戳认证大多用以证明侵权事实的发生，时间戳认证可以第一时间将事实固定，以便事后维权。利用时间戳认证权属是单方行为，只要生成“数字签名”即可证实自己对智力成果的权利，而确认侵权事实的发生则涉及他人利益，当事人的恶意诉讼或时间戳服务商的数据库不准确均有可能在诉讼中造成第三方利益受损。

（二）完善时间戳认证服务商的行业标准

时间戳已经普遍应用，却并没有规范性文件对时间戳认证的服务商的行业标准进行明确。实践中，对方当事人多数以时间戳认证第三方缺乏资质，认证结果不够权威可信为由进行对抗。因第三方的资质对时间戳认证产生怀疑，实则对时间戳认证应用的阻挡。因此，为提高时间戳认证的采信率，提高维权效率，通过行业规范规制时间戳服务商实属必要。

1. 规范时间源

目前国家授时中心是最为权威的授时机构，但不排除随着时间戳认证行业的发展，鱼龙混杂的授时机构涌现，让侵权人有机可乘。若不法之人通过第三方平台对电子数据进行虚假时间的“签名”，将成为时间戳认证建立公信力重创。因此，国家授时中心应当负责同步时间，并对授时机构的授时进行检测。

2. 规范服务机构资格

在市场需求的驱动下，时间戳认证市场发展迅速，明确市场的准入资格才能确保行业的健康发展。《德国电子签名法》及《日本电子签名与认证服务法》中明确了电子认证机构的积极条件，且《日本电子签名与认证服务法》同时规定了认证机构被剥夺资格的情况。[20] 规范行业机构的资质,可借鉴国外的做法,从以下几个方面规定:一要依法注册成立并具备法人资格;二要具备专业技术人员和管理人员;三要符合国家密码管理机构的行业规范;四要向主管部门提出信息戳认证申请并获许可;五要遵守法律规定及行业规范,否则其许可会被剥夺。

3. 规范认证程序

时间戳认证需要经过以下三个环节:(1)申请人提出时间戳认证请求;(2)服务商通过授时中心的授时进行"数字签名";(3)签名的时间戳凭证反馈给申请人。若要让数字签名封印下的事实真相还原,通过程序性规制确保时间戳认证的环境条件客观真实是前提,具体包括以下几个方面:

首先,需针对当事人申请的认证事项区别对待。申请权属认证,系申请人单方行为,仅是原始权利认证,当事人可依据电子设施自行上传,无须苛责上传设施的安全性、专业性。而对申请人申请的侵权认证,是将侵权行为通过电子技术固化,需保证电子设施的正常运转、外部环境的安全可靠,以确保电子记录的完整性、权威性。

其次,时间戳服务商的电子设备应符合国家标准。其一,运行的硬件及软件系统要达到国家标准的安全等级。时间戳认证内外环境的安全决定了时间戳是否存在虚假的可能,较高安全级别的时间戳不易被篡改。其二,运用哈希函数对电子数据加盖"数字签名"的密钥须符合国家密码管理局的规定。其三,服务商需有强大的数据库支持,建立完善的时间戳认证数据保管机制,以保证时间戳验证程序的正常运转和申请人数据的保留。

4. 规范时间戳认证记载事项

时间戳认证证书是主张权利的直接证明,是呈现给审判人员用以查清案件事实重要凭证。记载事项不宜过于烦琐,同时应记载必要的认证信息,即时间戳认证机构的详细信息[21]、申请人的详细信息、认证事项的摘要、认证编号、认证过程及其他确有必要载明的信息。

(三)严格实务中时间戳认证的审查标准

时间戳认证有着较高的技术壁垒,让裁判者在专业之外探究技术问题未免强人所难。而裁判者对时间戳认证的审查除依据当事人的举证、认证外,还要在法律规范的框架内综合论证。

---

〔20〕《日本电子签名与认证服务法》第14条和第16条明确了许可被撤销的情况。

〔21〕认证机构的详细信息应包括认证机构的名称、机构的认证资质、认证人员情况。

1. 以民事审判的证据规则为指引

最高人民法院《关于民事诉讼证据的若干规定》第五部分对证据的审核认定作出详细规定，审判人员按照规定对新形态的电子证据应积极面对而非消极回避、笼统认定，也不应当因其技术含量高而提高证明标准。

2. 从程序性和实体性方面进行全面审查

程序审查方面，时间戳认证的三大环节环环相扣，任何通过隐匿技术手段的破坏都不利于查清案件事实，必须将各个环节拆解，查清各操作是否符合规范、机构是否具有资质、过程是否安全、结果是否权威。实体审查方面，还需厘清时间戳认证证据与待证事项之间是否有关联性。

结 语

循流而下，易以至；背风而驰，易以远。时间戳认证随着区块链技术问世并已迅猛发展，脱离时间戳认证探讨知识产权侵权的时代一去不返。尽管难以以专业人员的角度去分析时间戳，但只要将时间戳等新兴认证方式规范化，即可为大众所接纳、采用。这样，时间戳既能更为广阔地被应用，更能为当事人提供便捷、公正的知识产权保护。

利益衡平:法定保管中保管物毁损、灭失的赔偿责任认定

——兼对《民法典》第888条的理解与适用

王小佳　蒋环宇*

《民法典》颁布前,对于购物、就餐、住宿等活动为消费者提供的寄存服务的合同性质存在争议,在司法实践中,有认定为保管关系、借用关系、租赁关系,抑或合同附随义务;《民法典》颁布后,对该种法律行为的性质明确为保管关系,此即所谓的法定保管。法定保管是一种法律拟制的特殊保管,其与普通保管(约定保管)在法律关系特征、权利义务内容、责任承担等方面存在诸多差异。《民法典》虽规定了法定保管,但相关的配套规定则沿袭了原《合同法》对于约定保管的规定,并未对这类特殊的保管合同进行特别规定。法定保管作为一种法律拟制的特殊保管,其本身存在应有的制度利益,那么,如何在实现法定保管制度利益的基础上,妥善处理双方当事人的权利义务,成为司法裁判者应当考量的问题。

一、实证式考察:法定保管损害赔偿责任[1]的裁判观点之争

《民法典》颁布前,审判实务界对购物、就餐、住宿等活动为消费者提供的寄存服务的合同性质存在争议,由此导致对保管物毁损、灭失的

* 王小佳,南宁市江南区人民法院;蒋环宇,南宁市江南区人民法院。

〔1〕 如无特别说明,本文所称损害赔偿责任仅指保管人就保管物毁损、灭失的损害赔偿责任。

赔偿责任认定方面亦存在争议。

（一）涉法定保管纠纷审理现状

笔者通过中国裁判文书网检索查知[2]，在所有涉及法定保管纠纷的案件中，其案由主要分布在合同纠纷领域，部分分布在侵权责任纠纷领域（见图1）。总体而言，在《民法典》施行前，审判实务界对该类型纠纷的法律关系定性不一，存在较大的争议。

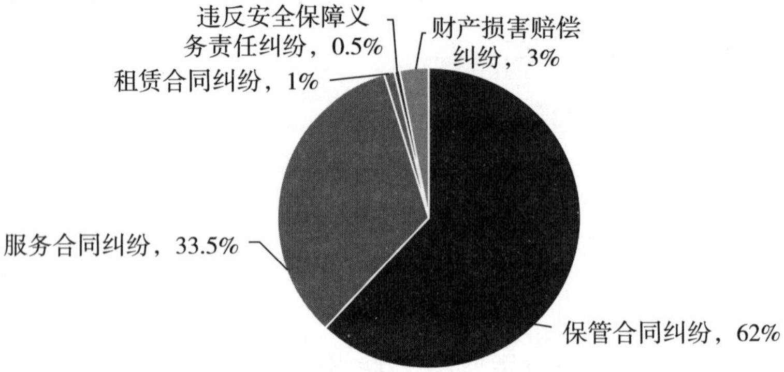

图1　案件案由分布图

这些案件的争议焦点又主要集中在合同性质、责任承担、保管费性质认定（是否存在保管费）及免责条款效力等方面（见图2）。

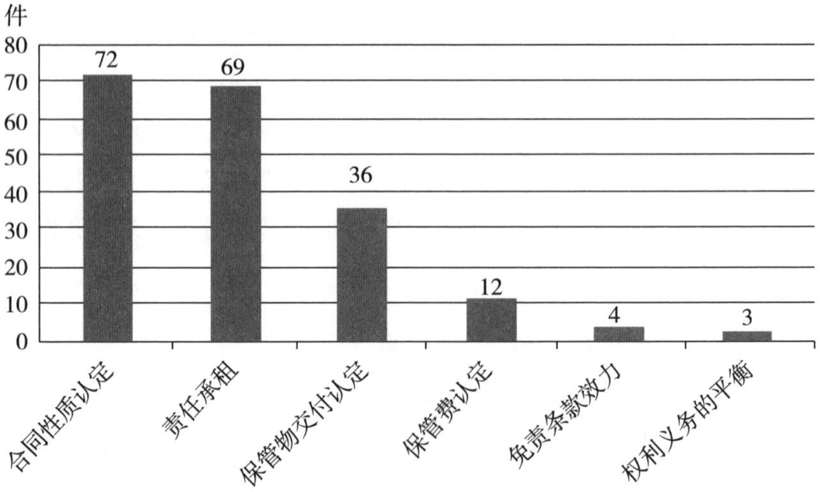

图2　案件争议焦点分布图

〔2〕 参见中国裁判文书网2021年6月18日，https://wenshu.court.gov.cn/。

(二)涉法定保管纠纷裁判观点争议

笔者通过对中国裁判文书网上相关案例的梳理,发现在涉法定保管纠纷案件中,主要存在四个方面的争议。

1. 合同性质之争。在《民法典》颁布前,对于购物、就餐、住宿等活动为消费者提供的寄存服务的合同性质争议最大,其中包括认为属于保管合同关系、借用合同关系、租赁合同关系、服务合同关系抑或违反安全保障义务等。《民法典》颁布后,对该类合同的性质予以了明确,即认定属于法定保管合同关系。

2. 赔偿范围之争。赔偿范围的争议主要涉及保管物的价值如何确定。有裁判观点认为,赔偿范围应仅限于能够证明的物品的价值,对于无法证明的物品的价值则一概不予赔偿。另有裁判观点则认为,对于能够证明的物品的价值应予全数赔偿,对于无法证明的物品的价值,则应当适当酌情予以赔偿,其标准可参照可预见的损失予以确定。

3. 赔偿标准之争。赔偿标准主要涉及的是责任承担问题,对合同性质的认定不同则责任承担亦不同。笔者将案件限定在认定性质为保管合同的案件。在该类案件中,争议的焦点主要集中在保管合同系有偿还是无偿,这就涉及保管费的认定问题。有裁判观点认为,因寄存人未支付保管费而认定为无偿保管。另有裁判观点则认为,无论寄存人是否支付保管费,保管费用均包含在其服务费用中,故应认定为有偿保管。

4. 免责声明效力之争。对于保管场所公开标识“请妥善保管您的贵重物品,如有遗失概不负责”“免费寄存,物品丢失概不负责”等免责声明,审判实务界对其格式条款性质并无争议,但对其效力则存在争议。有裁判观点认为,提供寄存服务的商场、酒店、宾馆当然有保管的义务,故该免除自己责任的免责声明当然无效。也有裁判观点认为,相较于寄存人支付的对价而言,保管诸如车辆等贵重物品的责任过重,故应认定该免责声明并不当然无效。

二、解释论运用:法定保管损害赔偿责任相关规范的理解适用

法定保管虽为法律拟制的特殊保管,但其本质仍为保管,故其损害赔偿责任仍应依循《民法典》关于保管的相关规范予以确定。裁判者的裁判大致遵循“三段论”原则,裁判依据源于“纸面上的法”,即通过辅以一定的法律解释方法,诸如文义解释、体系解释及目的解释等,对裁判所涉法律规范进行梳理分析,以避免对法律规范的误用及法官自由裁量的滥用,为裁判结论进行框架限定。

（一）法定保管的适用范围（《民法典》第 888 条）

《民法典》第 888 条规定，“寄存人到保管人处从事购物、就餐、住宿等活动，将物品存放在指定场所的，视为保管，但是当事人另有约定或者另有交易习惯的除外”。该条文对法定保管的适用范围进行了限定。

1. 法定保管的寄存人。条文中规定的寄存人为“到保管人处从事购物、就餐、住宿等活动，将物品存放在指定场所的”消费者，那么就此可以将至保管人处寄存物品，并非从事购物、就餐、住宿等活动的寄存人排除在此范围之外。例如，使用超市的自主寄存柜，但并未进入超市消费而直接去往别处的寄存人，以及到宾馆并非住宿只是拜访亲友的寄存人等。那么，对于未实际完成购物、就餐、住宿等活动，即未进行消费的寄存人是否也应排除呢？笔者认为，此处应就“从事”一词进行文义解释，通过查询《新华词典》，“从事”一词的基本释义是：其一，做某事；其二，处置、处理。此处应采用第一项释义，即做某事。由此可知，“从事”强调的是做的状态，并非强调做的结果，所以对于未进行实际消费的，如去超市购物但并未实际买到东西的寄存人，也应认定其行为属于从事购物活动，而不应排除在寄存人的范围之外。

2. 法定保管的保管人。从该条文的文义可知，法定保管义务人应为商场、饮食店、酒店等特定经营场所的主人，即上述特定经营场所的经营者。

3. 法定保管的标的物。结合该条文的文义及生活实践，法定保管标的物应为去往上述特定经营场所消费的消费者所携带的并存放于经营者指定场所的特定物品，该物品应仅限于动产，而不包括不动产。

4. 法定保管的适用场域。该条文是针对寄存人在购物、就餐及住宿等活动中存放物品于指定场所的寄存行为与该经营场所的主人之间成立何种法律关系进行的法律拟制，即明确其作用场域为消费领域。该条文中也明确了双方当事人可以通过约定或者因特殊的交易习惯而排除法定保管的适用。但在法定保管的归责及效力等方面，并未在条文中予以明确。申言之，法定保管仅为保管的拟制，其与约定保管均应受对应保管合同相关条款及《民法典》合同编通则的调整。

（二）法定保管的损害赔偿标准（《民法典》第 897 条）

《民法典》第 897 条规定：“保管期内，因保管人保管不善造成保管物毁损、灭失的，保管人应当承担赔偿责任。但是，无偿保管人证明自己没有故意或者重大过失的，不承担赔偿责任。”该条规定对法定保管的损害赔偿标准予以了明确。

1. 保管人的过错责任。根据该条文的规定，法定保管损害赔偿责任应区分保管合同是否有偿。有偿保管的保管人因其“保管不善”应承担保管物毁损、灭失的损害赔偿责任；而无偿保管的保管人可通过证明其“不存在故意或重大过失”免于承担损害赔偿责任。需要注意的是，无论保管合同是否有偿，保管人均负有“妥善保管”的义务，即保管人应当依照法律规定和合同约定，并根据保管物的性质，采取合理适当方法使保管物不受损失，保证保管物处在一种完好状态。〔3〕只是对于有偿保管和无偿保管的保管人注意义务标准不同，有偿保管要求保管人达到善良把关人的注意义务，而对于无偿保管人则仅需做到保管时无故意或重大过失即不承担责任。

2. 免责事由。免责事由即因不可抗力、保管物的性质或寄存人自身的原因而致保管物毁损、灭失。若保管物因不可抗力的原因毁损灭失，应适用《民法典》合同编通则中不可抗力条款，免除法定保管人的损害赔偿责任，但是在该情形中，保管人应确定其无故意或重大过失而先行违约，否则其仍不能免责。对于保管物因其本身性质或特性而致损毁、灭失的，若保管人没有违约行为，其已全然尽到保管义务和保管责任，亦应免除其损害赔偿责任。最后，若保管物毁损、灭失是因寄存人的原因或其同行人员包括伙伴、随从及访客等的故意或过失所致，也当然应免除保管人的损害赔偿责任。

3. 贵重物品未声明的赔偿责任。《民法典》第898条规定：“寄存人寄存货币、有价证券或者其他贵重物品的，应当向保管人声明，由保管人验收或者封存；寄存人未声明的，该物品毁损、灭失后，保管人可以按照一般物品予以赔偿。”依据该规定，寄存人在交付贵重物品时需向保管人声明，说明寄存物的性质和数量，由保管人验收或封存，若寄存人未向保管人声明，保管人可以按照一般物品价值承担损害赔偿责任，这是基于保管人预期利益的保护。

（三）有偿或无偿的判断依据（《民法典》第889条）

《民法典》第889条规定：“寄存人应当按照约定向保管人支付保管费。当事人对保管费没有约定或者约定不明确，依据本法第五百一十条的规定仍不能确定的，视为无偿保管。”该条文就保管费的支付予以了规定，但并未直接对何谓有偿保管、何谓无偿保管予以明确。从该条文的文义可以推断出：（1）保管合同是以无偿为原则；（2）区分有偿还是无偿是以是否约定并支付保管费为判断。在约定保管中，对于保管费的约定较为明确，故对于有偿或无偿的判断亦较为清晰。但在法定保管中，因其保管仅是经营者提供的附随义务，因此消费者与经营者往往并不直接约定保管费，在此种情形下，仅仅依据是否明确约定保管费而判断是否为有偿或无偿似有欠妥，而应当

〔3〕参见王利明：《合同法分则研究》（上卷），中国人民大学出版社2012年版，第569页。

根据整体性对价来综合考量是否有偿或无偿。

三、价值论探析:法定保管损害赔偿责任中利益衡量引入的价值考量

法定保管是法律拟制的特殊保管,其本身具有特定的价值利益。在法定保管相关配套规范尚不完备的情况下,从法定保管的价值利益出发,通过利益衡量对当事人权利义务作出合理认定,成为司法裁判者有赖于依循的原则。

(一)利益衡量引入的必要性

在现代社会的生活领域,随着经济、技术的迭代发展,新的问题和利益冲突不断产生,而法律规范语言的开放性及滞后性,造成了“法律必然存在漏洞”[4],在法定保管制度领域亦是如此。

1. 法律规定的模糊性。如前文所述,法定保管在有偿和无偿的认定上存在法律模糊。根据《民法典》的规定,区分保管合同有偿还是无偿应以是否约定保管费为依据,但在法定保管中,表面上往往均表现为无偿,那么对法定保管有偿或无偿的认定,是仅以是否存在“保管费”这一形式进行认定,还是将其扩张至“对价”这一实质进行认定,需要利益衡量的引入,以使司法裁判对该法律模糊的认定符合法定保管的价值利益。

2. 司法裁判的混乱性。前文已述,关于法定保管,审判实务界存在不同的争议观点,即对合同性质、责任认定标准、赔偿范围及免责声明效力认定不一。虽然《民法典》对合同性质予以了明确,但其他争议问题仍有不同见解。而目前审判实践中所表现出来的同案不同判现象,不利于给公众提供可预期的行为指引,也不利于实质正义的实现,因此需要通过利益衡量的引入,促进裁判尺度的统一。

3. 社会时代的变革性。法定保管的适用场景主要集中在商事情景中,而随着经济社会的发展,现代商业中的营销模式发生了翻天覆地的变化。营销方式经历从产品、价格、渠道及促销等可视化的“硬营销”向企业文化输出、企业商誉及形象建设的无形化的“软营销”转变。这对于经营者的营利的判断及对价的定义不再如之前那般容易判断。例如,超市等经营场所给顾客提供免费的储物柜,其并非基于互助,而是作为一种营销手段,通过提升其便利之形象,而促进顾客购物消费来获取利润增长。同时,科技的进步带来了对事实认定上的困难与模糊。例如自助寄存柜服务,顾客并非将物品实际交付给了经营者或其所属之人,而是自主寄存在特定的储物柜中,这与

[4] [德]卡尔·拉伦茨:《法学方法论》,陈爱娥译,商务印书馆 2003 年版,第 246 页。

传统的交付的认定不同,且保管人的占有的意思也难以按传统标准衡量。故而需要引入利益衡量,以弥合法律规定与时代变迁的沟壑。

(二)利益衡量的适用规则

因法律漏洞的存在,法官在用法之际,应自命为立法者之"思想助手",不仅要尊重法条之文意,亦要兼顾立法者之意旨,对立法者疏未虑及之处,应运用其智慧,自动审察各种利益,加以衡量,此即为利益衡量。[5]

1. 利益衡量的逻辑基点。司法实践中,案件事实总是复杂的,因此在法律适用上仅采用"三段论"的形式逻辑往往难以胜任。面对法律规定的模糊和社会时代的变革,法律适用适应由逻辑、事实与价值共同构成,形成"三角形结构"[6],亦即法律逻辑扮演一种法律技术,与法律事实环环相扣,而不同的法律事实又体现不同的法律价值。裁判者需根据不同情境,结合不同法律价值,妥当地作出合乎逻辑的裁判,此即利益衡量的运用过程(见图3)。

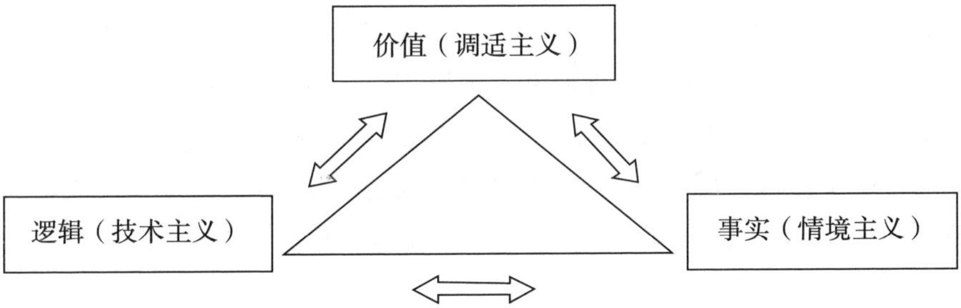

图3 "三角形结构"中法律逻辑、法律事实和法律价值的关系

2. 利益衡量的层次结构(见图4)。利益衡量首先需明确利益构成。利益作为一个概念,在不同的适用场域有不同的内涵。从司法裁判的利益衡量角度,可将利益划分为当事人具体利益、群体利益(类似案件中对类似原告或类似被告作相似判决所生之共性利益)、制度利益(法律制度本身蕴含之价值利益)和社会公共利益(涉及经济秩序或社会公德等之公共利益),上述利益形成一种由具体到抽象的递进层次结构,也是一种包容与被包容的关系。[7]

〔5〕 参见杨仁寿:《法学方法论》,中国政法大学出版社1999年版,第175页。

〔6〕 参见梁上上:《利益衡量论》(第2版),法律出版社2016年版,第62~63页。

〔7〕 参见梁上上:《利益的层次结构与利益衡量的展开——兼评加藤一郎的利益衡量论》,载《法学研究》2002年第1期。

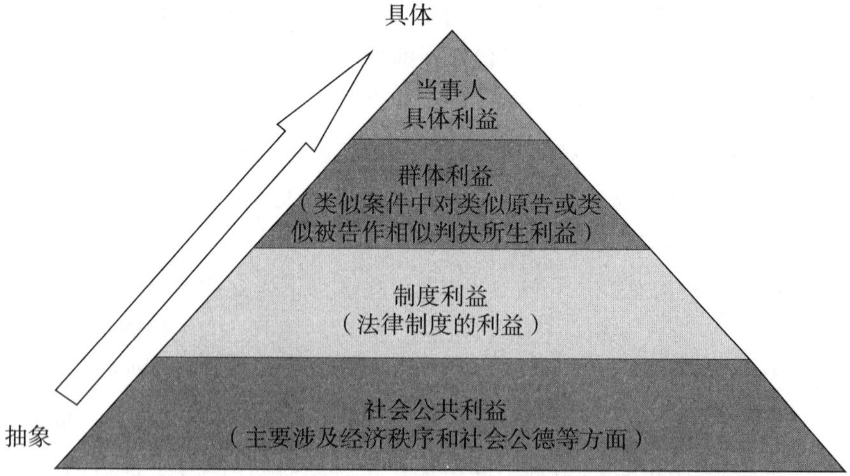

图 4　利益的层次结构

3. 利益衡量的适用方法。司法裁判对应的是具体案件，双方当事人的具体利益一般是明确的。日本学者加藤一郎的利益衡量论即认为，在司法裁判中，仅需对当事人的具体利益进行衡量即可得出哪一方可获得法律保护的结论。实际上，此方法并未对利益衡量进行必要的限制，亦未提供明确的衡量方法，无疑会造成衡量的困难与恣意。因此，在衡量当事人具体利益时，应确立相应的参照物，为衡量提供确切准据。

司法裁判本就是法律规范的适用过程，因此以法律制度本身所蕴含的"制度利益"作为参照物理所应当，当事人的具体利益需与制度利益相匹配时才能获得法律的保护。而法律制度本就根植于社会之中，其需符合社会对它的期待和评价，故而社会公共利益在利益层次结构中又扮演着基础性的参照物角色。总而言之，在利益衡量中，应以当事人的具体利益为起点，以制度利益为核心，以社会公共利益为基点，联系群体利益进行综合衡量，从而得出哪一方当事人利益需加以优先保护的结论。

（三）法定保管的利益衡量

制度利益直接联结当事人利益与社会公共利益，它的衡量是利益衡量的核心所在。而法律制度本身所追求的或所凝结的制度利益是其核心价值，是其根本属性，也深刻地影响着制度的生存与发展。

日常生活中，人们到旅店住宿、商场购物、餐厅或酒店就餐等，通常会随身携带物品，那么在为上述行为时就涉及所携带物品的安全问题。而"以招揽客人为目的之营业的场所主人,为保护客人及增进营业信用起见"[8],多通过为顾客提供"免费"的保管服务以提升其形象,排除顾客消费的后顾之忧。故而法律拟制双方存在保管合同,规定上述诸类经营场所的主人对顾客携带的物品负有保管义务,是为了保护顾客对上述诸类经营场所的安全的基本信赖,让顾客更经常地光顾而增加交易机会,繁荣经济。从法定保管的起源可以得出,其制度目的有二:其一,保护消费者;其二,增加交易,促进经济。基于此,法定保管的制度利益应包含保护消费者权益及鼓励交易、促进经济。由此推及,法定保管的社会公共利益亦应包含塑造商业模式、维护交易秩序及促进经济增长等宏观经济利益(见表1)。

表1　法定保管的利益衡量表

当事人具体利益		群体利益		制度利益		社会公共利益	
寄存人	保管人	寄存人群体利益	保管人群体利益	保护消费者权益	鼓励交易;促进经济	抽象:经济增长;利益平衡;公序良俗;等等	具体:商业模式;消费习惯;交易秩序;等等
保管物的利益	经济利益						

利益衡量的运用,意在当事人之间存在多种不同的利益需求,而法律又未明确某种利益需求具有优先性的情况下,允许裁判者通过利益衡量来确定这些利益需求的位阶,并据以确定优先保护何种利益需求。法定保管所蕴含的制度利益是该制度所追求的核心价值,影响着该制度的起源、生存及发展。正因如此,为实现法定保管制度的利益最大化,即应当充分考量该制度所蕴含的制度利益,并在此基础上对当事人的具体利益进行权衡,以确定优先保护何种利益诉求,进而实现当事人权利义务的平衡。

四、衡平论实践:法定保管损害赔偿责任的裁判指引

法定保管在我国作为一种新型保管制度,其相关配套规范尚不完备,造成法定保管损害赔偿责任认定的不确定性。在此情形下,依现有法律规范,借由利益衡量,对法定保管损害赔偿责任争议问题进行分析,成为司法裁判的必然选择。

(一)赔偿范围:保管标的物的确定

法定保管并不以转移保管物的占有给保管人为要件,而是寄存人自行将携带的物品进行封存,因此保管物并不十分明确。基于此,在保管物发生毁损、灭失时,如何

〔8〕 黄立主编:《民法债编各论》,中国政法大学出版社2003年版,第607页。

确定保管物即成为确定损失赔偿范围的关键。

1. 损害赔偿原则。法定保管的损害赔偿原则上采取完全赔偿原则，即损失赔偿额应相当于保管物所遭受毁损、灭失的全部损失。完全赔偿原则是对受害人利益的全面、充分有效的保护，从公平与等价交易原则来看，违约人违约而使受害人遭受损害，即应当以自己的财产赔偿全部损害。[9] 但不可否认的是，法定保管是法律拟制的保管，其相较于约定保管存在差异，因而在损害赔偿方面亦应当有所差别，亦即在特殊情况下，应当允许有限赔偿责任的例外适用。

2. 保管物价值的核定。对于保管物的确定，应由寄存人举证加以证明，如寄存人能够证明其保管物的品类价值，则根据完全赔偿原则，由保管人对保管物的全部损失承担赔偿责任。但现实情况是，在法定保管的场合，寄存人并未将保管物直接交付给保管人，因而对保管物的确定存在困难。如寄存人无法证实寄存物品的品类价值，而法院又不能拒绝裁判，此时如何确定保管物的损失价值即成为裁判的难点。

笔者认为，法定保管作为法律拟制的保管，保管人（通常为经营者）并不以保管为业，而仅是为了招徕顾客而提供额外的保管服务，基于权利义务对等及公平原则，应对保管人的赔偿责任有所限制，亦即在无法查清保管物实际价值的情况下，应当对保管人的赔偿责任设定上限。例如，《德国民法典》即规定，在旅客寄存物毁损、灭失时，旅店主的责任仅限于相当于一天住宿费的 100 倍的金额，但最低不少于 1000 德国马克，最高不超过 6000 德国马克。《法国民法典》亦规定，旅馆主的赔偿责任仅以房客租房价的 50 倍为限。具体而言，即应当以寄存人的损失为前提，以保管人所获利益（购物、消费或服务价款）为评判标准，对保管物损失数额予以酌定，但以不超过双方订立合同时可预见的损失及保管人所获得的利益为限。

需要注意的是，根据《民法典》第 898 条的规定，寄存人在寄存贵重物品时，负有向保管人予以声明的义务，以保障保管人在知悉该贵重物品后选择何种保管方式及场所进行保管的权利。但如寄存人并未就贵重物品的保管予以声明，在此种情况下，保管人完全不能知晓存放物品的贵重性致不能及时采取更为妥当的保护措施，且无法预见因违约所可能造成的损失的，保管人则不应当负完全赔偿责任，而仅需承担有限的赔偿责任，即按照一般物品的价值进行赔偿。

---

〔9〕 参见王利明：《合同法研究》（第 2 卷），中国人民大学出版社 2011 年版，第 629 页。

(二)赔偿标准:以有偿为原则,无偿为例外

有偿保管与无偿保管是基于保管合同的对价进行的分类。如此分类的意义在于,有偿性与无偿性的认定在合同注意义务的承担、解除条件的构成等方面均有重要影响。正因如此,保管合同的有偿与无偿影响着保管合同的损害赔偿责任的认定。

1. 归责原则。《民法典》第 897 条明确了有偿保管与无偿保管适用不同的归责原则。

在有偿保管中,保管的违约归责原则适用过错推定责任,其意在严格保管人的责任和举证责任的承担。究其原因在于有偿保管中,一般由保管人对保管物进行占有控制,基于其对保管物的实际掌控而对其课以相当的注意义务,发生保管物的毁损、灭失,其也应承担证明自身无过错或存在免责事由的举证责任。过错推定原则有利于保管人承担合理的注意义务,是契约公平的体现。

在无偿保管中,保管的违约归责原则则适用过错责任,即保管人只有因其故意或重大过失造成保管物毁损、灭失的才承担损害赔偿责任,保管人存在一般过失的则不承担损害赔偿责任。在此情形下,保管人需承担证明自己不存在故意或重大过失的举证责任。

2. 保管对价的认定。因有偿保管与无偿保管适用不同的归责原则,故对有偿或无偿的认定成为法定保管损害赔偿责任认定的关键。

前文已述,《民法典》第 889 条规定的主要是关于保管费的支付,其并未规定保管合同中“有偿”只体现为约定支付保管费这一种情形。换言之,约定保管费仅是作为判断“有偿”的标准之一,其是判断保管合同是否有偿的充分不必要条件。而保管费本身即为一种对价,所谓对价即为当事人一方在获得某种利益(时间维度如何,包括权利、利益、好处或利润)时,必须给付对方相应的代价(容忍、损害、损失或责任)。申言之,是“有偿”还是“无偿”仍应以是否有对价来进行判断。而对于法律关系是否具有对价意义则应当采整体性理解,因为非整体性的理解无疑会有悖于当事人订立合同时的初衷,也会影响双方交易的安全。[10]

在法定保管的场合,从法定保管的保护消费者的制度利益出发,从整体性对价的角度来理解,尽管寄存人未直接向经营场所的主人支付保管费,但是其在消费中仍支付了对价,应认定该保管合同的间接有偿性,故双方应成立有偿保管。例如,超市给顾客提供的“免费”寄存柜,其不存在直接的保管费,但该寄存柜是超市基于其营销效

---

〔10〕 参见韩世远:《合同法总论》,法律出版社 2018 年版,第 79 页。

用而设置,具有对价的意义,故双方成立有偿保管。在此需要特别注意的是,有观点认为消费者到经营者处进行消费,并将携带的物品寄存在经营者提供的场所,消费者已支付的服务费中已隐性地包含了保管费,因而双方成立有偿的保管合同,但如消费者未消费并支付服务费,则双方成立无偿的保管合同。对此,笔者认为,该观点仅从个体性对价的角度来判断有失偏颇,因为经营者提供保管服务是针对不特定的消费者群体,只要其经营策略已经达成,则无论单个消费者是否进行消费,均不影响其整体对价意义的成立,因此仍应认定为有偿保管。但同时,亦应当存在无偿保管的例外,比如在非消费场合,寄存人并非作为消费者而将物品存放在经营者提供的场所,因其未给付相应对价,则应当认定为无偿保管。

(三)免责声明:格式条款的效力认定

现实生活中,保管人为了减轻其责任,往往会在提供保管的场所标识"请妥善保管您的贵重物品,如有遗失概不负责""免费寄存,物品丢失概不负责"等免责声明,对于该免责声明的效力认定,关系到保管人损害赔偿责任的认定。

免责声明究其性质属于格式条款,其意在减轻或者免除一方合同义务或者责任。对于格式条款,在现代合同法理论中赋予了其积极性的评价,但不可否认的是,格式条款改变了契约的合意过程,一定程度上抹杀了实质上的契约自由,不利于对接受方的保护。[11] 故对格式条款应当加以规制。《民法典》第 497 条即规定,提供格式条款一方不合理地免除或者减轻其责任、加重对方责任、排除或限制对方主要权利的,该格式条款无效。就法定保管中的免责声明而言,我们不能一概而论认定其有效或无效,而应以其是否履行说明(提示)义务及是否不合理地免除或者减轻其责任来判断,如该免责声明显失公平且未尽提示义务而免除己方责任或加重对方责任,该免责声明应属无效。因此,在法定保管场合,如保管人在保管场所以告示的形式明确对消费者寄存物品(包括贵重物品)的毁损、丢失概不负责,该免责格式条款明显免除其责任而加重了对方责任,应当被认定为无效条款,消费者寄存物品遭受损失的,保管人仍应承担赔偿责任。

需要注意的是,在法定保管中,保管人(通常为经营者)提供的是一种附随性的保管服务,其并不以保管为业,亦不实际掌控保管标的物,故不能对其保管义务予以过分苛责。《民法典》第 898 条规定,"寄存人寄存货币、有价证券或者其他贵重物品的,应当向保管人声明,由保管人验收或者封存"。如保管人在保管场所以明显且清晰的

---

〔11〕 参见苏俊雄:《契约原理及其实用》,台北,中华书局 1978 年版,第 105 页。

方式声明不提供贵重物品保管时,应当认为该条款有效而不对贵重物品的毁损、灭失进行赔偿。因为对贵重物品的保管无疑会增加经营者的服务成本及赔偿成本,故应当赋予保管人有选择是否予以保管,以及采取何种保管方式及场所进行保管的权利。

结　语

法定保管作为一种新型的特殊的保管合同,其在相关配套规范方面尚不完备,而其与约定保管存在诸多不同之处,因而又不能完全适用约定保管的相关规定。法定保管本身有着特殊的制度利益,因而在法定保管损害赔偿责任方面即应当充分考虑其制度利益,并在充分保障实现制度利益的基础上,适当引入利益衡量,以实现当事人权利义务的平衡,促成法定保管制度利益的最大化。

执行法院专属审查权及其实现路径探究

——以执行标的关联合同为研究对象

朱微微　蓝　娟*

2020年11月召开的中央全面依法治国工作会议正式提出了“习近平法治思想”，习近平总书记强调要坚持以人民为中心，积极回应人民群众新要求新期待，系统研究谋划和解决法治领域人民群众反映强烈的突出问题。解决执行难问题涉及当事人的合法权益能否真正落到实处，客观上要求人民法院不断提高审判执行水平，打造公正高效的司法体系，从根本上增强人民群众的司法获得感。司法实践中，执行异议之诉与执行标的关联合同诉讼相互剥离引发的种种问题，已经成为阻碍执行进程的一个樊篱，执行法院对执行标的关联合同的专属审查，能有效解决法院重复审查、民事虚假诉讼、裁判相互冲突等问题，契合当前公正高效的司法理念和价值追求。

一、识时知务：执行异议之诉及关联合同审查的现状

（一）人民法院近年来受理执行异议之诉的情况

执行异议之诉最早出现在2007年修正的《民事诉讼法》中，其中第204条明确将执行异议之诉作为申请人权利救济途径之一。但是在此后相当长一段时间内，执行异议之诉作为新的民事案件类型并未大量出现，一方面在于新规理解适用的滞后性，另一方面在于执行异议之诉作为特殊程序案件，对当事人、律师乃至法院均提出了较高的法律要求。

---

* 朱微微，南宁市青秀区人民法院；蓝娟，南宁市青秀区人民法院。

近5年来,执行异议之诉案件数量激增(2020年受疫情影响执行异议之诉案件数同比出现下降),一定程度上加剧了执行难的困局(见图1〔1〕)。

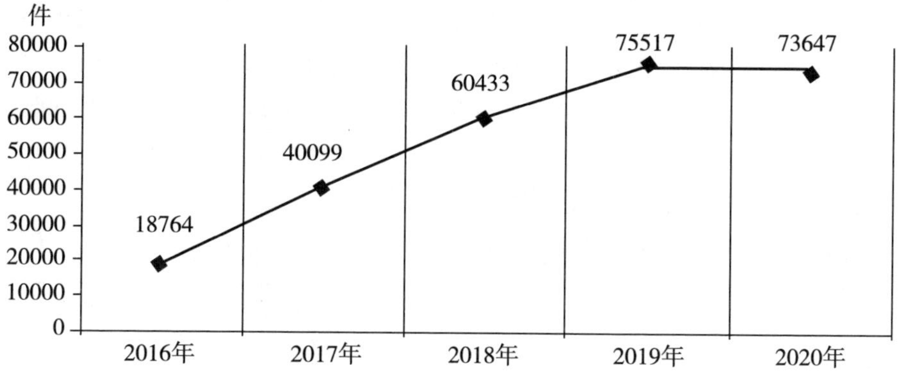

图1　执行异议之诉案件数量

同时,因执行异议之诉关系到案外人和申请执行人的各自权益实现,当事人之间利益冲突剧烈,主张未获支持的一方上诉意愿强烈,导致执行异议之诉一审服判息诉率较低,执行程序在裁判生效前始终处于中止状态,进一步加重了执行难的情况(见图2〔2〕)。

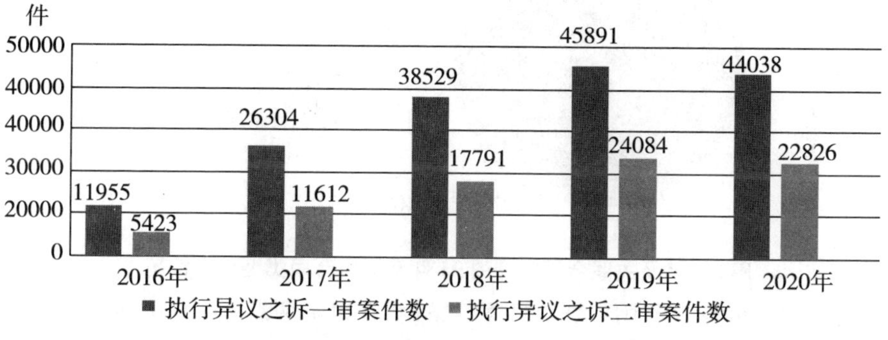

图2　近5年全国法院受理执行异议之诉一审及二审情况

(二)执行异议之诉中关联合同的审查情况

涉执行标的关联合同审查是执行异议之诉的重点。法院在审理过程中,辨别案外人依据关联合同享有何种民事权益,从生存权利优先、公平及效率的角度进行价值

〔1〕　2021年5月21日,在中国裁判文书网上检索"案由:执行异议之诉"得到近5年的文书情况。

〔2〕　基于图1数据,在检索结果中进一步筛选执行异议之诉近5年的一审、二审案件情况。

判断，从而确认应当对案外人给予的保护程度，并与申请执行人的民事权益两相比较，以确定是否排除案涉执行。司法实践中的审理情况与之能够契合（见表 1〔3〕，图 3），执行异议之诉中涉及关联合同审查的案件数占据绝对比重，审查的合同类型以买卖合同居多，其余未涉及关联合同审查的案件系因追加、变更被执行人，以及原审不予受理后最高人民法院指令继续审理、未进入实体审查阶段。表 1 中同时列明了案外人基于关联合同在执行异议之诉外另行提起诉讼的情况，其中涉及的重复审查、虚假诉讼、裁判冲突问题，将在下文集中讨论。

表 1　2019 年最高人民法院审理执行异议之诉案件中涉及的关联合同审查情况

涉及关联合同审查	关联合同诉讼在执行异议之诉前
93 件	2 件
未涉及关联合同审查	关联合同诉讼在执行异议之诉后
7 件	0 件

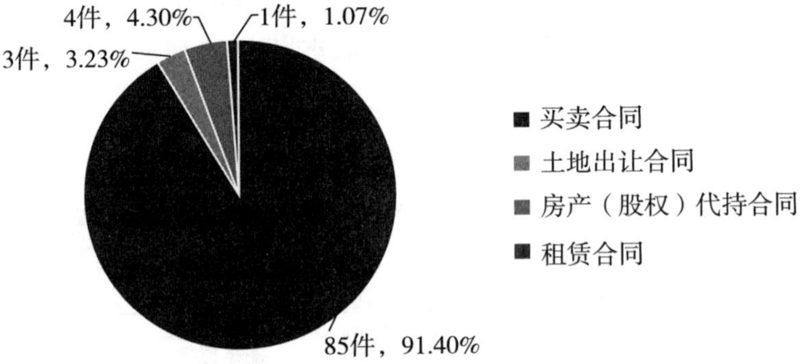

图 3　涉及关联合同审查的 93 件案例中合同类型分布情况

执行异议之诉作为适用特殊程序案件案由，在以下两点区别于普通的民事诉讼：一是权利基础不同。执行异议之诉中的案外人与申请执行人本身不存在直接的权利义务关系，诉讼的产生系基于各自对执行标的享有的利益冲突；二是程序设置不同。执行异议之诉以执行异议程序为前提，案外人、当事人对执行部门所作裁定不服方可在一定期限内提起执行异议之诉。执行异议之诉中容纳了两方的权利请求，案外人主张对执行标的享有相关民事权益，申请执行人基于生效判决享有执行利益，执行异

〔3〕 2021 年 5 月 24 日，在法信中以“案外人执行异议之诉”“合同效力”为关键词，检索 2019 年 5 月 24 日至 2021 年 5 月 24 日最高人民法院所作裁判文书，共 100 件案例。

议程序的前置设计体现了效率和公正的统一，有效兼顾了案外人和申请执行人的权益平衡，执行部门在异议程序中仅对案外人所提异议进行形式审查；案外人、申请执行人提起执行异议之诉后，为比较双方的权利优劣，执行法院必然要对案外人基于执行标的关联合同〔4〕主张的民事权益予以实质审查。

二、洞见症结：执行异议之诉和另案关联合同诉讼各自审查面临的困境

（一）存在的问题及不利影响

1. 同一事实两次审理，造成司法资源浪费。案外人已另案就执行标的关联合同提起诉讼，并基于另诉生效裁判认定的事实在执行异议之诉中欲证明自己的主张，执行法院在审理执行异议之诉时，对另案关联合同诉讼生效裁判认定的事实是否应予直接采信，最高人民法院在（2019）最高法民申1613号民事裁定书中给出了否定的答案。〔5〕在该案例中，最高人民法院肯定了广东省阳江市中级人民法院在执行异议之诉审理中，对执行异议之诉前涉执行标的关联合同生效判决已认定的付款事实予以重新审查的做法，即另案关联合同诉讼中查明的事实，在执行异议之诉中并不当然被采信。由此一方面造成了案外人在执行标的关联合同诉讼中经济、时间等成本的湮灭，另一方面导致关联合同诉讼法院和执行异议之诉法院就同一事实进行了重复审理，不仅浪费了司法资源，也与民事诉讼“一事不再理”的原则相悖。

2. 虚假诉讼逃避债务，造成法院执行困难。司法实践中，不乏被执行人为逃避法院执行和案外人恶意串通，通过虚构案件事实、捏造法律关系、伪造诉讼证据，制造出

〔4〕 最高人民法院《关于人民法院民事执行中查封、扣押、冻结财产的规定》第2条规定：“人民法院可以查封、扣押、冻结被执行人占有的动产、登记在被执行人名下的不动产、特定动产及其他财产权。未登记的建筑物和土地使用权，依据土地使用权的审批文件和其他相关证据确定权属。对于第三人占有的动产或者登记在第三人名下的不动产、特定动产及其他财产权，第三人书面确认该财产属于被执行人的，人民法院可以查封、扣押、冻结。”

〔5〕 参见最高人民法院（2019）最高法民申1613号民事裁定书。“本院认为”部分载明：姚某宙所依据的他案生效判决是为了确定其与东骏公司的商品房买卖合同有效（姚某宙的诉讼请求），本身并非为了确定合同履行情况，合同如何履行不影响对合同效力的认定。一审法院已充分注意到该生效判决，并对是否付款这一本案主要事实进行了查明和认定……二审判决因而认为现有证据并不足以证明姚某宙已经付清房款，并无不当。

假案子、假诉讼,意图利用法院裁判权和执行权实现非法目的。[6] 例如被执行人与配偶订立虚假离婚协议后向法院提起离婚后财产纠纷,案外人与被执行人签订虚假不动产转让协议后向法院提起房屋买卖合同纠纷等方式,稀释被执行人债务履行能力,阻却法院执行。这些虚假法律关系通过司法程序合法化,对法院强制执行产生强大的阻力,也正是由于执行法院和执行标的关联合同诉讼法院信息不对称,虚假诉讼有了可钻的空子。虽然《刑法修正案(九)》增设了虚假诉讼罪,但这是通过刑事手段对侵害他人权益、损害司法权威和公信力、扰乱市场经济和司法秩序虚假诉讼行为的事后惩罚和补救措施,只能对违法犯罪分子产生震慑作用,并不能从根源上杜绝虚假诉讼,现实中依然有当事人为了逃避债务铤而走险。

3. 两类裁判相互冲突,造成裁判无法执行。司法实践中,因执行标的关联合同诉讼和执行异议之诉分开审理而出现裁判冲突的情况并不鲜见,如 A 法院正在执行被执行人在 B 地的房产,案外人在 A 法院的执行异议被裁定驳回后,转而向该房产所在地的 B 法院提起执行标的关联合同诉讼,请求 B 法院确认其与被执行人签订的房屋转让合同有效,被执行人协助办理过户登记手续。B 法院经审理后对涉执行标的的合同效力予以确认,并判决被执行人协助案外人办理案涉房产的过户登记手续。判决生效后,案外人就案涉房产过户登记手续向 B 法院申请强制执行,B 法院在执行中发现,案涉房产被 A 法院查封并已在财产处置阶段,故无法办理过户登记手续。因 B 法院的生效判决确认案涉房产应过户登记至案外人名下,故 A 法院的执行工作也陷入僵局。关联合同诉讼法院和执行法院各自为战出现相互冲突的裁判文书,不仅让两个案件的执行陷入两难境地,生效裁判中当事人的权益难以得到兑现,还会对司法公信力造成冲击。[7]

由此可见,将涉执行标的的关联合同审查交由执行法院以外判断,因关联合同受诉法院难以进行全局性的综合考量,易于陷入当事人虚假诉讼等导致的裁判失当,而执行异议之诉中案外人、申请执行人均未缺席诉讼,使得执行法院能够对双方的民事权益作出准确的评价,正如一个人可以通过自己的双手轻易判断两边的铅球轻重,如果两个人分持一球,孰轻孰重只会各执一词。

---

〔6〕 参见完颜文豪:《"假官司"数量逐年攀升,民间借贷领域高发——一些人以诉讼牟利,违法成本低助推虚假诉讼泛滥 如何破局?请听专家与法官检察官会诊》,载《新华每日电讯》2021 年 4 月 8 日,第 12 版。

〔7〕 参见张晋红:《诉的合并制度的立法缺陷与立法完善之价值分析》,载《法学评论》2007 年第 4 期。

(二)原因分析

1. 程序设置尚未统一。《民事诉讼法》第234条仅规定执行异议之诉由执行法院进行专属管辖,但未明确涉执行标的关联合同由执行法院专属审查,故关联合同的当事人可以按照民事诉讼管辖规定提起另案诉讼。但近年的司法实践中,已有部分省高级人民法院通过发布规范性文件的方式,对案外人提起的涉执行标的另案诉讼进行规范化处理。例如,江苏省高级人民法院发布的《执行异议及执行异议之诉案件审理指南(二)》、广东省高级人民法院《关于执行异议诉讼案件受理与审理的指导意见(试行)》、浙江省高级人民法院《关于审理案外人异议之诉和许可执行之诉案件的指导意见》均规定,在执行过程中,案外人对执行标的有异议的,应通过执行异议之诉主张权利;案外人就执行标的另行向执行法院或者其他法院提起确权之诉的,人民法院不予受理;案件已经受理的,应当驳回起诉。[8] 这也为本文提出执行法院对执行标的关联合同的专属审查提供了有益借鉴。

2. 衔接机制尚未形成。如上所述,一方面,法律未明确涉执行标的关联合同应由执行法院专属审查,合同当事人可以依据普通民事诉讼管辖规则另行起诉,另一方面,司法实践中缺乏相应的衔接程序,使得执行法院与关联合同受诉法院之间的衔接路径不畅通,导致执行法院即便知晓执行标的关联合同诉讼在其他法院受理的情况下,两个法院之间亦无法就关联合同的审查进行衔接处置。部分案件中执行法院以需待另案关联合同诉讼为依据作出中止裁定,而部分案件中执行法院则认为另案关联合同诉讼应当中止,由执行异议之诉对关联合同的效力及履行等情况进行审查。

3. 权利保护机制失衡。涉执行标的关联合同的当事人为案外人与被执行人,申请执行人系关联合同之外的第三方,案外人与被执行人就执行标的所订立的合同是否合法有效、有无共谋损害申请执行人合法权益,在执行异议之诉中不得不予以考虑。毕竟,就申请执行人在执行中所依据的生效法律文书是否存在错误(申请执行人的生效债权是否真实),《民事诉讼法》第234条同时规定了审判监督程序的路径,从权利对等的角度考量,在执行异议之诉中也应对案外人与被执行人之间有关执行标的的合同予以全面审查,否则申请执行人与案外人在执行异议之诉中的权利保护就处于失衡状态。

---

〔8〕 参见张永泉:《案外人另案裁判在执行异议之诉中的审查原理与规则》,载《法治现代化研究》2019年第6期。

三、敬陈管见：执行法院专属审查的必要性和可行性

（一）执行法院专属审查的必要性

执行标的关联合同的当事人在另案中可以仅提出确认合同效力的诉请，而执行异议之诉中，以最高人民法院《关于人民法院办理执行异议和复议案件若干问题的规定》（以下简称《执行异议规定》）第28条、第29条为例，要求根据合同的效力及履行等情况进而判断能否产生排除执行的效果。因合同合法有效是合同履行的基础，故在执行异议之诉中必然会对合同效力进行审查，所以从诉的功能上看，执行异议之诉兼具合同审查确认之诉的功能。〔9〕 合同合法有效并不等同于合同实际履行，合同有效亦不必然会产生排除执行的效果。合同合法有效只能在合同相对方之间产生债权关系，而合同有效履行才能达到物权变动的效果，才具备对抗第三人的法律效力。〔10〕 故执行异议之诉和执行标的关联合同诉讼审理的内容实为相互交叉的关系，将执行标的关联合同由执行法院专属审查，可以从源头上避免不同法院甚至相同法院不同法官作出相冲突的裁判。

（二）执行法院专属审查的可行性

1. 理论可行。将执行标的关联合同由执行异议之诉法院专属审查之法律依据，可追溯到《执行异议规定》第28条、第29条。执行异议是执行程序，而执行异议之诉本质上属于诉讼程序，其保障了当事人二审和再审的权利，这样的制度设计使在执行异议之诉中对合同实质审查成为可能，也为执行标的关联合同由执行异议之诉法院专属审查提供了制度基础。〔11〕 此外，最高人民法院《关于适用〈中华人民共和国民事诉讼法〉的解释》第310条第2款也赋予案外人在执行异议之诉中同时提出确权请求的权利，在案外人执行异议之诉中对合同进行实质审查，不仅可以一次性处理实体权利和执行纠纷，提高审判和执行效率，而且可以避免案外人单独另行提起确权诉讼带来的前后矛盾判决，减少案外人与被执行人相互串通提起虚假诉讼的情况。〔12〕 同理，将涉执行标的关联合同归由执行法院专属审查可以起到异曲同工之效。

---

〔9〕 参见陈珊燕：《另案代为确权之诉怎样受理》，载《中国商报》2020年8月20日，第P03版。

〔10〕 参见郑怀勇：《以离婚协议的约定内容对抗房产执行的问题探析——刘某瑞与某银行股份有限公司广州荔湾支行等案外人执行异议之诉案》，载《法治论坛》2020年第2期。

〔11〕 参见王毓莹：《不动产买受人提起的执行异议之诉的处理》，载《人民法院报》2019年2月21日，第7版。

〔12〕 参见侯伊：《案外人执行异议之诉中确权诉请研究》，江西财经大学2020年硕士学位论文。

2. 实践可行。除了前文提到的江苏、广东、浙江高级人民法院自己出台的规范性文件，在司法实践中，亦有其他地方法院在尝试将执行标的关联合同由执行法院专属审查。例如，原告某公司在涉案房屋所在地广西某地C法院提起解除合同诉讼，请求解除其与被告林某签订的商品房买卖合同，并注销该合同的备案证明和该房屋的预告登记证明，同时，林某作为D法院的被执行人，因该房屋已经预告登记在林某名下，D法院欲处置该房屋，故某公司又在D法院提起执行异议之诉，请求确认该房屋系某公司所有，并且不得执行。后C法院认为该商品房买卖合同的效力及解除与否，直接影响某公司能否取得涉案房屋的所有权，以及某公司能否基于所有权人身份主张排除执行，在执行异议之诉中需对合同效力及合同解除与否进行审查，故上述问题应在执行异议之诉中先行认定，因某公司的其他诉讼请求均与合同的效力及解除与否相关，需待执行异议之诉判决后方能进行审理。随后C法院中止该案件审理，由D法院在执行异议之诉中一并审查商品房买卖合同的效力及履行等情况，作出确认了商品房买卖合同已经解除的生效判决后，C法院才将案件恢复审理。

上述案例是执行异议之诉中对执行标的关联合同专属审查的一次有益尝试，将执行标的关联合同审查纳入执行异议之诉中一并审理，不仅节约司法资源，提高司法效率，有效防止了“一事二理”，同时也缩短了执行周期，避免了执行异议之诉因等待另案合同诉讼而中止审理，有力保障了申请执行人的权益实现，对化解执行难问题提供了有益的思路。[13]

四、抽丁拔楔：执行法院专属审查的合同类型及衔接程序

（一）执行法院专属审查的合同类型

执行异议之诉对关联合同进行专属审查有一定的积极意义，但应当注意的是，并非任何关联合同均适用于执行异议之诉中专属审查，应根据关联合同的性质加以区

〔13〕 参见吴英姿：《论案外人异议之诉的强制合并——兼与张永泉教授商榷》，载《法治现代化研究》2019年第6期。

分，从《执行异议规定》第26条第1款[14]可以得到提示：案外人系执行标的的所有人，对其排除执行的请求可以予以支持；案外人所依据的前案生效法律文书，系能够引起执行标的财产权属转移的债权纠纷，执行法院则不会当然排除执行。进一步而言，即有关执行标的权属变动的债权债务合同，以及有关执行标的占有、使用的债权债务合同可由执行法院专属审查，上述两类关联合同归由执行法院专属审查，符合合法性、处分性和经济性的原则[15]，相应合同类型包括买卖合同、赠与合同、租赁合同及保管合同等（见图4）。

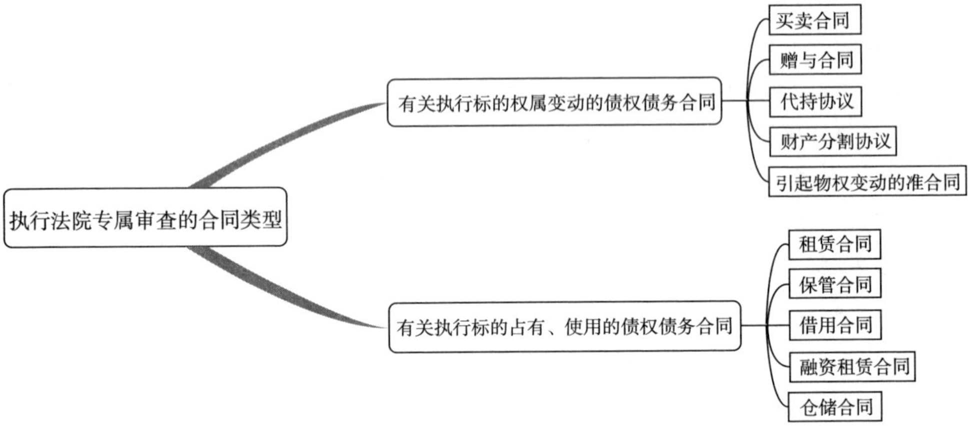

图4　执行法院专属审查的合同类型

1. 有关执行标的权属变动的债权债务合同。常见的如商品房买卖合同，案外人（出卖人）能否解除与被执行人（买受人）之间的商品房买卖合同，进而基于所有人的身份主张排除执行，在司法实践中已经不乏类似观点。例如，吉卓烨、鲁晓薇在《案外人异议之诉与关联诉讼"合并—吸收"程序构建——以预查封房产处置中出售人合同

[14] 最高人民法院《执行异议规定》第26条第1款规定："金钱债权执行中，案外人依据执行标的被查封、扣押、冻结前作出的另案生效法律文书提出排除执行异议，人民法院应当按照下列情形，分别处理：（一）该法律文书系就案外人与被执行人之间的权属纠纷以及租赁、借用、保管等不以转移财产权属为目的的合同纠纷，判决、裁决执行标的归属于案外人或者向其返还执行标的且其权利能够排除执行的，应予支持；（二）该法律文书系就案外人与被执行人之间除前项所列合同之外的债权纠纷，判决、裁决执行标的归属于案外人或者向其交付、返还执行标的的，不予支持。（三）该法律文书系案外人受让执行标的的拍卖、变卖成交裁定或者以物抵债裁定且其权利能够排除执行的，应予支持。"

[15] 参见李盛烨：《诉的合并的实证形态和"三维"认定——以立案工作遇到的诉的合并疑难案例为切入点》，载《法律适用（司法案例）》2019年第4期。

解除之诉为例》一文中即提道:在预查封房产处置过程中,出售人另行诉请解除房屋预售合同,而后持解除合同的判决再提请执行异议、案外人异议之诉,此举不仅使得被执行人责任财产处于不确定之状态,影响执行质效,又使得不同法院就同一法律事实作重复之判决,浪费司法资源,人为地引发法院内部的冲突。在认同上述观点之外,本文特别强调执行法院应当"合并"的关联合同类型应不限于商品房预售合同,且在"吸收"程度上应对关联合同进行专属审查。

2. 有关执行标的占有、使用的债权债务合同。常见的如租赁合同,以《执行异议规定》第 31 条第 1 款为例:承租人请求在租赁期内阻止向受让人移交占有被执行的不动产,在人民法院查封之前已签订合法有效的书面租赁合同并占有使用该不动产的,人民法院应予支持。如上所述,执行法院应对案外人提出的租赁执行标的主张予以严格审查,如其在法院查封前确已签订合法有效的书面租赁合同,还应当结合水、电等交费凭证审慎认定案外人实际占有使用租赁物,基于保护承租人合法权益的出发点,参照买卖不破租赁的原则对案外人阻止移交执行的请求予以支持。

(二)执行法院专属审查的衔接程序

1. 设置书面告知程序。根据《民事诉讼法》第 234 条的规定,执行过程中,案外人对执行标的提出书面异议的,人民法院应当自收到书面异议之日起 15 日内审查。考虑到执行效率问题,法院在执行异议程序中仅进行形式审查,为节约司法资源、减轻当事人诉累,无论案外人是否已就关联合同提起另案诉讼,执行法院在执行异议程序中即向案外人进行书面告知:案外人就执行标的主张民事权益依据的关联合同的效力及履行等情况,应在执行异议之诉中提出,由执行法院进行审查;如案外人另行提起关联合同诉讼,执行法院不以另案诉讼的审理结果为依据、不对另案生效法律文书中涉关联合同的效力及履行等情况直接予以采信,另案生效法律文书仅作为案外人提供的证据使用。

2. 设置分类衔接程序。案外人在执行异议之诉外就关联合同提起另案诉讼的,根据执行异议之诉和关联合同诉讼所处的不同审理阶段设置相应的程序。

另案关联合同诉讼尚未作出裁判,或者已作出裁判但尚未生效的,关联合同受诉法院在知悉执行异议之诉案件受理后,关联合同受诉法院对已受理的合同诉讼应作中止处理。执行法院就案外人异议作出执行裁定后,案外人、申请执行人不服执行裁定提起执行异议之诉,此时无论关联合同诉讼系在一审或二审审理期间,如前所述,基于执行法院对关联合同专属审查的必要性,另案合同诉讼应以执行异议之诉对关联合同的审查结果作为依据,故由执行法院将执行异议之诉的受理情况通知关联合同诉讼的受诉法院，关联合同受诉法院对案件作中止处理。

另案关联合同诉讼裁判已生效的，执行异议之诉仍需独立审查关联合同。此种情形下可以参考江苏省高级人民法院《执行异议及执行异议之诉案件审理指南(二)》，其中第 4 条第 5 项载明“另案生效法律文书仅作为案外人提供的证据使用，执行异议之诉案件的判决不就其对错进行评判”。如前所述，基于执行法院对关联合同专属审查的必要性，在执行异议之诉中不能以另案关联合同的审理结果直接作为判断案外人民事权益的依据，故执行异议之诉受理法院应当继续就案外人主张的关联合同的效力及合同履行等情况进行审查，以判断案外人是否享有足以排除本案执行的相关民事权益(见图 5)。

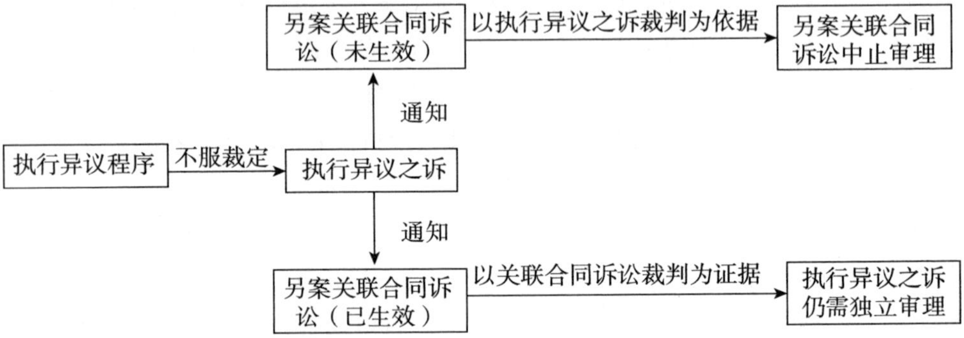

图 5　执行异议之诉与另案关联合同诉讼不同阶段的衔接程序

3. 明确冲突纠正机制。因执行异议之诉对执行标的关联合同审查的标准高于普通的合同诉讼，且执行法院对当事人为规避执行而订立的虚假合同也有着更为清晰的辨别力[16]，若关联合同诉讼已生效的裁判与执行异议之诉裁判相冲突，原则上以执行法院作出的裁判为准，关联合同诉讼的生效裁判应通过审判监督程序予以纠正。值得一提的是，随着人民法院信息化建设的不断推进，大数据的分析应用有助于在审判执行工作中最大限度避免裁判冲突问题。

法谚有云：超出管辖权所作的判决不必遵守。现行《民事诉讼法》及民事诉讼法解释虽未明确规定执行异议之诉对关联合同的专属审查，但最高人民法院以司法解释的形式在《执行异议规定》第 28 条、第 29 条中明确了在执行异议之诉中对关联合同效力及履行情况予以审查，可以作为上述程序的参考依据，不至于使程序制约成为

〔16〕 参见林丽君：《房屋预查封制度研究》，华东政法大学 2016 年硕士学位论文。

现阶段执行法院对关联合同专属审查的樊篱,并同时兼顾了法院与当事人之间、不同法院之间的民事诉讼效率,也有助于化解法院重复审查、民事虚假诉讼、裁判相互冲突等问题。

(三)执行法院专属审查后合同权利主张

考虑到执行异议之诉在判项中仅处理是否排除执行及案外人提出的确权请求,案外人就执行标的关联合同的权利主张,诸如诉请违约责任、要求继续履行等无法在执行异议之诉中一并处理,基于"禁止重复评价"的民事诉讼基本原则,同时为避免法院二次审查带来的司法资源浪费,保障案外人合同权利的及时实现,在执行异议之诉案件生效后,考虑到该诉讼中已经对合同效力及履行等情况进行了认定,在合同当事人(包括案外人和被执行人)就执行标的关联合同产生后续争议时,可以执行异议之诉的生效裁判文书为依据,参照最高人民法院《关于民商事案件繁简分流和调解速裁操作规程(试行)》的相关规定,适用简易程序予以处理,从而将司法效率与当事人的民事权益保障有机结合起来,最大限度减轻当事人的诉累。

结　语

公平与效率是法律的永恒话题,两者辩证统一,偏重公平而忽视效率会致正义迟到,效率脱离公平亦形如空中楼阁,这在执行异议之诉中体现尤显。结合现有的司法实践和逻辑演绎,由执行法院对执行标的关联合同诉讼予以专属审查,有助于法院以同一视角对案外人、申请执行人的民事权益进行比较,将两方权益的价值判断由分离归于统一,既可以有效兼顾案外人、申请执行人的合法权益,也确保了法律的公平适用,提高了司法效率,[17]同时清除了执行工作中人为设定的障碍,在当下解决执行难的司法环境下具有重要意义,这样的专属审查改革必将为推动人民法院服务发展新阶段、实现社会主义现代化法治国家提供更强大的司法动力。

---

〔17〕 参见陈杭平:《"纠纷事件":美国民事诉讼标的理论探析》,载《法学论坛》2017 年第 6 期。

父母为子女婚内买房出资纠纷中的裁判偏差与规制

——以民间借贷的认定为视角

肖　刚*

父母为子女婚内买房出资引发的纠纷一直是社会关注的热点，对于出资是赠与自己子女还是赠与子女夫妻双方的问题，在立法上曾经一度变迁并引发争议，但对出资性质是赠与还是借贷的认定，立法上其实从未变化，即对于没有约定或者约定不明的，视为赠与，这也是多数学者认同的观点。但在现实中，基于中国传统家庭文化的影响，父母在出资时一般不会要求出具约定出资性质的证据。所以，学者们也认为，对于出资并不意味着当然地一概视为赠与，对于因此产生的争议，应当把出资的法律关系作为审理的争议焦点，在查明案件事实的基础上，准确地认定出资的法律关系是赠与还是借贷。〔1〕

近年来，随着高房价与高离婚率，因父母为子女婚内买房出资而引发的民间借贷诉讼频繁出现。笔者在中国裁判文书网上以 2014 年至 2020 年为裁判时间，涵盖中、东、西部省份，随机抽取了该类纠纷的 300 份裁判文书作为样本进行分析。其中，法院判决认定为赠与样本的仅为 38 份，而认定为民间借贷的高达 262 份。显然，该类纠纷中认定赠与成了特例，反而认定借贷成了常态。这其中原因既有裁判者对规范意涵的

---

* 肖刚，柳州市柳南区人民法院。

〔1〕 参见郑学林、刘敏、王丹：《〈关于适用民法典婚姻家庭编的解释（一）〉若干重点问题的理解与适用》，载《人民司法·应用》2021 年第 13 期。

理解偏差,也有立法的缺陷,本文就对此展开分析。

一、司法裁判现状分析

在实证分析样本中,父母因出资提起民间借贷诉讼的有两种情形:第一种是父母仅凭金融机构的转账凭证即起诉,共有 89 份样本;第二种是父母依据子女出具的借条起诉,共有 211 份样本。

(一)对仅有金融机构转账凭证的实证分析

在父母仅凭金融机构转账凭证提起诉讼的 89 份样本中,有 10 份是被法院以出资凭证不能证明借贷合意为由驳回了诉讼请求。[2] 在得到法院支持的 79 份样本中,除有 6 份是仅依据社会常理、子女夫妻受益等较为模糊的理由支持之外,有 73 份样本均依据了最高人民法院《关于审理民间借贷案件适用法律若干问题的规定》(以下简称《民间借贷规定》)第 17 条规定,认为父母提交出资凭证之后,子女配偶对其主张的赠与不能举证证明,故支持了民间借贷诉讼请求(见图 1)。[3]

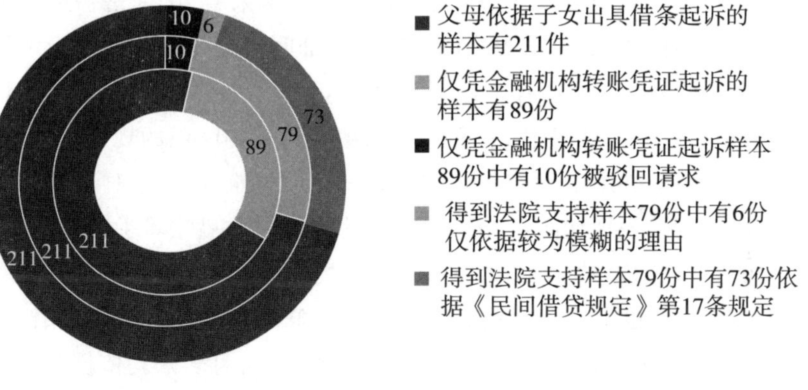

图 1　仅凭金融机构转账凭证起诉的裁判情况

在该类纠纷中适用《民间借贷规定》第 17 条规定具有以下特征:

第一,《民间借贷规定》第 17 条的施行成为该类纠纷发生、裁判的"分水岭"。2015 年 9 月 1 日开始施行的《民间借贷规定》第 17 条规定,原告仅依据金融机构的转账凭证提起民间借贷诉讼,被告抗辩转账系偿还双方之前借款或其他债务,被告应当

〔2〕 参见广西壮族自治区河池市中级人民法院(2020)桂 12 民终 1777 号民事判决书、山东省青岛市中级人民法院(2020)鲁 02 民终 10495 号民事判决书。

〔3〕 参见浙江省高级人民法院(2018)浙民再 175 号判决书、(2020)皖民终 1609 号民事判决书。

对其主张提供证据证明。被告提供相应证据证明其主张后，原告仍应就借贷关系的成立承担举证证明责任。在此前，原告仅有转账凭证而未提供证据证明有借贷合意的，各地法院一般不予支持，而该条规定显然是否定了这种观点。而在父母出资性质认定纠纷中，面对证据模糊、难以认定的困境，各地法院显然都把该条规定视为明确的认定规则予以适用，这对该类纠纷的启动、裁判都起到了极大的促进作用。在89份仅凭转账凭证起诉的样本中，仅有3份样本发生在该条规定施行之前，而且均被法院驳回诉讼请求。其余的样本均发生在该条规定施行之后，且大都获得了法院的支持。

第二，法院在《民间借贷规定》第17条适用中对被告都一边倒地适用了本证的证明标准。《民间借贷规定》第17条出台以来，对于依据该条规则如何确定当事人的证明责任就有不同的解读。不少观点认为，被告承担的应当属于反证义务，被告提交的证据仅需使得待证的借贷合意这一事实处于真伪不明状态即可，此时举证责任就应当再次转移至原告。〔4〕但是，很多观点坚持认为，依据此条规定被告应当适用本证的高度可能性的证明标准。〔5〕从73份实证分析样本来看，法院是一边倒地对被告适用了本证的证明标准，认为子女配偶不能举证证明出资是赠与就应当承担举证不能的不利后果。此外，有31份样本还根据最高人民法院《关于适用〈中华人民共和国民事诉讼法〉的解释》（以下简称《民事诉讼法解释》）第109条的规定，要求子女配偶对其主张的赠与举证必须达到排除合理怀疑的证明标准。〔6〕这对于婚姻家庭关系中普遍存在的证据缺失现状而言，子女配偶对其主张往往就很难举证证明。

第三，《民间借贷规定》第17条的适用在该类纠纷中已经延展至买房之外的各种转账出资。值得注意的是，《民间借贷规定》第17条在该类纠纷中的适用已经不局限于买房的场景，不断出现在子女离婚之后，父母就婚内各种转账均依据该条规定提起诉讼的情况。在上述89份样本中，有35份样本就是如此，而法院依据《民间借贷规定》第17条予以支持的样本达到32份。这实质上形成了一旦子女离婚父母就介入反清倒算的模式。

---

〔4〕 参见天津市高级人民法院（2017）津民申1108号民事裁定书；吴泽勇：《民间借贷诉讼中的证明责任问题》，载《中国法学》2017年第5期。

〔5〕 参见最高人民法院（2017）最高法民申4942号民事裁定书、最高人民法院（2019）最高法民再220号民事判决书。

〔6〕 参见四川省高级人民法院（2017）川民申4120号民事裁定书、河南省新乡市中级人民法院（2021）豫07民终812号民事判决书。

因此，综合该类纠纷中适用《民间借贷规定》第 17 条的各种特征，对于仅凭金融机构的转账凭证提起的该类诉讼，对于能否适用《民间借贷规定》第 17 条规定的问题就亟须予以明确。

（二）对父母依据借条起诉的实证分析

1. 诉讼中的借条特征

在出具了借条的 211 份样本中，子女单方出具借条的样本为 208 份，子女夫妻共同出具借条的样本仅为 3 份。在诉讼中，子女的配偶普遍都不认可单方出具的借条，有 103 份样本的子女配偶抗辩借条系伪造的。但是，基于目前鉴定技术有限以及出资父母与其子女的高度配合等原因，法院认定借条伪造的难度极大。在样本中，法院认定虚假借条的仅有 1 份，而这都是靠当事人自认来认定的。

2. 法院对借条的裁判特征

在 211 份有借条的样本中，父母获得胜诉的样本有 183 份，仅有 28 份样本中被驳回了诉请。根据借条是出资当时出具还是事后补充出具，法院裁判有以下几种典型模式（见表 1）。

表 1　不同借条特征之下的裁判差异

<table>
<tr><th></th><th></th><th>案号</th><th>具体情形</th></tr>
<tr><td rowspan="4">出资时出具借条</td><td rowspan="2">驳回</td><td>（2019）苏 06 民终 5335 号</td><td>原告提供仅有其子签名的借条，但基于其双方系共同利益关系人，故不足以证实当时达成了借贷合意</td></tr>
<tr><td>（2020）新 2328 民初 1103 号</td><td>原告的借条系其子女单方书写，其子女配偶并不认可。对夫妻共同债务的认定应遵循“共签共认”的原则，故对借条不予采信</td></tr>
<tr><td rowspan="2">支持</td><td>（2013）烟民再终字第 5 号</td><td>原告提交了其子女出具的借条，其子女配偶主张借条是伪造的，但未提供充分证据予以证实，故认定涉案款项系借款正确</td></tr>
<tr><td>（2016）鄂民再 70 号</td><td>原告为其子女夫妻购房支付购房款，其子女就此出具了书面的还款承诺，因此该借贷关系成立</td></tr>
</table>

续表

		案号	具体情形
事后补充出具借条	驳回	(2018)苏民申3670号	借条系事后补充出具，难以证明双方在款项交付时存在借贷合意，故不支持借贷
		(2017)粤民申6846号	原告的子女事后向原告单方出具借条，其配偶并不认可，该借条对其配偶并不能产生约束力
	支持	(2021)苏04民终911号	虽借条系后期补写，但即使子女未出具借条，根据《民间借贷规定》第17条规定，子女配偶并未提供证据证实其主张，应承担举证不能的法律后果，故对于借贷诉请予以支持
		(2021)辽03民终1629号	子女配偶不能提交相反证据推翻借条，且子女已经成年，在不能证明赠与的情况下，应当共同偿还借款

在以上驳回的裁判观点中，除认为事后补充出具的借条无法证明子女夫妻在出资时有借贷合意之外，法院对于无论是当时出具还是事后出具的单方借条，均强调了未经子女配偶认可，不视为约定出资为借贷。而支持的裁判观点中，除部分法院对于事后借条直接依据《民间借贷规定》第17条支持之外，均认为无论是否当时出具的借条，子女配偶未能举证推翻借条，就应当支持其请求。其言下之意就是单方借条属于约定了出资为借贷。综合以上裁判观点的分歧，其中的关键就在于子女单方出具的借条能否视为对出资性质的约定。

(三)仅凭转账起诉与依据借条起诉的共性裁判观点

虽然学界主流观点认为在没有约定的情况下，父母为子女出资的性质从常理上一般是赠与。但值得关注的是，无论是仅凭转账凭证起诉还是依据借条起诉的，在众多支持民间借贷的样本中有一个出现频率极高的共性理由，即认为子女作为具有完全民事行为能力的成年人，父母已尽到其抚养义务，并无继续供养的义务，父母并无义务为子女出资购买房屋，所以应当认定为借贷。[7] 这种裁判理由在各地裁判中频繁出现，值得探究其中的成因。

---

〔7〕 参见四川省成都市中级人民法院(2020)川01民终644号民事判决书、天津市第一中级人民法院(2018)津01民终469号民事判决书。

二、解读:立法缺陷与理解偏差之下的不当适用

(一)对于社会常情之下父母出资性质的理解偏差

不少裁判认为父母对成年子女已尽到其抚养义务,并无义务为子女出资购买房屋,所以应当认定为借贷。这种观点的言下之意就是,父母对子女的抚养义务是判定出资是否属于借贷的关键条件。虽然基于无对价的抚养义务以及子女民事行为能力的有限,在抚养义务期间父母和子女之间确实一般不存在借贷关系,但假如以此直接反向推导已尽抚养义务则父母的出资一般就是借贷,这就陷入了“非黑即白”的逻辑误区。毕竟,虽然子女已经成年,但其间的家庭关系与一般民事主体关系仍然大不相同。父母与成年子女之间可以产生民间借贷关系,但基于中国的传统家庭文化影响与父母和子女之间的密切人身关系,父母不计对价赠与帮助子女安家购房仍是普遍的心理状态。

其实,仅从实证分析样本即可看出,在300份样本中,子女已经离婚的有253份,虽然未离婚但经历过离婚诉讼或已分居的有38份,9份样本的当事人表示已向对方提出离婚。在已离婚的样本中,父母出资所购房屋均已作为共有财产进行了分割。这说明该类诉讼大都以离婚或濒临离婚为前提,而且基本是父母出资所购房屋被作为夫妻财产分割或者唯恐被作为夫妻财产分割。这意味着假如子女未涉及离婚,就不会发生借贷的争议。

(二)《民间借贷规定》第17条的不当适用

1. 与立法初衷以及价值取向相悖

最高人民法院之所以设立《民间借贷规定》第17条,原因就在于民间借贷当事人往往缺乏法律风险防范意识,未留存书面借据,导致法院的案件事实调查过程面临较大困难,各地法院对其中的举证责任分配存在很大的随意性。[8] 该条中隐含了一个推定的规则,即以“假定存在借贷合意”为其前提。但问题是,父母为子女婚内购房出资是产生于婚姻家庭关系中,与该条针对一般市场主体关系的立法初衷并不对应,这并非出借人因缺乏法律风险防范意识而未留存借据的场景。从社会常情来说,在婚姻家庭中无对价的赠与是正常现象,这与一般市场主体之间普遍存在的对价关系不可同日而语。也即在婚姻家庭关系之下辩称出资系赠与本就具有较高的可信度,足

〔8〕 参见杜万华主编:《最高人民法院民间借贷司法解释理解与适用》,人民法院出版社2015年版,第302页。

以让法官不能对借贷事实形成心证,在这一场景中显然无法存在“假定存在借贷合意”的前提。

从法理而言,判断价值问题属于现代民法中的核心问题。[9] 以解释论的角度视之,在民法的适用解释中应当判断立法的价值取向。但是,《民间借贷规定》第 17 条的价值取向是维护交易安全以及效率价值,对债权人的合法利益予以保护,其在价值层面并不存在对家庭伦理的考量。假如直接以此来衡量家庭伦理之下的父母出资,就会出现看似合法却违反情理的矛盾判决。

2. 适用中的证明责任矛盾

对于《民间借贷规定》第 17 条中的被告应当适用本证还是反证的证明标准争议,从实证分析样本来看,都是“一边倒”地对被告适用本证的证明标准。但使以此而言,其中也出现了证明责任的矛盾。因为从社会常理来说,父母出资为子女购房系赠与的可能性本来就已经很高,应当已经达到本证的高度可能性证明标准。按照《民间借贷规定》第 17 条的规定,此时举证责任就应当归于原告,但样本中却基本认定被告应当承担举证责任,这就违背了证明责任分配的原理。

不少法院按照《民事诉讼法解释》的规定在此基础上适用排除合理怀疑的更高证明标准。但是,《民事诉讼法解释》之所以如此规定,是因为在一般民事主体之间普遍存在的是对价关系,无对价的赠与仅为特殊情况,而婚姻家庭关系之中恰好相反,两者并不对应。而且,子女配偶是出资的被动接受方,从被动主体的举证能力而言,其是一种不合理的证明标准状态。在本质上,客观证明责任属于一种风险分配的机制,这样一来,等于让子女配偶承担了无法对抗的败诉风险,对父母出资的待证事实的证据调查也将实际上失去准据。

3. 立法缺陷之下的滥用危机

虽然《民间借贷规定》第 17 条已经施行,但适用该条规则的前提和逻辑并未在司法实务中达成共识,这也引发学界对该规则的证明责任分配的关注与批评。[10] 对于这些批评意见本文不予赘述。在这些批评意见之外,其实该条还在立法视野上存在缺陷,也即该条立法仅是从民间借贷的语境下进行设计,未能从整个民法领域进行全局考量。

---

〔9〕 参见王轶、包丁裕睿:《夫妻共同债务的认定与清偿规则实证研究》,载《华东政法大学学报》2021 年第 1 期。

〔10〕 参见刘生亮:《仅有金融机构转账凭证的民间借贷案件如何运用举证规则》,载《法律适用(司法案例)》2017 年第 24 期。

现实中，各种法律关系中基于长期合作、传统习俗等因素，当事人均同样可能会在证据形式上经常采取较为简单和随意的做法，没有书面合同，这并非民间借贷领域独有的现象。但在《民间借贷规定》第17条的规则之下，仅有转账凭证的原告不仅具有以逸待劳的举证便利，其成功率也非常高，所以这就可能导致其他法律关系以致一些非法债务都纷纷流入民间借贷的范畴。笔者在中国裁判文书网上随机抽取了父母出资纠纷之外的100份适用该条的样本。对于讼争款项，仅有13%的被告认可是借贷，63%的被告抗辩是合伙、投资等其他法律关系的款项，13%的被告抗辩是之前借款的偿还关系，11%的被告抗辩是赌博等非法债务，但是由于被告基本无法举证，样本中原告的胜诉率达到了92%。显然，《民间借贷规定》第17条已经为其他法律关系所滥用，而父母为子女婚内买房出资纠纷就是其缺陷之下的重灾区。事实上，除出资购房之外，已经不断出现父母就婚内各种转账均依据该条规定提起诉讼的情况，形成了一旦离婚父母就介入反清倒算的模式，明显危及了婚姻的信任与稳定。

（三）对单方借条认定的误区

法律对于父母出资性质的认定的首要规则就是有约定的依照约定处理。但对于涉及父母、子女及其配偶三方主体关系而言，是必须三方一致约定还是父母与其子女约定即可，其中的认定标准并不明晰。现实中，裁判者经常把子女单方出具的借条视为“有约定”。但事实上，该类纠纷的发生前提在于出资成为夫妻共同财产。而从出资到登记成为夫妻共同财产的相关行为中，必然存在父母与子女及其配偶三方的行为。从社会常理和购房出资的行为外观而言，对于出资成为子女及其配偶共同财产，父母、子女及其配偶三方当时都应当是相互明知，而且足以视为形成了一致的合意，仅是在婚姻家庭关系之下未留存书面证据而已。但是，把单方借条视为已经约定出资为借贷，就等于又允许父母与子女单方达成借款合意，对三方合意形成否定，这就违背了合同未经协商一致不得变更的基本规则。假如按此形成规则，则婚姻家庭中的主体关系将处于一种缺乏信任、时时提防的状态，有违夫妻对家庭的预期稳定关系。

三、正当性证立：对父母出资性质认定的定位分析

（一）婚姻家庭的伦理特征应当居于主导地位

婚姻家庭关系作为一种人伦关系，其伦理性非常鲜明，具有相对稳定的特征，追求婚姻家庭这个社会基本单位的和谐稳定。这与以利益交换为目的的市场经济关系不

同,并非短暂结合的利益关系。[11] 与之相反,市场经济中的一般财产关系是以"意思自治"作为其特点,其中同一法律关系的权利义务一般具有对价关系,其实质是主体双方的利益交换。[12] 民法的财产领域相关法律规范,都以保护个人的财产利益,维护交易安全,保障当事人的意思自治作为宗旨。在婚姻家庭关系中涉及财产关系时,婚姻家庭的伦理特征应当处于主导地位,一般财产关系中的交易安全与意思自治则为补充考量。否则,就会造成价值的冲突与适用的混乱。[13] 很显然,《民间借贷规定》第 17 条是针对一般市场交易民事主体的对价关系与交易安全而制定,并未充分顾及婚姻家庭关系中的人伦情理。单方借条也是在意思自治的外衣之下对婚姻家庭中的信任、稳定的破坏。把成年子女与父母关系完全等同于一般市场主体关系,更是对难以割舍的家庭亲情的置若罔闻。实质上,在该类纠纷中直接适用这些民事规则,就是在婚姻家庭关系中无视其人伦情理,以一般财产关系中的意思自治与交易安全主导了整个判断,导致价值的冲突与适用的混乱。所以,在对父母为子女婚内买房出资进行认定时,就应当优先考虑婚姻家庭关系的伦理特征,避免适用与之相悖的民法体系中的其他部门法规则。

(二)对严重失衡的父母出资利益应当兼顾衡平

虽然在该类纠纷中婚姻家庭的伦理特征应当居于主导地位,但在现实中,父母为了子女结婚购房经常是倾注了毕生积蓄,一些父母甚至为此负债累累,预支了以后所需的养老费用。《老年人权益保障法》规定,"赡养人的配偶应当协助赡养人履行赡养义务",但子女离婚后其原配偶对这个"协助"的义务不再存在,却可以在离婚中将房产当作夫妻共同财产分割,父母不能要回出资[14],尤其是在"闪婚闪离"之下,明显有失公平。之所以各地裁判会出现如此高比例的民间借贷之认定,实质上也一定程度上体现了各地裁判者对后者利益的顾虑与衡平。"要使事物合于正义,须有毫不偏私的权衡,法律恰恰是这样一个中道的权衡。"[15] 在父母为子女婚内买房出资性质的认定中,为了确保正当性和其结果导向的可取性,在优先考虑婚姻家庭关系中人伦情理的同时,应当防止顾此失彼,进行毫不偏颇的权衡,对严重失衡的父母的出资利益予以适当兼顾。

---

〔11〕 参见夏吟兰:《论婚姻家庭法在民法典体系中的相对独立性》,载《法学论坛》2014 年第 4 期。

〔12〕 参见杨大文主编:《亲属法》,法律出版社 1997 年版,第 31 ~ 33 页。

〔13〕 参见贺剑:《夫妻财产法的精神——民法典夫妻共同债务和财产规则释论》,载《法学》2020 年第 7 期。

〔14〕 参见吴晓芳:《〈婚姻法〉司法解释(三)适用中的疑难问题探析》,载《法律适用》2014 年第 1 期。

〔15〕 [古希腊]亚里士多德:《政治学》,吴寿彭译,商务印书馆 1965 年版,第 169 页。

四、对父母为子女婚内买房出资性质认定的规则构建

面对婚姻家庭关系中经常证据缺失，难以认定的特征，为了避免目前频繁出现的规则滥用、误用现象，就应当首先以明确规则进行基本的划界定性，然后在难以以明确规则判定的余下范围内，确定综合判断的证据标准以及合理要素，以减少判断误差，趋近合理。同时，为了避免其中出现的利益显著失衡状态，还应当构建独特的救济途径。这样以使相应的裁判能够形成统一的逻辑体系，符合法律自洽性与一致性。[16]

（一）在法律行为理论基础上构建“共债共签”规则

对父母为子女婚内买房出资性质的认定，在婚姻家庭的封闭场景之内，仅从一般民事主体间关系语境下设计的《民间借贷规定》第 17 条应当无适用的余地。对于单方借条，该类纠纷中伪造借条的争议一直不断，法院难以判断真假，这不但违背了合同规则，也破坏了婚姻家庭中的信任与稳定，故应当在一般情形下排除其适用。具体来说，就应当在坚持“谁主张权利谁举证”的基本举证规则的前提下，依据法律行为理论构建相应的认定规则。

法律行为理论强调应当对行为人的意思与双方共同意思进行区分。[17] 在现代法治语境下，完全民事行为能力人承担法律义务，必须基于自我的意思表示，或者法律的明确规定。[18] 《民法典》对夫妻债务的认定，正是以法律行为理论为基础，确立了以“共债共签”为主的裁判规则。父母为子女婚内买房出资是否属于借贷，实际上也是认定夫妻债务问题，但与一般夫妻债务认定相较而言，其中并无防范夫妻串通逃避债务的顾虑存在，所以可以把“共债共签”作为判断是否构成借贷的明确规则。虽然从结果上看这似乎是法律行为理论对父母出资的保护不够周全，但是，这符合民事诉讼的举证责任原理，父母作为出借人控制风险也完全符合风险控制理论，同时能兼顾婚姻家庭中的稳定、信任与个人的独立思想。

（二）确立优势证据的证明标准以及合理认定要素

1. 确立优势证据的证明标准

针对现实中不同的证明对象以及待证事实，证明标准应当具有层次性，以满足各

〔16〕 参见李震：《民间借贷纠纷中夫妻共同债务的司法认定》，载《现代法学》2021 年第 2 期。

〔17〕 参见李洪祥：《〈民法典〉夫妻共同债务构成法理基础论》，载《政法论丛》2021 年第 1 期。

〔18〕 参见王泽鉴：《债法原理》，北京大学出版社 2013 年版，第 57 ~ 58 页。

种程度不同的盖然性要求。即使是大陆法系国家,在高度盖然性证明标准之外也并未排斥更低或更高盖然性的证明标准。德国的刻度盘理论其实就是对盖然性进行层次量化的标准。[19] 对于双方均举证困难或者处于证据僵持难下的场景,我国2002年实施的最高人民法院《关于民事诉讼证据的若干规定》第73条就曾在高度盖然性的证明标准之外确立过优势证据规则,在实务中其实解决了不少疑难案例。在父母为子女婚内买房出资纠纷中,如果坚持父母的举证需达到高度可能性的证明标准,由于该类纠纷中惯有的不留存借贷合意证据的现状,对于负举证责任的父母来说经常也是难以完成的任务,这样就势必导致真实借贷中的合法权益无法得到实现或救济。[20] 所以,基于证据接近、武器平等、协力义务等原则,确有必要考虑以举证责任减轻的方式来加以缓和。[21] 在父母未能举证证明"共债共签"的情况下,当能够认定父母出资为借贷的可能性超过相反可能性时,也可认定出资为借贷。

2. 优势证据规则适用中的合理认定要素

在优势证据规则的具体适用中,父母应当承担具体化说明义务。父母应当对借贷合意的形成过程有具体化、符合"一贯性"的事实主张。父母的证据应当包含子女配偶知情、参与借贷等因素。比如,假如子女配偶对出资有还款行为的,应当能够以此认定子女配偶知晓、同意出资作为借款。另外,子女配偶对债务的知情情况,比如微信、短信交流内容、债权人催讨债务的场景和方式等均应当被纳入考量因素。但是,若是有相反的间接证据,比如存在分居或者与离婚时间较近才提及借贷的行为,则证明为借贷的证明力应当减弱。

(三)利益衡平——对父母出资利益在特殊情形下的兼顾

基于上述规则,在该类纠纷中认定民间借贷必然受限,而现实中一些父母为此往往倾注了毕生积蓄甚至负债累累,预支了以后所需的养老费用。所以,在民间借贷之外,一些利益显著失衡情形下的父母出资利益也应当兼顾衡平,具体有两个方面:第一,"闪婚闪离"的情形;第二,父母因出资而导致生活困难的情形。对于"闪婚闪离"的情形,有学者建议应当参考美国的无遗嘱继承制度中的配偶继承份额累进制比例,

---

[19] 参见最高人民法院修改后民事诉讼法贯彻实施工作领导小组编著:《最高人民法院民事诉讼法司法解释理解与适用》(上),人民法院出版社2015年版。

[20] 参见陈贤贵:《论消极事实的举证证明责任——以〈民诉法解释〉第91条为中心》,载《当代法学》2017年第5期。

[21] 参见姜世明:《举证责任与证明度》,台北,新学林出版股份有限公司2008年版,第24页。

婚姻存续时间越长的,配偶可以分享到的个人财产的比例就越高。[22] 但是,该制度事实上等于把婚姻与财产直接挂钩,并不符合我国的婚姻家庭观念。但可以参照其思路,对“闪婚闪离”的极端现象予以一定限度的排除,比如结婚一年内即离婚取得房产出资的,应当予以返回。对于父母因出资而导致生活困难的情形,假如父母能够证明为了出资而负债累累或者生活困难的,应当考虑返还出资。但是,这些因素之下的出资返还并不属于民间借贷,而应当是在赠与之下的法定返还事由。

结 语

在民法体系的其他部门法在婚姻家庭关系中适用时,不应当以舍弃婚姻家庭关系的价值理念为代价,这需要立法完善,更需要法官在裁判过程中有相应的意识。但现实中父母为子女婚内购房出资性质的认定争议,就凸显出这种缺失。本文研究探讨的目的就在于以期唤起理论界及实务界对此的关注,在类似的情形下以恰当的理念解决利益、规则的矛盾。

---

〔22〕 参见康娜:《论婚后父母出资为子女购房的产权归属及离婚分割》,载《浙江工商大学学报》2015 年第 1 期。

“法院内训师”机制的构想与构建

——基于东西部12家法院《民法典》培训工作的实践考察

邓　媛*

我国《民法典》于2020年5月28日颁布后在全国范围内掀起了培训热潮。然而,在扁平化司法改革对法官个人素养提出更高要求背景下,此次民法典培训质效是否达到预期目标? 是否出现如火如荼的学习热潮与学习效果背离之尴尬? 本文从中基层法院民法典培训实践入手,对当前法官培训机制进行体检,观察并反思《民法典》培训工作中所呈现的掣肘法官培训实效之模式流弊,从而有针对性地提出一项适应性强、切实提高培训质效的改进之策,使法官培训机制最大限度发挥实效。

一、实践考察:民法典培训工作之“需求侧”概览

法官素养的提升需要培训予以支撑,培训的效果依赖于培训机制的运行情况(见图1),故需对当前培训机制运行效果进行观察。同时,法官培训的本质系知识传递,机制核心角色在于知识受众即法官,其机制功能实现程度取决于法官的接受程度。教育心理学中“自我效能理论”亦充分肯定个体的主观判断。[1] 故为准确判断现阶段法官培训机制运行的真实效果,本文制作面向中基层法院法官的调查问卷,依托各类法官交流群、实地走访、电话访问等多种手段,从30个问题入手,获取培训

* 邓媛,柳州市柳南区人民法院。

〔1〕 该理论由美国心理学家班杜拉提出,认为人对自己能否成功从事某一成就行为的主观判断对该成就是否能实际达成具有关键影响。

参与者对《民法典》培训的评价,同时对其所在法院培训开展情况进行收集整理。经甄别,共获取326份调查问卷,有效回收312份[2],覆盖东西部12家中基层法院[3],调查面广具有代表性。且《民法典》培训为近年来培训工作的集大成,亦能最大限度地反映当前法官培训机制运行实态,以之为样本具有研究价值。由此形成如下观察内容:

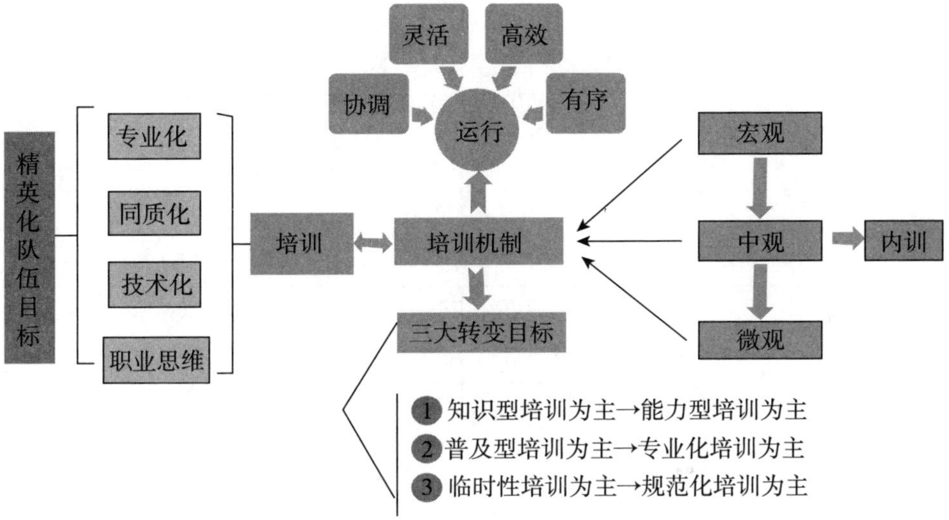

图1　法官培训机制运行结构示意图

(一)培训开展情况

根据调查,法院培训形式主要有以下六种,对各培训形式的开展次数及人员参与情况统计见表1。

表1　被观察法院《民法典》培训开展情况

平均参与(次数) 开展(次数)	远程视频培训	外出培训	外请教师授课	单位内部培训	部门内部培训	发放书籍
东部S市Y中院	8 / 4.6	1 / 0.5	0 / 0	3 / 1.3	3 / 1.2	2 / 2

[2] 问卷数据经spssau统计分析在线工具,对相关数据进行信度分析,Cronbachα系数为0.68,研究数据信度质量可以接受;同时对各问题进行了对应分析。

[3] 12家法院分别位于上海、浙江宁波、广东东莞、云南昆明以及广西南宁、柳州、北海等地。

续表

开展(次数) / 平均参与(次数)	远程视频培训	外出培训	外请教师授课	单位内部培训	部门内部培训	发放书籍
东部 S 市 F 区法院	7 / 3.4	0 / 0	1 / 0.5	4 / 2.4	1 / 0.8	2 / 2
东部 N 市 F 区法院	9 / 4.9	1 / 0.3	0 / 0	5 / 3.3	2 / 1.8	3 / 2.4
东部 D 市 S 法院	7 / 4.2	2 / 0.9	0 / 0	4 / 2.3	2 / 1.2	1 / 1
西部 K 市中院	6 / 4.5	2 / 1	1 / 0.4	6 / 4.1	3 / 2.5	2 / 1.5
西部 L 市中院	7 / 4.8	0 / 0	1 / 0.5	7 / 4.2	1 / 0.8	1 / 1
西部 N 市中院	7 / 5.2	1 / 0.2	0 / 0	5 / 2.3	0 / 0	2 / 1.5
西部 L 市 C 区法院	8 / 6.6	1 / 0.3	0 / 0	4 / 1.5	1 / 1	1 / 1
西部 L 市 N 区法院	7 / 4.6	2 / 0.5	0 / 0	3 / 1.1	2 / 1.1	2 / 1.7
西部 B 市 H 县法院	6 / 3.2	1 / 0.2	1 / 0.7	1 / 0.3	1 / 0.9	1 / 0.6
西部 F 市 F 区法院	5 / 2.1	0 / 0	1 / 0.6	2 / 1.1	0 / 0	2 / 1.3
西部 Y 市 F 区法院	6 / 3.4	0 / 0	2 / 1.3	4 / 2.3	2 / 1.5	2 / 1.4
平均值	6.9 / 4.6	0.9 / 0.3	0.6 / 0.3	4 / 2.2	1.5 / 1.1	1.8 / 1.5

从以上数据可知,《民法典》颁布半年多以来[4]中基层法院培训次数较多,被观察法院平均培训次数达 15.6 次。各级法院除开展培训以外,在官方微信公众号等平台上推送了大量《民法典》学习内容。《民法典》培训工作是近年来法官培训中规模空前的系列培训。

（二）培训总体效果

与热烈的培训氛围形成强烈对比的是,培训参与者认为培训效果仍不够理想(见图 2、图 3)。

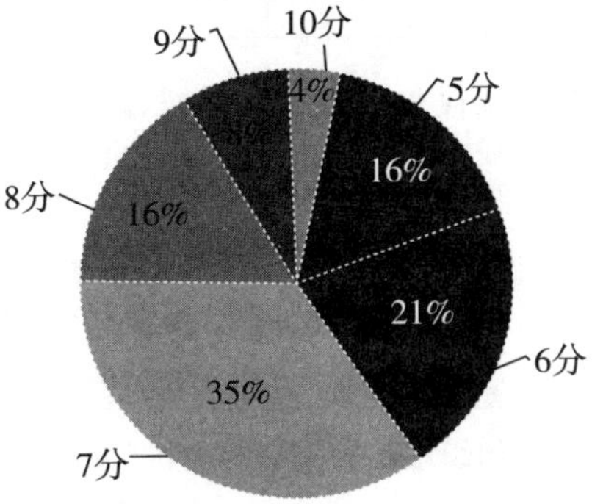

图 2　此次培训总体评分

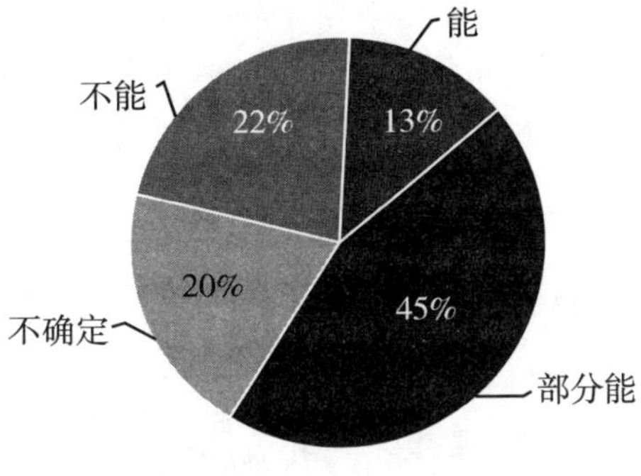

图 3　通过培训能否胜任工作

根据问卷结果显示,受访者对本次培训效果总体评分仅为 6.91 分(10 分为满分)。多达 72% 的受访者评分小于等于 7 分。仅有 13% 的受访者认为根据现阶段的培训学习可以胜任相应工作,高达 42% 的受访者认为不确定、不能正确处理。

表 2　受访者对各培训形式的效果反馈(平均值)

各培训形式	总体评分(分)	组织次数	参加次数	参与度(%)	推荐度(%)
远程视频培训	6.4	6.9	4.6	66.66	47.31
外出培训	5.13	0.9	0.3	33.33	67.74
外请教师授课	6.46	0.6	0.3	50	53.76
单位内部培训	6.55	4	2.2	55	50.09
部门内部培训	7.76	1.5	1.1	73.33	63.44

〔4〕 问卷统计时段为 2020 年 5 月 28 日至 2021 年 3 月 8 日。

可见,不论从客观参与度抑或主观评价,现阶段《民法典》培训效果未达到理想程度,培训质效期望值与实际值存在较大落差。

(三)培训突出问题

探究影响法官培训参与兴趣、培训效果评价偏低的原因,对问卷受访者关于各培训形式的负面评价进行统计,得出此次《民法典》各培训形式存在如下问题(见表 3)。

表 3 各培训形式存在的问题

	内容上	形式上
远程视频培训	不务实,缺乏实践性;不针对,业务不对口;无法互动,缺乏反馈渠道;时长过长,有效信息占比偏低	法官及法官助理参与度偏低,仅为完成单位任务;在整体培训次数中占比最高,整体培训依赖该形式开展
外出培训	不务实,实践性不足;不针对,与本单位、部门业务存在一定距离	组织难度大,无法日常开展;经济成本、时间成本较高
外请教师授课	不务实,实践性不足;不针对,与本单位、部门业务存在一定距离	组织难度大,无法日常开展;成本较高
单位内部培训	针对性、实践性不足,与本部门业务或当前业务难点存在一定距离	授课人专业性较低;未发挥针对性优势,开展次数占比偏低
部门内部培训	授课内容质量差异性大,依赖授课人备课、授课水准	授课人专业性较低;实践性、互动性优势没有充分发挥;讨论发言规则简单粗放;开展次数少且不均,开展频次较随意
发放书籍	部分法院未及时发放配套理解与适用丛书;大部分法院未发放对比性书籍	体例庞大,从中甄选民法典修改、新增、废止需大量时间精力;成文法文字精练、依赖解释的局限性

除以上因素导致培训评价偏低外,调查中发现另一重要因素在于“没有时间”而参与率偏低,该因素在全部因素中占比高达 56.5%。可见,在繁重的审判工作压力下,惜时如金的法官基于对培训内容与时间成本的比较,评估某类培训的“性价比”而决定是否参加或是否再次参加。

以上调查结果对比可见矛盾:如火如荼的培训热潮却未得到法官们的认可,当前法官培训机制运行面临培训力度与效果分离之尴尬。

二、追根溯源:法官培训机制运行之"供给侧"困境

本次观察中并未出现因主观因素不愿学习的情形。美国心理学家马斯洛将人类需求划分为五个层次,其中自我实现需求是人类最高层次的需求。[5] 面对蓬勃的"需求侧"期待(见图4),需针对培训机制的"供给侧",从培训模式的特质内涵、形式结构、能效发挥三个层面反思破解,才能避免中基层法院法官培训徒有其表,回归追求进步之本质功能。

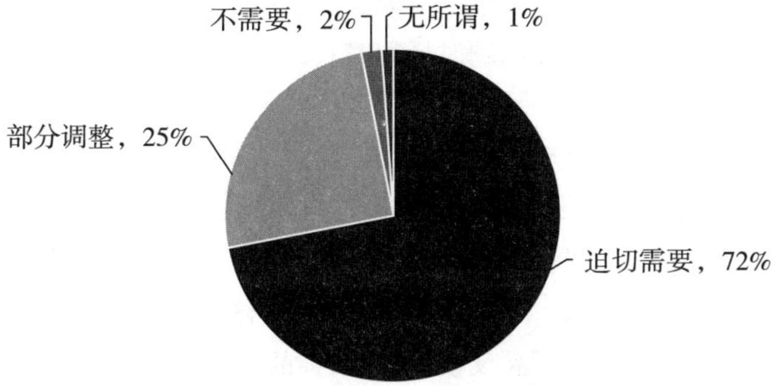

图4　问卷关于当前培训机制是否有改革的需要

(一)属性序列:高效属性未予重视

在当前司法转型期,法官在日益增长的案件量及司法改革配套制度尚未完善的背景下分身乏术,工学矛盾在民法典培训"放大镜"下展露无遗。通过对此次《民法典》培训效果之分析,证实以往培训模式已无法满足现阶段培训要求。因此,在法官时间精力有限的前提下,如何提高培训效率是现阶段法官培训工作亟须解决的首要问题。只有将高效性置于培训机制属性序列之前列,才能保障培训机制务实、灵活等其他属性的作用空间。

包括《民法典》培训在内,仍未充分意识到提高知识传播效率的重要性。在内容上,有效信息密度偏低。在模式上,一方面,侧重宏观层面如全国、全省范围内的远程视频培训形式,但该形式因受众面广、无法互动而本身无法摆脱实务与针对性不足以及冗长的特质,无法在较短时间内提高该形式的培训效率;另一方面,微观层面上如发放书籍供法官自学的效果亦难以把控,全套理解与适用丛书共计约700万字,体例

---

〔5〕 参见董克用主编:《人力资源管理概论》(第4版),中国人民大学出版社2015年版,第48页。

庞大难以在短时间内学习消化，且自主学习易沦为“自由学习”而导致效果差异化。故宏观、微观两个层面的培训形式囿于自身特质，在高效问题上均难以发挥作用。

（二）结构失衡：中观层面缺失匮乏

本次观察中虽体现出多培训形式并行的利好现象，但在宏观、微观层面难以高效的客观规律面前，中观层面的培训形式非但未能成为中坚反而匮乏的失衡现状，是培训效率低下、培训效果欠佳的重要原因。此次《民法典》培训中远程视频培训等宏观层面在培训中占比高，单位内部培训、部门培训两项占比总和低于远程视频培训单项占比。部分法院仅开展了1～2次单位培训及部门培训。作为互动性、交流性较强的培训模式，部门培训在学习具体问题时所需时长，理应长于单方信息传递的传统教学模式，这一逻辑推理与当前培训形式结构出现抵牾。

培训中观层面作为培训整体结构的组成部分，从内容上系理论联系实际的转化工具，亦系知识提炼的过滤工具，其本身具备的针对性强、实务性强、互动性强等特质使其成为弥补其他培训模式局限的关键环节；从形式上系承上启下、知识下沉的关键一环，亦是法官“走出去”参加培训后将所学所得“引进来”、将个人智慧转化为集体智慧的重要桥梁。同时，根据问卷反馈，部门培训的效果评分以7.76分位列第一，推荐度高达63.44%位列第二，可见参与者对部门培训形式较为认可。部门培训形式以较少的开展次数获得较高的效果评价，与高效培训目标高度契合。

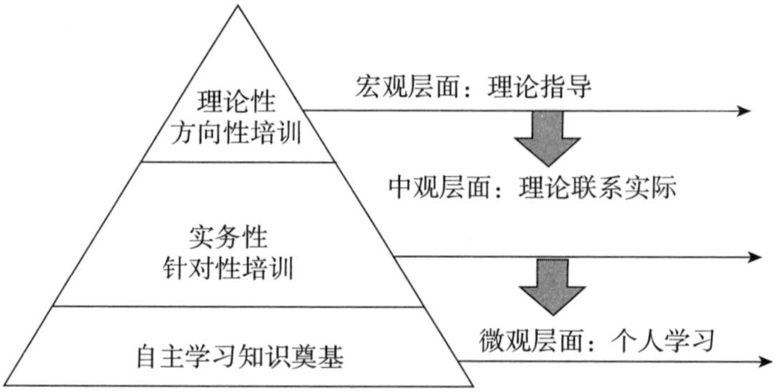

图5　培训结构呈金字塔形

（三）功能稀释：中观培训能效受困

中观层面的培训不仅在开展数量上与科学结构要求存在落差，其质量亦参差不齐，未能充分利用优势发挥最大功效。笔者选取20次部门培训会议的课件及会议记录，分析发现部门培训运行中存在一定程度的形式化倾向。

1. 行政色彩。当前,法院内部培训相当一部分沿袭了庭务会的形式,由院庭长主持会议并安排会议流程,培训内容与其他行政事务混合。从会议记录来看,有院庭长参加的培训交流性、活跃性偏低,反映会议中法官内心的“行政压力”,这与长期根植于法官内心的层级式观念相关,对上级权威存有依赖心理〔6〕,从而影响培训效果。

2. 会议失焦。部分培训有沦为“茶话会”之嫌。由于部门同事之间相对熟悉,会议氛围较为轻松,在授课人控场能力不足、课件主线不明的情况下出现偏题、跑题等会议失焦现象。例如,在主题为民法典担保制度修改内容的部门培训中,在讨论时因其中一位法官提出“不动产抵押物未进行登记时的担保合同效力及责任”问题,该议题并非在本次授课范围内,却引发了较长时间的自由谈论,而授课人未及时引导参会者回归授课主线,导致未能按预设时间完成授课。

3. 团体迷思。讨论泛化的另一极端为集体沉默。“团体迷思”现象由美国心理学家詹尼斯提出,即团队成员为维护团队凝聚力、追求和谐而不能现实评估其他可行办法。〔7〕对于授课内容是否理解、是否认同不发表任何意见及观点。甚至即使看法不同,出于情面或因从众心理而产生思考简单化、机械接受倾向。

4. 环节缺失。一次完整且保质的培训应是动态闭环,至少包含“需求调查—课程设计—开展培训—效果复盘”四个环节。但所观察的20次部门培训均只有课程设计与开展培训两个环节。其一,未进行需求调查,想当然地设计授课内容,导致学非所用。其二,效果监管缺失,授课成为完成即可的应付式工作任务。其三,讲师授课能动性低,未在课程设计、预习资料发放等授课准备环节着力;授课开展环节或照本宣科或随意发挥,极大地制约了培训功能的发挥。

综上所述,中观层面培训结构式微以及实质弱化,导致培训内容传递受阻,直接影响了知识传递效率,造成当前培训供给量与法官个体接受量存在落差而影响培训整体效果。其根本在于当前法院内部培训结构松散缺乏规范化管理,形式封闭缺乏外部有效监管。因此,如何对法院现有内部培训模式进行改良成为突破口。

〔6〕 参见冯之东:《司法改革背景下的专业法官会议制度研究》,载《甘肃政法学院学报》2017年第1期。

〔7〕 参见[美]凯斯·R.桑斯坦:《信息乌托邦:众人如何产生知识》,法律出版社2008年版,第52页。

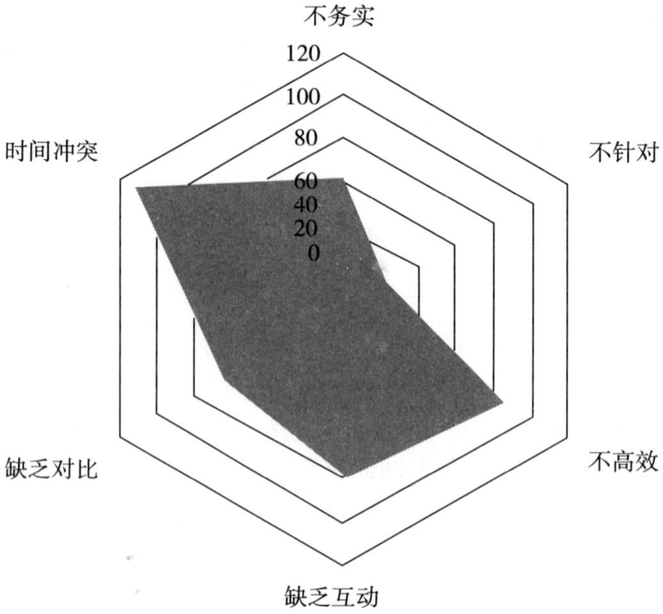

图 6 问卷关于部门会议问题的原因反馈(单位:人)

三、破局思路:引入企业内训师机制之制度构想

构建与精英化法官队伍建设相适应的法官教育培训体系,是值得不断探索的课题,亦是一项视野宽阔的体系性工程,现阶段囿于改革的整体进程,无法一蹴而就,需探索一条应用性强、契合现阶段首要目标的改进道路。对上述现实困境进行反思,突破法官培训质效"瓶颈",唯有对当前法院内训运行模式加以规范,打通宏观指导与微观个体之间"最后一公里"的壁垒。组织管理学中"企业内训师"机制恰好为内训的成熟模式,可为增强法院内训力量提供有益借鉴。

(一)企业内训师制度的介绍

有统计认为,有竞争力的国际化公司 90% 以上的培训活动,都是通过内训师来完成的。[8] 所谓企业内训师,普遍认为是企业发展到一定阶段出现的产物,是指关系属于所就职的企业,根据企业生产经营以及员工需求,制订培训计划并落实的培训讲

〔8〕 参见李大胜:《"互联网 + "时代企业内训师队伍建设探索——以中车集团株洲分公司内训师能力培养为例》,载《中国培训》2018 年第 10 期。

师，授课具有针对性强、紧贴实务的特点。[9] 现代企业的人力资源管理有别于传统的人事管理，主要特征是在理念上以“人”为中心，将人视作宝贵的“资源”，是具有能动性、可增值、可再生的资源。[10] 故企业内训师机制以“内训师”为核心要素，围绕内训师设置一系列配套设施。

（二）企业内训师机制的可借鉴性

将“企业内训师机制”与“法院内训机制”加以对比，可发现二者具有极高的相似性。

1. 价值目标相似。企业的价值目标为追求经济效益最大化，因此需降低各项成本。法院的价值目标之一在于追求法律效益，其中内部效益中的司法效益要求控制司法成本，从而获取更大的司法收益。二者面临的现实困境亦相似：二者均需降低成本以追求利益最大化，均为组织发展到一定阶段，传统粗放培训机制失灵后所必须探寻更为高效精细的培训模式。

2. 功能相似。很明显，二者的功能均为队伍建设。企业内训师机制的功能在于培训企业员工使其掌握所必备的技能，法院内训机制的功能亦在于培训法官使其具备审判能力、形成法律思维等素养。故围绕提高培训质效这一核心内涵，在人才培养、队伍管理等组织管理通识上可借鉴管理学定律，如激活效应、哈巴德定理、大荣法则、狄伦多定律等，吸取企业经验，为法官培养提供可操作性强的建议。

3. 解决问题思路相似。顾名思义，企业内训师机制以“内训师”为核心，将企业培训质效与内训师个人能力进行关联，注重提升内训师的各项能力。通过对法院内部培训进行实证观察，发现当前的困境在于内训效果依赖授课人的授课水准，且授课人专业性普遍较低。因此，二者提高内训质效的思路均落在提高授课人的各项能力上，以“人”为本带动培训机制的整体运行。

（三）构建“法院内训师”机制的可行性

1. 改良基础。法院内训并非新事物，在以往法院培训工作中有长期开展经验，本次《民法典》培训工作中亦出现通过内训取得较好成效的优秀案例。[11] 在原有基础上通过优化系统和完善功能配置进行改良，而非另起炉灶，操作阻力相对较小。当前随着员额制改革的纵深发展，专家型法官数量增加，人才储备日益丰富，这为组建专

〔9〕 参见刘宗前：《企业内训师培养的途径与激励措施》，载《人力资源》2020 年第 8 期。

〔10〕 参见赵晶晶：《企业人力资源管理的创新发展策略研究——以皋兰兰鑫有限公司为例》，载《中外企业家》2019 年第 2 期。

〔11〕 《梅河口市人民法院：七场内训课，再次掀起民法典学习热潮》，载吉林高院官方微博号 2021 年 6 月 12 日，https://weibo.com/ttarticle/p/show?id=2309404602704256172227#_0。

业的内训师队伍提供了可能。因此，法院内训师机制具有较强的可行性及可操作性，与其他宏大的改革路径相较可起到解燃眉之急的功效。部分地方政务体系、司法系统亦开始探索内训师制度〔12〕，可见在当前构建学习型法院号召下，探索完善内训制度是司法改革发展至今的时代要求。

2. 制度参考。当前"同案异判"等案件质量风险为司法系统重点防范内容之一。近年来强调法官个体本位倾向，主张法官之间呈原子化状态，彼此独立地从事审判工作；但顾培东教授提出不同意见，认为我国应坚持法院整体本位，在明确参与者各方责任的前提下，更多主体参与、更多讨论与分析往往能够提供更全面的认识视角以及更恰当的解决方式。〔13〕这即为专业法官会议的设置原理。当前，专业法官会议从行政会议中剥离，启示内部培训亦可脱离庭务会而独立设置。专业法官会议作为审判咨询机制，以个案讨论为基本形式；而内训师机制致力于加强上下级、单位部门法官间的日常交流，统一该地域、单位及部门的法律理解，从源头上注重同质化而非过程中进行调整、既定后予以追责。故可设法院内训师机制与专业法官会议为平行机制，共同纳入风险防范机制范畴。

3. 成熟经验。我国企业在千禧之际即开始了对内部培训师的探索。〔14〕随着20余年的发展，企业内训师制度趋于成熟并不断创新。〔15〕企业在内训智能化建设上已开始涉足智能培训系统开发，强调内训师"互联网+"能力，通过智能技术支持，构建知识、认知及情景模型等，对个人学习程度和需求匹配相关资源。此外，如钉钉远程会议培训等方式，均为法院内训提供借鉴方向和思路。

（四）内训师机制的构成要素

在各类企业中，笔者选取了三家有代表性的企业〔16〕，观察其内训师制度的构成、运行及管理机制核心要素，为法院内训师制度的构建提供参考。

---

〔12〕滨州市住房公积金系统内训师培训班于2019年8月15日开班；海南司法系统参加浙江大学内训师培训班。

〔13〕参见顾培东：《法官个体本位抑或法院整体本位——我国法院建构与运行的基本模式选择》，载《法学研究》2019年第1期。

〔14〕参见陈萃光、李笑月：《浅谈企业内部培训师队伍的建设》，载《中国成人教育》2005年第6期。

〔15〕参见李大胜：《"互联网+"时代企业内训师队伍建设探索——以中车集团株洲分公司内训师能力培养为例》，载《中国培训》2018年第10期；高静、陈思超：《大型国有企业如何完善员工培训机制》，载《人力资源》2021年第6期。

〔16〕分别为中国中车集团有限公司、华为技术有限公司、上汽通用五菱汽车股份有限公司。

1. 以需求为导向。内训师机制相较于其他培训形式的最大优势在于扎根内部。内训师从单位内部孵化,故内训师机制首要定位就是要以本单位学习者的需求为出发点,注重需求调查。培训内容若非学习者所需则注定是徒劳而低效的。

2. 让会议活起来。内训师机制的另一优势在于互动性、交流性强,因此需要让培训会议"活"起来。哈贝马斯认为,合理的可接受性是通过所有人的共识加以确定的,不仅与论据质量相连接,而且同论辩过程结构相连接。[17] 如何有效讨论、确保讨论免于流于形式,可以从讨论自由度、讨论实质化、讨论充分化三个角度入手。内训师需熟悉运用讨论规则,对各方意见层层解构、从中梳理分歧点,使得不同观点在多元化视角及价值的沟通过程中互相澄清、检验与修正,从而在讨论中获取学习者对培训内容的内心接受。

3. 内训师胜任力。内训师能力高低决定单位内训力量的强弱。优秀内训师所展现的素质即为内训师胜任力,胜任力总和即可形成胜任力模型。在企业内训师胜任力模型中,包括专业能力、实践经验、控场能力、知识转化能力、表达能力、"互联网+"相关能力等要素。我国《企业培训师国家职业标准》(见表4)分别从培训实务管理、培训技术与手段、教学组织管理与实施三个纬度逐级定义对培训师的能力要求。[18] 法院可借鉴企业内训师胜任力模型,结合法院实际,针对性地设计符合本单位、部门现状及长远目标的胜任力模型,科学选拔内训师并以此作为考评参考标准。

表4 《企业培训师国家职业标准》设定的职业能力特征

能力种类	极重要	很重要	重要	较重要
学习能力	+			
创新能力			+	
表达能力			+	
研究开发能力		+		
协作能力				+
成本核算能力			+	
沟通协调能力			+	

〔17〕 [德]哈贝马斯:《在事实与规范之间:关于法律和民主法治国的商谈理论》,童世骏译,三联书店2003年版,第277页。

〔18〕 参见刘心:《如何构建适合本企业的内训师胜任力模型》,载《企业改革与管理》2019年第21期。

四、完善路径:法院内训师机制之具体构建

借鉴企业内训师机制构建经验,可从组织建设、人才培养、职业保障、监管考评四个方面具体构建法院内训师机制。法院内训师机制整体运行框架见图 7。

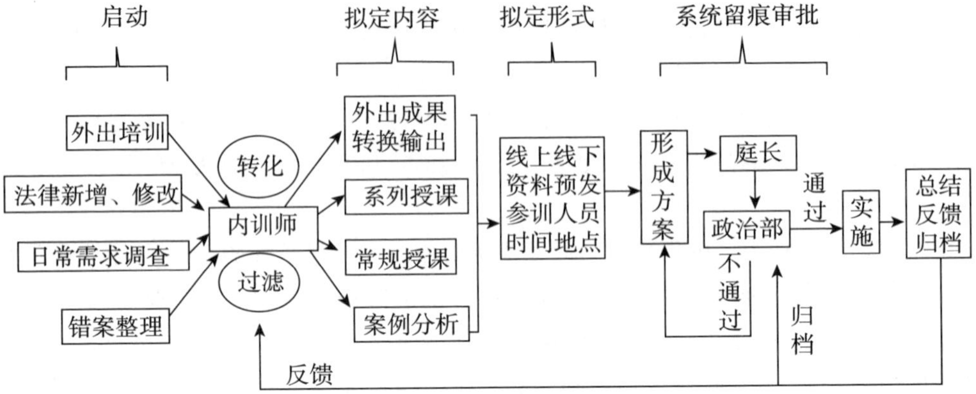

图 7 法院内训师机制整体运行框架

(一)组织支撑:建立内训师权责体系

任何一项制度的运行都依赖权责分明、功能完善的组织体系。法院内训师机制涉及组织管理部门、审判业务部门等多层面,需建立一套管理整合、部门联动、职责明确的组织体系。同时,加强技术支持、经费保障等。其一,政治部作为中基层法院人事管理部门,应为内训师的归口管理部门(见图 8)。其主要负责内训师队伍的建设规划、管理制度、选拔考核标准等顶层设计;内训师选拔聘任、考核晋级评优等工作的组织与管理;建立内训师档案库;协同业务部门做好内训师的提升性培训和日常管理工作;协调各部门内训工作交叉重叠问题。其二,各业务部门为内训师的具体管理部门。其主要负责协同政治部制定本部门的内训师建设规划;推荐和审核本部门内训师人选;为本部门内训师提供培训授课、教材编写、课件制作等工作平台;督导并统计内训师聘期内的课程开发、教学任务等工作情况。

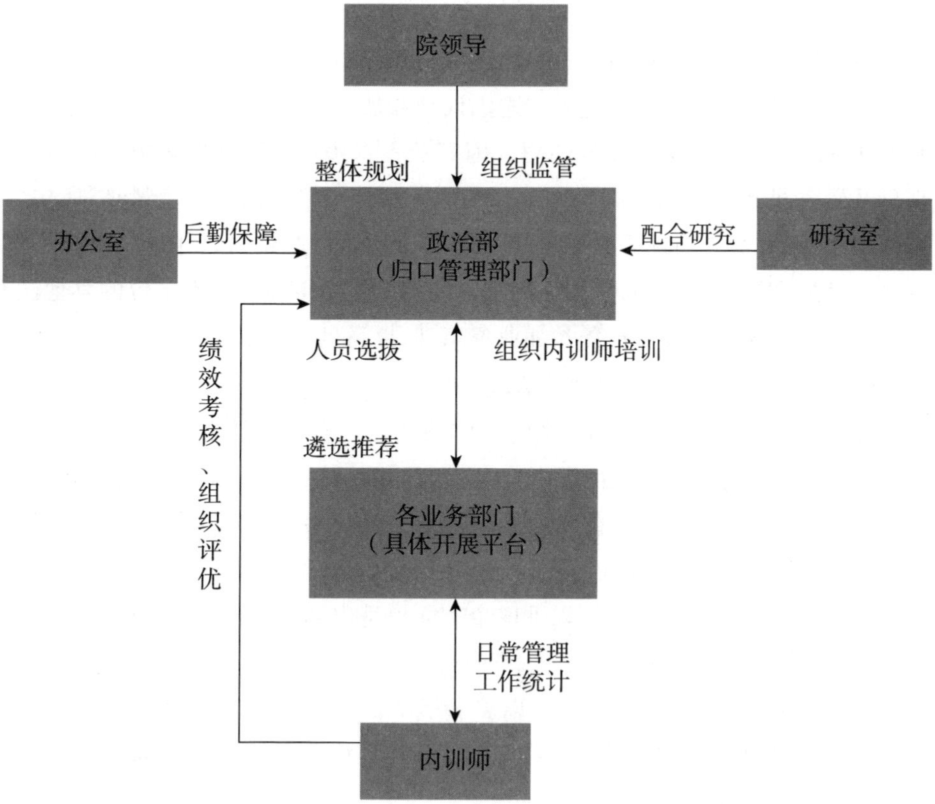

图8　法院内训师机制组织结构

（二）人才培养：提升内训师培训能力

法官非天生即为法官，讲师亦非天生即为讲师。内训师培训机制，即TTT（Train the Trainer to Train），在企业中已相当成熟，开展了各类内训师培训活动，收益良好。[19] 借鉴该培训机制，法院内训师的培训分为两方面。

1.技能培训。在法院现有的内部培训中，授课人虽常为具有丰富审判经验的资深法官、专家型法官，但往往不具备培训领域的专业技能而影响授课效果。因此，可注入组织管理学、教育学、心理学等领域内容，增强需求调查能力、课件设计能力、知识转化能力、控场引导能力、沟通交流能力等。对此，已有培训组织针对司法领域开

〔19〕 参见翁双利、翁小桥：《企业内训师队伍建设的实践与思考》，载《中国国际财经（中英文）》2017年第17期。

创了相关课程。[20]

2. 专业培训。内训师相当于各专业条线的知识导师，只有随时掌握最新动态，才能始终站在条线的前沿。故应优先派送内训师参加各类外训，开阔视野，不断提升内训师的法律理论水平及审判业务能力。国家及各省法官学院开展多类型的研讨班、培训班及研究课题等[21]，各高院亦常开展业务培训。以上培训含金量高，所包含的审判新动态、法律实务问题等对中基层法院的审判工作起到引领作用。以往中基层法院虽有参加，但为数不多的参训代表常未能将所学所得转授至本单位的其他法官。故应由内训师多参加且带着任务参加业务培训，提高自身业务水平。

（三）职业保障：完善内训师激励机制

激励机制是指在组织系统中，激励主体系统运用多种激励手段并使之规范化和相对固定化，而与激励客体相互作用、相互制约的结构、方式、关系及演变规律的总和。[22] 具体到法院内训师机制，激励机制就是法院对内训师施以多种形式的激励手段，从而有效推进内训师培训工作的方法。借鉴组织管理学激励原则、企业内训师实践经验，结合法院实际情况，可从以下四个方面提升内训师的授课能动性。

1. 发放课酬。马克思在《神圣家族》中指出，“思想一旦离开利益，就一定会使自己出丑”[23]。可适当利用物质手段，以多劳多得的方式提高内训师的授课积极性。其中激励理论中的“层级理论”“公平理论”“强化理论”“边际效用递减理论”对于制定科学、公平的课酬标准有所裨益。

2. 任职仪式。举办正式聘任内训师的任职仪式。仪式是一种社会沟通符号，参与者在参与仪式的互动过程中共享、理解仪式所包含的象征符号代表的意图和内涵，从而产生影响和感动，将自己与群体联系起来，达到群体认同。[24] 可通过举办任职仪式，激发内训师的归属感及责任感，提高向心力与能动性。

3. 绩效考评。法官业绩考评是贯穿司法改革“主体工程”和“综合配套”的重要

---

〔20〕 浙江大学开设的司法系统干部能力提升培训班系列中包含内训师素养提升班。

〔21〕 笔者访问国家法官学院微信公众号，统计 2021 年 1 ~6 月已开办 16 次各项培训。

〔22〕 参见韩松：《激励机制对企业发展的重要性分析》，载《经贸实践》2017 年第 3 期。

〔23〕 《马克思恩格斯全集》（第 1 卷），人民出版社 1956 年版，第 82 页。

〔24〕 参见［美］杰弗里·查尔斯·亚历山大、侯园园：《社会表演理论在仪式和策略之间建立文化语用学模型》（上），载《社会》2015 年第 3 期。

环节,是人事管理和审判管理中不可或缺的核心职能。[25] 法院内训师除审判主职外,兼职培训工作,对其绩效考评应予特殊设置(见图9)。其一,可视本单位、部门培训工作的内容,科学设置、适当调低内训师办理案件的数量,使其有足够的时间精力投入培训。其二,为内训师制定专门的绩效考评指标,通过工作权重系数进行量化评估,精准核定包括培训工作在内的工作量,以办案、培训等综合绩效考评结果作为职务晋升、评先评优的参考,解决内训师的后顾之忧。

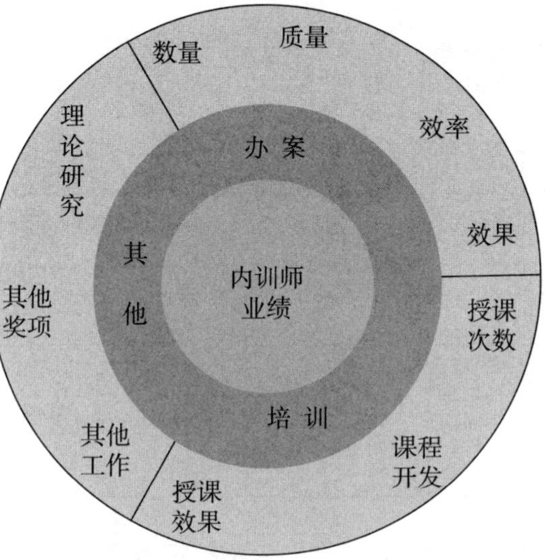

图9 法院内训师业绩的构成

4. 奖励机制。法院奖励的根本目的是对法院工作人员的突出成绩进行表扬,从而树立良好的工作导向,提升工作积极性。[26] 定期开展内训师评先评优活动或在单位年度考核中单设内训的评优项目,评选“优秀内训师”并通过颁发奖状等形式提升内训师荣誉感。同时,对于优秀内训师可优先纳入参加外部培训等人才培养计划。

(四)考核监管:重视内训师质效考评

1. 构建效果反馈机制。培训效果反馈是评价内训师培训工作的重要指标,需构建流畅的效果反馈机制。可统一制作培训评价表,以是否实现培训预设目标为出发

---

〔25〕 参见陈敏光:《综合配套改革背景下的法官绩效考评体系的完善——基于司法属性的管理学思考》,载《法律适用》2018 年第 19 期。

〔26〕 参见李晟:《法官奖惩:制度的逻辑与定位》,载《法律适用》2017 年第 7 期。

点，由学习者客观填写培训课程评分以及授课讲师评分（见表5）。如此不仅可获得学员培训效果的第一手资料，且有利于内训师对培训方案作出相应的改善调整，实现PDCA〔27〕上升式循环的运转。

表5 ××法院内训师培训评价表

<table>
<tr><td rowspan="5">课程与讲师评价</td><td rowspan="2">课程名称</td><td colspan="5">课程评价指标及评分</td><td rowspan="2">讲师</td><td colspan="7">讲师评价指标与评分</td></tr>
<tr><td>1</td><td>2</td><td>3</td><td>4</td><td rowspan="2">平均分</td><td>1</td><td>2</td><td>3</td><td>4</td><td>5</td><td>6</td><td rowspan="2">平均分</td></tr>
<tr><td></td><td>理论知识性</td><td>实务操作性</td><td>全面系统性</td><td>启发实用性</td><td rowspan="2"></td><td>知识水平</td><td>实践经验</td><td>授课技巧</td><td>表达能力</td><td>教学态度</td><td>授课效果</td></tr>
<tr><td></td><td></td><td></td><td></td><td></td><td></td><td></td><td></td><td></td><td></td><td></td><td></td><td></td></tr>
<tr><td colspan="6">对课程的意见和建议：</td><td colspan="8">对讲师的意见和建议：</td></tr>
<tr><td rowspan="3">组织评价</td><td>1</td><td colspan="13">时间安排：</td></tr>
<tr><td>2</td><td colspan="13">课程内容：</td></tr>
<tr><td>3</td><td colspan="13">教学准备：</td></tr>
<tr><td colspan="15">是否达到学习预设目标：</td></tr>
<tr><td colspan="15">其他意见与建议：</td></tr>
</table>

2. 建立动态管理机制。从人员选拔、大纲拟定、教程审核、授课效果、年度考核等多方面对内训师进行动态管理。在单次培训效果反馈的基础上，从教学态度、知识经验、教学内容、教学方法、教学技能、教学效果等方面对内训师全年工作进行综合评定并建立业绩档案（见表6），设置“达标＋涨幅”的指标体系，对于被评定为优秀的讲师予以奖励，对于评定不达标的启动退出机制，不断优化内训师队伍。

〔27〕 PDCA由美国质量管理专家休哈特首先提出，指将质量管理分为四个阶段，即计划（plan）、执行（do）、检查（check）、处理（act）。

表6　××法院内训师年度考核表

<table>
<tr><td>姓名</td><td></td><td>部门</td><td colspan="2"></td><td>职务</td><td colspan="2"></td></tr>
<tr><td rowspan="5">培训授课情况</td><td>课程名称</td><td>授课对象</td><td>授课时间</td><td>课时数</td><td>课程评价平均分</td><td>讲师评价平均分</td><td>主办部门</td></tr>
<tr><td></td><td></td><td></td><td></td><td></td><td></td><td></td></tr>
<tr><td></td><td></td><td></td><td></td><td></td><td></td><td></td></tr>
<tr><td></td><td></td><td></td><td></td><td></td><td></td><td></td></tr>
<tr><td></td><td></td><td></td><td></td><td></td><td></td><td></td></tr>
<tr><td colspan="8">教材编写、课程开发情况：</td></tr>
<tr><td colspan="8">其他培训相关工作：</td></tr>
<tr><td rowspan="2">年度考核意见</td><td colspan="7">部门负责人：　　　　　　　　年　　月　　日</td></tr>
<tr><td colspan="7">政治部负责人：　　　　　　　年　　月　　日</td></tr>
</table>

结　语

问渠哪得清如许？为有源头活水来。提高法官素养已成为司法改革不可或缺的一项重要内容。要实现构建精英化法官队伍的改革目标、有效防范改革纵深区的各项风险，唯有源源不断地向法官输送新鲜的知识养分。为此，本文在观察分析现有培训模式基础上，反思需深耕内训、增强中观层面培训力量，从而针对性地提出可借鉴企业内训师制度，构建可操作性、推广性较强的法院内训师机制，使内训师成为体制内输送专业知识养分的“血红细胞”，增强法院培训机制的整体活力、提高法官素养，以期为建设精英化法官队伍的改革目标助力。

裁判文书适用诚信价值观的失范与规范

——以最高人民法院发布的典型案例为样本

陈宗坪*

司法裁判中融入诚信价值观[1]是内在需求。诚实信用原则作为民法的基本原则之一,诚信价值观的内涵与法律追求的契约精神、诚实信用、秩序等价值目标互有交集,实现法律的价值就要以诚实信用为前提,法律价值本身又是在弘扬诚信价值观,实现法律价值与弘扬诚信价值观相辅相成。2021 年 1 月 19 日,最高人民法院印发《关于深入推进社会主义核心价值观融入裁判文书释法说理的指导意见》(以下简称《意见》)的通知,对于涉及"国家利益、引发道德评价、特殊群体保护、公序良俗、新情况新问题"的司法案件,明确要求深入推进社会主义核心价值观融入裁判文书释法说理,正式确立了核心价值观这一规范在法律适用中的独立地位。此外,最高人民法院还发布了三批弘扬社会主义核心价值观典型案例,其中涉及诚信价值观占总数近半。可见,诚信是司法实务中比较突出的问题,在个案中如何适用"诚信"价值观强化裁判文书的说理成为重要问题。根据现有的研究来看,彭中礼、王亮运用相关性统计分析方法进行研究,得出以利益衡量为重点方法的价值观适用方法论。但利益衡量的标准与操作方法有待进一步研究。[2] 廖永安、王聪

---

* 陈宗坪,贵港市覃塘区人民法院。

[1] 本文中的诚信价值观指社会主义核心价值观内涵中的"诚信"。

[2] 参见彭中礼、王亮:《司法裁判中社会主义核心价值观的运用研究》,载《时代法学》2019 年第 4 期。

在对适用价值观进行类型化分析的基础上,提出妥善适用法律规则与原则,“向前看”的融入路径。[3] 周尚君、邵珠同将适用方式归纳为单独适用与复合适用,将适用功能归纳为说理依据、价值宣示、教育说理、补强说理。实际上价值宣示与教育说理存在概念交集,功能分类不准确。[4] 综合目前的研究来看,一是从价值观的司法适用路径研究较多,对于个别价值观的司法适用路径研究基本没有;二是许多是以基层法院、中级人民法院的裁判为样本进行分析,没有研究最高人民法院公布的案例。笔者以最高人民法院公布的典型案例为样本,对其裁判文书中“诚信”价值观融入裁判说理的特点进行类型化总结,汲取其中的经验做法,结合裁判文书说理的原则与法律适用的相关理论,为诚信价值观融入司法裁判提出规范方法与评价标准,从而规范诚信价值观的司法适用,增强适用效果,弘扬法治精神,实现社会主义核心价值观的具体化、生活化。

一、提炼经验:对样本文书中诚信价值观的适用进行归类剖析

样本的选择:最高人民法院先后于2016年3月8日、2016年8月22日、2020年5月13日发布三批“弘扬社会主义核心价值观典型案例”,共30篇,其中涉及诚信价值观的有14篇。本文主要以此14篇裁判文书为样本进行实证分析。

适用方式与适用目的的多样化(见表1)。样本文书中按案件类型分类,涉及民事案件、行政案件、刑事案件,其中大多数是民事案件。样本文书按价值观范畴分类,有诚实守信、诚信诉讼、诚实守规等,体现诚信价值的丰富内涵与运用广泛。从使用方式上看都是结合适用,与法律规则、法律原则或其他价值观结合完成裁判说理论证,说明价值观不能单独作为裁判依据,必须结合论证。诚信价值观适用的多样化,保证样本的科学性,是进一步分析并提炼经验的基础。

表1 样本裁判文书适用诚信价值观的概况

序号	案件名称	价值观范畴	类型	目的	适用方式
1	高某诉上海某大学不授予学位案	诚实守法	行政	价值引导	与法律规则结合
2	金某伪证案	诚实守法	刑事	价值引导	与法律规则结合

[3] 参见廖永安、王聪:《路径与目标:社会主义核心价值观如何融入司法——基于352份裁判文书的实证分析》,载《新疆师范大学学报(哲学社会科学版)》2019年第1期。

[4] 参见周尚君、邵珠同:《核心价值观的司法适用实证研究——以276份民事裁判文书为分析样本》,载《浙江社会科学》2019年第3期。

续表

序号	案件名称	价值观范畴	类型	目的	适用方式
3	某船厂诉某船务有限公司船舶修理合同纠纷案	诚信诉讼	民事	价值引导	与法律规则结合
4	张某诉某商贸有限责任公司买卖合同纠纷案	诚信经营	民事	价值引导	与法律规则结合
5	杨某诉某财产保险股份有限公司意外伤害保险合同纠纷案	诚实守信	民事	补强说理	与法律规则结合
6	某村民委员会诉郑某某等 12 人返还原物纠纷案	诚实守法	民事	价值引导	与法律规则结合
7	伊春某旅游酒店有限公司诉张某某劳动争议纠纷案	诚实守规	民事	价值引导	与法律规则结合
8	丘某良诈骗案	诚实守信	刑事	价值引导	与法律规则结合
9	微信朋友圈销售假冒注册商标的商品案	诚信经营	刑事	价值引导	与法律规则结合
10	旅游卫视诉爱美德公司等侵犯台标著作权案	诚信诉讼	行政	价值引导	与法律规则结合
11	某小区业主委员会诉邓某某物业服务合同纠纷案	诚实守信	民事	价值填补	与法律规则结合
12	“暗刷流量”合同无效案——常某某诉许某网络服务合同纠纷案	诚实守信 网络秩序	民事	补强说理	与法律原则结合
13	开发商“自我举报”无证卖房毁约案——某房地产公司诉李某某确认合同无效案	诚实守信 严守契约	民事	补强说理	与法律原则结合
14	吃“霸王餐”逃跑摔伤反向餐馆索赔案——马某诉余某某、李某侵权责任纠纷案	诚实守信	民事	补强说理	与公序良俗结合

以适用价值观的目的为划分标准，可以归类为价值评价与价值填补，其中价值评价又可以分为补强裁判结果的论证和价值观引导。下文根据适用目的的不同，分类提炼样本文书适用价值观的规律、方法。

(一)价值引导目的

此类裁判文书价值观适用方式的规律是:具体法律分析较少,更多的是注重价值观内涵的阐述;一般对诚信价值观的相关表述另起一段,避免价值引导与裁判理由部分杂糅,使文书更具规范性,逻辑更清晰,从而增加裁判文书的情感认同。价值引导目的是发挥优良风尚引领的功能,此类裁判文书中未涉及具体的法律分析。在张某朴与江山房屋买卖合同纠纷案中[5],一审判决书从优良传统、《论语》、法律原则、社会主义荣辱观等多方面阐明诚信价值观的基本内涵与重要价值,层层递进论证了当事人以种种理由拖延、拒绝履行义务,引发多起诉讼,不仅违背诚信原则、挤占大量司法资源和社会资源,更与社会主义核心价值观背道而驰。裁判者以裁判文书为载体,以法律关系分析、法律适用为主线,辅之以核心价值观,增强裁判文书的说服力。核心价值观在裁判者与当事人之间构筑起一座桥,让晦涩难懂的规范适用变得通俗易懂,进而增加老百姓对裁判文书的可接受性,最终让群众在其中感受到公平正义。在王某林与孙某文、杨某春劳务合同纠纷案的一审判决书中[6],裁判者将诚信价值观融入说理,支持农民工追索劳务报酬及资金占用期间的利息,实现了强化说理。随着裁判上网工程的推进,一篇法律文书受众都是潜在的互联网用户,运用核心价值观进行价值引导,能在某些矛盾突出或是新问题的领域起到凝聚社会价值共识的作用。

(二)补强论证目的

此类裁判文书是借用核心价值观的内涵,强化法律论证的过程,缩短法律事实与法律规范之间的距离,从而使裁判文书达到情理法的有机统一。此类样本文书呈现的特点是:适用规范顺序从当事人约定到法律规则,再到法律原则,最后融入诚信价值观,说理次序分明、论证逻辑严谨。

1. 将核心价值观作为适用法律原则的论证依据

此类裁判文书价值观适用方式的规律是:明确阐释所适用的诚信价值观内涵,针对个案具体分析,一般不简单援引社会主义核心价值观而不作内涵阐释。在适用法律原则时,诚信价值观能发挥更有效的论证作用,但不作为单独的论证依据。各核心价值观并列适用以提升论证强度。法律原则作为“一般条款”,具有价值宣示的特点,属于判断标准,适用过程中需要加以充实内容,这个时候法律解释是必然的,法律解释是裁判者价值判断的过程,而价值判断需要坚持社会主义核心价值观的立场,因此

〔5〕 参见山东省济南市历城区人民法院(2018)鲁0112民初1013号民事判决书。

〔6〕 参见山东省禹城市人民法院(2018)鲁1482民初3369号民事判决书。

在适用法律原则时,如何适用社会主义核心价值观成为重点问题。价值观起到了法律原则具体化的作用。以“暗刷流量”合同无效案为例〔7〕,“双方‘暗刷流量’的行为,一方面使得同业竞争者的诚实劳动价值被减损,破坏正当的市场竞争秩序,侵害了不特定市场竞争者的利益;另一方面,会欺骗、误导网络用户选择与其预期不相符的网络产品,长此以往,会造成网络市场‘劣币驱逐良币’的不良后果,最终减损广大网络用户的福祉,属于侵害广大不特定网络用户利益的行为”。该裁判文书点明“诚信”价值观的内涵之一“诚实劳动”,并以“暗刷流量”行为违背“诚实劳动”的价值观,进而损害不特定市场竞争者利益,得出此类合同因损害公共利益而无效的结论。由此可见,裁判者围绕“损害不特定人的利益”这一认定标准,借助“诚信劳动”价值观来论证“暗刷流量”行为会损害公共利益。在宋某与何某芹、罗某光房屋买卖合同纠纷案中〔8〕,二审判决书从房屋合同约定出发,先后阐述法律规则、法律原则,最后融入诚信价值观,说理论证次序分明合乎法理。

2. 将核心价值观作为适用法律规则的论证依据

此类裁判文书价值观适用方式的规律是:以实现个案正义为目的,强化诚信价值观的论述,借助目的解释进行价值衡量。以“某房地产公司诉李某某确认合同无效案”为例,裁判文书写明“该公司为获取超出合同预期的更大利益,违背合同约定,提起本案诉讼主张合同无效,显然与社会价值导向和公众认知相悖,人民法院不予支持”。以诚信价值观内涵之严守契约作为论证依据,以道德层面论述主张的不正当性,为法律规则的适用提供价值观层面的论证,强化了裁判文书的说服力。

(三)价值填补目的

此类裁判文书价值观适用方式的规律是:以诚信价值观为切入点,强调立法目的与价值观一致的价值追求,以此实现个案正义。在田某江与牛某敞确认合同效力纠纷、房屋买卖合同纠纷案的一审判决书中〔9〕,法院认为,出卖人为了获取宅基地征收补偿款而主张宅基地转让集体以外的第三方的合同无效的行为,如果简单适用合同无效的责任分配规定,会使“转让人可以冠冕堂皇地以单项的法律规定为借口实施违反诚实信用的行为而获取巨额利益”。“因此,本案中当事人之间的买卖合同虽因违反法律的强制性、禁止性的单项规范而无效,但应综合考量纠纷产生的是与非,善与

〔7〕 参见北京互联网法院(2019)京0491民初2547号民事判决书。

〔8〕 参见广东省惠州市中级人民法院(2016)粤13民终2392号民事判决书。

〔9〕 参见河北省张家口市桥东区人民法院(2017)冀0702民初1773号民事判决书。

恶,以及双方当事人的过错程度妥善适用法律的诚实信用和公平公正原则处理。"为了避免教条主义,实现个案的公平正义,该判决融入诚信价值观进行说理,以及说明最高人民法院有相关的指导案例,深入论证出卖人主张合同无效请求获得全部征收补偿的行为违反诚实信用原则,应当按照双方的过错程度确定补偿的配额。在合理的限度内弥补受让人的损失,让失信当事人承担应得的法律制裁,才能有效地平衡双方的利益,有助于培养社会公众的诚信观念。这也是在审判实践中培育和践行社会主义核心价值观的体现。

二、解构困境:适用诚信价值观失范的原因

经考察样本裁判文书与热点案件裁判文书,以及归纳近年来的研究文献,在司法实践中运用诚信价值观时,存在思维与论述两个方面的突出问题。

(一)适用次序混乱

诚信价值观的适用次序出现问题的主要原因是找法思维无序。诚信价值观适用次序问题主要体现在未穷尽法律规则而适用诚信原则或是直接适用诚信价值观作为裁判的依据。法律适用首先需要进行法律发现,即法官找法的过程。法官找法的思维方法层面没有次序与步骤,存在向一般法条逃逸、法律教条主义的情况,民法"帝王条款"的诚实信用原则和诚信价值观的结合适用已成为法官找法思维的"避风港"。究其具体原因有如下两个方面。

1. 找法范围不周延

每位裁判者的业务知识、法律思维、裁判经验等方面都各不相同,找法的思维方式也各有不同。法律适用的次序是要遵循规则到法律原则的找法过程。诚信原则作为民法体系中的"帝王条款",法官在寻找法律时不周延就很容易忽视了诚信有关的规则,而直接适用诚信原则"逃逸"。向一般法条逃逸具体表现是法官在法律适用时,没有依位阶次序、穷尽地检索法律规范,只是凭借自己的主观臆断、经验习惯直接锁定某一法律规范,那么很容易就会出现直接适用法律原则而没有适用规则的问题。[10] 法律、司法解释、行政法规、地方性法规、规章等都在我国的正式法律渊源之列,尤其是部门规章,在一般没有相反规定的法律规则的情况下,应该参考适用部门

---

〔10〕 参见余德厚、程立武:《法官如何"找法":法律发现的失范与规制》,载贺荣主编:《尊重司法规律与刑事法律适用研究(上)——全国法院第27届学术讨论会获奖论文集》,人民法院出版社2016年版,第18~25页。

规章,部门规章内容之多更是值得我们注意。

2. 找法方式倾向法律教条主义

法律教条主义是指法官找法的思维方式僵化,只是“找到”法条本身而没有深入“挖掘”法条背后的立法精神和价值观内涵,没有考察诚信规则或诚信原则背后的价值理念。在某些热点案件的裁判文书中,若机械地适用法条,缺乏诚信价值观的人文关怀,受众难以接受“冷冰冰”的法条,容易诱发网络舆论风险和社会道德风险,危及社会的和谐与稳定。

(二)论述重点失衡

裁判文书对于诚信价值观引述与法律论述之间的失衡,具体表现在两个极端。裁判文书需要在诚信价值观论述和法律论述之间找到一个平衡与和谐,不能因为倾向于诚信价值观论述而导致文书道德说教泛化,也不能因为偏向于法律论述而致使文书缺少温度。要在“温”与“热”之间寻找和谐,要在价值评价与法律评价之间寻找平衡,从而呈现一份既有精细的法律分析又有司法温度的裁判文书,以文书为媒介真正将诚信价值观融入社会大众的心里。具体原因有如下几个方面。

1. 以诚信价值观替代法律关系认定

具体表现在裁判者在认定法律关系过程中只是简单提到了诚信价值观,但对于诚信价值观的内涵阐述比较简单,以及为何该案的行为会涉及某一法律关系,没有结合案件事实进行深入的分析论证。买卖合同关系、委托关系、保理、信托等法律关系均以诚信为基础,其中容易混淆的如缔约过失与违约,在这些法律关系中应当进行详细区分,不能简单以诚信价值观作为工具来直接认定法律关系。粗略地适用诚信价值观会造成说理逻辑的跳跃,降低裁判文书的逻辑性。因此,受众很难在个案当中自觉地接受价值引导。

2. 以诚信价值观替代事实认定

诚信价值观可以用来补充说理,但不可以替代严谨的事实认定过程,也不能因为援引诚信价值观而降低事实认定的标准。例如,在合同解除后对双方的责任划分,一方因为未及时履行通知义务的行为违背诚信价值观所以存在过错,进而将责任直接归结于该方。这样的判决以诚信价值观简化了过错的认定,具有片面性,难以看清事实的原貌,会导致裁判方向进入歧途。诚信作为人类社会正常运行的基础,许多纠纷的引发确实是因为某一方或双方破坏了诚信的规则,但这不能成为滥用诚信价值观进行说理的理由。裁判的依据应当是法律规范,不能依个人的正义感而逾越法律规范的边界,运用诚信价值观为外衣掩盖个人感情色彩而作出的裁判务必难以让双方当事人信服。

3. 滥用诚信价值观

诚信价值观存在滥用的问题。诚信作为社会主义核心价值观的重要组成部分,作为社会运行的基础,在大多数民商事法律关系中有所反映。诚信价值被广泛运用在裁判文书中,但存在滥用的情形,具体表现为:在《意见》出台后,许多法院陷入为了援引而援引的误区,尤其在涉及合同违约的案件中,都会简单援引诚信价值观作为说理依据或作为价值宣示;牵强地将某一行为评价为违反诚信价值观。滥用导致的后果是,裁判文书过于侧重从价值观层面、道德层面去评价某一行为,道德说教的泛化冲淡了裁判文书论证的严谨性、语言的精准性、内容的法定性。无论是简单援引还是牵强援引,不仅不能发挥强化裁判文书说理的作用,还会损害诚信价值观的权威性与严肃性。

三、规范与重构:诚信价值观融入司法裁判的方法

规范法官的适用方法,重新构建适用程序,从主观与客观、实体和程序两个维度对诚信价值观的适用进行规范。

(一)规范适用方法

在主观层面,为了规范诚信价值观的适用,裁判者在适用诚信价值观时,其适用方法应该有内在的规范。诚信价值观作为法律规范之一,其适用过程的本质是法律的适用过程,应当遵循法律适用的基本原理与裁判说理的一般规律,并重点关注以下五个方面的要求。

1. 适用诚信价值观以必要为基本前提

为了保证诚信价值观的严肃性与独立性,防止诚信价值观滥用,案件是否适用诚信价值观应当以适用的必要为前提。诚信是债权制度、产权制度构建的基础,基本所有的民商事行为都涉及诚信价值的判断,但因为诚信价值观的独立地位,在适用时应当保持一定的"谦抑性",减少裁判文书无谓的道德评价,增强法律分析与说理。法官可以根据中央的重要文件精神、重要会议精神、最高人民法院发布的典型案例,结合《意见》明确规定的六大类应当强化释法说理的重点案件,具体考量行为的道德评价争议、舆论风险、社会关注程度等关键因素。法官以此确定案件是否达到适用诚信价值观的必要程度,进而明确适用目的,以适用目的为出发点展开价值观相关论述。此外,对于相对简单的案件,如果需要进行价值引导,以案宣扬价值观,则可以适用,但对于诚信价值观的阐述应当尽可能详细。论述的角度与层次如下:一是亮明裁判者

的价值判断观点；二是深入阐释该诚信价值观的具体内涵；三是深入分析案件事实，论述该行为为何与该诚信价值观相悖或相符。因此，对于将评价上升至诚信价值观层面，能提高受众的情感认同，实现良好的社会效果的，才可以援引诚信价值观。

2. 适用诚信价值观以司法三段论为论证逻辑

坚持司法三段论的逻辑演绎规则，保证事实与法律关系认定过程的严谨性。这是进行严谨精细法律分析的前提，可以避免裁判文书说理走向简单、空洞、无序，防止诚信价值观直接取代事实认定与法律关系的认定。要坚持形式逻辑在法律推理中的地位，否则裁判只会走向恣意化。法律规范通过涵摄得以适用。事实的发现与法律的发现要求"目光在事实与规范间往返流盼"，此为法律适用过程。诚信价值观如何参与到司法三段论中，参考"图尔敏论证模式"后调整呈现的法律论证模式见图1。[11] 法律论证的前提必须至少包含一条普遍性规范和一个充分描述具体案件事实的命题。[12] 外部证成是对在内部证成所使用的各个前提的证成，划分为三种类别：(1)实在法规则；(2)经验命题；(3)既非经验命题亦非实在法规则的前提。诚信价值观作为第三种类别，可以为内部证成提供合理性依据。诚信价值观融入裁判文书的法律逻辑应当体现司法三段论逻辑推演的过程，价值观或成为大前提之一，或成为证成小前提的依据，以此为基础展开充分的法律分析。因此，论证过程应当坚持三段论的逻辑演绎规则，这是防止诚信价值观取代事实认定和法律认定过程的重要方法。

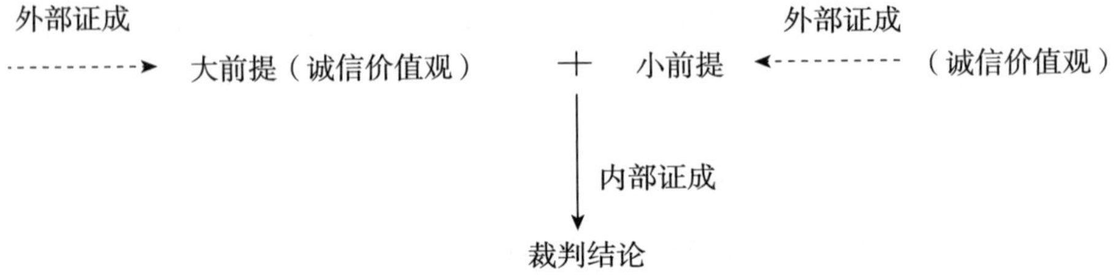

图1 诚信价值观在司法三段论中扮演的角色

3. 适用诚信价值观以通俗化为重点方法

措辞的通俗化避免裁判文书走向晦涩、生硬的极端。弘扬诚信价值观，从实现公平正义到让群众感受到公平正义，在这个过程中，尤其需要对裁判文书诚信价值观相

〔11〕 参见[英]斯蒂芬·图尔敏：《论证的使用》（修订版），谢小庆、王丽译，北京语言大学出版社2016年版，第91页。

〔12〕 参见雷磊：《从"看得见的正义"到"说得出的正义"——基于最高人民法院〈关于加强和规范裁判文书释法说理的指导意见〉的解读与反思》，载《法学》2019年第1期。

关的论述通俗化。裁判文书不能将法言法语构筑成专业的壁垒,将群众挡在墙外。缓冲大众的朴素正义观与法律法规之间的冲突,语言措辞应当在法律应有的严谨的基础上,不失通俗易懂的色彩。一方面,在形式上通俗化。裁判者应当深挖诚信价值观的传统内涵、现实意义,防止裁判文书的苍白乏力,跳出法律法规的文字束缚,以裁判文书的通俗易懂为目标,实现法律与政治的双向塑造,实现裁判文书化解矛盾,让双方当事人从心底服判息诉。另一方面,在内容上通俗化。在裁判文书中要详细阐明本案适用的是价值观的哪一具体内涵,诚信价值观的内涵丰富且互有交集,具体内涵的表现形式可以概括为"诚信+某一领域的行为",该案适用诚信经营或诚信劳动等方面,需要明确指出。避免裁判文书在弘扬价值观时政治话语泛化,沦为空洞的道德说教。〔13〕明确了需要引用的诚信价值观的具体内涵,也能保证找法过程的周延。

4.适用诚信价值观以次序严守为基本底线

诚信价值观的适用应当严守次序。法律体系的稳定性要求裁判文书进行逻辑演绎的过程要严格遵守一定的次序,具体表现在如下两个方面。

一是选择作为裁判依据的次序,即适用次序。"找法"过程的周延与准确是诚信价值观适用次序正确的前提。"找法"的过程应当不局限于按照经验找法、类案检索、根据当事人提供的法律依据等方法,应当结合诚信价值观的具体内涵,综合应用各"找法"的方法,保证法律发现尽可能全面。《意见》第13条指出裁判文书说理的依据不应当局限于法律渊源,可以包括具有说服力但不具有法律约束力的资料,说理依据之广,应当按照法律优先适用性、权威性依次适用。〔14〕内部证成的大前提,应当先适用法律规则,无法律规则的前提下方可适用相关的法律原则。体现诚信价值追求的规则有很多,比如善意取得制度、定金罚则、缔约过失责任、违约责任、表见代理制度、物权公示制度、担保物权制度、"揭开公司的面纱"制度等,在适用时应当在法律层面穷尽地检索该制度相关的规则。诚信原则作为民法中的"帝王条款",因为诚信原则的存在,诚信价值观在民商事裁判文书的适用过程中应当是补充论证的角色。

二是论述的次序。在一篇裁判文书中也可以综合适用,增强法律论证的深度。以尊重当事人意思自治为前提,以诚信价值观作为补充说理,论述顺序为当事人的约定、法律规则、诚信原则、诚信价值观。例如,在大连长兴岛港兴土地开发有限公司、

---

〔13〕参见廖永安、王聪:《路径与目标:社会主义核心价值观如何融入司法——基于352份裁判文书的实证分析》,载《新疆师范大学学报(哲学社会科学版)》2019年第1期。

〔14〕参见曹志勋:《对民事判决书结构与说理的重塑》,载《中国法学》2015年第4期。

长江武汉航道工程局航道、港口疏浚合同纠纷二审民事判决书中[15]，论证次序为《港口工程施工合同》约定了双方的权利义务、原《合同法》第 110 条第 1 款和第 279 条第 1 款规定、诚信原则、不履行支付工程款的合同义务与诚信价值观相悖，按照这样的顺序论述无疑让当事人更能接受。因此，无论是将诚信价值观作为论证前提还是补充说理，适用次序与论述顺序应当按照"约定—法律规则—诚信原则—诚信价值观"的次序进行。

5. 适用诚信价值观以价值检视为重要保障

司法裁判是价值判断的过程，需要进行价值检视。检验裁判结果肯定的价值是否与诚信价值观提倡的价值一致，如果裁判结果与价值观有严重冲突，则发挥司法能动性，适用诚信价值观进行价值填补，避免法律教条主义倾向。司法三段论最大的问题在于没有进行价值的判断，因此其结论也可能因为时代的变迁、社会的变化而变得不合时宜。司法裁判应当反映当代社会价值理念，践行社会主义核心价值观。法律的发现与适用要求"目光在事实与规范间往返流盼"。[16] 则适用诚信价值观的思维过程是在事实与价值内涵之间流转往返。一是有法律规定时，如果法律的机械适用会导致个案的裁判结果与大众的朴素正义观差距太大，裁判者可以凭借诚信价值观内涵与法律价值理念的交汇点，阐释法条背后的立法精神，从而实现个案正义。法条无法为司法裁判提供令人信服的答案时，法官可以从法条背后的"高级法背景"中寻求解决方法。[17] 二是法律没有具体规定时，裁判者不能拒绝裁判，应该发挥司法的能动性，进行"造法"。但也不能将诚信价值观作为外部证成的唯一大前提，需要将诚信价值观与法律规定结合起来，论述法律规定背后的立法精神，通过目的解释的方法，把该法律作为大前提就增强了适用该法律的理由。在法律原则都无相关规定的情况下可以援引价值观阐释法律原则背后的价值，这时诚信价值观就作为内部证成的大前提之一实现了价值填补的功能。通过价值检视来修正"找法"过程中的法律教条主义倾向。

从法律适用角度出发，以三段论的逻辑框架为基础，首先明确适用诚信价值观的案件范围，其次注重语言措辞的通俗化，然后严守适用次序与论述顺序，最后检视价值判断结果，层层递进，从五个维度把握诚信价值观融入裁判文书的合理性、正当性，

---

[15] 参见辽宁省高级人民法院(2021)辽民终 228 号民事判决书。

[16] 参见[德]卡尔·恩吉斯:《法律思维导论》(修订版)，郑永流译，法律出版社 2014 年版，第 72 ~ 74 页。

[17] 参见任强:《司法方法在裁判中的运用——法条至上、原则裁判与后果权衡》，载《中国社会科学》2017 年第 6 期。

形成法律适用思维的闭环。构建可视化思维模型见图2。同时,思维模型可以作为裁判文书适用诚信价值观的评价工具,裁判文书1的图形面积比较大,则裁判文书1的总体适用效果更佳,换言之,裁判文书1通过适用价值观进行释法说理的论述过程与论述结果更为合理与规范。

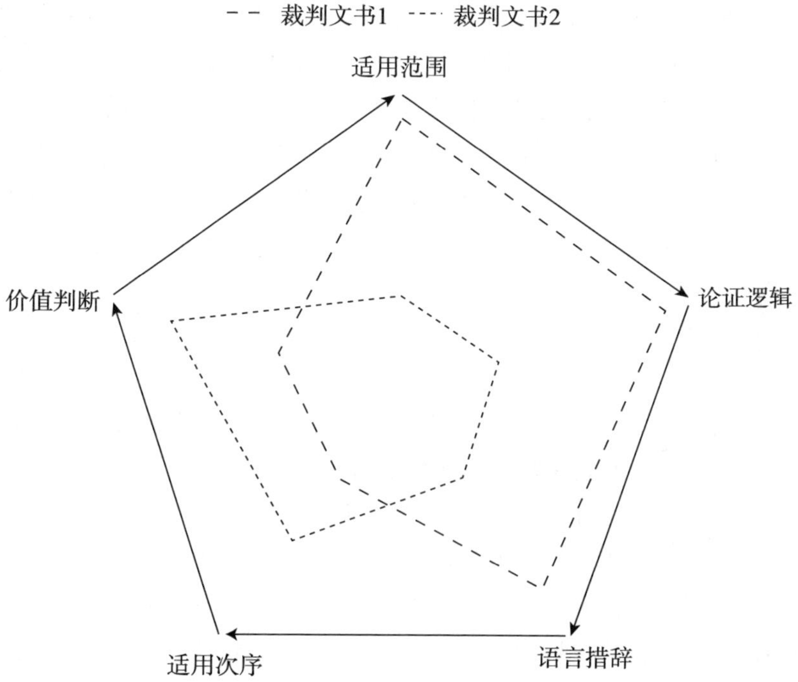

图2　诚信价值观融入裁判文书的思维模型

(二)重构适用程序

在客观层面,为了规范诚信价值观的适用,在适用的制度与程序设计上,一方面应当进行审判权的抑制,防止诚信价值观的滥用;另一方面应当进行诉权的扩张,鼓励当事人适用诚信价值观,发挥价值观引领的作用。

1. 建立诚信价值观的适用审查机制

在诚信价值观作为裁判重要依据发挥价值填补作用时,一般属于社会关注度高的疑难复杂或涉及新型社会关系的案件,应当参考情势变更原则的适用审查规则,坚持审慎原则,对诚信价值观的适用进行审查。建立法官专业会议与审判委员会为内容的适用审查机制。在个案中,需要将诚信价值观作为裁判的大前提的,应充分听取当事人的意见,且经过法官专业会议绝大多数与会法官的表决通过,如果分歧较大则需要经过审判委员会讨论并经绝大多数的审判委员会成员的表决通过，以此保证诚信价值观的规范适用，避免自由裁量权的滥用。

2. 建立当事人援引诚信价值观的书面回应制度

裁判者应当对当事人援引诚信价值观进行书面回应，若裁判文书中没有回应，当事人可以以此提出上诉，二审法院应当就此进行审查，审查认为一审法院存在损害当事人诉权问题的，应当以法律适用错误发回重审。当事人以诚信价值观为价值指引，进行说理论证，无论当事人在庭审中陈述还是在书面文书中阐述诚信价值观，其援引诚信价值观的行为应当值得肯定，这也是诉权的一部分，裁判者应当以书面形式回应。诚信价值观的适用在诉讼各方的良性互动中得以修正与补充，法律适用与论证的公开能够提升当事人对裁判文书的可接受性，充分尊重大众的情感需求与道德诉求，最大限度发挥司法公正。

结 语

规范诚信价值观适用的要义在于规范裁判文书的论证说理并限制审判权的扩张。诚信价值观适用过程也是法律适用的过程，从主观层面以五个维度规范诚信价值观融入裁判文书的合法性与合理性。同时，建立审查机制和书面回应制度，从客观层面进行规范。但本文未就程序设计作进一步的研讨，希望今后得到完善。将社会主义核心价值观融入司法裁判是国家治理体系精进发展的必然趋势与治理能力现代化的客观要求。热点案件、新型疑难案件日趋增多，希望通过诚信价值观的适用研究，能够一隅三反，综合运用其他社会主义核心价值观进行司法裁判，回应社会大众朴素的情感需求，推进国家治理体系与治理能力现代化。

司法改革视野下法官职业安全风险防控机制研究

——以 S 市、C 市、F 省、H 省四地的调研为分析样本

蓝艳逢　黄　浩*

在新时代推进全面依法治国的壮丽图景中，气势恢宏的司法体制改革已卓有成效，但是法官职业安全风险防控机制缺失问题仍较为突出，法官职业安全保障不足已成为司法改革长期悬而未决的问题之一。《法官法》于 2019 年 4 月 23 日再次修订通过，并于同年 10 月 1 日起施行，《法官法》的重新修订对保障法官职业安全有重要意义。然而，在《法官法》实施将近两年的司法实践中，法官职业安全问题始终无法得到有效解决，威胁法官、伤害法官的恶性案件仍然频频发生，特别是在对危害法官职业安全的风险研判上略显不足，在如何保障法官职业安全的决策上比较模糊，在保护法官职业安全的手段上略显乏力。在司法体制改革进程中，如何保障法官职业安全，加强风险防控，是当前亟待解决的问题。

一、实证观察：对侵害法官职业安全案件的样本分析

（一）案件类型维度

1. 侵害法官职业安全以“软暴力”为主

F 省 S 市中级人民法院对 40 名员额法官以及 7 个基层人民法院的

* 蓝艳逢，河池市宜州区人民法院；黄浩，河池市宜州区人民法院。

120名员额法官进行访谈，2016年至2018年发生侮辱法官事件10起，诽谤事件17起，诬告陷害事件9起，威胁恐吓事件78起，跟踪尾随事件11起，电话短信骚扰（含对家属）事件268起（见图1）。[1] H省C市中级人民法院的调研报告显示，25.00%的法官受到过电话威胁、辱骂，29.17%的法官受到过不实举报，15.83%的法官遭遇过群众围堵，10%的法官的个人信息与隐私被不当泄露，6.67%的法官遭遇过当事人的抓扯，2.50%的法官受到过较重暴力的袭击（见图2）。[2] 以上两地法院的调研样本显示，"软暴力"为侵害法官履职安全的主要方式，暴力案件的比例较少。

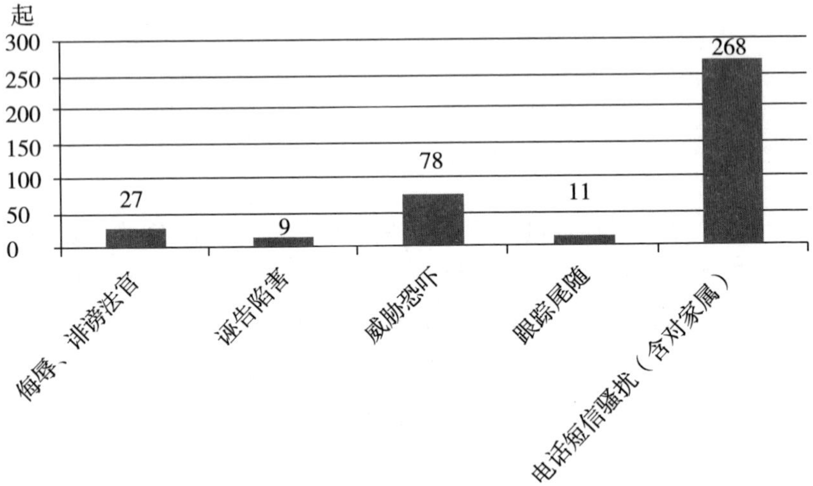

图1 F省S市侵害法官人身安全的类型及数量

[1] 参见陈立烽、朱建芳：《加强职业保障 注重身心保护——福建龙岩中院关于法官权益保障的调研报告》，载《人民法院报》2018年8月30日，第008版。

[2] 参见朱丹亚：《新〈法官法〉背景下湖南省法官健康权保障实证研究》，载《长沙民政职业技术学院学报》2021年第1期。

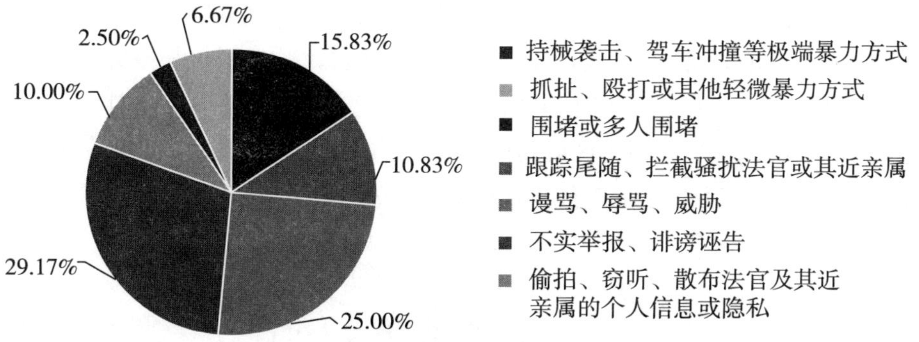

图2　H省C市法官履职受到侵害的主要情形

2. 对“软暴力”案件的处罚力度不足

法院对于侵害法官职业安全的“软暴力”行为，大多采取教育、训诫、责令退出法庭的手段，拘留、罚款数量少，刑事追责极少。笔者通过发放调查问卷和访谈的方式，在自己所在法院对“软暴力”侵害法官的案件的处罚结果进行调查，共发放调查问卷110份，回收有效问卷107份，其中有53份问卷反映其曾经遭受当事人的侵害，但仅有18件对侵害人进行了口头批评教育，采取行政处罚、司法处罚、刑事处罚等措施的为0件（见表1）。一名离婚案件的被告因对法官准予离婚的判决不满，其携带刀具突破安检冲进法庭，将刀掷向正在开庭的法官，所幸没有造成人员伤亡。对于持械伤害法官的行为，为了避免矛盾激化法院对侵害人仍采取说服教育的方式，并未进行实质性的处罚。可见在“维稳”的价值导向下，法院对“软暴力”行为仍以“柔性处理”为主。

表1　H市Y区法院对侵害法官职业安全案件的处置情况

单位：件

侵害类型	数量	批评教育	行政处罚	司法处罚	刑事处罚
侮辱、诽谤	18	9	0	0	0
跟踪尾随	7	4	0	0	0
威胁恐吓	4	2	0	0	0
电话短信骚扰	24	3	0	0	0
合计	53	18	0	0	0

（二）案发时空维度

侵害法官职业安全案件在时空维度上呈现复杂性。按照空间划分既有发生在法院内部，也有发生在法官上下班途中或法官家里；按照时间划分则有在履行法官职务过程中或履行法官职务完毕之后。S 直辖市高级人民法院对 129 个侵害法官人身安全的案件进行统计分析，发生于法庭内的 21 件，法院内其他场所的 41 件，院外执行、送达现场的 43 件，法官生活小区或其他公共场所的 24 件(见图 3)。从时间和空间的维度上，侵害法官职业安全的案件呈现出复杂性的特点，难以预测。

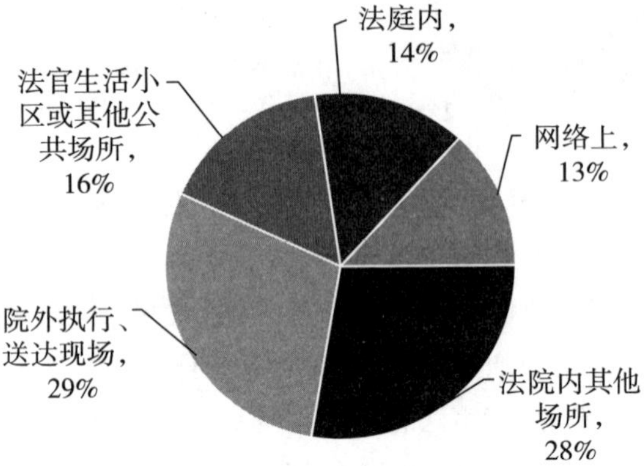

图 3　S 直辖市法官职业安全受侵害的场所分布情况

(三)案件对法官心理的影响

1. 影响法官职业安全认可度

C 直辖市高级人民法院向三级法院系统干警发放并有效回收 529 份调查问卷，对法官职业安全的内心感受进行调研(见图 4)。

(1)职业安全认可度低。在 529 名接受问卷调查的法院干警中，认为当下法官职业危险的 322 人占比 60.9%，认为非常危险的 121 人占比 22.9%，认为一般的 78 人占比 14.7%，认为安全的 7 人占比 1.3%，而认为自身非常安全的仅有 1 人。[3] 认为法官职业具有危险性的占比高达 83.8%，认为法官职业安全的不到 2%，侵害法官职业安全的案件频繁发生影响法官的职业安全认可度，造成法官对职业安全普遍呈现悲观的态度。

---

〔3〕 参见吴比、徐良:《法官安全保障的实践表达与制度完善——以法官的实践需求为视角》，载《内蒙古师范大学学报(哲学社会科学版)》2019 年第 5 期。

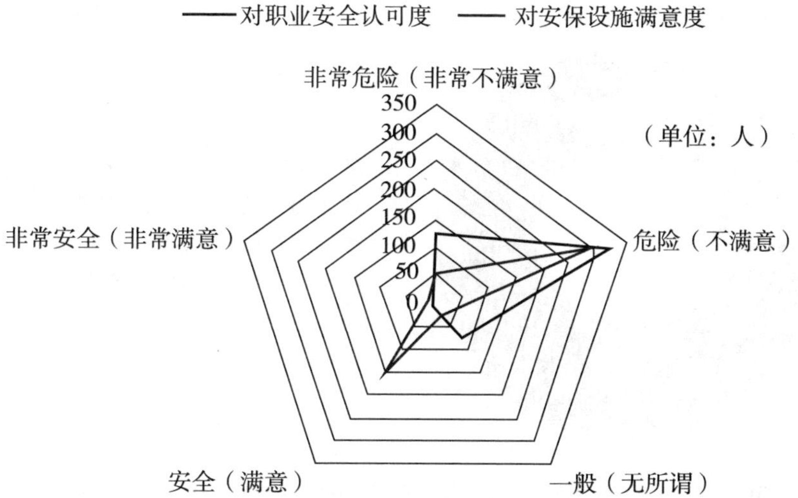

图4　C直辖市法官职业安全认可度及安保设施满意度

(2)对安全保障设施满意度不高。法院安全保障设备是保障法官职业安全的基础设施,在法院范围内安全保障设施是否齐备直接关系到法官职业安全。在法官对安全设施的满意度调查上,非常不满意的48人,占9%;不满意的291人,占55%;无所谓的26人,占4.9%;满意的153人,占28.9%;非常满意的11人,占2.1%。[4] 从图4可看出,对安全设施的满意度与对职业安全的认可度呈现明显的正相关关系,对安全设施的满意度是衡量法官职业安全感知心态的重要指标。

2.要求完善职业安全救济途径的意愿强烈

大部分法官在心理层面对现有的救济途径并不满意,希望完善救济途径。S市法院曾就法官人身安全保障问题进行了两项专题调研,对300余人次干警访谈并发放网上调查问卷5000余份。其中一项调研结果显示66.6%的法官希望建立法官权益保障常设机构,33.4%的法官对是否建立该机构持无所谓的态度;另一项结果显示有75.6%的法官希望有明确的救济途径,24.4%的法官对现有救济途径满意,不需要明确的救济途径(见图5)。[5] 救济机构不明确,救济途径的不完善会对法官的职业心理产生不良影响,法官及其亲属人身和财产安全受到威胁无法获得有效救济,亦是

〔4〕 参见吴比、徐良:《法官安全保障的实践表达与制度完善——以法官的实践需求为视角》,载《内蒙古师范大学学报(哲学社会科学版)》2019年第5期。

〔5〕 参见王川:《沪4年处置200件侵害法官权益事件》,载《上海法治报》2018年7月23日,第A04版。

造成法官流失原因之一。[6]

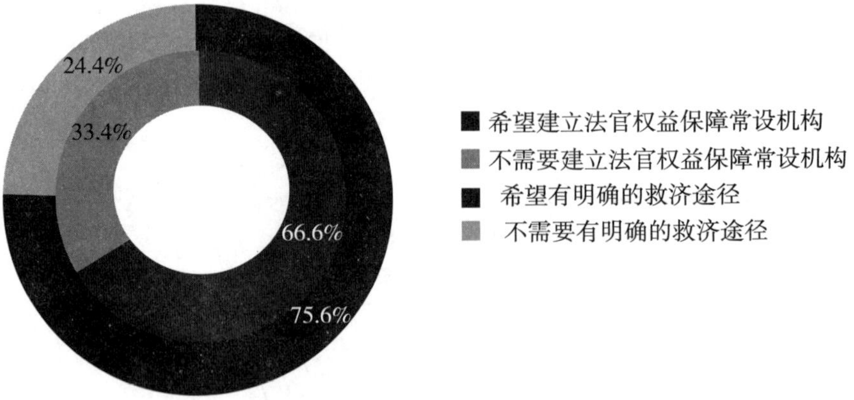

图 5 S 市法院法官对履职安全救济途径的期望

二、溯源求本:侵害法官职业安全案件屡禁不止的原因分析

(一)缺乏对法官职业安全的优先保护理念

1. 法官职业安全“重要但不优先”

法官职业安全在法院内部的价值评判中处于“重要但不优先”的位置。维护法官职业安全的价值理念在与其他价值发生冲突时,法院往往会选择优先实现其他价值追求。在“轻微暴力”的情形下法院更倾向于采取息事宁人的态度,让法官“委曲求全”。[7] 例如,上文 C 直辖市法院未对侵权人进行处置的比例高达 78%,而 H 市 Y 区法院采取最严厉的处罚手段仅是批评教育。

侵害人摸清法院对“轻微暴力”的态度后,就会理性地计算违法行为的成本与收益,只有当其确信其违法收益大于或可能大于违法成本时,才选择违法,否则会服从法律。[8] 法官职业安全“重要但不优先”的价值取向,为侵害人以侵害法官合法权益的方式谋取不正当利益提供了“理性选择”的空间。

2. 法官职业安全缺乏“特殊”对待

法院处置侵犯法官案件不重视法官职业的“特殊性”。法官职业安全被侵害其背

〔6〕 参见张青:《基层法官流失的图景及逻辑:以 Y 省部分基层法院为例》,载《清华法学》2018 年第 4 期。

〔7〕 参见胡昌明:《中国法官人身保障状况及其完善》,载《山东法官培训学院学报》2020 年第 5 期。

〔8〕 参见[美]加里·S. 贝克尔:《人类行为的经济分析》,王业宇、陈琪译,上海三联书店、上海人民出版社 1995 年版,第 63 页。

后体现着双重法益，即法官的人身权法益与因诉讼秩序被破坏而导致司法权威被减损的法益。[9] 法官履职行为背后彰显的是司法的权威，侵害法官人身权益的同时亦减损了司法权威。在特殊条件下法官个人的法益可以让渡，但司法权威无论如何都不可以妥协。法院采用“息事宁人”的方式处置该类案件时，其仅从单一角度来考虑问题，而忽略司法权威亦应当受保护。如果不考虑法官职业安全的“特殊性”问题，继续采取“息事宁人”的方式，法官的职业安全保障无法获得有效落实，司法的权威亦无法树立。

（二）轻微侵害案件缺乏有效防护手段

法官在履职过程中受到轻微的侵害案件普遍存在保护难、追责难的状况。究其原因系该类案件取证难，由于伤害法官的案件大多数具有突发性，加上侵害人精心策划，增加采集固定证据的难度，特别是发生在法院外部的轻微侵害案件，在法官无法提供充分证据的情形下，公安机关经常以违法犯罪事实无法查清、证据不足为由不予受理或终止侦查。例如，某法院一名执行法官经常被当事人跟踪到家中，其家人也因此感到很恐慌。该法官到派出所报案后，却被告知没有证据，无法对跟踪的人进行处罚，亦无法为法官及其家属提供必要的保护。对于跟踪法官及其近亲属等尚未发生严重后果的轻微案件，在现行法律规则的框架下无法为法官提供有效的保护手段。

（三）二元救济模式下救济渠道衔接不畅

侵害法官职业安全的案件，法院享有司法处罚权，而公安机关享有行政处罚权或刑事侦查权。法院与公安机关职权交叉形成救济渠道的二元模式，在该模式下法官职业安全救济渠道衔接并不顺畅。

1. 处罚判断标准模糊

对侵害法官职业安全处罚判断的标准模糊，无法有效惩戒侵害人，救济法官。例如，S 市某区法院一名当事人因对案件败诉不满，尾随法官进入法官居住的小区，并对法官进行辱骂，公安机关调查后认为，行为人虽然言辞较为激烈，但现场无其他围观人员，违法行为轻微，依法不予行政处罚。

2. 处理程序复杂且衔接不畅

若法官在法院内部遇到伤害事件，需要公安机关立案侦查、检察机关提起公诉，而公安机关则认为这些案件发生在法院内部，应该由法院自己处理，对此缺乏积极性。法院在与公安机关协商处理类似的案件时，需要突破沟通渠道的各种障碍，导致

---

〔9〕 参见张青：《法官职业安全的刑事法保护》，载《法学》2019 年第 12 期。

追责程序上衔接不畅,让侵害人得不到及时惩戒,法官的履职安全无法获得有效保护。

(四)欠缺科学主动的防控机制

1. 低效资源调配能力下的防控漏洞

法官履职受侵害的场所呈现多样化特征,现有的司法警察资源根本无法有效应对法官人身安全时刻面临威胁的状况,即使法院知道法官将要面临人身安全的风险,亦无有效措施防止风险的发生。以胡某侵害周法官为例,在胡某第一次开车欲撞周法官未能得逞后,法院为了保护周法官的安全专门安排车辆护送两个月,但两个月以后胡某仍在法院大门外开车将周法官撞倒并连刺数刀。虽然法院在该案件中采取了相应的预防措施,但措施缺乏可持续性,法院警力资源有限,在时间上无法长期安排警力保护法官的安全,在空间上亦不能随时随地保障法官安全。

2. 信息不对称局面下的被动防控困局

法官受侵害的重要原因系法官及法院与侵害人之间信息不对称。在有预谋的案件中,侵害人在着手实施之前往往做了充分的准备,掌握大量与法官有关的信息(住所、行踪、法官近亲属的工作单位或学校信息等),而法官或法院对此情况毫无防备。

法官或法院对侵害人的了解有限导致防控处于被动地位。首先,缺乏收集侵害人信息的渠道,在尚未向公安机关报案的情况下,法官或法院收集侵害人的信息的正当渠道非常有限,仅能在案卷信息中或在办案过程中获取。其次,法官或法院收集侵害人信息的能力有限,法官或法院并非侦查机关,通过正当渠道收集侵害人信息的效率与质量较差。在这种信息严重不对称的情况下,法官及法院在与侵害人的博弈中始终处于被动的地位。法官及法院与侵害人之间信息不对称的局面无法扭转,法官的职业安全被动防控的困局始终无法解决。

三、探索求证:法官职业安全风险防控机制重构的考量基础

(一)理念革新:对法官职业安全进行特殊保护

1. "责任与保障相适应"的司法改革理念

在全面落实司法责任制的改革背景下,不能只讲责任不谈保障,必须坚持责任与保障相匹配的原则。[10] 对法官进行高标准、严要求的同时必须把法官职业安全保障

〔10〕 参见胡仕浩:《关于全面落实司法责任制综合配套改革的若干思考》,载《中国应用法学》2019年第4期。

摆在优先位置，周强院长强调："落实责任与强化保障是一个问题的两面，在要求法官终身对案件负责的同时，进行充分赋权和保障是世界各国的通例。"[11] 在处置侵害法官职业安全的案件时，要秉承责任与保障相适应的理论，以坚决维护法官的合法权益为优先价值导向，保证法官安心履职。

2. "公共利益本体论"指引下的特殊保护

法官履职时，其行为具有国家性质，对法官的侵害实质是对抗国家司法权威，有必要给予特殊保护。[12] "公共利益本位论"认为，在个人利益与公共利益发生冲突或者竞合时，公共利益居于主要地位。[13] 当个人利益与公共利益竞合时，法官个人法益被其履职所代表的司法权威公共利益所吸收。在公共利益优先的价值导向下，在对司法权威进行特殊保护的同时亦实现对法官个人权益的救济。在"公共利益本体论"的指引下对法官履职安全进行特殊保护，可实现公私利益的平衡（见图6）。

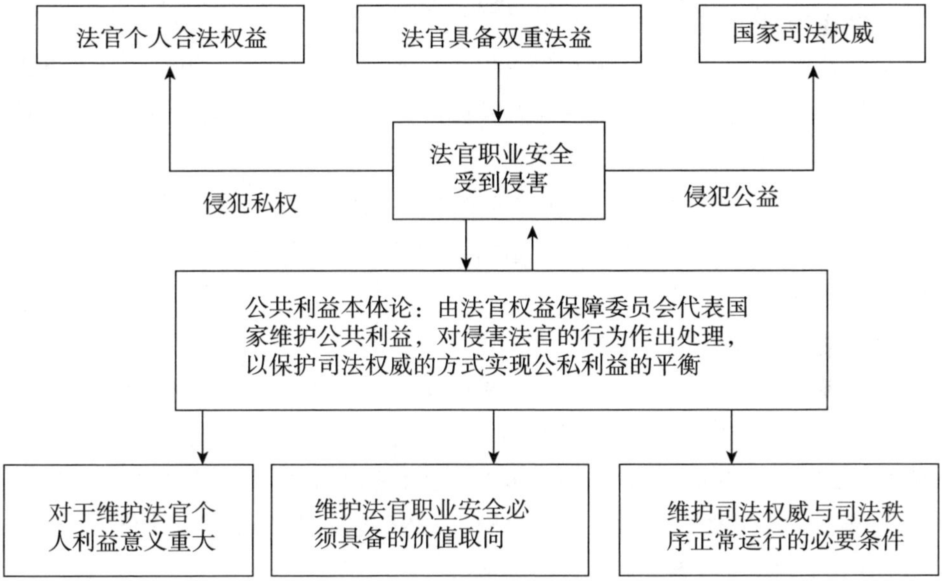

图6　公共利益本体论的内涵及作用

---

〔11〕 周强：《全面落实司法责任制 切实提升审判质效和司法公信力》，载《人民司法·应用》2019年第19期。

〔12〕 参见江必新：《以改革促进审判制度的完善——兼论法院改革之初心、问题与路径》，载《中国应用法学》2020年第1期。

〔13〕 参见余少祥：《论公共利益与个人权利的冲突与协调》，载《清华法学》2008年第2期。

(二)规则指引:以《法官法》的规定为依据

法官被侮辱诽谤、威胁伤害甚至流血牺牲的事件亦时有发生,在此背景下,《法官法》在第七部分独立成章系统规定法官职业保障的内容。[14]《法官法》为构建法官职业安全防控机制提供规则指引。

1. 明确法官权益保障委员会的权利与义务。《法官法》专门设置法官的职业保障的章节,并首次通过法律形式明确法院应当设立法官权益保障委员会,并赋予其保障法官履职安全的权利与义务,因此其在法官履职安全防控机制中处于核心地位,依法享有决策权。

2. 将法官及其近亲属纳入保护范围。《法官法》规定任何单位和个人不得对法官及其近亲属打击报复,有报复陷害、侮辱诽谤、暴力侵害等违法犯罪行为的应依法严惩,该规定将法官近亲属纳入保护范围。

3. 必要时采取人身保护、禁止接触等措施。《法官法》还规定法官因依法履行职责,本人及其近亲属人身安全面临危险的,人民法院、公安机关应当对法官及其近亲属采取必要保护措施。该规定为法官及其近亲属在面临人身安全危险时申请保护令提供明确的法律依据。

(三)制度借鉴:引入法官职业安全保护令机制

法官职业安全保护令机制源于民事诉讼中的保护令制度,该机制能够有效应对轻微的侵害案件。

1. 统一处罚判断标准

处罚判断的标准即违反保护令的禁止性规定。保护令制度的设计初衷是在法官周边设定一个无形的保护区,通过国家强制力禁止侵害人进入的方式保护法官的人身安全。侵权人一旦违反保护令的规定进入禁止距离内,即使未施暴,也会因违反保护令而受到处罚,保护令机制的设置为处罚侵权人提供了统一的判断标准。

2. 有效应对轻微侵害案件

(1)取证方便。法官随身携带的手机即可成为随时实地取证的工具,法官住所及小区的固定摄像头均可成为取证的工具。一旦发现侵权人违反保护令的禁止性规定,法官即可用手机拍摄取证,或通过公安机关调取附近的摄像,取证的方式灵活多变。

---

〔14〕 参见马世忠:《准确理解新修订法官法的立法精神和主要内容 努力推进中国特色社会主义法官制度的新发展》,载《人民司法·应用》2019年第22期。

（2）追责简单。保护令机制统一处罚判断标准后，违反保护令的禁止性规定即可追究侵权人相应的责任。特别是在轻微侵害案件中，只要能够证明侵权人违反了保护令的禁止性规定，即可对其采取罚款、拘留等强制措施。[15] 取证难度降低让追责变得简单有效。

3. 保护令机制的适用比照特别程序

最高法人民院《关于人身安全保护令案件相关程序问题的批复》中规定，人身安全保护令案件适用的程序可以比照特别程序进行审理。该程序性的规定为法官更好地适用保护令机制提供衔接渠道，打通法官职业安全保护令机制的最后一个障碍。

（四）技术支持：综合运用多元化的技术手段

1. 倚靠技术手段辅助法律运行

法律制度与技术都是解决人类社会基本问题的手段，两者在许多领域可以相互替代。[16] 现代信息技术日新月异，将大数据、互联网、人工智能等现代科学技术综合运用为保障法官的职业安全开辟一条新的路径。《法官法》虽然大幅增加保障法官权益的内容，但这些规定过于原则，缺乏相关配套制度以及实施细则。如果技术解决社会问题方案的成本低于法律解决方案，技术便可能成为辅助手段降低法律运作的成本。[17] 技术手段可辅助《法官法》相关规定落地实行。

2. 建立法官职业安全风险研判系统

综合利用技术手段建立法官职业安全风险研判系统，并在大数据的基础上对法官职业安全风险进行预测。该系统的主要功能有两个：

（1）消弭法官或法院与侵害人之间信息不对称的问题。利用多元化的技术手段拓宽信息收集的渠道，在全国范围内收集关联的信息，在技术的辅助下，法官或法院收集信息的能力有望超过有预谋的侵害人。

（2）在精准预测的前提下，合理调配司法警察资源，减少法官职业保护令的执行成本。特别是在对法官执行保护令的情况下，可采用人脸、步态识别技术，快速识别特定人员真实身份，并根据多个摄像头的信息联动锁定特定人员的行动轨迹，从而有效辅助人身安全保护令的执行，减少执行成本。

---

〔15〕 参见陈正其、刘沐浩、楼晓瑛：《法官人身安全保护三项措施》，载《人民司法·应用》2017 年第 19 期。

〔16〕 参见［美］理查德·H. 泰勒、［美］卡斯·R. 桑斯坦：《助推》，刘宁译，中信出版社 2009 年版，第 45 页。

〔17〕 参见郑戈：《区块链与未来法治》，载《东方法学》2018 年第 3 期。

四、路径重构:建立"研判—决策—执行"三位一体的防控机制

法官职业安全防控机制的构建思路以"研判—决策—执行"三位一体的框架展开(见图 7)。

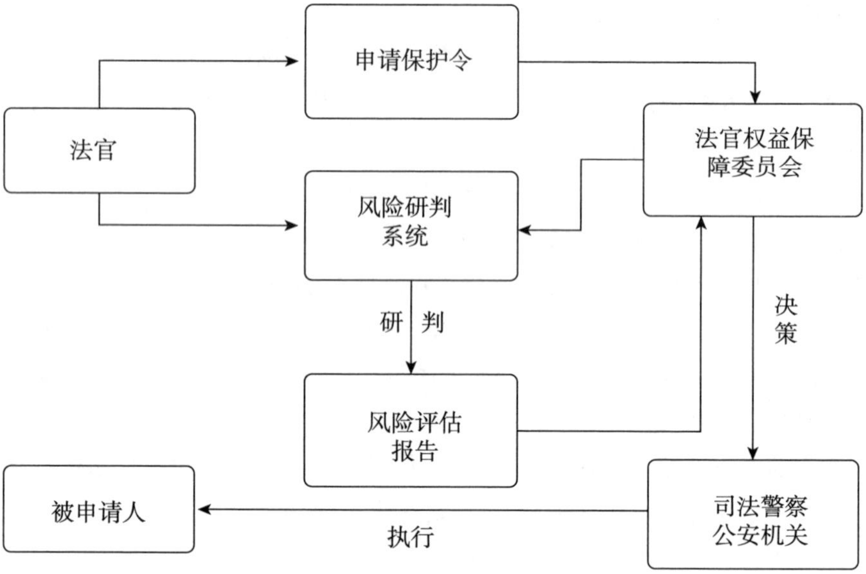

图 7 "研判—决策—执行"三位一体的防控机制

(一)风险识别:提升研判系统的科学性

1. 多维度收集法官职业安全的数据

数据是进行法官履职安全风险研判的基础,只有具备多维度的数据源才可以挖掘出数据背后的价值,作出科学精确的判断。[18]

(1)客观性维度。需要法官客观填写风险评估表,由法官对可能发生风险的情况填写风险评估表,该表的数据应该包括案由、性别、年龄、家庭情况、可能出现的伤害情况等,必要时须附上相关的案卷资料,确保申报内容的客观性。

(2)完备性维度。需要法官填写伤害事件报告表,具体内容包括时间、地点、持续期间、参与人员、伤害手段、所用凶器、事件类型、伤害范围及程度,结合当事人的行为表现进行综合描述,确保填报内容的完备性,最终形成一条以侵害人为线索实现全程

〔18〕 参见徐骏:《智慧法院的法理审思》,载《法学》2017 年第 3 期。

留痕的完整数据链。

(3)纯洁性维度。需要简化风险评估表的报送流程。法官独立填报风险评估表，无须部门领导审批，简化风险评估表的报送流程，确保数据不受到别的因素干扰，保证数据的纯洁性。

2. 借力技术建立法官职业风险等级评估机制

利用技术手段对收集的数据进行综合分析，对法官职业风险作出风险等级评估并作出相应的预警提示。[19]

(1)明确风险等级的划分标准。对法官职业风险量化评估的目标就是将风险细化，从多个维度进行分析考量，为风险登记的划分提供科学的依据，具体内容详见表2。

表2　法官职业安全风险量化评估的五个维度

具体维度	定义	主要表现形式
动机	行为目的及心理状况	主要有谋求不正当目的与怀恨报复两大类型，不同的动机可能造成不同的伤害结果
伤害方式	可能使用的侵害手段	包括恐吓、威胁、诽谤、诬告、跟踪、实施故意伤害等
伤害能力	具备的侵害能力	结合年龄、性别、身体状况、人身危险性的大小等因素综合判断
场域	可能发生的场所	在法院范围内及法院周边区域或者法官的住所及周边区域
发生概率	采取实际行动的概率	主要有口头扬言类型与蓄意谋划型，口头扬言型采取实际行动的可能性比较小

(2)划分风险等级并明确应对措施。利用AI技术根据数据链上的数据进行综合分析研判，对风险等级进行评估并划分不同级别，具体可分为显著轻微、轻微、严重及重大四个等级，每个等级都有对应的具体表现及应对措施(见表3)。当然风险等级并非一成不变，会根据所收集的数据进行动态调整，以提升研判的针对性与有效性。同理，其应对措施也会根据风险等级的变化而有所不同。如此，才能将有限的司法资源进行最合理的利用。

---

〔19〕 参见涂龙科:《美国法官人身安全保护制度之借鉴》，载《法学》2016年第4期。

表 3 风险评估等级的具体表现及应对措施

风险等级	具体表现及应对措施
显著轻微	仅对法官实施语言暴力，主要目的是表达自己的不满情绪，不需要立即进行处置，风险研判系统对该数据进行记录并备案
轻微	扰乱法庭秩序，侮辱诽谤、诬告陷害法官，可能涉及行政、司法拘留情况。事件影响小，危害程度不大，能够立即作出处置，无须启动应急处置预案，风险研判系统对该数据进行记录，并进行详细备注
严重	聚众扰乱、寻衅滋事、妨害公务，涉嫌轻微刑事犯罪。发生妨碍、报复干警依法履行职务的行为，有一定的影响力与破坏力，需要法院快速组织警力，赶往现场制止、处置或进行调查核实并及时采集相关证据，由风险研判系统生成风险评估报告
重大	造成或可能造成法官伤亡，严重损害司法权威，妨碍审判和执行活动，涉嫌严重刑事犯罪，需要立即采取应急处置措施。风险研判系统将生成的评估报告发送给公安机关，做好应急联动准备

（二）理性决策：技术辅助下的决策机制

法官权益保障委员会受理法官职业安全保护令的申请，在 AI 风险研判的辅助下决定是否签发保护令。

1. 决策内容：颁布法官职业安全保护令

保护法官职业安全，避免其受到进一步伤害，通过颁布保护令的方式禁止接触无疑是一种有效风险隔离手段。法官人身安全保护令机制应包括如下几项内容：(1)禁止被申请人进入特定区域或在特定场所范围内活动，区域或场所包括法官及其近亲属的住所、工作单位或法官及其近亲属经常出入的其他场所；(2)禁止被申请人骚扰、跟踪、接触法官及其近亲属；(3)责令被申请人自费接受心理治疗或者行为矫治；(4)保护法官人身安全的其他措施。

2. 决策模式：研判系统辅助法官权益保障委员会决策

"研判系统" + 法官权益保障委员会人为干预的人机协同模式，即系统负责法官职业风险研判并生成评估报告，为法官权益保障委员会进行最终的决策提供依据。系统算法存在偏见且难以克服，需要人为干预防范算法偏见引起的错误预测。[20] 研判系统虽然在风险预测的能力上远超人类，但其很难根据不同的社会化场景作出正

〔20〕 参见刘友华：《算法偏见及其规制路径研究》，载《法学杂志》2019 年第 6 期。

确的决策,所以其仍应定位于做辅助法律人决策的“参谋”角色。[21]

法官权益保障委员会认为风险评估报告不够准确,可派法警前往被申请人处进行调查,通过走访邻里、向居民委员会(村民委员会)了解情况、对被申请人及其亲属进行访谈等方式补充收集数据。法官权益保障委员会可根据实际情况以及重新作出的风险评估报告决定是否签发保护令。

3. 决策救济:利益平衡理念下对保护令的异议及应对

法官权益保障委员会受理安全保护令的异议申请。利益平衡是指通过法律的权威协调各方面的冲突因素,使得冲突各方在利益关系中处于平衡状态。[22] 具体到决策的救济中,就是要处理好保护法官履职安全与避免过当损害当事人利益之间的关系。如果为了维护法官履职安全而滥用保护令,同样会对侵害人的合法权益造成反向损害,损害司法权威,因此有必要在利益平衡理念的指导下正确处置法官及侵害人对保护令提出的异议。

(三)风险隔离:精准执行保护令机制

保护令的执行是法官职业安全保护机制中最核心的环节,该机制的生命力亦在于保护令能否得到精准有效的执行。

1. 有效衔接:场域条件下职权联动的协同执行

《法官法》明确了法院与公安机关为保障法官职业安全的主体,因此保护令应由法院与公安机关协同执行(见图8)。

图8　场域条件下职权联动的协同执行

---

〔21〕 参见左卫民:《关于法律人工智能在中国运用前景的若干思考》,载《清华法学》2018年第2期。

〔22〕 参见吴清旺、贺丹青:《利益衡平的法学本质》,载《法学论坛》2006年第1期。

（1）建立法院与公安机关案件信息共享机制。法官权益保障委员会在批准保护令的同时，应当将评估报告送至同级公安机关以寻求更多保障力量的介入，让公安机关根据评估报告能够及时了解案件情况，采取联动保障措施，做好法官职业安全的防控工作。

（2）以场域划分为界，明晰法院与公安机关的职权范围。在法院场域范围内（包含法院周边），由法院执行保护令；法院范围以外（主要为法官的生活场所），则由公安机关执行。在法院场域范围内法院的安保部门（主要是司法警察）与法官的关系更为密切，执行保护令的条件更为便捷，对法官的保护会更为有效；法院范围以外，公安机关的安全保卫力量更为充足，拥有的技术手段丰富，能够负担法官在法院范围以外保护令的执行。通过在空间维度上明晰职权的划分，避免法院与公安机关在执行保护令上衔接不畅或相互推诿的局面。

（3）职责重叠情形下法院应主动承担防控职责。2021年1月1日，最高人民法院《关于人民法院司法警察依法履行职权的规定》开始施行。该规定明确了司法警察有保护正在履行审判执行职务的司法工作人员人身安全的法定职责，且在法律层面明确赋予司法警察更多自主性的职权。即使在职责重叠的情况下，对侵害行为的应急处置绝不能被动等待，法院应主动承担保护法官职业安全的职责，避免安全防控机制出现真空的状况。

2. 数据共享：打破数据壁垒畅通精准执行渠道

打破数据壁垒实现法院与公安共享数据是法官职业安全防护机制精准执行的重要前提。

虽然法院与公安机关均已建立了自己的数据系统，但各个系统之间却壁垒重重，“数据孤岛”现象严重，阻碍双方共享数据。[23] 法院系统的优势在于其掌握着被申请人的案件信息，该信息属于关键数据；而公安机关数据系统的优势在于可以通过各种渠道掌握被申请人其他信息，如家庭地址、行动轨迹、有无违法记录等大数据信息。数据是进行风险研判的基础，数据的质量决定了研判的科学性，打破数据壁垒实现关键数据与大数据的共享，则可提升研判的精准度。利用技术手段将有限的司法资源精准地配置到法官职业安全的防护机制上。

---

〔23〕 参见赵龙、刘艳红：《司法大数据一体化共享的实践探微——以破除“数据孤岛”为切入点的逻辑证成》，载《安徽大学学报（哲学社会科学报）》2019年第6期。

结　语

法律与技术均是解决人类社会基本问题的手段,两者在许多领域可相互融合。技术手段的进步为解决法官职业安全防控的难题提供了新的解决思路,利用技术进行风险研判,颁发保护令将风险隔离,精准投放保障资源确保法官职业安全。以上防控机制是在不改变现有法律制度条件下保障法官职业安全较为有效且经济的方式,具有较强的理论基础和现实意义。本文的研究仅是一个楔子,法官职业安全保障之路还需不断深入探索。

漏斗思维：乡村振兴进程中诉源治理的思辨与应对

——以G县法院诉调衔接失范为切入点

韦宇安*

2021年，最高人民法院工作报告以一系列务实的举措，兴会淋漓地勾勒出中国法治的发展走向。诉源治理作为新时代"枫桥经验"的创新实践，见证着法院服务触角的延伸，也成为当前基层法院源头治理纠纷的重要改革方向。"通过非诉衔接渠道化解已经形成的诉讼纠纷→避免已经出现的纠纷形成诉讼→在基层治理上避免、减少纠纷的发生"是诉源治理的理想成效结构。2019年1月23日中央全面深化改革委员会第六次会议中审议通过的《关于政法领域全面深化改革的实施意见》及2019年7月31日最高人民法院发布《关于建设一站式多元解纷机制一站式诉讼服务中心的意见》（法发〔2019〕19号），传递出顶层设计对诉源治理的积极信号，纷至沓来的各种政策性文件试图冲破"调解合意"之于惯性思维的束缚，为诉源治理谋求更大的作用范围、更广的话语空间及更深的影响层面。推动从源头上减少诉讼增量，乡土地域无疑成为其辐射的重点，而诉源治理发挥效用几何则受制于与其相应的地方资源的分配与调控，受制于乡土社会形势对地方法院赋予的角色期待。以问题为导向，中国法学界在"非诉前置主义的反思与走向""大调解中的司法表达""诉源治理发展问题的探讨"等标题下已作出不少讨论。有学者

---

* 韦宇安，桂平市人民法院。

指出对诉讼与非诉调解之关系的重大调整和对诉权限制之合理性的证成，不可仅仅交由司法解释或司法文件完成；有学者揭示解纷路径选择与社会治理体系和治理能力相悖的因由；还有学者探究诉源治理异化风险的预防与应对之策略。揆诸当下乡村治理体系及司法实践，功能主义下地方法院参与诉源治理的正当性证成似乎与其在基层治理中所扮演的角色相悖。[1] 基于此，法律规则秩序如何与乡土自生秩序共融是其无可回避的重点难点。遗憾的是，囿于诉源治理尚处试点阶段，如何将其置于乡村振兴的视阈下考量暂付阙如。文本拟从司法能动的异化风险中探讨遏制地方法院诉源治理失范为切入点，将诉源治理纳入乡村振兴战略布局，通过递进式过滤系统的科学构建，以期为诉源治理实质化、长效化、专业化、市场化、现代化、系统化探索抛砖引玉。

一、乱象：调解资源促动治理时空的现实之惑

（一）视角选取

G县法院所在辖区面积大、人口多、工业匮乏、交通落后，农业缺乏龙头企业带动，脱贫攻坚任务繁重，该院则面临法官年龄断层、助理配备不完善、工作压力大、地位待遇低、办案风险高等职业困境，极具乡村诉源治理参考意义。G县为西部某省区下辖县级市，辖区面积4074平方千米，耕地面积101.7万亩，其中水田面积77万亩，为农业重镇。G县辖26个乡镇431个村（社区），2020年年末第七次人口普查后人口数量达205.1万，为该省区人口大县。该县为扶贫开发工作重点县，“十三五”期间，有贫困村151个（约占辖区内村屯总数的35%），其中深度贫困村11个，贫困村数量位居该省区第一位；有贫困人口40088户176096人，贫困人口数量位居该省区第二位。该县党政主要领导把2/3以上精力用于抓脱贫攻坚，安排各级干部1.9万名作为帮扶联系人与4万余户贫困户结对帮扶，G县法院在职在编干警均有扶贫任务。直至2020年5月，该县才正式获省区批准脱贫摘帽。而从2019年开始，G县法院全年受理案件数持续破万。截至2020年12月31日，该院在职在编干警共计167人，其中员额法官57人，法官助理43人，书记员12人，司法警察18人，其他行政及工勤37人。2020年，该院员额法官年人均结案167件，同比增长18.44件；年结案100件以上员额法官46人，其中年结案200件以上员额法官18人。基于以上数据，以G县法院为视角考察分析诉源治理在乡土地域的践行困境具有现实意义和典

[1] 参见苏力：《关于能动司法与大调解》，载《中国法学》2010年第1期。

型意义。

（二）内部窘弊

1. 诉调对接规范化制度失位。从该院诉调对接的实践来看，法院主导型的内部诉源治理是最为普遍的治理方式且诉前调解力量薄弱，诉前调解的规范化制度虚有其表，与党委和政府主导型的社会诉源治理模式大相径庭。

一是该院诉前调解工作消极。近三年来，G 县法院收案数均位居该市 5 个基层法院之首，但进入诉前调解流程的案件数与收案数悬殊，2018 年收案 9722 件，进入诉前调解流程案件 61 件，占当年收案数的 0.63%，其中仅 1 件调解成功，调解成功率为 1.64%；2019 年收案数 10765 件，进入诉前调解流程案件 30 件，占当年收案数的 0.28%，其中有 6 件调解成功，调解成功率为 20%；2020 年收案数达 12154 件，在上级法院的考评激励下，进入诉前调解流程案件增至 2575 件，占当年收案数的 21.19%，其中有 121 件调解成功，调解成功率为 4.70%（见图 1）。

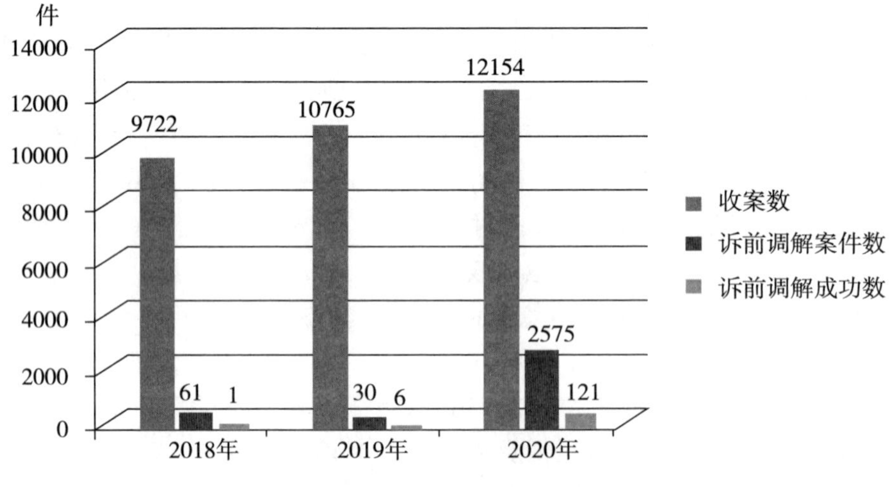

图 1　G 县法院 2018—2020 年诉前调解案件情况对比

二是该院诉源治理的主体单一。该院现聘特邀调解员 11 人，其中 1 人来自公证处，1 人来自司法所，1 人来自人民调解委员会，6 人为律师，2 人为该院退休法官，其中 90% 的委托调解由 2 名退休法官承担。近三年来，该院人民调解协议司法确认数分别为 2018 年 3 件、2019 年 30 件、2020 年 8 件。

三是诉讼服务中心的硬件措施与诉调对接平台的软件投入悬殊失衡。该院诉讼服务中心占地面积约 850 平方米，累计投入 100 多万元加强硬件设施配置，配备 3D

智能引路机、多功能 LED 显示屏、自助查询机、自助立案电脑、扫描仪、打印机、自助诉讼一体机等设备,设立 11 个功能区,开放导诉、立案、诉前调解、诉前保全、法律援助、材料收转、刷卡缴费、信访投诉等 12 个专用服务窗口,配置有设备齐全的网上视频调解室,但没有处理诉前调解工作的专门团队及相关工作制度。

2. 繁简分流结构化功能失灵。一是诉讼服务中心服务功能有待提升,人手不足导诉人员长期缺席,导致诉讼服务中心的智能设备尚未发挥该有的功能;二是案件甄别工作有待加强,当前该院大多数案件直接登记立案,甄别工作缺位,导致调解工作后置;三是速裁审理方式没有发挥应有的功能,有些案件经审查不适用速裁程序的,速裁团队适用普通程序进行审理,缺乏程序流转机制;四是简易程序当庭宣判率偏低,按照规定,对于适用简易程序审理的案件一般应当当庭宣判,但该院法官对当庭宣判长期持保守态度;五是法官助理没有发挥应有的职责,由于配备人员数量有限,当前法官助理主要承担书记员的职责,没有发挥庭前调解、撰写审理报告、草拟裁判文书、制作合议庭评议笔录等作用。

G 县法院 2018 年结案 8330 件,结案率 85.68%,其中各类民商事案件结案 4476 件,一审复判息诉率 86.43%,调解结案 869 件,调解率 19.41%;2019 年结案 9858 件,结案率 91.57%,其中各类民商事案件结案 5545 件,一审复判息诉率 87.61%,调解结案 929 件,调解率 16.75%;2020 年结案 11539 件,结案率 94.94%,其中各类民商事案件结案 5911 件,一审复判息诉率 74.23%,调解结案 932 件,调解率 16.64%(见图 2)。近三年来,法官人均办案数分别为:2018 年 156.6 件,2019 年 167.1 件,2020 年 193.9 件。数据显示法官办理案件数有增无减。此外,法官还要承担与案件办理无关的其他任务,如该院从 2016 年起就分担辖区脱贫攻坚工作,干警除孕期、哺乳期外一律全部参与扶贫。截至 2020 年,164 名在编在职干警对 638 户贫困户开展精准扶贫,平均每人还有 4 户贫困户需要帮扶。从上述数据可以看出,该院案件数量激增,法官在高压之下已无法从扩大法院"生产力"的思路上解决人案矛盾,从源头上分流并减少进入法院的案件数量势在必行,但繁简分流理应发挥的效果显然并不理想。

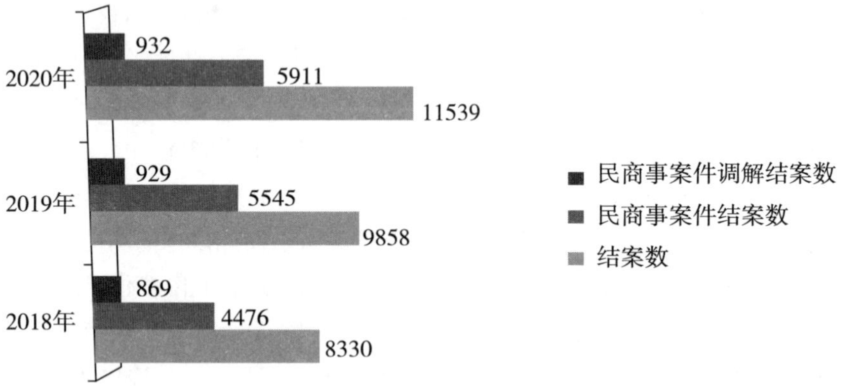

图 2　G 县法院 2018—2020 年各类结案情况对比(单位:件)

(三)外部牵陷

诉源治理的形式过于集中在调解的方式上,国家层面对非诉讼纠纷解决缺乏制度安排,无法有效吸收社会力量扩大调解规模,法院在诉源治理实践中单打独斗的局面长期持续。

1. 现有乡村治理体系对司法裁判存有"路径依赖"。"法治"话语的流行使司法便民措施层出不穷,"司法为民"的政治话语已凌驾于司法规律之上。权利意识的增长看似是法治建设的成就,实则因为缺少政治方式实现诉求。[2] 现有乡村治理体系普遍存在基层民主政治建设落后、村组织功能缺失、农民集体意识弱化等问题,无论在组织管理还是职能发挥上都面临着各种困境,而司法改革的进程正忍受着基层维稳需要的绑架,政治渠道的堵塞已使司法裁判显现出滞胀的征兆。

2. 基层诉外解纷力量对司法过程"袖手旁观"。基层诉外解纷力量包括人民调解组织、行政调解组织、行业调解组织、商事调解组织等。这些调解组织在基层长期发展停滞导致其调解功能非常薄弱:其一,调解制度尚不完善,在群众中欠威信,主要表现在调解协议的性质和效力长期以来都没有明确的法律规定,调解协议没有拘束力和执行力,导致调解缺乏权威,当事人的合法权益得不到有效保障。其二,调解员综合水平较低,流动性大,法律知识和文化水平偏低,调解员从业资质和任职标准不清,在遇到一些比较复杂的纠纷问题时,往往没有能力去应付,在一定程度上影响了调解工作的质量和公信力。其三,缺乏基层政府支持,工作开展欠力度。现阶段,基层人

〔2〕 参见姜峰:《法院"案多人少"与国家治道变革——转型时期中国的政治与司法忧思》,载《政法论坛》2015 年第 2 期。

民政府对调解工作普遍重视不够,对调解的制度支持力度不够,对调解工作的指导和监督也没有落到实处,调解经费不足,从业人员缺乏积极性和主动性。凡此种种,让基层诉外解纷力量并未得到全面的了解和普遍的认同。

3. 纠纷当事人或代理人对诉前调解"满腹狐疑"。在基层法院,为暂时将部分纠纷挡在法院之外,让法官在节点上集中力量办理存量案件应付上级法院的不科学的结案率考核,变相存在非诉调解前置的问题[3],即强制适用委派调解,让推迟立案的行为正当化。这种做法有可能引起没有解纷诚意的义务人获得时间转移、隐藏、损毁、变卖财产,或专业诉讼代理人向行政机关、金融机构等单位调查收集证据时因缺乏案件受理文书而受阻。而在自己的明确表态没有得到依法对待后,大部分当事人和律师等专业诉讼代理人对诉调对接机制普遍反感甚至强力拒绝,其后法院再对其进行各种解纷方式的分析,引导其作出趋利避害的选择时,已无法获得信任。

二、思辨:诉源治理实现功能叠加的冲突之源

(一)司法为民理念下法院功能的"先"与"后"

"司法为民"理念于2003年最高人民法院《关于落实司法为民要求做好司法行政工作若干问题的意见》中首次提出以来,历经社会演变,至今已衍生出包括司法便民、司法亲民、司法利民、司法惠民等多重价值内涵,法院参与诉讼治理以"司法为民"为逻辑前提的同时,导致"司法为民"变成司法裁判似是而非的衡量标准,为基层法院择其偏好践行司法工作提供了自圆其说的理由和伸缩正义空间的契机,由此带来的价值冲突在地方司法过程中可能催生法官懈怠审判的风险。因此,厘清"司法为民"的语涵,厘定基层法院在乡村治理新体系中的功能定位,才能避免诉源治理沦为地方不当竞逐政绩的工具。改革本身也就是司法的合法化过程。[4] 通过有据可考的最高人民法院工作报告窥见,基层法院的功能定位是随着我国经济、政治、社会的发展而变动的:中华人民共和国成立之初到改革开放之前,基层法院以政治功能为主参与阶级斗争;改革开放后至党的十五大,随着国家中心任务从阶级斗争转移至经济和现代化建设,基层法院的工作重心从打击反革命犯罪转移至为经济和现代化建设保驾护航,政治功能弱化,解纷功能加强,权力制约功能从无到有;党的十五大以后,"依法治国"成为国家治理的基本方略,基层法院的政治功能式微,回归到其应有的基本功能

---

[3] 参见刘加良:《非诉调解前置主义的反思与走向》,载《政法论丛》2020年第5期。

[4] 参见何永军:《政法传统与司法理性》,中国政法大学出版社2014年版,第41~45页。

(通过司法裁判解决纠纷)及延伸功能(通过规则之治服务政策)上。2014 年,党的十八届四中全会提出的“推进以审判为中心的诉讼制度改革”措施,已彰显出国家对法院基本功能的合理认知,明确司法系统作为司法裁判的载体,是司法裁判的主要指向而不是唯一指向,“司法系统为民”与“司法审判为民”作为“司法为民”的双重语涵〔5〕,在遭遇价值冲突时具有优先序位之分。申言之,“司法为民”的政治话语不应凌驾于司法本身的规律之上,司法本质和司法规律决定了法院在多元功能之间,其首要功能是司法裁判,而其他功能必须建立在司法裁判功能业已实现的基础之上。及此,诉源治理适值审判工作的长远谋划而绝非当下的“排诉”之策,经由基本法理可以推断,基层法院在诉源治理中的功能定位理应以司法裁判为先,诸如招商引资、普法、接访、维稳、扶贫等与其基本功能无关的实践,都不应视其为参与基层治理的活动。

(二)诉讼爆炸裹挟中案多人少的“真”与“伪”

2021 年最高人民法院工作报告指出,2020 年地方各级人民法院和专门人民法院受理案件 3080.5 万件,其中民事案件占比达 55%,法官年人均办案数量达到 225 件,各类案件一审后当事人服判息诉率 89%,二审后达到 98.1%。通过数据可知,大约八成的纠纷在基层得到解决,但从另一个角度来看,基层法官却面临“案件增加型负担”与“功能增加型负担”的双重压迫。〔6〕 众多基层调研显示,长期以来“单打独斗”的案件审理模式、乡土地域有限的司法资源配置、法院内部结构的欠妥调整、法官捉襟见肘的办案精力、绩效考评机制的不当设置等无一不在表明,基层法院的沉重负担不只由案件量的绝对增多造成,“案多人少”并不能准确衡量出基层法官的办案压力。在乡土地域,政治过程对社会矛盾消化不良,司法过程就会因不堪重负而功能失调。易言之,只要司法过程比政治过程在实现诉求方面更为便利,诉源治理就不可能成为基层法院的“解压器”。

(三)司法改革浪潮里法官角色的“应”与“实”

诉源治理不仅注重纠纷的解决,更注重纠纷的预防,“在基层治理上避免、减少纠纷的发生”是其功能的理想状态。但立案登记制和法官员额制施行以来,乡土地域资源调度无法跟上改革步伐,专业队伍的建设能力薄弱,致使法官应有的待遇久未落实,而所要承担的责任却无一遗漏地扛上肩头,加之基层法院的功能定位在多项司法改革中被设置为政策服务者,在地方政绩竞赛的刺激下,诉源治理的核心要义在基层

〔5〕 参见何剑:《司法为民思与行》,青海人民出版社 2006 年版,第 10 ~ 11 页。

〔6〕 参见陈瑞华:《法官员额制改革的理论反思》,载《法学家》2018 年第 3 期。

法院遭遇误读,法官从传统的维护法律权威的"裁判者"被拉向了富有行政色彩的"维稳者","被动"的司法权与"能动"的行政权冲突,对法官"中立"角色的贬损如同对正义的贬损,付出的代价是司法公信力的流失和司法权威的矮化。

(四)乡村振兴战略下调解合意的"孰"与"非"

从2012年修订《民事诉讼法》第122条为启动先行调解增加必要条件,到2020年发布的最高人民法院《关于进一步完善委派调解机制的指导意见》不难发现,立案前非诉调解的适用并不具有规范上的强制性。诉源治理作为基层迈向治理有效、协同推进乡村振兴战略的践行机制,理应发挥"党委领导、政府负责、社会协同、公众参与、法治保障"的治理效能,但在乡土地域,诉讼救济与政治机制功能紊乱,理应承载民意的机制假"司法为民措施"之名,模糊和解与调解的界限,从政治过程过渡到司法过程。其他诉外解纷力量因技术性弱和调解效果不佳而备受冷落,乡土社会自我消解纠纷的能力欠缺,导致司法承担了其不能承受之重,司法不得不谋求出路,实践与文本背离,基层法院通过强制适用委派调解,把部分纠纷暂时挡在诉讼之外,以求集中力量审结存量案件和应对基于正常审限内结案率的考核。立案环节的权利寻租与俘获的审理期限,将无法因诉源调解而得到理想的压缩。

三、剖释:司法裁判规避异化风险的破解之法

司法裁判虽是法院的核心功能,但其只是诉源治理系统化路径中的一环且并非前端,司法过程如果挺在政治过程前处理矛盾纠纷,则与诉源治理的基本理念背道而驰。从理论上讲,司法权属于中央事权,但基层法院的物质建设、经费安排、人员配备等资源调配均受制于地方行政部门,因此司法作为行政权力的监督和制约,不仅未能得到应有的重视,还常常被地方政府借"司法为民"之名行推卸政治责任之实,过于强调法院在诉讼外部的治理作用,极易催生裁判异化风险,导致法院对潜在纠纷治理投入过多精力,案多人少、力量不足的问题则更加凸显,而其他解纷力量却长期停滞不前,诉源治理终将无助于改善司法在实践中的尴尬处境。法院作为国家治理的参与力量,一般通过"能动司法"去实现,能动司法基本从三个层面体现其内涵:一是增加受案范围,强化解纷能力;二是司法功能扩张,回应社会发展需求;三是司法方式多样,发挥主动性,积极"上门"调处各类纠纷。[7] 前述及此,"能动司法"的前提应是

〔7〕 参见龙宗智:《关于"大调解"与"能动司法"的思考》,载《政法论坛》2010年第4期。

其实施主体具有相应的资源调配能力。[8] 话语权与能动性往往需要通过制度建设来提升弥补。

诉源治理应如何在乡土地域践行,基于体系化思维的构建,拟用递进式过滤系统(见图3)作为解决方案。其思路如下:

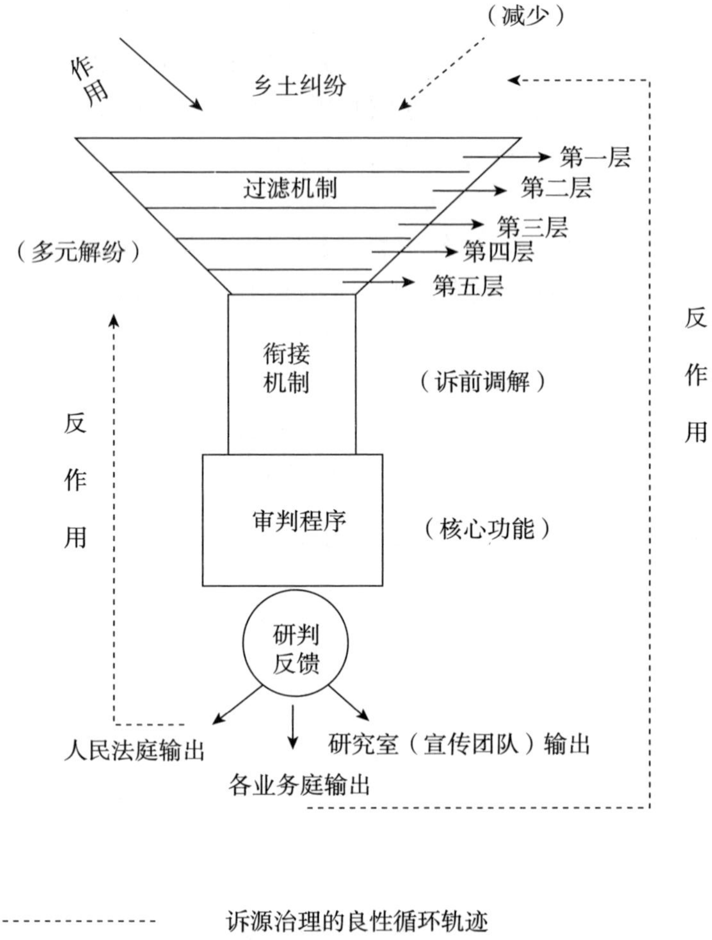

图3 诉源治理递进式过滤系统的运作原理

过滤机制:第一层过滤——以村级人民调解委员会为主,辅之以新乡贤力量,过滤赌气、结怨等情绪化引起的矛盾纠纷;第二层过滤——以乡村综合治理组织为主,

〔8〕 参见张文显:《法治与国家治理现代化》,载《中国法学》2014年第4期。

过滤土地归属不清、邻里占地不让等需要公正力量介入的矛盾纠纷；第三层过滤——以心理干预组织为主，为矛盾主体开展心理辅导和做好心理建设工作，为后期进入调解程序提供理性基础；第四层过滤——以行业调解为主，区别矛盾主体，针对类型纠纷提供专业答疑；第五层过滤——以特邀调解为主，发挥诉调对接作用，把矛盾纠纷梳理成法律争议。

衔接机制：以诉前调解为主，发挥诉调对接中心的作用，让法律争议在进入法院程序前就能让当事人清楚明白，减少在诉中再次引起不必要的冲突。

审判程序：发挥司法的核心功能，决定性地依赖于法官的专业、独立和适当的案件负担。

研判反馈机制：研判成果分别由人民法庭、各业务部门及研究室（宣传团队）进行输出，人民法庭负责与乡村一线管理人员及新乡贤力量对接，以案例分享的形式向他们进行讲解培训；各业务部门负责与地方党委政府及参与市域治理的部门对接，以政策建议的形式向他们提供决策依据；研究室（宣传团队）负责与上级法院对接，以调研、论文、态势分析、司法统计的形式向高层汇报情况。

良性循环：递进式过滤系统让政治过程尽可能把矛盾和纠纷解决在基层和萌芽状态，诉外解纷力量则提供一个隔离、冷却、中立的机制，将社会矛盾过滤为法律争议。司法过程则以独立、专业的司法程序解决法律争议，其后再通过研判和总结将数据和建议反馈给政治过程，实现递进式过滤的良性循环。

四、应对：多元治理嵌入法律秩序的融合之道

诉源治理作为司法改革的重要部分，在乡土地域推动更多解纷力量向引导和疏导端用力，皆当以法为纲，在乡村振兴的战略下寻求最大的社会共识，在习近平总书记“共建共治共享”的治理理念中践行规则之治，通过递进式过滤系统，同筑乡村治理屏障。

（一）以诉调对接中心为桥梁纽带实现诉源治理实质化

诉前调解的性质趋向、既判力的涵摄对于诉前调解协议的效力具有实际意义，加强基层法院与调解机构和组织的对接机制，安排专门力量从事司法确认工作，规划申请、审查、确认工作流程，对于经调解组织达成的具有民事合同性质的协议以及特邀调解员调解达成的协议，根据当事人的申请依法办理司法确认，才是诉调对接中心的核心任务。党政机关必须还权赋能于诉调对接中心，强化其资源调配的能力，通过在立案庭开设进驻信访局矛盾调处中心的“法官解忧服务站”，在民事审判庭联合金融

机构、物业管理机构、行业商会、劳动仲裁机构成立“联合行业调解服务平台”,在乡镇人民法庭构建“全科网格管理体系”等方式提升司法“治权”,让诉调对接中心立足预防层面,打破行政机关在资源掌控与分配上的体制性不平衡。通过法院的“小案件”研判乡土社会的“大问题”,避免产生新的同因性诉讼,从频繁主动分担乡村治理的“政治责任”,回归到技术性规避疑难或敏感案件的统筹上来。

(二)以乡村综治中心为共治平台实现诉源治理长效化

启动党委和政府主导型的乡村诉源治理模式,基层法院则以人民法庭为牵引,积极构建与乡镇、村屯纵向联通、横向互通的大格局。市委政法委、政法相关部门、各乡镇村委干部、各类调解员、新乡贤力量依托现代通信技术,建立微信工作群实现信息的及时有效传递。村党支部、村民委员会和村合作组织对村级事务进行自我管理,充分利用乡镇网格作用,培育村民公共意识,夯实塑造现代公共精神的认同基础。人民法庭对辖区乡镇及近年来受理的案件类型进行分析,总结案件的类型化特点、难点,研判化解矛盾纠纷的突破点,提出相关建议,及时向各乡镇、村屯反馈,共同对各类矛盾隐患实行分级预警,如土地拆迁可能会引发的“出嫁女拆迁补偿款纠纷”,祭祖日、返乡日比较集中的“坟山、土地纠纷”,邻里纠纷,抚养权、抚养费纠纷等,推动社会稳定风险评估机制在乡土地域得以扩面提质增效。

(三)以诉讼服务中心为指导阵地实现诉源治理专业化

司法调解与行业调解、民间调解、行政机关调处共同筑就大调解格局,成为诉源治理的核心力量,提升乡土地域调解的专业性、权威性,要求基层法院依托诉讼服务中心,把“上门服务”调解纠纷转变到对其他解纷力量的专业性培训上来。基层法院通过对司法资源的调配,因地制宜地通过典型案例、类型案例归纳调解难点,定期为其他解纷力量提供调解分析及专业指导,把研判的困难留在法院,把法官联村下一线直接参与矛盾化解的任务分配给更有地域优势的网格调解员,让法官有限的精力得以集中在最专业的领域,通过在技术指导领域深耕,最终促使行政机关、仲裁机构、公证机关、调解组织、社会公益团体等诉外解纷力量突破技术薄弱的短板,形成人员联合、力量联动、资源共享的专业化诉源治理工作格局。

(四)以政策和税收支持为资金保障实现诉源治理市场化

党政驱动、多方联动、资源整合是诉源治理的优势所在,但乡土地域纠纷解决往往需要资源增量而不仅仅是现有资源的再分配。党政机关作为掌握政策、土地、财政等社会资源的主体,同样掌握诉源治理的话语权。因此,党政机关须依靠乡村振兴战略,加强基层党组织建设的同时不断推动城乡融合发展,培育乡村发展新动能,把发展“红利”引到诉源治理资金链，发挥政策和税收的杠杆调节作用，保障资金流向村组织、新乡贤、网格调解员等底层乡村解纷力量的培训和壮大中。另外，鼓励慈善机构和公益基金有计划地进入诉源治理市场，并对基金会资金的保值、增值以及运作给予税收支持，让人民调解、律师调解、行业调解、心理咨询等专业化组织“有利可图”，不断强化专业性调解力量长期下沉乡土地域的内在驱动力，遵循市场经济规律，最终构建出以案源为吸引力的市场化调解模式。

（五）以智能服务应用为技术支撑实现诉源治理现代化

加强基层地区的智慧法院建设，依托现代通信技术和成熟可靠的直播平台，利用全科网格体系，基层法院各业务庭建立“法院—综治中心—镇（街道）—村（社区）—网格员”五级联动共享信息平台；乡镇人民法庭开创“乡镇微法庭”减少外出务工当事人诉累，让外出务工人员与当地村民实现同步调解；在法治教育、宣传方面，基层法院利用原有的“青少年法治教育基地”、法治教育宣讲团队，联合行政机关、仲裁机构、公证机关、调解组织、社会公益团体等其他解纷力量，开设普法直播课和更新普法科普小视频，让法治理念通过智能手机植入村民日常生活。结合司法大数据可视化系统和调解员微信工作群，及时掌握乡镇、村屯矛盾隐患，互通纠纷化解情况，让法院“高科技”成为诉源治理的“低门槛”。

（六）以中立机构考察为评估体系实现诉源治理系统化

诉源治理既然是基于体系化思维的构建，是“党委领导、政府负责、部门联动、社会协同、公众参与、司法保障”的系统性工程，那么，对诉源治理的考评标准理应回归到科学系统全面的考评参数中。按照乡村人口分布及经济体量，设置符合乡土地域发展规律的考评标准，以脱贫攻坚的验收经验为参照，引入第三方评估机制，分别对党政机关、基层管理组织、诉外解纷力量、司法机关等过滤环节进行分类考核，遵循党政机关管理调度资源，基层管理组织“抓前端，防未病”，司法系统“抓末端，治已病”的标准科学考评，解除行政过程与司法过程的非对称权力关系，去除大调解格局的行政色彩，在乡村振兴战略下实现基层治理现代化与诉源治理系统化的互嵌式发展。

结　语

徒法不足以行。诉源治理建立和运行的基础不是支出，而是调和——这有赖于相互冲突或持有不同利益的解纷力量得以协调并能联合行动的持续过程。“共建共治共享”作为习近平新时代中国特色社会主义思想的重要内容，为基层法院的诉源治理工作提供了强大的理论指导。文本立足诉源治理的乡土实践，运用法治思维、辩证思维、风险思维及系统思维，引导多元解纷主体共同参与诉源治理，把脉基层治理中的失衡地带，充分调动治理资源，以期团结一切解纷力量共同克服诉源治理引起的摩擦和阵痛，让司法的诉求和表达在科学的权利结构下得到有效的回应。